梦山书系

人类教育
认识论纲

刘庆昌 著

海峡出版发行集团 | 福建教育出版社

图书在版编目（CIP）数据

人类教育认识论纲/刘庆昌著 . —福州：福建教育出版社，2023.11
ISBN 978-7-5334-9650-0

Ⅰ.①人… Ⅱ.①刘… Ⅲ.①教育－研究 Ⅳ.①G4

中国国家版本馆 CIP 数据核字（2023）第 056196 号

Renlei Jiaoyu Renshi Lungang

人类教育认识论纲

刘庆昌 著

出版发行	福建教育出版社
	（福州市梦山路 27 号　邮编：350025　网址：www.fep.com.cn）
	编辑部电话：0591-83779615　83726908
	发行部电话：0591-83721876　87115073　010-62024258）
出 版 人	江金辉
印　　刷	福建省地质印刷厂
	（福州市金山工业区　邮编：350011）
开　　本	710 毫米×1000 毫米　1/16
印　　张	26.75
字　　数	410 千字
插　　页	2
版　　次	2023 年 11 月第 1 版　2023 年 11 月第 1 次印刷
书　　号	ISBN 978-7-5334-9650-0
定　　价	75.00 元

如发现本书印装质量问题，请向本社出版科（电话：0591-83726019）调换。

目　录

绪　论/1

第一章　教育认识的本体论/24
第一节　教育的形而上学/25
第二节　作为教育认识对象的教育世界/37

第二章　教育认识的问题域/54
第一节　教育认识问题域的来源/55
第二节　"真教育"与"好教育"/59
第三节　"用好教育"与"做好教育"/65

第三章　教育认识的历史研究/73
第一节　对教育认识的历史反思/74
第二节　教育认识者的历史演化/86
第三节　从教育事理到教育学理
　　　　——借助于对中国"教育学原理"70年的反思/106

第四章　教育事理与教育学理/123

　　第一节　教育之事与教育事理/124
　　第二节　教育之学与教育学理/154
　　第三节　教育学的思维方式/179

第五章　教育认识的方法论/193

　　第一节　教育认识的哲学基础/193
　　第二节　教育认识的基本路径/207
　　第三节　教育实证研究/231
　　第四节　教育非实证研究/247
　　第五节　教育思想文本研读的方法
　　　　　　——借助于"必仁且智"的教育学阐释/270

第六章　教育知识组织学/286

　　第一节　教育知识分类学/287
　　第二节　教育知识组织的两个维度/304
　　第三节　对《学记》的知识组织学分析/320
　　第四节　对《大教学论》的知识组织学分析/339

第七章　教育认识中的两种偏失现象/378

　　第一节　非整体性教育理解现象/378
　　第二节　教育经验主义现象/396

余　论/415

后　记/421

绪 论

相对于生动的教育生活实践，在历史发展过程中已经独立出来的教育认识活动，即便在专事于教育认识的研究者那里，也不是一个被广泛关注的问题。论其原由，一是研究者在学科体制下自然而然地关注作为学科研究对象的教育，至于他们所从事的研究活动本身，在他们看来属于哲学认识论的范畴；二是元认知的意义虽为他们在学理上认可，却因纯粹理性批判传统的阙如而难以在现实中实现。结果显而易见，教育认识主体无疑以对"教育"的认识为其本分，而对"认识"的认识不只是置若罔闻，甚至会怀疑其存在的价值。教育哲学似乎应该在这一领域有所建树，但察其实际，则会发现该领域的研究者更关心教育实践中的价值、伦理和理想问题，偶有涉及类似分析哲学、解释学、现象学的，也是近乎自动化地把思维转向这些认识方法论的实操。一言以蔽之，正像从事教育的人们对教育自身不见得有整体的理解一样，从事教育认识的人们对教育认识自身也可以说所知甚少。这是一种容易被看作正常的事实，但无疑也是一种制约教育认识继续深入的阻障。教育认识者必然会因此而难以改良思维的格局和境界，进而会制约教育认识的发展及其与教育世界的深度融合、统一。这当然还只是从反面言说其必要与价值。仅从求真、爱智的角度来说，从整体上思考人类教育认识也极有意蕴，客观而言，我们并不能指望一般哲学家就人类的教育认识做出专门的阐明，而他们在一般认识论上的建树对于教育认识实际上并不具有我们所期望的针对性。这也就意味着我们对人类教育认识进行整体把握的立意并非好大喜功，更非多余之举。如果人们在意识中产生怀疑，很可能是我们对"人类"一词的使用，任何人都有理由质疑我们的思考能否在人类的层面穷尽教育认识领域的信息。实际上，我们对任何一个问题的思考和论述，只要不是仅仅在表达自己的立场，只要不是为某些现实、具体的目标服务，都是以人类的名义进行的。如果隐去"人类"一词，我们的论题就应当是"教育认识论纲"，但这样的选择并不能消除人们的质疑。因为人们还会提出以下的问题：其中的"教育认识"究竟是谁的？是你的，我的，还是他的？是中国的，还是外国的？但是说到底，我们对教育认识的把握只要是在整体的意义上进行，就只能是人类的。那种语言学范围内的谨慎实际上近乎狡黠，除了给自己留下没有实质性价值的退路之外并无意义。既然如此，倒不如直言人类的教育认识，这样才可能确立一个值得永远追求的认识论目标。

那么，对于人类的教育认识，我们会有什么样的认识论追求呢？这一问题的答案虽然也存在着是否能被人们认可的问题，但给出什么样的答案确实与我们对教育认识实际和教育实践实际的感觉和判断联系在一起。这里所谓的教育认识的实际，当然是存在于当前的教育认识的实际，但其内容则是教育认识历史运动到当前的状况。今日的教育研究者，一方面无法仅面对感觉中的教育现实进行运思，而且，即使他们的确淡化了历史意识，也无法改变现实的即是历史的这一事实，更何况他们的认识性言说除去其中的有限新意，其实都是过往认识者的精心创造。另一方面，自从产生便不间断运动的教育认识，使得任何当下的教育认识一经发生就自动汇入历史，从而使我们关于人类教育认识的思考无需刻意就能成为对人类教育认识历史的思考，这应是人类自为活动之历史性的最好说明。基于此，对于教育认识的实际，我们既能感觉到成果数量的巨大和种类的繁多，同时也能感觉到对成果进行理性组织的难度越来越大。这是一种值得欣慰的实际，其中的理论和实践的价值多元某种意义上也折射出教育认识领域的繁荣和民主。但换一个角度看，教育认识的统一性与教育世界的统一性难以相辅相成，进而在认识的发展中不无必要的体系化整合必将成为一个尖端的难题。所谓教育实践的实际，与教育认识的实际在格局上大致相同，这首先是由人的精神特性决定的，也就是说，人在认识领域的存在状态必然会直接或间接地投射到实践领域。其次，教育作为现实的人文社会实践，其系统内不同层级的决策者，不仅存在着对同一种来自环境的希望在回应上的相似性，而且他们作为成熟程度和价值取向不同的主体，也在系统规则容许的范围内最大程度地实现自己的选择自由。作为结果，教育实践领域一方面必然呈现出有各自理解的共同主题，另一方面则会呈现出操作上的百花齐放。这同样是值得我们欣慰的，但同时也会引发教育认识者的焦虑，要知道在认识与实践的互动中，教育认识的真理性既可能增益也可能减损，甚至还会出现教育认识者对教育实践领域有意无意的迎合。

如果不能不考虑教育的现实，我们当然应该确立一个目标，即为教育实践者创造一个可资参照的、具有内在统一性的认识体系。照大多数人的认识，这可能是与教育认识的终极价值相关的。但在教育认识领域内来回答这一问题，我们更重视也更迫切的追求则是从教育认识的历史和现实存在中发现某种秩序和有机性。在此过程中，作为研究者的我们自己必须以人类的名义坚定信心。之所以这样，借用康德的话说，是因为"我们称作自然的现象的秩序和规律，都是我们自己放到那里去的，并且如果我们最初没有把这些秩序和规律，或者是我们情感的自然放到那里去，那么，我们也就无法在这里发现它们"[①]。对于康德的这一观念，我们不可简单地视之为先验论的想象，特别是在认识领域，如果我们觉得一种论述很有道理，甚至只要我们能够理解一种论述，就说明该论述所包含的信息，无论其是属于单个事物的，还是属于秩序的和规律的，原本就潜藏在我们的意识之中。当然需要指出，那些潜藏在我们意识中的信息绝非先天而在，实际上是被认识共同体传统同化的、个体以个人方式储存的群体认识。

如果立足于认识的纯粹性，面对人类教育认识，我们的认识论追求应该是对以下问题的回答：

其一，教育认识领域是如何产生的？它是否与教育活动相伴而生？这是一个追寻教育认识源头和来路的问题，也是一个容易做出原则性的回答却难以做实证性考察的问题。破解这一难题，并不完全是为了满足一种认知欲望，其更重要的意义在于从源头上厘清教育认识与教育的真切关系，以使今天的

[①] [德] 曼弗雷德·盖尔：《康德的世界》，黄文前、张红山译，北京：中央编译出版社，2018年版，第164—165页。

教育认识者不只是在理论上明晰自己的职业责任，还要在心灵深处明了自己的原乡。当然，如果教育实践者对这一问题的答案感兴趣，他们一定会惊奇地发现，很容易被他们视为异己性存在的教育认识，竟然是自己始终未能摆脱的一种存在方式。进一步看，随着教育认识者和教育实践者在理论理性上对认识和实践定位的积极变化，我们通常所说的教育理论与实践的关系应能有所改善。

其二，作为教育认识对象的教育究竟是什么？这一问题在一般的教育认识活动中不会为人注意，只有在"元教育学"中才会成为问题。其根由在于教育学在最抽象的意义上只能以教育为其研究的对象，但问题是这里的教育究竟是一种什么样的存在呢？我们会发现，在实际的表述中，作为教育学研究对象的"教育"，常常被"教育现象""教育问题""教育事实"等术语替换。这一方面说明人们尚不能用语词恰当表述与"教育"这一概念相对应的客观实在；另一方面说明，除了教育领域的形而上学家，其余人的教育认识，在对象上是具体的，在目的上是功利的。有趣的是，这样的具体和功利无论在何种意义上均无可指摘，只是当所有的教育认识者都处于这种状态时，人类的教育认识就很难有序深入。

其三，作为动词的教育认识意味着什么？它究竟在追求什么？历史发展到现在，我们肯定不能把教育实践者在具体工作过程中自在的思维运动视为教育认识。如果说教育实践者同样可以作为教育认识的主体，那也需要设置一个前提，即他们哪怕只是为了解决自己实践中的难题而专门展开了研究活动。但是严格来讲，教育实践者的这一类研究并不以认识教育为目的，即使他们因此改进了自己对于教育的认识，也不能改变其研究的求用属性。因而，只有从教育实践中分离出来的、专门的教育（学）研究者，才可被称为纯粹程度不同的教育认识者，他们的教育（学）研究才有可能算得上动词意义上的教育认识。从根本上说，之所以要进行教育认识，就是为了认识教育，并在此基础上创造暂时以知识形态存在的未来教育。很自然，考察专门的教育（学）研究，也应是我们把握教育认识的重要途径。

其四，我们应该如何看待教育认识的主体？接续上述的思路，我们今天谈论教育认识的主体当然是指专门的教育（学）研究者，他们的职业身份是研究者，而他们的社会角色必是劳动者，所以教育认识的主体无疑可被称作教育认识劳动者，应当申明这样的表达和定位是具有社会学、政治学和经济学意义的。从社会学上讲，教育认识是人类社会劳动分工的结果，作为劳动者的教育认识主体可因此明确自己的社会责任，并可以进一步明确自己工作的可能性价值；从政治学上讲，劳动者的定位显然从理性层面清除了以往社会中视知识分子为寄生性群体的谬见，从而确立他们在有机、有序的政治生活中的合法地位；从经济学角度讲，这样的定位明示了人类社会在教育认识领域的投资与社会生产效率和收益之间直接或间接的联系。当然，对教育认识做经济学的解释是有必要前提的，此即"教育是人类自身生产和再生产的重要组成部分"[①]。

如果我们对上述四个问题能做出系统和深入的回答，再把那些答案连缀起来，就能构造出人类教育认识的基本图像。需要说明，这里的教育认识总体上具有动词的倾向，对于教育认识劳动的产品，我们并未进行专门的讨论。这也不是为了逃避某种认识上的困难，之所以未能论及，主要是因为教育认识的产品数量惊人、种类繁多。表面看来，作为产品的教育认识，可以和动词意义上的教育认识构成结构合理的论述系统，但实际上很难如此。教育认识的产品就如同一个成员众多的大家族，它们相互之间固然具有血缘上的联系，但从性质和品质上看又难以相提并论，显然不宜简单纳入关于教育认识的认识论思考中。即便在知识论的范围内进行论述，教育认识的产品问题也是一个艰难的问题，本书在论述有关问题时或会涉及，但在整体上存而不论，留待在更为宏观的思考框架下加以处理。

一、世俗意义上的教育认识问题

尽管我们对教育认识的论述试图在专门和专业的意义上进行，但仍然需要考虑专门和专业之外的问题。在认识民主化的趋势中，夹杂着后现代主义的影响，人们越来越重视所谓民间的认识现象，同时对少数、边缘人群的意

---

① 桑新民：《教育究竟是什么？——对教育本质的哲学思考》，《华东师范大学学报（教育科学版）》，1987年第3期，第31—38页。

见也给予了越来越多的重视。这对于消解认识领域的贵族心态具有极大的推动作用，对于日常社会实践的品质提升客观上发挥着积极的作用。仅就教育认识而言，正如前文所述，虽然实践者在工作过程中的运思并不能摆脱具体和功利的性质，但在一定的条件下，它们也能够以独特的方式融入人类教育认识的历史。至少无法否认，正在教育现实中发挥功效的许多观念，并非出自今日专业意义上的研究，而是历史上不同时期教育实践者的思想直觉和经验总结。如果我们承认那些观念本质上具有认识的属性，那就应当承认事实上存在着非正式的认识活动。但也需要指出，非正式的教育认识活动，正因其是非正式的，因而无法用专业的研究过程和方法标准加以衡量。较为公允的判断是：在教育认识的前专业化时代客观上存在着教育认识活动，它未能从整体的教育实践中分离出来，却同样起到了支持教育行动的作用。而且，在这一阶段，教育领域的认识和行动，换言之，教育领域的知与行，虽然也不可能实现完全的统一，但两者相互的统一程度是后来的专门和专业化的时代无法比拟的。

  非正式的教育认识其实意味着教育认识仍然是教育实践整体的有机构成，它存在于实践的而非学科的体制之下，其追求的中心和终极均不在知识的领域。具体地说，解决教育实践中的难题，进而使教育实践处于某种状态，才是兼为教育认识者的教育实践者所关心的。在这样的意识作用下，伴随教育实践的教育认识必然具有对象上的具体性和目标上的功利性。还有一点非常鲜明，即教育认识者意识中的"好"的内涵，是与日常世界的文化哲学紧密相连的，而这也就是我们所要说的教育认识的世俗性质。"世俗"一词在这里仅在于说明前专业化时代的教育认识与日常生活世界的水乳交融。反思今日教育理论与教育实践的关系，难道专业的教育研究者不正是期望自己的理论能与日常教育生活世界水乳交融吗？那么，基于此种期望，便很有必要对所谓世俗意义上的教育认识做理性的审视，以求得对改善教育理论与实践关系现状的有益启示。

  首先，需要认真对待教育认识的具体性和功利性问题。依据经验判断，应该有为数不少的专业研究者对这种现象存在着价值判断上的内在冲突，他们一方面不看好这种认识的认识论价值，另一方面又会肯定其契合教育实践情境的实用价值。但一般情况下，较少有人考虑在专业化的教育认识领域形成之前，正是这样的教育认识在规范和引领着教育实践。而且值得重视的是，那个阶段的教育认识并未因为其对象的具体和目标上的功利而与认识的普遍性无缘。换句话说，那些出自不完整理性认识过程的教育观念，可能按照现代认识论的标准并不具有普遍的适用性，但在日常生活世界的教育实践领域却能产生普遍适用的效果。其中的道理实际上很值得我们玩味，其核心的意蕴是一种观念能否在教育实践领域普遍有效，很显然不存在某种绝对的，尤其是认识论的前提。探究其深层的情形，我们会发现日常世界的人文实践，从来就没有仅仅遵循纯粹认识的逻辑，文化价值意义上的"真理"在大多数时候更具有影响实践的优势。要知道，普通的教育实践者与主导性教育观念的创造者，尽管各自的角色分工不同，并由此会出现认识上的错位，但他们毕竟共处于同一的文化价值世界。从而，即使是主导性的教育观念借助了非完全认识性的方式实现其影响，也能够最终达到普遍生效的结果。这里面有一个十分重要的事实是，普通实践者作为社会结构中的个体存在者，他们的实践行动根本不可能只接受纯粹教育知识的约束，他们作为社会的成员还必须在现实的意义上尽责。何谓尽责？它并不是简明的履行职责的心态和行动，本质上是一种事关广义道德的人文生活现象。这样，专业研究者是不是就能对教育理论在教育实践中的搁浅和被搁置有所释怀呢？

专业的教育研究者其实没有充分的理由不能释怀，略有失落的心情完全可以被解释为本位主义和理想主义思维的必然结果。若在现实的意义上认真起来，就会发现自己所在意的与日常教育世界的人们所在意的并不完全一致。研究者在意的是教育真知的行动化，日常教育世界的人们则在意具体教育观念的有用性。而他们所在意的有用性并非只是技术范围内的实用性，它在现实教育生活中还自然连带着具体教育观念的适用性。完全可以想象，这里的适用性，既牵涉教育实践者自身，也会牵涉教育的目标、内容和物质环境，更重要的是还会牵涉具体的世俗文化哲学。我们再一次说到文化哲学，并不是指向其学科领域的精神内涵，而是指向流动在日常生活过程中的价值观和制约教育行动的显性或隐性的规则。专业的教育（学）研究者如果对这种重要的细节缺少认知和关心，出自他们创造性劳动的教育真知就很容易成为教育实践者仅止于欣赏的对象。现在再来审视日常生活世界中教育认识的具体性和功利性，应该会增加几分理解，也应该会在这种理解的基础上采取理智的态度认真对待。有了这样的立场，我们便有条件把教育认识的具体与功利作为一种客观事实进行无立场的认知。

或许我们有必要把"世俗意义上"一词转换为"现实意义上"，这也基本符合"世俗"一词的本义。以纯粹性的认知为参照，世俗意义上的教育认识无疑处于认识论衡量中的低阶范围，但立足于生动的日常生活世界，就能够意识到"世俗的"不过是"流行的"的另一种表达形式。具体到一种教育观念，它的流行实际上也不会完全是因为其理性的难度更契合多数教育实践者的认知水平，通常更是因为这种教育观念在实际运行中能够与真实的生活环境和融入集体无意识中的文化哲学达到较高水平的和谐。如果不是这样，即使采取了行政的措施加以推行，教育实践也会在新的运行中产生正常的排异反应。检视那些半途而废和无疾而终的教育变革事件，不难发现变革者所坚信的理念在科学和人文两个侧面并无瑕疵，那么问题很显然与某种教育理念的水土不服有关。与此对照，世俗意义上的教育认识一则另有其趣，二则与教育实践的现实更能相容。其对象是具体的教育现象和问题，其目的是更加直接地满足从教育实践现实中生长出来的发展需要。客观地说，专业教育（学）研究者如果不是应实践者之邀亲临现场通过研究解决现实的问题，他们的研究一定是在不同程度的抽象思维情境中进行的，研究的哲学要求他们首先遵循纯粹的研究逻辑，也只有这样，他们的研究才能契合求真、爱智的需求。而世俗意义上的教育认识者所面对的教育现象和问题则是一种连接着大众心理和大众文化哲学的生态性存在，由此也可以推知他们的所获根本无需转化就可以较自然地滋养始终没有停息的教育实践过程。而且无须回避一个事实，即世俗意义上的教育认识具有目标上的功利性。站在全局来考虑问题，我们应该默认这样的状态才同时符合教育认识最初和最终的真实。略微扩大视域，即可知"人为了自己的生存，必须尽可能多地把握外部世界的信息，从而使自己的行为能够达到预期的目标，按照对自己最有利的方式，从外部世界获得最多的生存资源"①。这段话实际上是要表达人类认识是人的一种生存方式，专业的教育（学）研究者可以从中受到启迪，最重要的是从此理解世俗意义上的教育认识对具体性和功利性的合理具有。

其次，需要认真对待作为教育和教育认识生态环境因素的世俗文化哲学。今日被我们视为世俗文化哲学的存在，在一定意义上是我们身处其中的共同体生存经验的积淀，它的世俗性质只是相对于纯粹理性的理想化和标准化而言的。论其内在的逻辑统一性，世俗的文化哲学的确经不起推敲，但其依据实用原则机械组合而成的价值标准和操作模式，通常可以制造出较高的效率，以致许多经不起纯粹理性推敲的观念在强有力的推动下仍然可以支配教育实践，盖因其虽不具有理论上的合理性，却具有现实意义上的合情性。我们中国的文化哲学思维是比较重视合情问题的，其实质的内涵有二：一是对社会历史发展连续性的尊重，这同时就内含了某种自然主义的倾向；二是对新异事物持有谨慎的观望态度，这显然容易与保守主义结缘。不过，中国文化自身的包容性又使得能顺利通过观望程序的新异事物很快被同化吸收，而且能使其成为自身的有机构成要素。这就是支持我们教育和教育认识的世俗的文化哲学，它是稳健的，也是开放的，而在其中还隐含着很高程度的执着。对于这些特性，专业的教育（学）研究者是应当有所认知的，否则就有可能因为教育理论在现实中的遭遇而郁郁寡欢。实际上，我们中国的文化哲学思维还存在着致用的鲜明特征，其根源性的基础是我们对超验存在和神圣事物的存而不论和知而不行，因而在其致用特征的背后是东方式的实用主义和世俗情趣，这也是中国深厚的文化土壤中并未原生出西方式哲学和科学的主要原因。仅说教育认识，成书于西汉的《礼记》中就有《学记》一篇，其中关于教育、教学的论述至今仍然熠熠生辉，但自此之后却再也没有可与之相提并论的教育专论。这一方面可以说明《学记》所体现的中国教育认识的早熟，另一方面难道不能说明致用的传统对求知性教育认识的自然排斥吗？加之致用原则对科学发现活动的抑制，基本上可以说我们的文化哲学思维直接影响到了中国历史上专门的教育认识领域的形成。所以，当教育学作为西学的组

---

① 袁林：《人类认识新探》，北京：人民出版社，2013年版，第49页。

成部分传入中国,并伴随着社会历史的发展促进专门的教育认识领域逐渐形成之后,教育实践与教育理论的关系才戏剧性地若即若离。这既直接影响到教育认识者和教育实践者双边对教育认识的不彻底认知,也使我们很有必要对教育认识领域的产生做出理性的说明。

二、作为专门活动的教育认识领域的产生

专门的教育认识领域在西方出现也不是很遥远的事情。尽管古罗马的昆体良在公元 96 年就写成了西方第一部教学方法著作《演说术原理》,但随后失落,直至 1416 年才被重新发现。还有夸美纽斯的《大教学论》,虽然在 1632 年就已经写成,但在当时的欧洲也没有产生很大的影响,直至 1657 年才被收入《夸美纽斯全集》首次出版,而其价值被高度地认可则发生在他离世 100 年之后。这种现象足以说明专门的教育认识领域在 17 世纪还远未形成。我们采用现今普遍的认识,第一个在大学开设教育学讲座的是哲学家康德,而他的接替者赫尔巴特,因在 1806 年出版《普通教育学》被称为科学教育学的奠基人,则可说明到了 19 世纪初,专门的教育认识领域仍然未能形成。当然,判断教育认识领域的形成本身就是一个困难的问题,尤其是主要在社会学的意义上谈论这一问题时,并不能简单以有一定数量的个人进行着教育认识为依据来做出结论。在操作的意义上,只有那一群人进入有序的社会互动过程,我们才能谈论一个认识领域形成的问题。从理论上讲,这是一个渐进的过程,但无论这个领域在最初的规模如何,只有当一定范围内的认识者产生了"学界"的观念时,一个具体的认识领域才算形成。如果类似"学会"这样的组织出现,"学界"便开始具有一种有形的载体,那么在社会学的意义上,一个认识领域就算是基本形成了。之所以做此判断,是因为"学会"的建立从目的上讲具有社会性的知识生产追求。就像英国皇家学会自 1660 年成立至今,"虽经三百余年历史沉浮,促进科学知识的这一传统却始终没有改变过"[①],而此前的

[①] 冉奥博、王蒲生:《英国皇家学会早期历史及其传统形成》,《自然辩证法研究》,2018 年第 6 期,第 75—79 页。

科学组织，其目的只是"活动成员简单地一起研究并相互交流"①。实际上，各个领域的"学会"不仅以促进具体领域知识增长为目的，也为成员提供了深入交流和共同发展的平台。在我国，1568年也出现了一个近似西方"学会"的组织——"一体堂宅仁医会"，其"会款"亦即"医会组织条例"中，就申明医友要"不秘己长，不掩己短，有一得之见，应公开出来，传之后世；自己不足，应该不耻下问"②，此种态度与思想显然既有发展医术的追求，也兼顾了组织成员的个人专业发展，对于今日学会工作也应有借鉴价值。

  从教育认识领域出发说到一般认识领域，我们实际上还是局限于现代方面。如果把视野扩展到整个的历史过程，那么教育认识领域的产生就会是另一种景象。相信通过这样的理性思索能够触及教育认识更为根本的信息，而且能够从初始阶段明了它的原初性质以及它与教育世界以至整个人文世界的简明关系。既然我们已经谈及教育认识领域的专门化，自然可以在回溯历史中意识到未有专门化的教育认识历史阶段。对这一阶段教育认识的理性思考，在我看来不只具有学术的意义和知识论的价值，而且会具有实际、实用的价值。沿用教育领域的理论与实践两分思维，在全部历史的视野中厘清教育认识领域的产生，其实际、实用的价值应与今天的教育研究者和教育实践者均有关系。对于教育研究者来说，既可以在认识上获得自己行动的历史坐标系，也可以在伦理上明确自己的义务和责任；对于教育实践者来说，既可以获得被历史淡化的合理支持者，还可在更高的水平上获得整全的教育理解。进而言之，教育理论与教育实践的关系也必将因此而进入更新、更高的和谐状态。

  原初是没有理论和实践分化的，最早可被称作实践的活动只是有思维能力的人类为了生存进而为了生活而进行的有意识劳作。这种劳作的非本能性决定了劳作过程不可能只是身体力量和技能的使用，其中必有以思维为核心的心理参与，从而使这种劳作成为"想"与"做"相伴随和相统一的过程。关于这一过程中的"想"是怎样的情形，对认识发生问题感兴趣的哲学家可

---

① 冉奥博、王蒲生：《英国皇家学会早期历史及其传统形成》，《自然辩证法研究》，2018年第6期，第75—79页。
② 张江明：《学会工作理论与实践》，广州：广东省社科联，1991年，第47页。

以给出他们的答案，甚至可以探析出"想"在人类劳作历史过程中的水平阶段，但这些并非我们所关心。我们关心的主要是两个问题：一是劳作过程中什么样的"想"才能够算得上认识活动；二是"想"在什么情况下成为一个与实践劳作过程相分离的专门领域。很显然，前一个问题与认识活动的产生相联系，后一个问题与认识活动的专门化相联系，而只有完整地回答了这两个问题，我们才能真正理解认识领域产生的原理。我们在此并未专论教育认识，这是因为它的产生与其他领域认识的产生之间并无本质上的差异，均与"想"和"做"从原始统一经分化再到更高水平统一的历史过程有关。因而在哲学抽象的意义上，探讨教育认识的产生也和探讨其他领域的认识产生一样，"从客体方面看，是探讨自然物如何转化为认识的对象；从主体方面看，是探讨生理机能、心理机能如何转化为认识技能"[①]。当然，具体到教育认识的产生问题上，一定存在着许多个性化的细节。

关于人类教育认识最初的可能形式，即与教育中的"做"相伴随的"想"，应该存在从单纯对"做"的意识到对"做"有所思"想"两个阶段。在第一阶段，人对自己正在进行的教育活动有清醒的意识，他知道自己正在做什么，而且在潜意识中能够意会自己所做事情有何意义。这当然是一种现代人的主观猜测，实际的情形很可能是这一阶段的所谓教育者还没有确立"教育"的概念。今天在教育历史叙事中所说的这种原初的教育，在当时恐怕也只是日常生存与生活整体中的一个个间断的小事件，但作为教育者的当事人若能对自己的作为有所意会，在理论上即可被视为人类教育认识的真正开端。这一历史阶段究竟延续了多长时间，我们无法考证，只能说当出现可以考证的教育时，教育中的"想"就已经进化到第二阶段了。在第二阶段，"想"在原先单纯对"做"具有意识并能意会其价值的基础上，"做"教育的人就开始对自己的"做"有所思虑，其主要的甚至唯一的内容就是最广义的教育方法问题。而且，最初的教育方法问题也不可能像后来那样重视理性的基础和技术的设计，想必只是为了把事情本身做好的自我控制的和"尝试-错

---

① 李景源：《认识发生的哲学探讨》，北京：中国社会科学出版社，2016年版，第74页。

误"的意识。这种意识在教育认识的初始阶段是十分重要的,即便它在日常人际伦理原则面前基本没有力量,也在意识层面为"想"的进阶奠定了必要的基础。以中国为例,我们知道《学记》是最早的教育、教学专论,其中最具有智慧意蕴的教学方略,从性质上讲,并不是对教育行业的规范,而是先秦时期教学经验的精辟概括和总结。值得注意的是,如此精辟的总结后来也未能成为教育行业的基本规范,而是以一种能做好教学的"道理"被代代传承。对于这一现象,我们或许可做如下的解释,即中国古人虽然重视致用,但仍然不认为《学记》中的教学方略是必须应用的规范,禀赋和人格优异的教育者个体甚至可能认为《学记》中的方略并未超越自己智慧的边界。如此,他们不仅自己不去自觉地继续发展《学记》中的思想,而且把显在于《学记》的教学方略视为有关的外物。

也许能够谨慎地指出,直至夸美纽斯的《大教学论》产生,关于教育的"想"才与现实教育的"做"构成对立统一的一方。在此之前关于教育的"想",总体上是思想者对历史的和个人的教育经验的理性总结,不论其深刻和有用程度如何,均首先属于思想者个人。《大教学论》则因承载了夸美纽斯对教育的系统思考,且因对现实教育的"做"表达了自觉和有序的批判,从而能够以其单个的存在代表后来发展为专门领域的教育认识一方。夸美纽斯无疑仍然是教育实践领域的成员,但他关于教育的"想"已经基本超出了自己的教育实践所需。如果有条件脱离教育实践的实际工作,他完全有能力对教育进行或局部或整体的进一步探索。再假如他有条件带动更多的人走出实际的教育工作过程,进一步把教育作为认识的客体进行研究性的思考,那么所谓的教育认识领域也就开启了自身的历史。这一历史的开启,直接意味着一部分有思想兴趣和能力的教育实践者作为专门"想"教育的人从教育实践工作过程中独立了出来,并从此开始既面向教育又背靠教育的教育知识生产。应该说,这是一种逻辑的真实,但历史的真实往往比较滞后,以致专门的教育认识领域即使在西方也只有比较短近的历史。

三、作为教育认识对象的教育世界

从教育实践中独立出来的"想"同样可以是致用的,但其性质却开始发生微妙的变化，原先纯粹的、教育行动的思维伴随，随着思考者在物理的意义上走出实践，开始与教育行动并行与对立。从此就出现了一种新的局面，即教育实践者仍然处于我"想"我"做"、边"想"边"做"的状态，从实践中分离出来的教育思考者却可以只"想"而不"做"，他们其实就是今日专门、专业的教育研究者的鼻祖。"想"与"做"的分离，使"想"的主体有条件不仅就具体的教育操作问题进行研究，而且有条件对离身的教育整体进行思考。这种变化也比较符合我们的日常经验，犹如我们走出深山再回头望山，随着我们与山渐行渐远，山的整体也自然与我们的感觉以至精神系统对立。这种对象与人在物理意义上的对立实际上为它与人在认识论意义上的对立奠定了基础，主客分离就在这一自然的过程中得以实现，脱离具体情境的纯粹理性思维也有条件得以持续。目前一些新思潮的哲学认识论对主客分离颇有微词，尤其觉得这种认识的模式不利于对人文事物的整全认识，应该说也是有合理性的。然而，这种合理性只能存在于主客分离的认识活动产生效果之后，而且应该相信主张主客融通的哲学家也不是要我们的认识回归到原始浑然的状态。若从追求认识的效率及认识结果的确定性和普适性角度考虑，主客分离应是人类永远不可能放弃的，实际上也无法摆脱。何况主客分离并不等于主客在精神意义上对立，其实质是人与自己要认识的对象拉开了距离。与事物融通固然有其特殊的认识效果，但与事物拉开距离，不仅利于人知觉事物的整体，还会产生认识之外的效果和价值。

  相对于人类对宇宙、人生等问题的认识，教育认识领域的主客分离属于后来者，这与教育自身天然的世俗性质极有关系。如果把教育这件事视为日常生活过程的衍生物，人其实只需把日常生活的规则和智慧引入教育即可，也正因此，历来对于教育者的期望才被人们凝练为"学高为师，身正为范"。尽管教育的专业化对教师的发展提出了专业上的要求，但即使在今天，超越功利的教育认识仍然处在人们视野的边缘，这也许就是教育学相较于其他更成熟学科显得质感不足的深层原因。我们可以关注一下越来越受人们欢迎的教育现象学研究，从中也能够觉察到教育认识迄今为止仍然对知识的普遍性缺乏兴趣。在此背景下，我们再审视主客分离的认识，顿然意识到它的确更利于我们从整体上把握教育。面向未来，如果有人带着好奇询问教育学家作为认识者究竟要认识什么，我们是不是还会给出颇有功利色彩的答案？或是还在教育现象、教育问题和教育事实等说法中含糊其词呢？而如果要在原来的基础上有所进步，那我们就应该郑重地把教育认识的对象从具体的现象、问题和事实扩展到具有最大包容度的教育世界。

　　真的存在着一个教育世界吗？如果存在，它又在哪里呢？在我们的感觉中其实只存在着有教育的世界，因为教育无论怎样也无法从人文世界中被机械地分离出来。虽然制度化的学校教育已经相当发达，我们也不能把教育只作为学校这种专门机构的事情，以至于涉及全局的教育类行动，通常会"坚持政府主导、多方联动，强化政府统筹，落实部门职责，发挥学校主体作用，健全保障政策，明确家校社协同责任"[①]。这种情况既能说明教育世界无法从人文世界中机械地分离出来，同时也能说明客观上存在着一个教育世界。在这个世界中，发挥主体作用的是学校，承担领导责任的是政府，有义务协助学校的是家庭和社会。从理论上讲，只要我们承认了教育系统在社会中的相对独立性，就等于承认了在我们的意识中存在着一个教育世界。它当然是一种概念性的存在，但没有丝毫的虚无，只不过是需要我们动用思维的抽象功能才能显现。否则，教育认识的对象就只能是具体的教育现象、问题和事实了。在汉语语境中，"教育世界"一词最早是作为中国第一本教育刊物的名称出现的。《教育世界》1901年在上海创办，1908年停刊。在其第68期中，编者提出了三项宗旨："一、引诸家精理微言，以供研究。二、载各国良法宏规，以资则效。三、录名人嘉言懿行，以示激劝；若夫浅薄之政论，一家之私言与一切无关教育者，概弗录。"[②] 分析其宗旨，可知刊物登载的言说不能无关教育，这就是说在编者的意识中存在着一个有自己边界的教育世界；而从"诸家精理微言""各国良法宏规"和"名人嘉言懿行"选材范围来看，在编者的意识中，"教育世界"的主体是行动的人，而引领和滋养行动的则是思想、政策和法规。这种认识与今日人们的认识并无差异，应可视之为共同体

[①] 中共中央办公厅、国务院办公厅：《关于进一步减轻义务教育阶段学生作业负担和校外培训负担的意见》，《人民日报》，2021年7月25日，第1版。

[②] 姚远、王睿、姚树峰：《中国近代科技期刊源流（1792—1949）·上册》，济南：山东教育出版社，2008年版，第58页。

对教育世界的理解，也可说是集体无意识中的教育世界内涵。把这种认识与今日教育学名义下的各分支研究领域进行互参，便可推知作为全称概念的教育学是"教育学"一词与"教育世界"的逻辑符合。而教育世界，一方面真实地存在于概念与事实的符合中，另一方面则是教育认识在哲学认识论意义上的整全对象。

作为教育认识对象的教育世界，与自然世界一样具有以时间和空间为存在方式的底层结构，在此意义上，它自产生之时起就同时具有了历史性和结构性。但教育世界并不是一个绝对独立的存在，而是人以概念的方式把它从人文世界中分离出来的，因而它的历史性和结构性虽然与物性的自然不无关系，但其实质却是起于人性和基于人性的人为创造。我们可以浪漫地说自然世界是造物主的杰作，但对于有机融合于人文世界的教育世界，我们只能说它是人自己的发明和创造。之所以说教育世界具有历史性，绝不仅仅是说它从产生开始便持续地存在。如果它是一个不变的物理性存在，那么无论持续存在了多久，也只是占据了时间而无自己的历史。应该说，时间概念在这里还是在牛顿物理学意义上使用的，假如放弃绝对时间的观念，物理性的存在与时间并无关系。换言之，只有人文的，才可能是历史的。进而，只要是人文的，就必然是历史的。这一判断的理性基础是：人文的事物是在人的欲求和希望中产生的，也会随人的欲求和希望不断由简单到复杂、由粗放到精致晋级，而导致这种变化的原因就是人所投入的创造性劳动。所以，教育世界的历史性实为人的创造性在教育世界的显现。顺次推理，我们所说的教育世界的结构性，很显然也不是造物主的赐予，而只能是人自己发明，并在人文生活不断向前的晋级中不断进行创造性调整的产物。也许以纯粹的标准为参照，教育世界的发明和创造存在着数量和种类上的极限，但对于具体历史阶段的社会成员尤其是专门的教育者来说，因他们不可能面对与以往完全相同的环境，因而在他们的意识中，创造的可能性是永远没有穷尽的。那么，他们究竟在创造什么呢？总体上应是新的目标、新的手段和滋养"目标-手段"结构运动的新的文化，把这些部分在思维中整合起来其实就是相对独立的教育系统。人的不间断的创造性劳作，决定了教育系统在历史的维度一直处于变动不居的状态。

不过，教育系统的变动不居并不影响教育世界作为教育认识的对象，须知即使是教育世界这样的人文性世界，当它的不可拆分的基本结构形成以后，也一样是不变的本质和可变的现象两者的统一。仔细品味俗语"万变不离其宗"，一则承认有变，二则坚信本质、实质不变，那么变化的就只能是现象和形式了。教育认识以认识教育为目的，不就是要穿过现象和形式的迷雾获取教育的本质与实质吗？再仔细品味俗语"隔行不隔理"，则能进一步认识到凡是人文世界的存在者，虽然各有其特性，却能共享人文大道。教育系统除了自身的基本结构相对稳定之外，还存在着精神原则上与相对稳定的人文大道的联系。顺便说一句，以认识教育为目的的教育认识应有其认识论意义上的终结，但教育认识活动一经产生便不可能停息。这是因为，任何看似确定的教育知识都是认识者面对他能够感知的"迄今为止"的教育进行运思的结果，而每一个"迄今为止"的教育都是当下的和相对完整的教育。这一现象值得我们特别重视，它对每一个教育认识者都具有形而上的启迪作用。现在我们有必要进一步挖掘教育世界中有什么是不变的，这个问题的答案实际上已经存在，那就是教育世界的基本结构。教育的人文特性使得教育世界注定是一个多维的结构，由于时间和空间是存在论层面的普遍形式，我们必须在其间注入能够表征教育的内容，才能够获得教育世界的完整图像。基于这样的思考，我们面对"迄今为止"的教育世界，可以直觉到历史（时间）、场域（空间）和实质（内容）三个维度。具体可做如下表述：传统、现实与未来构成教育世界的历史维度；家庭、学校与社会构成教育世界的场域维度；观念、制度与行动构成教育世界的实质维度。正是有了这样的维度，所以才有了"传统教育""现实教育""未来教育"，"家庭教育""学校教育""社会教育"，以及"教育观念""教育制度""教育行动"种种术语。实际上，教育世界是一个有机的整体，理论上的分析只是一种认识的手段和策略，并不能依据理论分析的结果对教育世界做简单、机械的切分，否则在方法论上就会陷进形而上学的泥潭。面对整体的教育世界，我们只能有如下的言说，此即：过去有，现在有，未来也有教育，教育在时间的流动中既有变化，也具有同一性；家庭中有，学校中有，社会中也有教育，教育在空间的区分中既有个性，也有共通性；有教育观念，有教育制度，也有教育行动，存在于不同范畴的教育，形态自然不同，但均指向教育的目的，暂且不论这个目的是什么。把这些不同维度的、关于教育的信息在意识中整合起来，就是作为教育认识对象的教育世界。

四、作为教育认识存在方式的教育研究

不同于实践者所在的可感觉的教育世界，这个被意识整合起来的教育世界只能被我们认识，也只存在于人与教育的认识关系之中。我们可以把这种认识关系简略地表述为人通过认识活动把作为认识主体的自己与作为认识对象的教育连接起来的一个结构。在这一结构中，具有核心地位的是认识活动，正是它的发生与持续，才使人和教育分别成为认识的主体和对象，因而它不仅决定着教育认识能否存在，还能以其自身的复杂多样进一步决定教育认识的性质和类型。对于认识活动的复杂多样，从普通人到哲学家应有共识，但对于认识的认识，在哲学中却存在着一个有趣的雷同现象，即几乎所有的哲学著作都把认识径直界定为人对事物的直接认识，以致哲学在这一点上并未显示其最高概括和总结的特质。比如说，把人类的认识活动界定为"有目的、有计划地探索客观世界的本质和规律的活动"[①]，这当然是一种根本性的判断，说明了人类认识的第一内涵，但同时却忽略了人直接认识事物的成果同样可以成为认识的对象。这种情况在教育学中被视为间接认识，意思是学生通过直接认识知识而间接地认识了事物。尽管站在人与事物的直接关系中，认识就是直接认识，但怎么也不能否定间接认识同样具有认识论研究的价值。现在需要说明，以上一番言说并非要为教育认识问题上的某种标新立异做铺垫，恰恰相反，是为了凸显人与教育世界的直接认识关系的重要，要知道不直接面对教育世界而主要借助文献研读言说教育的风气正盛，这在一定程度上减损了教育认识的真实性和纯粹性。不用说，对于教育的认识，我们也不能否认可以通过理解性的学习进行，但在根源的和整体的意义上，教育研究才是人类教育认识的基本存在方式。

研究是对进入意识的对象进行探察的过程，不论其原发的动机是求知还

---

① 齐振海：《认识论探索》，北京：北京师范大学出版社，2008年版，第110页。

是致用，目的都是要让对象显现出它的真相，此真相的内容就是人们熟悉的本质和规律。换句话说，如果人通过研究获知了对象的原型及其运动中的基本因果关系，就等于在认识上彻底把握了对象。这样的陈述可谓深入人心，但对于具体研究者和具体研究来说显然是一种宏大叙述，属于正确而不实用的哲学式告白。对于具体教育研究者的教育研究，我们显然不能满足于这一层面的清醒，还需要立足于教育认识领域的实际，道出教育研究作为教育认识存在方式的、既切身又相对完整的理论图像。依循这一立场，我们借助反思与直观的交互作用，选择了"目的上的求知与致用""手段上的发现与发明""结果上的事理与学理"三个维度进行论述，以便深描出教育认识存在的完整图像。

（一）目的上的求知与致用

纯粹的认识必然源于好奇引发的求知欲，其动机中自然内含了目的性，认识者通过认识当然是为了获得对象的一般真相。然而，这样的纯粹认识在教育认识的历史上是一种后生的现象，根由在于教育这件事情在发生学意义上并非某种先在观念的实现，而是某种操作行为的升级版本，这一判断可以在各种教育起源的解释中得到印证。也因此，人类最早的教育思考是从"想把教育做好"的念头开始的。也可以说，对于教育的思考从一开始就被派上了用场，这也就是所谓的致用。求得教育之知的认识目的发展成为普遍的意识，到了教育认识学科化的时代才真正成为事实。我们当然可以说，学科化之前的教育认识并非全部指向教育的现场操作，但需要承认那些关于教育的一般性陈述并未超越感觉层面的描述。客观而言，即使是感觉层面的描述也不是人脑对现实教育的机械描摹，必然有思维的对感觉信息的选择与加工，但这样的思维运演在初级阶段显然是缺乏研究性质的。与此相异，人们在关于教育操作问题上的思考就有了明显的研究色彩，从而使流传至今的各种有效的教育方略，不仅内含思考者对以往经验的总结，同时还具有明显的创造性思维痕迹。在教育认识学科化之后，致用的教育认识无疑仍占据着显赫的位置，但纯粹为认识教育而进行的教育认识却自然兴起。令人欣慰的是，伴随着教育认识的日益规范与专业，纯粹的教育认识之于整个教育认识以至之于教育实践都获得了合法的基础地位。因而，立足于当下，我们完全可以认为，求知与致用业已成为人类教育认识的两种并驾齐驱的取向，而且两者之间的内在关系正在走向相融与和谐。取向于求知的教育认识，实际地表现为认识者对教育本体的哲学思考和对教育运动中的因果关系的科学研究。前者意在探寻教育的原型亦即共相，在知识学的意义上是在回答"教育是什么"；后者意在发现一定条件下自变量与因变量之间的规律性联系。取向于致用的教育认识，实际地表现为认识者基于知识与价值对理想的教育的哲学想象和对有效教育方略的科学构造。前者意在描画人所希望的教育，在知识学的意义上回答"好教育是什么"；后者意在发明和创造能够促成"好教育"的具体方略。我们不难发现，尽管教育认识领域流派纷呈，但从认识的目的上讲，并无出于求知和致用之外。

(二) 手段上的发现与发明

为了实现教育认识的目的，认识者要采用相应的认识手段，不同的认识手段实际上是认识者通达认识目的的具体路径。经过数千年的探索与总结，人类在这一领域可谓硕果累累，原发于不同研究领域的认识手段，目前已经汇成相当系统的、可被不同研究领域的认识者共享的一般性资源。言明这一事实在今天颇有价值，因为这一事实的存在已使不同领域的认识手段专利变得毫无意义。试想我们在当下还能找到专属于教育认识的方法论和方法吗？世界，当然也包括人文世界，本就是一个整体，所谓认识领域的划分不过是具有时间和能力有限性的人类为自己划分出的有限的认识范围，充其量只是人类认识的一种策略。在人类整体与世界整体的认识关系中，其实是无所谓领域划分的，因而也不存在不同认识领域的不同手段问题。美国哲学家威廉·佩珀雷尔·蒙塔古 1925 年在《认识的途径》一书中就指出，达到知识的途径具体包括逻辑的六种方法：权威主义方法；神秘主义方法；理性论与经验论的各种方法；实用主义方法；怀疑论的方法；各方法的初步联合和总联合[①]。这些认识的途径无疑是适用于各个认识领域的，因为他所说的认识的途径就是哲学层次的方法，实际上他这本著作的原名称就是 *The Ways of*

---

① ［美］威廉·佩珀雷尔·蒙塔古：《认识的途径》，吴士栋译，北京：商务印书馆，2012 年版。

Knowing or the Methods of Philosophy。这本著作的出版已近百年，在此期间，哲学认识论和方法论又有长足进步，现象学、解释学、分析哲学等方法已被普遍接受，各认识领域共享哲学方法的局面应该说已经初步形成，所谓"教育认识的手段"实际上也只能是一种习惯性的说法而已。在此基础上或在此前提下，我们便可以说，教育认识的手段与其他认识领域的手段并无根本的差异，在求知的取向上也是分途于发现与发明，最多可以附加上更适用于人文科学研究的哲学解释学。但相对而言，发现和发明还是要更为基本一些。发现的目标一定是既有的和既存的，在操作上是要祛除现象的遮蔽和无关信息的干扰，以实现认识者与事物真相的照面，就教育认识来说，与研究者照面的当然就是教育的本质和教育运动的规律；发明本身就是创造性的，在操作上是人在一定的理念支配下运用已有的元素组织出从未有过的事物。由于发明不能不基于发现性认识的成果，只是接受了人文希望的引领，因而也可以视之为发现性认识与人的需要的联姻，在效果上是对发现性认识的升华。如果发明的成果在未来能够得以实现，客观上改变了作为教育认识对象的教育事实，也可以说是具有认识论意义的。至于哲学解释学，其更大的意义在于对人文事物认识的合理解释，作为认识的途径和手段，还需要进一步的开发，恕不赘言。

（三）结果上的事理与学理

通过教育认识，认识者究竟想获得什么？他们实际上又获得了什么？这是学科体制下的教育认识者十分感兴趣的问题。这个问题听起来没有悬念，人通过认识不就是为了获得知识吗？沿着这一思路，认识者通过教育认识想获得的和实际获得的只能是教育知识，但仅仅满足于这样的答案，不仅我们对教育认识的结果难以把握，而且还会阻碍我们对教育认识整体的认知。窃以为，教育作为一种人文的和创造性的活动这一事实，决定了教育之知就是教育之理，反过来，凡不具有"理"的知识，即使享用了教育之知的名号，也只是与教育之知有关，但它本身一定不是教育之知。基于此，一切关于教育的认识，不论其形式为思想还是理论，其内容均是关于教育的道理，从而，若想从教育学中获得不是道理的教育知识，必是不切实际的。那么，我们的教育（学）研究者便需要在追求教育之理上形成自觉，否则就可能会把功夫下到教育认识之外。我们需要理性地面对一个事实,即从人们具有"想把教育做好"的念头开始,"教育"就成为不断更替的"好教育"。我们今天批评的现实教育,曾是历史上的人们的理想;而我们今天引以为豪的教育,或将被我们的后人部分甚至全部否定。在历史的辩证运动中,每一次的否定均会以旧的存在"不合理"为由,同样的,每一次的自豪背后一定隐藏着自豪者理性上的自信。既然如此,人类通过教育认识一定是要获得一定历史条件下的、真的、善的和美的教育之理。与此相应,西方英语国家的学者对表征教育学知识的 pedagogy 和 education 早已经进行了反思。美国俄亥俄州立大学的哈丁在 1951 年首次提出用 educology 一词表示关于教育的知识体系(a fund of knowledge about education)[①],我国学者则将它翻译为"教理学",其对"理"的强调在一定程度上可以支持教育之知即教育之理的判断。如果教育认识尚未接受学科的规制,我们对这一问题的谈论即可结束,但现实却是学科规制下的教育认识已经发展成为最有效率和最具规范的教育认识,因而对于教育之理还需要做进一步的分析。笔者以为,教育之理在教育认识领域实际呈现为教育事理和教育学理两种形态。其中,教育事理是教育这件事情背后的道理,可以继续划分为教育的宏观运行之理和教育的微观操作之理;教育学理,论其根源也是教育这件事情,但它呈示的是承接教育历史的每一个当下中的人们对教育这件事情的最纯粹、最具有逻辑可靠性的理论建构。概言之,教育认识的结果就是教育之理,它以教育事理和教育学理两种形态现实地存在。

最后,我们有必要郑重地审视已经职业化的教育认识主体,并把他们定位为教育认识劳动者,其社会学的、政治学的和经济学的意义前文已有略论。而在系统考察了人类教育认识的对象、手段和结果之后,则有条件对教育认识劳动者做更务实的理解。就价值而言,历史的选择已经足以证明他们存在的必要,但他们自身价值的实际实现以及他们在教育领域以至在整个社会中的形象,则完全取决于他们自己。现实地看,作为职业劳动者的教育认识主

---

① 范国睿:《教理学的产生及其影响》,《比较教育研究》,1995 年第 2 期,第 40—42 页。

体，教育（学）研究者的地位在教育变革的需求中无疑愈来愈稳固，质疑教育研究存在价值的声音已经微乎其微，但是教育研究的现实状况及其影响下的教育研究者的形象远未达到理想状态。这种局面的改变，并不能依靠行政式的操作，也不好静候教育实践者在未来对教育认识领域的自然理解，很显然需要教育认识主体历史性的全面自觉，这中间较为重要的是教育认识者先要对自己作为劳动者的角色清楚认知。通俗地说，教育认识者须持续意识到自己的研究活动是与个人，更是与群体生存和发展相联系的劳动。既然是劳动，就必然具有创造的意蕴。教育认识者自然要拥有劳动的理性，知道自己是为了求教育之知、为教育之用，知道自己必须发现、发明和创造，并知道自己应该获得教育的道理，否则，与教育认识相关的资源就很可能被浪费，他们自身的价值也随之不被信任。对于我们在人类教育认识范围内所提出的问题，在随后的论述中不必然是顺次回答的，但所有的问题都会得到不同程度的解答。

第一章　教育认识的本体论

　　本体论虽有第一哲学的地位，但它之于认识的意义，在持续实利化的普遍思维兴趣中，不只是衰微的问题，更是让人们感到陌生、遭到人们所拒绝的问题。加上多数非哲学专家并不能把它理解为一种思维的方式和追求，本体论客观上已成为思想史的文物。很少有人知道甚至很少有人愿意知道，本体论的出现不仅成就了真正的哲学，而且在具体的层面让人类的认识从见识转向真理，从感官的感性转向思维的理性，从而使人在世界面前开始具有了冷静和冷峻。我们可以不认可任何一种本体论的观点，但本体所意味的"一"与"基"，却在为我们的认识提供着起点和基础，进而使我们认识的力量无论怎样发挥都不至于飘零，此即所谓"万变不离其宗"在认识中的表现。人类的教育认识总体上是疏远本体论的。教育的世俗性和工具性注定了关于教育的思考常常以"术"为先，即便其中有"理"，也不外乎世俗生活中的常理，以至于直至今日，教育中的"理"虽然在生活常理之外新增了某些科学原理的应用，但仍然缺乏从"道"中演绎而来的"理"。我们知道本体论的思维直接牵涉概念的逻辑界定，而教育者却无须依据概念进行教育，他们进行教育的依据从来就是理念，这便促使那些为教育服务的认识劳动者无须执着于教育的本体，从而导致教育的思想丰富而灵动，教育的理论却稀少而无力。现在我们把教育认识本身作为认识的对象，如果再行无视本体论的思维，那么每一个教育认识者必将带着难以理喻的自信，在自我肯定中坐井观天。注重感性经验的教育认识者会揶揄教育思辨者的玄虚与无趣；注重理性思辨的教育认识者也会嘲弄教育实证研究者的机械与肤浅。实际上，教育思辨自有其实质与趣味，教育实证也自有其灵动与深刻，只是各自在有局限的执着中放弃了对于教育认识整体的认知，才使得相互之间形同陌路。因此，即便是为了规避这种消极的现象，我们也有必要对教育认识做本体论的思考。然而，这并不是一件容易的事情。须知教育认识并未因作为对象的教育的存在而使认识本身具有教育的特性，因而摹仿一般哲学家的样子去探寻教育认识的本体，看似地道，却注定没有结果。换言之，关于认识本身的学说在哲学认识论的领域足可谓车载斗量，根本无须教育哲学家多此一举。但因作为认识对象的教育的独特存在，教育哲学家对于教育认识的本体论思考也不会无所作为，这就需要我们因地制宜，使用个性化的策略表达对教育认识的本体论思考。这种个性化的策略在我们这里，就是借助对教育的本体论思考，来表达对教育认识的本体论思考。我们甚至不必担心这一策略会使教育认识哲学变为教育哲学，这是因为我们的旨趣并不在于获得一个更为理想的教育界定，而是在对教育本体的言说中显现教育认识的特性。不管怎么说，"教育认识"既不等于"教育"与"认识"之和，也不是"教育"与"认识"的某种嫁接，而是被称为"教育认识"的形而上学整体。

第一节 教育的形而上学

形而上学自亚里士多德到海德格尔虽然在语言上经历了"是""有""存在"的变化，"但是自始至终总是有一条清晰的主线，这就是关于'是'的研究以及与此相关的关于'真'的研究。求是，求真，这种研究体现了西方特有的语言文化和思维方式，形成了独特的哲学现象和风格"[①]。教育的形而上学是一般形而上学的认识论应用，这一领域的思考者接受了哲学形而上学的兴趣和态度，采用了哲学形而上学的思维方式，进而追寻教育世界的"是"与"真"，为此必然要做纯粹概念的分析和思辨，并顺便对教育世界的各种具体对象进行逻辑建构。而重要的是，不断进步的纯粹概念分析和思辨以及关于对象的逻辑建构，实际上构成了教育认识的别样历史。

---

① 王路：《理性与智慧》，上海：上海三联书店，2000年版，第4页。

亚里士多德意义上的形而上学，已经被历史过程分解到了宗教哲学、伦理学、物理学、天文学以及科学哲学之中。按照当代分析哲学家的说法，形而上学应该研究存在物本身，所关心的主要问题是：何谓存在？是否存在一些属性，可使一个东西为了成为存在物、为了能够被说成是存在的，就必须具有它们？如何解释这些属性？存在物最为一般或最为基本的类别有哪些？这些不同类别的事物之间具有什么样的最为一般或最为基本的关系？其中最后一个问题，也可以换一种说法，即世界或说实在的最为基本的结构或者说其本质结构是什么样的？[①] 我并不认为分析哲学的形而上学理解是完满的，但其"清思"的理想的确使形而上学更容易与各个具体认识领域的知识体系建构具有清晰的联系。在操作的层面，如果我们能以分析的形而上学所关心的问题衡量不同历史时期的教育认识，就会获得较为纯粹的教育认识发展的过程。因为有形而上学的"问卷题目"作为参照，历史上具体个人的教育认识创造，就成为对问卷题目的个人回答。我们借助不同的回答，既可以领略不同创造者的认知兴趣，也可以判定他们的认知水平，还可以与不同历史时期的创造者共享虚拟交往空间，这实际上为我们逻辑地组织教育认识已有成果提供了方法论的基础。

这里已经触及教育形而上学内在的历史和逻辑问题。在其历史问题上，我们并不关心形而上学自身内容范围的变化，而是关心历史的教育认识在形而上学思维下的存在状况，具体而言，是关心具体的教育认识者对那些形而上学所关心的问题的应答兴趣和水平。完全可以想象，具体的教育认识者很可能只对一部分问题感兴趣，因而只在那一部分问题的应答上有所贡献；也会有具体的教育认识者对所有问题均无兴趣，因而在对教育的纯粹认识领域无所贡献。如果我们发现具体的教育认识者系统回答了教育形而上学的全部问题，那么他很可能就是一位我们无法回避的重要的教育理论家，这当然有一个必要的前提，即他的回答明显超越了他的前任和同行者。

关于教育形而上学内在的逻辑问题，在这里特指上述形而上学问题所构成的理论结构。做简单的比照，我们也能够罗列出以下问题：（1）何谓教育？

---

① 韩林合：《分析的形而上学》，北京：商务印书馆，2003年版，第14页。

这正是教育学的第一问题，对它的明确实际上为认识者个人提供了思维的边界，同时也为不同时空中的认识者相互交流确立了基础。（2）是否存在一些属性，可使一种行动为了成为教育、为了能够被说成是教育，就必须具有它们？这不就是我们始终没有丧失兴趣的教育本质问题吗？而这一问题显而易见的直接指向就是教育的本质属性。（3）教育最基本的类别有哪些？这个看似平常的问题，很可能是教育知识世界头绪繁杂、体系混乱的源头。因为形式逻辑的类别划分是以事物的某一属性作为标准，将一个属概念分成若干个种概念，目的是要明确属概念的外延。比如，以教育发生的场所为标准，将教育分成家庭教育、学校教育、社会教育；以教育的举办者为标准，将教育分成公办教育和民办教育；以教育的阶段为标准，将教育分为学前教育、中小学教育和高等教育；以教育的旨趣为标准，将教育分为普通教育和职业技术教育；如此等等。基于这样的教育类别划分，教育认识领域逐渐也形成了家庭教育学、学校教育学、社会教育学、学前教育学、中小学教育学、高等教育学、普通教育学、职业技术教育学，等等。在此背景下，如何组织人类的教育认识成果就成为一个越来越有难度的课题。（4）教育最为基本的结构或本质结构是什么样的？这一问题是教育形而上学问题中最为重要的问题，它与问题（2）共同构成了完整的"教育本质"——最基本的属性和最基本的结构——实际就是教育最基本的内涵。进一步说，无论发生在哪里，无论在哪个阶段，无论有怎样的旨趣，只要可称之为教育，就必然也必须具有教育的最基本内涵，也就是必然也必须具有一些最基本的属性和一个最基本的结构。

这样看来，教育的形而上学大致相当于我国教育学研究领域的教育基本理论研究。教育基本理论不是一个学科领域，并不具有普遍的认识框架，但具有约定俗成的模糊指代，就其性质来说，接近于教育哲学，因而可以说它首先具有哲学的性质。这种哲学性质是由它一般所涉及的问题性质决定的，简而言之，它所涉及的是教育世界的基本问题，这一基本问题"通常指'根本性''稳定性''纲领性'的问题，它的变化和发展决定其他问题的变化和发展；它自始至终存在，并不随时代变迁而沉浮；它居于最高的抽象层次，笼罩着教育学的全部范畴，奠基着教育学的所有规律"[①]。而教育哲学正是对教育领域基本问题的根本回答，不仅如此，在它最高的抽象和概括特征背后，实际上隐藏着教育哲学家对教育具体问题既有认识的全局性把握，这便使它成为一定历史阶段教育认识状况的集中体现。从而，当我们从历史维度对教育知识实施组织的时候，会把教育哲学的文本作为必要的文本，同时也难免会掠过无数个体认识者的具体认识成果。我们由此联想到个体认识者的成果与教育知识整体的关系，进而注意到不计其数的教育论著之于作者及其认识生活实践的价值，但对于公共教育知识的丰富和改进来说又的确可有可无。这对于具体的教育认识者来说无疑是残酷的，而对于教育知识的组织者来说却是一种现实的困扰。

翻阅一本教育思想史或教育学史的著作，在我们眼前浮现的总是每个时代极少数精英人物和他们的认识贡献。如果不做深究，我们会自然接受一种事实，即教育认识的历史就是那些少数精英人物及其教育认识的接力运动；若稍作深究，就会立刻意识到我们所接受的事实显然是一种虚构。但在此印象的基础上，继续想象著作者的懒惰与以偏概全，又一定会暴露出我们的莽撞和无知，这是因为我们虽然不能亲身经验过去，却能较真切地觉知我们自己时代教育认识的实际状况。今天，教育认识或说教育研究已经成为一个职业的和专业的领域，该领域的劳动者每天都在进行着他们自认为有意义的认识劳动，理论上讲他们每天都处于生产新的教育认识的过程中，但究竟有多少成果能够成为人类教育认识组织的直接文本呢？更关键的是，教育认识的组织者应依据什么样的标准选择和确定有价值和说服力的直接文本？这是一个实际的问题。正如我们意识到的，目前的教育认识领域可谓百花齐放、百家齐鸣，这种状况至少在日常思维中算不上一种消极现象，但实际支持这局面的学术意识形态多元，客观上使得人类教育认识的当代组织成为表面看来只能说而不能做的事情。具体而言，后现代思想中的相对主义的流行，使认识劳动者心安理得地坚守着所谓认识的民主和不确定性；实践主义的和生活

[①] 瞿葆奎、郑金洲：《教育基本理论之研究（1978—1995）》，福州：福建教育出版社，1998年版，第1页。

现象学的天然道义性，让追求普遍性、确定性和系统性的认识劳动者越来越走向信心不足或孤芳自赏；应该说科学主义的认识论纲领仍然具有号召力，但在教育认识领域，强调日常教育生活现象价值和教育活动主体内在经验的质性研究无疑越来越受人们欢迎。与此相联系，人们对个人教育实践知识的兴趣，正在把具有纯粹理性主义倾向的普遍性、确定性和系统性教育知识推向教育世界的边缘。现在，如果有人要求教育学界对我们自己时代的教育认识成果在历史和理论的维度加以整合，揭示其相对于以往的创造性质，明示其内在的逻辑结构，那么，教育学界的人们将会怎样筹划来完成这一任务呢？也许，他们要面对的第一困难就是对有意义的教育认识文本的选择。

然而，真实的教育认识不可能只有教育形而上学这一种形式。教育的生动、具体决定了关于教育认识在多数情况下是以生动、具体的教育现象为其对象，而更为繁荣和普遍的是有目的的实用主义性质的研究。因而，每一个历史时期最为丰富的教育认识成果基本集中在广义的教育方法范畴。由于教育只是一个意念性的存在，换言之，并不存在一种与"教育"意念对应的具体的行为过程，所谓教育方法实际上属于包含教学、训育两种主要实践范畴的、有目的限定的手段性思考。这样的教育认识文本真可谓浩如烟海，但要在此基础上进行教育认识成果的组织，就目前来看，好像除了对它们做分类的集萃排列，还没有其他更好的办法，这大概也是作为历史维度组织形式的教育思想史或教育学史在组织方法上难有突破的主要原因。但这样的归因在认识论上无疑是肤浅的，因为深刻的教育形而上学在此过程中明显缺位，以致隐藏在手段性教育认识之中的细微新知难以被及时抽象和提取。这样的结局直接导致我们虽能粗放地感知到人类的教育认识的确随着时代的进步在发生积极的变化，但对变化的机制与逻辑却不得而知或者难以尽知。反过来，如果出现了一种教育思想史或教育学史，能够呈现教育认识进步的历史机制和逻辑，那它一定是一种别样的教育思想史或教育学史。以此为前提，我们便可以借鉴黑格尔的"哲学就是哲学史"，自信地宣布："教育思想就是教育思想史""教育学就是教育学史"。这样的目标并非遥不可及，但难度的确很大，甚至比哲学史实现这样的目标更难，原因是哲学即使发展到今天，在很大程度上已经摆脱了思考的纯粹，但它仍然保持着与社会生活的联系的相对纯粹，可以说至少超脱了世俗生活中的利益考虑，而且它在思维上的高阶性质使得一般社会成员很难介入其中。而教育学就没有那么幸运了。且不说教育学学科体制外的与教育相关的社会成员可以合理介入，即使是名义上处于教育学学科体制内的专业人员，真正能具有相对纯粹的学科思维、能把握住学科本质的个人也不在多数。乐观看，这种现象一定程度上说明教育学领域不乏具有教育认识潜质的劳动者，但换一个角度审视，他们的具有较强生活旨趣的认识劳动，客观上也稀释了教育认识劳动的专业性质。因此，教育认识者所要面对的认识文本，就只能是一种规范程度不等、思维良莠不齐的大杂烩了。

这实在是一个令人头疼的问题。当这一问题发展到一定程度的时候，教育学界将难以接续前人本就充满瑕疵的认识成果组织工作，这一领域的学者面对巨量却不等质的认识成果文本，则如"老虎吃天，无法下口"。前文提及隐藏在手段性教育认识之中的细微新知难以被及时抽象和提取，现在看来，教育认识成果组织中的困难远非如此。巨量异质的教育认识文献必将使组织者承受认识论、方法论等全方位的挑战，教育学界任何研究者个人都无法承担教育认识成果的系统组织任务，而向自然科学和工程科学团队攻关经验的借鉴也不具有充分的现实性，那么，多元平行共存并夹杂局部认识交锋的状况或将长久持续。但问题是我们真的愿意接受这样一种似乎无法改变的现实吗？如果我们真的接受了，那未来的教育学学科体制会不会将名存实亡？更值得注意的是，教育学的学术教育又将怎样进行呢？须知长期以来就存在着学习者对教育学支离破碎、缺乏完整逻辑的困惑与忧虑，作为学科研究的后继者，难道不应该对此负起责任吗？这一连串的问题，一方面携带着忧郁的信息，另一方面也在表达一种期望。毋庸置疑的是，希望的强度是远远大于忧郁的，因为在日趋专业化的教育认识领域，无论存在多少不同的本体论基础、多少不同的认识论路径和多少不同的人文价值取向，原则上都不会超越人类理论理性和实践理性的边界。或者说，不同的认识成果，只是在认识上反映了客观存在的理性整体的有效部分，在价值上反映了客观存在的价值整体的有效侧面。看来，教育认识成果的组织者必须具备认识的和价值的整体视野，只有这样才能够从知觉性的认识成果和偏执性的价值宣示中，提取出被成果创造者自觉不自觉放大的合理性,继而用合适的建构智慧把它们统合起来。

目前急需的一个有意义工作是确立一种新的教育形而上学,它必须承担经典形而上学的职能,同时还应该对教育认识成果的组织有所助益。虽然如此说,实际上新的教育形而上学并不会超越既有的形而上学内涵,这里所说的"新",其实是要从既有的形而上学之中发掘出助益教育认识成果组织的功能。形而上学也被称为第一哲学,这不仅意味着它是哲学的第一或说最古典的方式,而且意味着它在整个哲学体系中所处的基础性地位。现代人把形而上学基本等同为本体论应该说很有道理,因为狭义的本体论要探寻的是世界归根到底统一于什么的问题,回答了世界统一性的问题,等于给一切关于世界的思考和研究奠定了坚实而可靠的基础。依据哲学的传统,教育的形而上学或说教育的本体论在性质上属于特殊形而上学,这是完全站在哲学之中的划分立场。如果考虑到系统的相对性,进而言之,如果我们把教育视为一个完整的世界,那么在关于教育世界的认识中,教育的形而上其实就是教育认识领域的一般形而上学。它将延续哲学本体论的思维,思考教育世界的统一性问题,回答教育世界归根到底统一于什么。基于此,既有的教育形而上学无疑已在关注教育本身,其中必然凝结着人类关于教育的最纯粹的思考结论。有学者对哲学本体论做了简明的表述,认为"西方意义上的本体论是关于存在(或有、是)本身(being as such)的学问,是以存在(或有、是)为核心的逻辑体系,目的是试图对我们生活于其中的世界(宇宙及其万物)做出陈述或描述"[1]。我对其中的"以存在为核心的逻辑体系"这一形式和"陈述或描述"这一方式尤为重视,原因是这两个有效的信息对于消解非哲学专业人员对形而上学或本体论的模糊意识具有积极的作用。单就"以存在为核心的逻辑体系"来说,教育的形而上学对经典形而上学职能的承担,就需要以教育本体为核心建构其关于教育的逻辑体系。其中既需要有对教育统一性的把握,亦即需要显现"教育"的本体,还需要对统摄教育世界的"教育"本体做出解释,也就是阐发出教育的最一般原理。而就"陈述或描述"这一方式

---

[1] 沈湘平:《哲学导论》,北京:中国社会科学出版社,2008年版,第163页。

来说，应能最大程度地除去形而上学的神秘，要知道在平常人的印象中，形而上学或本体论在方法上总是与凝视、冥思及语言的辩证联系在一起，却不知这一领域的工作任何一种形而上学都最终表现为语言形式的陈述或描述。只是需要知道，形而上学中陈述或描述的对象并非感觉世界和生活世界的具象存在，而是作为存在的存在。

完全符合以上形而上学经典含义的教育形而上学，在教育思想的历史和现实中不能说完全没有，但又的确没有出现一种在信心和形式上均已完备的范例。教育形而上学实际的存在，基本表现为一部分本质主义的教育理论家对教育本质的揭示和辩护。而且实事求是地说，几乎所有的教育本质把握都未能摆脱生活现象世界的束缚，至少在文本语言中几乎没有对作为教育的教育之陈述，表达教育本质认识的教育概念界定仍然具有显在的社会生活色彩，简而言之，所界定和界定出的教育基本上属于经验的具象。形成这一结果的关键原因，主要是"教育"在人们的观念中迄今为止仍是一种外在于人的社会文化存在，以致概念界定者不可能脱离社会生活的背景描述出一个纯粹的教育本体。分析到这里，我们一方面可以理解教育学为什么至今仍然缺乏理论理性的纯粹，另一方面也可以理解为什么教育认识领域至今仍然流派纷呈、学派林立。实际上，教育的实际和教育学的实践品格，都不会影响教育学具有理论理性的纯粹，否则，政治学、经济学等也不会具有今日的严谨与深刻。难道政治、经济等不像教育那么实际吗？难道政治学、经济学等因严谨与深刻而失去实践品格了吗？问题的关键显然在于教育的形而上学在信心和形式上尚未完备。当然也必须承认，教育虽然和政治、经济等一样实际，但教育学家远不具备政治学家和经济学家在认识领域中享有的自由。这一事实在过去的确影响了教育学家的理论定力，进而损减了他们的形而上学兴趣。但在教育认识劳动高度职业化的今天，研究者的分工日趋精细，即便教育实践对切合实际的研究有巨大的需求，也不影响一部分研究者对教育世界做形而上学的处理。所以，与其为教育认识上的不足寻找历史的、环境的和对象的理由，不如趁着时代发展为研究者提供的闲暇，为教育认识补上完备的形而上学这一课。

完备的教育形而上学，首先意味着它回答了所有形而上学的基本问题，关于这些问题的具体内容前文已述，我们现在关心的是教育的形而上学究竟应该具有怎样的结构。这里所谓的应该，实际上直接指向这个结构怎样能更好地凝结教育的非形而上学研究所生产的有效教育知识和思想。这样的思考在过去不是没有到位和完美，而是未曾有过。既有的教育形而上学思考无论其品质如何，事实上都是本质主义哲学在教育认识中运用的一种自然结果。若论其职能，人们不约而同的定位从来就是向具体的教育认识和实践放射其意义，从而使教育问题的解决性研究和解决性实践不失教育的意蕴。尤其在对一种行为的教育性判定中，关于教育本质的认识，实际充当了判定的依据。至于把教育的形而上学作为教育新知、新思凝结的载体，应是我们思考教育认识成果组织的精诚所至。分明是我们强烈地意识到，如果一种具体的教育认识成果未能在最一般的问题回答上具有新的贡献或启示，那就真的无法肯定其在促进教育认识进步上的价值。

立足于凝结和负载教育新知、新思的立场，我们可以期望完备的教育形而上学至少要具备以下要素：

（1）教育终极存在亦即可被一切被称为教育的事件分有的教育本体。就目前的哲学认识来看，教育本体只能是一种意念，而非我们过去习惯性默认的一种或一组特征或属性。把教育本体理解为意念，在我们的认识传统中很可能是一种冒险，其最大的风险在于容易被人们误判为唯心主义，从而使一种生动的生命实践活动变得朦胧。然而，这在我看来只是触碰到了人们的思维惯性，并没有使教育变得无法再认，反倒是让教育在我们的意识中不再模糊不清。我们无非是要说，教育并不是具备了某一种或一些特征或属性的某一种行为，而是负载或接纳了某种意念的任何一种自觉行为。实际上，教育即便在最日常的思维中，也从来没有被理解为某一种行为，因为有理性能力的人绝不会认为教育者只是在重复某一种行为。那么问题就来了：如果教育者在其实践中展现的许多行为都被他们自认为是教育行为，那教育在行为学的意义上不就是一个行为群或行为集合吗？如果这样的认识并不荒诞，我们难道不容易得出各种被认为是教育的行为分有了某种意念吗？心与物本就共存于人的生命实践过程，而对于教育这种人事而言，物显然是从于心的。任何的物，仅当它利于教育意念自我实现时，才与教育建立了一种偶然的联系。

某一些行为更容易被人们稍加思索地归属于教育，其实不过是那些行为相对而言更方便教育意念的自我实现而已。

（2）教育本体亦即一种意念的优秀载体。就目前的教育实践状况来看，主要是教和训，前者指向人的知性和理性，后者指向人的德性和个性。显而易见，教和训正是我们所说的更方便教育意念自我实现的行为，因之成为教育意念的优秀载体。换言之，教和训，也许在现实生活中从来就与教育性绑缚在一起，但无论从人类进化史的角度，还是从理论分析的角度，都可以作为没有任何价值偏倚的日常行为，它既可以负载教育的意念，也可以负载经济的或政治的意念。就教而言，传道授业的教师，可从教育者的本心出发，以其传授负载教育意念；也可受雇于举办培训的老板，以其传授负载经济意念；当然也可受组织的委托，以其传授负载政治意念。同样的道理，就训而言，任何的长者，可从教育者的本心出发，以其训诫负载教育的意念，也可受雇于人，以其训诫换取钱粮，从而负载经济的意念，当然也可受组织的委托，以其训诫负载政治的意念。历来的教育认识均重视教与训的考究，不断地延伸、扩展，就形成了教学的和训育的思想和理论，并对相对应的教学活动和训育活动起到了规范和引导作用。但明显的局限在于习惯性地把教学理论和训育理论分别发展成为教学取向的教育学和训育取向的教育学。这两种教育学中的"显学"虽然也在各自的视域内触及形而上学的思考，却唯独没有明确并逻辑地把教与训作为教育本体的优秀载体加以思辨，客观上不仅没有用教与训成就教育，而且两者之间在知识建构上也形成了割裂。

（3）作为教育本体的意念与其载体尤其是优秀载体结合的机制。这一问题显然超越了传统形而上学的范围，但又是形而上学的合理扩张。对于教育而言，以意念呈现的教育本体虽然在认识上具有最大的彻底性，但与日常世界人们的感知距离遥远，因为他们意识中的教育总是现实的和具体的。反过来，站在纯粹形而上学的立场上，可以感知的所谓教育行为又不过是抽象的教育意念的载体。所以，如果不能把只可体验的教育意念与可感知的教育意念载体在思维中加以统合，那么源自两种认识立场的教育在人的意识中只能是似乎有亲缘关系的平行存在。教育本体就是一种内在与意识的意念，自然不是具有实际功能的现实教育；而可充作教育意念载体的那些行为，如果没有负载教育意念,它们可以是其他任何事件,唯独不是教育。所以,既具有现实性又具有真实性的教育,只能是教育本体与那些作为其载体的人类一般自觉行为的结合。教育的形而上学或说教育本体论,无论如何再也不能只逗留在超验的领域,它需要把触角主动地伸向日常世界,进而以此姿态宣示自身的实践兴趣,并彰显自己的实用价值。

由上述三个要素构成的教育形而上学并非一个机械的认识框架,一言蔽之,它是一个被揭示的教育意念,在理性的世界寻求利于其自我实现的行为载体,进而与之结合成为现实教育的思维过程。这兴许是一个令人激动的结论,其值得重视之处,在于对哲学上的形而上学进行了实践取向的处理,从而使它不再与人类的生活实践隔河相望。从认识论的角度审视,我们设定的教育形而上学,在静态的逻辑结构之外竟然呈现出动态的思维过程,这便使有条件和兴趣走进它的人们,不仅能领略到思维的抽象与严谨,还能够体会到纯粹理性的生机与灵动。长期以来,哲学本体论在常人的感知中,一则与玄奥、神秘相伴,二则与脱离实际的无用相连,总之只是那些古怪哲学家的小众游戏。即使是教育本体论的相关思考,虽然在抽象程度上远逊于一般哲学的形而上学,却也难入教育实践者的视野,因为他们的实践所依据的是教育的原则与规则,至于那些原则和规则从何而出,并不是他们所要关心的。一般的教育研究者对教育形而上学的兴趣,与教育实践者相较也高不到什么程度。以经验归纳和问题解决为主体的教育研究,成功塑造了研究者的实用主义立场。从技术上说,他们的研究如果未能有创造新知的旨趣,基本上无涉教育的形而上学;从价值上讲,过于实际的知识视域和具有较强程式性的研究过程,可以让他们在没有充分理据的情况下拒斥教育的形而上学。由此可以想象教育形而上学的孤单与尴尬,进而也能理解它在人类教育认识领域未兴已衰的悲凉。如果我们理性地认知实践者和研究者对教育形而上学的疏远,就不能把教育形而上学的悲凉仅仅归因于它的高深,而应该有意识挖掘它的实用潜能,并希冀它在教育认识和实践的发展中主动地发展自己。

当然,无论怎样顺应环境的变化,完备的教育形而上学也不能失去自身超验与超越的本性。我们所说的实践取向,主要在表达一种思维运动的兴趣和态度。如果有什么新的意图,那就是期望教育的形而上学能够把人文生活的价值作为自己的背景,我想这样的期望实际上也算不上离谱。整体而言,形而上学本来就不是远离价值的思维领域,其超验与超越的实质只是对思维对象可变细节和现实功利的悬置,作为对象的宇宙和人生也不是没有经验内容的空泛概念。形而上学既关注知识取向的终极解释,也关注伦理取向的终极价值,前者是西方人擅长的领域,后者则是中国人的优势兴趣。基于此,形而上学也被分为"知性形而上学和德性形而上学"[①]。教育作为客观的认识对象和现实的功利实践,决定了教育的形而上学必然兼具这两种取向,从而,既可以支持人类的教育认识走向深刻,又可以引领人类的教育实践走向崇高。

回到教育形而上学凝结和负载教育新知、新思这一问题上,我们还必须回答一个问题,即为什么完备的教育形而上学会具有这种功能进而可以助益教育认识成果的组织呢?这就涉及形而上学产生的机制问题。这个机制就是追问。在追问中,人的思维不断向眼前结论的终极依据靠近,直至追问无果,形而上学的结论即出现,同时,形而上学的过程即终结。考察这一过程,就会发现它其实就是作为动词的思想本身,在此意义上,便能把形而上学理解为"人用思想把握世界的方式"[②]。实际上,形而上学也只能用思想去把握世界,原因是它的对象不是世界中具体的存在者,而是超验的、以观念形态存在的存在本身。就认识的现实性来说,观念形态的存在本身也只能以思想这种观念运动的方式进行把握。或因此,才有了"思想是形而上学的秘密"[③] 这一说法。然而,超越诸存在者的存在本身绝不是无根的空洞形式,它的根基必然在非形而上学研究所关注的具体存在者之中,否则也无法理解它被诸存在者所分有。不过,这也不意味着形而上学的思考要从具体的存在者那里出发,现实的情形是形而上学家为了追寻到存在本身,必须返回到与他们同在一个认识共同体之中的非形而上学研究者的认识成果之中并启动自己的追问程序。比如,赫尔巴特针对他之前的教育家把道德教育和教学在理论上分开论述这一状况,提出"教育性教学"的概念,实际上就是在之前教育家非形而上学的思考基础上实施了形而上学的思维统合,并宣示自己不承认存在任

---

① 沈湘平:《哲学导论》,北京:中国社会科学出版社,2008 年版,第 165 页。
② 刘庆昌:《教育知识论》,太原:山西教育出版社,2009 年版,第 104 页。
③ 孙利天:《作为思想的形而上学》,《学习与探索》,2003 年第 6 期,第 8—13 页。

何"无教学的教育"和"无教育的教学"。且不说赫尔巴特仅把教育理解为道德教育的局限，他实际上用思想的方式消除了作为目的的教育与作为手段的教学的分离，反过来又主观但不失合理地建构了能够涵括作为目的的教育和作为手段的教学两者的统一体，这个统一体其实就是现实的教育或现实的教学本身。

  赫尔巴特的这一工作近于教育的形而上学，但显然不是典型的形而上学思维理路，自然不具有形而上学思维的彻底性。为了说明教育形而上学的思维操作，我们倒可以选取赫尔巴特不承认存在任何"无教育的教学"作为起点。最为直接的追问是：真的不存在"无教育的教学"吗？答案是存在。既然如此，就说明教育与教学并不像赫尔巴特所认为的不可分离。而如果两者可以分离的话，分离之后的教育是一种怎样的存在呢？当然是一种意念性的存在。那我们能否在此基础上说教育的本体就是一种意念呢？当然能。那么紧接着的问题就是作为教育本体的意念是一种什么样的意念以及它是一个不可分割的单位呢，还是一个结构？无论这最后一个问题的答案是什么，一种教育的形而上学都必将产生。从教育的形而上学产生机制中应能窥见形而上学对具体认识成果的思维处理，它通过反思与追问，既能使具体的认识成果服务于教育一般知识的抽象，也能使具体认识成果的局限性暴露无遗。但或许会令人遗憾的是，这正是教育的形而上学凝结和负载教育新知、新思的独特方式。联想起哲学对各门具体科学成果的最高概括和总结，我们完全可以负责任地说，哲学的概括和总结，从来就不只是简单的归纳、分类和提取公因式，除了这些必要的工作，其核心和要义还是在追问中反思、在反思中追问，直至产生新的哲学结论。

第二节　作为教育认识对象的教育世界

  在讨论教育的形而上学时，"教育世界"这个概念会自动浮现在意识中，这中间必与哲学形而上学所关注的"世界统一性"问题具有思维上的内在关联，但更是教育认识对象既清晰又模糊这一现象驱动的结果。首先说哲学形而上学的影响。由于它并不指向具体的存在物，而是指向作为存在的存在，这就注定了它不同于各种科学对部分存在者的考察，必然会超越各个部分，让思维与各个部分构成的整体相对。而这个整体正是形而上学语言中的世界，它理论上涵括存在的所有侧面和层面，而且也必然统合了时间和空间这种基本的维度。迁移了哲学形而上学的精神，我们所说的教育的形而上学自然是思考教育世界的统一性问题，回答教育世界归根到底统一于什么。其次说教育认识对象的既清晰又模糊这一现象的驱动，其要义是追求教育认识的最高的辩证，并为此先行消除作为认识对象的"教育"在认识者那里支离破碎的存在状态。具体地说，以认识教育为目的的研究者，在现实的意义上并不是研究作为意念的和整体的教育，他们总是以教育世界的部分现象和局部问题为对象的，因而也是清晰的。但当他们向环境告白自己在研究教育时，他们所说的教育显然不会是自己正在面对的具体现象和局部问题，因而他们意识中的教育又是模糊的。仅就研究者的专家角色而言，他们对教育的模糊认知虽然不尽完美却也无可指摘，但从人类整体的教育认识成果组织的角度看，这种模糊必然会导致组织过程中的思维困境。目睹流行的教育学学科分类标准，有识之士大都觉得其缺乏内在的统一性，并因此而显得繁乱无序。那这种状况究竟是由什么原因造成的呢？揣测分类者的心理，绝非有意地敷衍塞责，而是在缺乏有效方法的情况下客观如实地反映了教育学科教育的实际状况，这就难免使所做的分类成为一种被反映论的认识论所批评的机械的、照相机式的反映。若追究更为深层的原因，则应是分类者缺乏对作为教育学研究对象的教育世界的结构性把握。不过，根底的责任并不在分类者那里，他们的不足实际折射出教育形而上学的不足。正是由于教育的形而上学始终未能完备，才使得教育学虽在认识领域获得了席位，但其内部却是一盘散沙。如此说来，关注教育世界统一性的教育的形而上学，显然有必要对教育世界做出高屋建瓴的分析。

教育世界在哪里呢？或可说世界就是教育的世界，在生命所能占据的一切时间和空间里，教育都可能现实地发生。这样的说法当然很具有格言的品质，但明显会滑向泛教育论的方向。沿着这样的思路，思想者或可贡献出人文生活的诗意和深刻，却无法让狭义教育世界里的人们感受到切己的实用价值。即使我们在精神上很享受生命和生活的浪漫，也不能忽略现实的教育世界从来就是、想必永远也是一个讲求效用的世界。如果没有了效用的追求，教育也就失去了存在的前提，它不仅不具有现实性，而且不会有自己的历史。所以，教育世界在整体的人文世界注定了是一种功能性的和手段性的存在，我们尽可以真诚地赋予它诗意与深刻，但又绝不能悬置并不诗意和深刻的、被整体人文世界赋予的目的。面对这样的事实，任何的困顿和烦躁都没有意义，继而需要我们从不可回避的困顿和烦躁之中意会出教育世界的人文性和现实性。当然，教育世界的这两种性质是可以统一的。其人文性正是其现实性的核心内容，因为其现实性正是人的主观精神与客观背景通过对话互动不断生成的。虽然如此，但只要教育世界客观上已存在，就必然享有与自然世界并无二致的底层结构，即同样是时间和空间的总称。在此认识基础上，我们实际上不必费尽周折，完全有理由把思维直接聚焦于教育世界的时间和空间，至于教育世界的时间和空间是怎样的具体存在，只能尊重其存在的实际和我们思维的合理运动。

一、教育世界的时间

展开这一问题的思考，需要确立一个原则，即不能奢望思维上的速战速决。确立这一原则主要理由是教育的人文属性决定了时间在教育世界中具有过于丰富的意义，从而使任何追求在这一问题上的"一言蔽之"，都会让教育世界的全部真相难以呈现。但这也不意味着要把各种不同意义的时间学说附会于教育，须知那种近似于游戏的工作虽然并不是毫无价值，却容易让人对原本熟悉的教育感到陌生。简而言之，不奢望速战速决，意味着要自觉回避仅仅视时间为教育基本资源的功利倾向，要知道这种倾向在教育实践中不只是处于主导地位，甚至可以说是唯一的倾向。应该说，这种倾向对于实践者来说极为自然和合理，问题仅仅在于这种理解倾向中的时间之于教育的价值是工具性的而不具有本体性，换言之，它确实在教育世界中，却不是教育世界的基本构成。我们一定熟知学校教师对教学时间的珍惜，具体表现在他们会合理利用时间，会要求学生抓紧时间，有时候还会与同事争夺时间。这一系列与时间关联的行为，均明确地指向他们要实现的目的和要完成的任务。

而需要注意的是，教师的这一系列与时间关联的行为，就发生在以时空为基本前提和坐标系的教育世界中。显而易见，教师珍惜的时间和作为教育世界前提和坐标系的时间并不在同一个意义范畴。这就启示我们对教育世界的时间有必要做不同意义范畴的理解。

如果我们选择从宏阔到细微的顺序进行排列，且不说教育世界的时间究竟有多少种意义，其第一意义应是它作为教育世界的前提和坐标系这一层面。既然可以作为教育世界的前提，那么以下的判断就必然成立，即没有时间，就一定没有教育世界；有了时间，才可能有教育世界。由此可以推知，我们正身处其中的教育世界，在较粗放的意义上必是时间的产物，进而是唯一有时间理性意识的人所创造的。在这种思维转换中，教育世界的时间性质实际上承载了它的历史性质。处在当下的人们很自然地行动在当下，只要他们不去做专门的反思，教育世界的概念一般不会出现在意识中。如果有近似的存在，基本上可以描述为与他们的本职工作具有直接或间接关系的"教育界"。什么是"教育界"呢？因其中没有"世"的元素，肯定不是"教育世"，也必然不是完整的"教育世界"。"教育界"在他们的意识中就是一个空间概念，一个社会空间概念。形象地说，它就像漂浮在时间河流上的一条船，无疑是从过去而来，并必将向未来而去，但对于当下的教育实践者来说，它就是一个被抹去时间性质的静态教育世界。但是，我们要描述的教育世界并非当下实践者意识中的那一种，而是作为人类教育认识对象整体的那一种，那就需要跳出当下的"教育界"，以时空组合的视野、以旁观的姿态，用思维凝视被习惯上称为教育的独特存在。在这样的凝视中，教育世界其实是长期处于运动中的时空结构，当下的"教育界"只是这个时空结构途经我们的当下并给我们留下的一个静态图像。教育时空结构一路走来所显现的实践过程，通常被我们称作教育的历史，现在看来，所谓的教育历史实质上是不能从完整的教育世界中分离出去的一个有机维度。在此时间维度，教育就是教育的历史，反过来，教育的历史就是教育本身。切不能以为这样的判断只是一种语言的和辩证的艺术，它在教育本体论的思维中是具有真实性的。我们把教育的历史视为教育自身在时间维度存在，并不是让现实的"教育界"拖上一条长长的尾巴，而是明确了教育世界的历史性质。想一想教育的传统是什么？它又在哪里？正确的回答应该是：教育的传统就在现实的教育之中，而不是与现实教育两分的历史现象。

教育世界的时间的第二意义，应是它作为教育世界主体的教育活动的资源这一层面。在这一层面，时间很显然是客观的时间。虽然这并不能改变时间与个体生命同在，但生命个体的主观时间在这里也被视为客观的资源。任何教育目的的实现和目标的达成都需要一个过程，换一种说法，也就是都需要一种客观存在的时间。若做进一步的划分，作为教育活动资源的时间实际上包含两种意义：（1）是指教育目标的达成和目的的实现必须具有的时间性期限设定。如果期限设定宽松亦即时间充分，教育过程的节奏就容易平实与和缓，但教育者的时间资源意识一般不会很强；如果期限设定紧迫亦即时间不太充分，教育过程的节奏就容易紧张与急切，这种情况下，教育者的时间资源意识自然就会增强。表面上看，时间在这里是可被课程实施者利用的资源，但更深层的意义是与课程实施的原理紧密相连的。因为在操作的意义上，课程实施意味着课程内容的先后次序与师生个体生命时间进程的结合。我们知道，课程的内容由课程标准给定，而师生的个体生命时间也是由生命本身给定的。为了实现教育的整体目的，必然要借助各种性质不同的科目，但无论有多少科目，都必须融入师生的生命过程才具有自身实现的可能。当然，换一个方向，师生的生命过程必须与具体的课程内容结合，才能成就自己教师和学生的角色。（2）是指为教师和学生拥有的个体生命时间。此种意义上的时间才是实质性的时间，它反过来使为教育目标达成和目的实现所设定的期限显现出对师生个体生命时间征用的本质。通俗而言，即便课程标准为学校的各学科教学任务的完成给予宽松的期限，假如没有师生的参与和投入，那个期限也只是一张教学时间的空头支票。所以，与其说时间是教育活动的资源，还不如说师生的生命过程本身是教育活动的资源。以此为基础，我们就很好理解学校对教师和学生生命状态的积极关注现象。具体而言，学校总希望教师和学生能够精神饱满、认真投入，从另一个角度讲，则不希望看到他们精神懈怠和敷衍塞责，因为以这种状态与课程内容结合是趋向出工不出力的。实际上，对生命积极状态的需求，最典型地存在于教师对学生的行为管理之中。教师并不只满足于学生的身体出席课堂，而是需要他们的精神能与课堂活动高度融合。如果学生只是身体出席在课堂，却无精神与课堂活动有机结合，那他的生命时间对于教师所主导运行的教育教学是没有关系进而也是没有价值的。

教育世界的时间的第三意义，应是它与教育精神和价值现象的联系这一层面。先从教育之外说起，一个具有标志性的口号"时间就是金钱，效率就是生命"，折射出了珍惜时间、追求效率以及"发展就是硬道理"的理念。也可以说这一口号显现了时间与发展精神和经济价值相联系的意义。在此之外，时间在日常思维中实际上也具有超越客观物理时间和个体生命时间的其他意义。当我们说"时间是医治伤痛的良药"时，或当我们说"不守时间就是没有道德"时，实际上已经把时间与个人的心理过程和生活规则联系在了一起。在教育的世界里，我们也能发现时间的意义并不局限于教育世界存在的历史维度和教育活动的资源这两个层面，它与教育内在精神和价值的联系不仅明显存在于教育思维之中，而且已经走出了文学式表达的范围。时间在这一层面的意义主要表现在两个方面：（1）是把时间与人的可能性变化在教育精神的高度联系了起来。由于人的变化要经历一个过程，我们就可以说时间是个人发展的基础，也是个人希望的基础。面向未来，只要还有时间，就还有希望；可利用的时间越多，希望的基础就越牢固。正是在此意义上，毛泽东才说："世界是你们的，也是我们的，但是归根结底是你们的。你们青年人朝气蓬勃，正在兴旺时期，好像早晨八九点钟的太阳。希望寄托在你们身上。"[①]在这种殷切期望的背后其实隐藏着一个道理，即年轻就是资本，有时间，一切便皆有可能。联想到许多学者主张"慢教育"或说教育应该像农业一样，其成立的前提只能是青少年学生的人生还很漫长。还有人主张学习与进步虽不可改变个体生命的长度却可以增减生命的宽度和厚度，这中间无疑也包含着教育的精神意蕴。（2）是把人对时间的态度和处理与道德联系了起来。教育在某种意义上可以说是教育者和受教育者以时间为资本的合资经营活动，这在学校教育中的教师和学生之间表现得尤为突出。教师要完成自己教的任务，需要学生有效和有意义的时间投入；学生要达到自己学习的目标，也需

[①] 《毛泽东年谱（1949—1976）》，北京：中央文献出版社，2013年版，第248页。

要教师有效和有意义的时间付出。因付出的方向均为对方，所以教育的过程又可以说是教师和学生相互合理占用对方生命时间的过程。占用有占据并使用之意，这就必然触及道德问题。如果占用是一定的体制和原则赋予的权利，那么就必然牵涉与这种权利不可分离的责任。对于教师来说，不行使自己的权利，是对赋予他权利的国家和社会的不尽职，又是对让渡给他权利的学生的不负责，当然是违背教育道德的；对于学生来说，不行使自己的权利，一则是对教师资源的浪费，二则是对自己成长与发展的不负责任，应是违背了受教育的道德。但更值得注意的是教育活动中的教师表现，毕竟在教育的交往结构中，教师占据着主导的地位。无论一个时代的教育文化多么强调学生的地位，他们在教育过程中的存在方式和状态还是由教师决定的。不用说，对对方时间的浪费、侵占和支配现象，会更自然地发生在教师一边。那么，这中间的教育道德问题也自然更值得我们关注，须知这种问题或许是许多教育现实不足的重要源头。

　　如上三种意义上的时间，在教育世界中本是自在而在的，而且不会给人以违和之感，这说明各种意义的时间是统一于教育世界的。反过来提醒我们，对于教育世界的时间之理论分析只是一种认识论的策略。然而，理论的功能之一就是要把原先浑然一体的存在做理性的解析，以使人的思维和行动不永远停留在较浅表的层面。但要实现这一愿望，理论运动就不能到此为止，在分析的基础上，还需对经分析而来的具体成分做思维的统合。具体到教育世界的时间，我相信三种意义上的时间必然能够被统合于教育的和认识的理性，否则，越是具体入微的分析，越容易使人们原先虽然模糊却整体的教育理解变得支离破碎。简单地说，作为教育世界前提和坐标系的时间其实是历史的代名词，它主要标识教育世界的运动属性和生成品质，从而既是现实教育表现的过程性后台准备，又具有使现实教育走向可能世界的恒常性能力。唯独需要明确，这一意义上的时间仅可用于对教育世界的整体反思与展望，并不直接介入具体的教育操作和个体生命过程。相比较而言，作为教育活动资源的时间才是教育活动参与者自己的时间，它一方面使教育活动由可能而现实，另一方面支持了教育者和受教育者个体生命的展开。而所谓与教育精神和价值现象的联系，不过是教育者和受教育者的个体生命在教育活动中展开时衍生出来的问题,严格地讲,这种联系为教育世界的时间贡献了意义,却非时间本身。那不同意义的教育世界的时间能否在思维中得到统一呢?答案是肯定的。其统一的原理是:无数教育者与受教育者的个人生命过程,在一定的价值追求和道德原则规制下互动融合,生成不断流变的教育历史,此历史的精神以传统的名义功能性地存在于现实的教育世界之中。

二、教育世界的空间

与时间相比,教育世界的空间感觉上更容易描述,原因是空间与人的关系好像更为外在一些,至少它不具有与生命同在的特征。其实,这不过是一种错觉,只有当我们被指定去描述教育世界的空间时,才会知道空间的相对外在性固然更容易让我们与它形成距离,但它相对的外在性也让我们缺少一种切身感,甚至会让我们忽然觉得空间之于教育更接近一种容器,而它自身并没有实质的内容。而就人的生命而言,我们视之为一种时间性存在不会引起多少争议,但若说到它与空间的关系,虽然也能说两者不可分离,但这种不可分离在我们的意识中是不具有本体论意义的。如果我们再引入马克思所说的,"时间实际上是人的积极存在,它不仅是人的生命的尺度,而且是人的发展的空间"[①],那我们甚至会丧失表达已经拥有的日常空间认知的自信。但理性地说来,一切关于空间的认识都无法脱离我们对空间的日常认知,那些一时让我们感到费解的空间思想,只不过是借用空间的日常意义表达了一种具有空间本质的新现象。就像马克思所说的时间是人的发展的空间,我们完全可以把它理解为积极存在的人不断向前进而不断扩张了自身自由存在的范围。从根本上说,空间和时间一样是教育世界存在的前提条件,而且空间比时间要具有更强烈的可感知的现实性,以致教育世界在我们的意识中首先呈现的是其空间的属性。只是连我们自己都很难意识到物理的空间已经被我们的意识所屏蔽,从而使教育世界在我们的意识中直接呈现为社会性空间。这应该也是教育世界的空间比时间更难以描述的重要原因。深入到教育世界之

---

① 马克思、恩格斯:《马克思恩格斯全集》(第47卷),北京:人民出版社,1979年版,第532页。

中，我们发现教育世界存在着物理空间问题，但整体的教育世界在我们的意识中是一个社会空间，而在教育世界运动的局部还存在着人际情感和思维互动生成的精神空间。

首先，教育世界存在着物理空间问题。这一不言自明的陈述自然是从最基本的教育活动出发而言的，反映的是以教育活动为内核的教育世界的物质性的一面。言说教育活动的存在，就要涉及教育活动发生在什么地方，这就是一个地理的和空间的问题；要涉及谁在教育谁，这表面看来是教育活动者亦即教育活动主体问题，但要追到他们作为生命体的物质性存在，自然就能引出物理的空间。理论的分析和表达总不具有生活本身的生动性，这个问题用大白话说，其实就是必然占据物理空间的人只能在一定的物理空间中进行教育活动。之所以需要看似多余的理论分析，实际上是人借助于思辨过程让自然存在的事物在意识中形成秩序。现在我们可以重新来面对教育世界存在的物理空间问题，便不必纠结于它作为人及其教育活动容身之所的这一层面，而是要思考物理空间对教育活动的支持与限制。具体而言，一定水平的物理空间是教育活动顺利进行的保障，在此基础上，物理空间的质量会影响身处其中的人的心理感受。现实中学校硬件环境的建设和不断改善，正是基于这一微观的原理。再进一步说，越来越精细化和专业化的教育，对物理空间以及相关的物质设施也有最基本的要求。我们在现代意义上谈论教育世界的物理空间，已经不再满足于它作为能够为师生遮风避雨的场所的价值，而是上升到了赋予它更为丰富的教育意义的层次。

其次，教育世界在我们的意识中会直接呈现为社会性空间。做出这样的判断，说明我们已经在整体的意义上把握教育世界，而不是直接把意识定位在类似家庭、学校、社区等具体的场所。但这也不表明整体的教育世界是一种观念性的存在，恰恰相反，它就现实地存在于处于流变中的社会结构和过程之中。言及社会性，在这里并非与某种意义的私人性对应，而是指教育世界的发生和存在均以社会的预先存在为其前提。何谓社会？仅在人类的范围内界定，社会是人的活动及其得以运行的基础性和背景性结构和过程的总和。在这一界定中，我们把人的活动摆在了第一位，这是因为没有人的活动，任何关于社会的观念都没有了根基，甚至能够说，社会就是因人的活动不断扩大范围而逐渐生成的。当然，这也注定了所谓人的活动的意义在这里是超出依靠个人力量可以完成的孤立和独立的生存活动范围的，而且人之所以活动绝非仅仅为了自己，否则，即便存在着一个社会，也与他孤立和独立的个人活动无关。反过来讲，个人必须通过与他人交往，个人的活动必须通过参与到与他人活动的交换中，才能够进入社会活动的范畴，同时，社会也才能够得以生成和发展。基于此，我们说教育世界在意识中直接呈现为社会性空间，其第一要义正是它无法也不必遮掩地参与到了整个社会的"交往"与"交换"之中，也因此，目的意义上的人的教育实际上成为社会的教育，它一方面因具有一些功能为社会所需，另一方面则因社会需要的变化而发生变化。事实上，"教育"而非"教"从出现开始，就具有了社会的性质，其第一追求就是帮助个人实现社会化，为此必然会把社会性的规范传递给受教育的个人。到了较为成熟的制度化社会，教育除了在日常生活范围内传递文明之外，随着历史的发展越来越成为社会整体设计中的一种功能系统。这种趋势继续向前推进，作为功能系统的教育继续跃升为正式教育，原先作为第一存在方式的日常世界教育则边缘化为非正式的社会生活教育。进而，在当代，教育世界的指代实际上是由家庭教育、学校教育和社会教育构成的整体，从中可知家庭、学校及它们之外的狭义社会成为教育活动的实际场所亦即空间。到了这一阶段，理论上我们完全可以说，在人类社会范围内，教育可以无处不在。这当然是一种事实，而在这种事实背后，其实存在着一个简明的结构，即社会整体结构中的政治、经济、文化等存在之间的功能性关系。进而，说教育世界在我们意识中直接呈现为社会性空间，必先意味着社会的需要客观上成为教育运动的边界。在此意义上，社会对教育的需要决定了教育世界空间的大小，也决定了教育世界空间运动的方向。但也不能忽视教育世界的相对独立，除了镶嵌于社会体制中并使自身具有基于社会需要的功能性的社会性之外，它自身就是一个独立的社会性系统。这一判断具有两重意味：一是教育世界内含有社会性的结构；二是教育世界的运动是一个社会性的过程。借鉴全息理论"部分包含着整体信息"这一观点，我们也可以说教育世界本身就是一个特殊的社会系统。在其中，人们以制度化的教育活动为核心建构了纵横交错的行政、管理和服务框架，从而使教育活动及其制度化组织自然接受了环境的赋权、赋能、调控、评价。走进教育活动及其制度化组织的内部，则是另一番社会性景象，在其中，各种人际关系及其原则一方面使教育活动成为特殊的生活，另一方面也使学校这一最典型的制度化教育组织如同社会。学校内的各个机构设置共同服务于学校教育目的亦即社会期望的实现；学校各机构的工作人员自然是相互协作，他们工作所遵循的规则，既具有专业性的元素，也具有一般社会性的元素；教师和学生在教育活动中按照伦理的和技术的要求结成学校中最重要的人际关系；课堂作为学校教育的核心空间，从形式到内容都通向对社会文化的再生产。总起来说，教育世界作为社会性的空间首先意味着它镶嵌于整个社会系统之中，并因此与社会系统中的其他子系统具有相互的功能性联系；其次意味着它自身几乎是整个社会的缩影，社会规则及其背后的文化均存在于其中并实际发挥作用。

再次，在教育世界的局部还存在着人际情感和思维互动生成的精神空间。精神空间并非一种虚妄，作为常用概念经常出现在文学和艺术的评论中，在此之外还被用来阐释社会生活现象。比如有学者对新疆"巴扎"（商业繁盛之区或集市）的精神空间特征进行了阐释，认为"巴扎"之所以"可以被视作一个精神空间，除了具备可被意象的空间结构外，更主要的原因还在于它的可被移情性与可回忆性"[①]。从这里我们能意识到两点：一是物理空间和社会空间是精神空间的基础。因为如果"巴扎"没有可感知的物理性实体和发生在其中的商品交换和人际互动，人们的"巴扎"意象就没有了根基。二是精神空间存在的客观表征是：曾在物理和社会空间现场的人，事后可因其中的元素在意识中滋生出情愫，并且能通过回忆把自己的精神安放于其中。实际上，我也关注到了教育世界的精神空间问题，并在《课堂里的精神空间》一文中指出："如果受教育不只是学习，而是接受一种精神性的影响，那么学生在走进课堂的时候，必须同时走进一个不同于物理空间的精神空间，这才是他们接受真正教育的地方。"[②] 基于教学的内容和基本追求，课堂精神空间是

[①] 王敏：《新疆"巴扎"：从物理空间到精神空间》，《新疆师范大学学报（哲学社会科学版）》，2015年第4期，第131－138页。
[②] 刘庆昌：《课堂里的精神空间》，《当代教育与文化》，2011年第6期，第22－28页。

由知识、情感和价值三个维度构成的。其中，知识的维度在一定的条件下也可以转化为知识与思维的复合维度，贯通此维度与情感、价值两个维度的是文化，因而把课堂精神空间理解为课堂文化空间也是成立的。在此意义上说，教育世界的进化固然需要用多种指标说明，但最为核心和基本的指标应是课堂精神空间的质量，因为课堂对于作为受教育者的学生来说就是最为直接和现实的教育世界，其他所有的因素实际上成为课堂世界的模糊背景。只要知识、思维、情感、价值在场，课堂精神空间自然就存在，但高质量的课堂精神空间一定是三种维度有秩序互动的结果，尤其是思维与情感的互动应是其形成的核心机制。也因此，构建高质量的课堂精神空间能力成为学校教师专业发展水平的最高体现。

总之，教育世界的空间具有物质性、社会性和精神性三重意味。物质性的物理空间是教育世界自然的基础；交往性的社会空间是教育世界在人意识中的整体和直接的意象；只有师生能够切身感受的课堂精神空间则是教育世界的内核。相对于时间，空间之于教育世界的意义更为直接，这是因为我们对世界的感知更具有空间倾向。在最一般的意义上，人无疑是过程性的存在，但同时也是结构性的存在。如果能考虑到人总是现实地存在于每一个当下，那么结构性的存在显然更具有现实性，也更容易被人感知。也许只有理论家才有必要从整体上把握教育世界，从而才能够理性地建构出时空交融的教育世界图像。

三、教育世界的结构和特征

我们实际上既从时间和空间的维度审视了教育世界，又思辨了教育世界里的时间和空间问题，但这样的工作只能使教育世界的图像不再那么模糊，还是没有使它呈现出整体性。所以在已有思考的基础上探寻教育世界的结构就显得非常必要，这不仅能让教育世界在我们的意识中清晰而整体，更重要的是可以为教育知识的分类奠定坚实的基础。其原理是：教育作为教育认识对象并非教育的具体部分，而是教育整体亦即教育世界；如果我们可以接受认识与其对象之间具有反映论的关系，那么教育知识整体即是教育世界的镜鉴。进而教育世界的图像能够清晰而整体，教育知识的图像也就会清晰而整体；教育世界的图像是有秩序的，教育知识的图像也就会是有秩序的。依据世界的存在方式，时间和空间无疑是不可或缺的分析维度，但时间和空间明显具有形式的特性，要想获得完整的教育世界图像，尚需在时空的形式中注入内容。鉴于此，我们对教育世界结构的把握拟从历史（时间）、场域（空间）和实质（内容）三方面进行，并从中引出教育世界的具体特征。

第一，传统、现实与未来是教育世界的历史构成。在历史的维度，我们习惯于传统教育、现代教育和未来教育的观念性划分，好像它们至少在时间上是相互独立的三种教育，实际上教育自从产生就成为历史运动中的存在者。无论哪一个当下的教育世界都是之前教育的无痕迹连续，因而教育世界是纯粹的当下教育世界，所谓的传统教育和未来教育都内含在现实教育世界之中。借助时间和空间概念，可以说传统教育以时间空间化的方式有机融合于现实的教育世界，而未来教育则以空间时间化的方式在现实教育世界预示和征兆未来。也就是说，实际上只存在着一个教育世界，即现实教育世界，至于传统教育和未来教育只不过是具有生命有限性的所有个人进行思维划分的结果。需要说明，历史概念在这里已经超越了日常思维中的理解，即它不是特指一定标准下的过去，应该说是一种历史性。这样的历史性主要标识教育世界的不断运动及其内在连续，做操作性的解读，则是现实教育世界在人的意识中选择性地承接过去的遗产并融入自身，同时以其在新环境中生成的新生事物预测和通向未来。理性而言，传统、现实和未来只具有观念上的封闭性和绝对性，一旦与每一个当下连接，就立即转而具有了开放性和相对性。每一个当下的人都有自己实实在在的传统的内容和未来的观念，然而，被他们视为传统的都是曾经的现实，被他们切身感知的现实都是过往人们意识中的未来，继而在历史运动中又成为未来人们意识中的传统。如此循环往复的意识转换就构成了时间维度的教育世界整体。

第二，家庭、学校与社会是教育世界的场域构成。场域已成为社会学的一种分析模型，其基本的内涵近似于社会空间，可具体理解为一定物理空间基础上的人的行为及其相关因素构成的网络。就教育实际发生的场域来说，几乎成为常识的就是家庭、学校和社会，以致家庭教育、学校教育和社会教育也成为教育世界无可争议的场域构成。但要用逻辑学的原则衡量，就会发现这种说法有失严谨。尤其是社会作为整体的场域，实际上是包容了家庭和学校的。要不然，类似"家庭是社会的细胞""学校即社会"等说法就没有道理。话又说回来，家庭、学校和社会也是可以走向严谨的，前提是必须把社会限定为家庭和学校两个场域之外的文化空间。这样，具体的个体在物理空间意义上，同一时间内只能在家庭、学校和社会三者中的一个场域之中。但问题并没有因此而简单，若在细节上追究，就会发现把家庭、学校和社会仅做物理意义的理解很容易暴露出思维的幼稚。一个父亲在社会场域教育孩子，属于家庭教育呢，还是属于社会教育？学校组织学生观看电影，属于学校教育呢，还是属于社会教育？家长在教师的要求下监督和指导学生学习，属于家庭教育呢，还是属于学校教育？这一系列的追问，实际上都指向一个结论：即作为教育世界场域构成的家庭、学校和社会虽然存在着明晰的物理界限，但家庭教育、学校教育和社会教育却无法被机械地切分。严格地讲，只要可被称为教育，无论它发生在哪里，都运动在同一个方向，相互之间的区别表现在目的的强度、内容的系统性、方法的规范性和行动的计划性上。基于此，学校教育无疑是教育的最高典型，它不仅在目的、内容、方法和行动的品质上都能达到具体历史时期的极致，而且还能在一定程度上把家庭教育和社会教育组织到学生的发展过程之中。因此，在今天说一个人受过教育，就等于说他受过学校教育，而家庭教育和社会教育只能存活在教育的广义理解之中。尽管如此，整体的教育世界在空间的维度仍是由家庭、学校和社会共同完成的。

第三，观念、制度与行动是教育世界的实质构成。教育世界是教育的世界，这就决定了时间和空间只是教育运行的框架，该世界的本质只能由教育自身的实质构成来成就。那教育的实质构成又是什么呢？回答这一问题的策略是从教育最可感知的地方出发，而与此相关的第一判断是：教育是一种行动，是一种"做"，是吸纳人主体能量的操作过程。由于教育在本体论意义上只是一种意念，我们感知到的"做"其实只是"教""训""管"等中性的人类一般行为；使各种中性行为成为教育的是被称为教育的意念本体的驱动，由此可知被我们不加反思视为教育的现实行动背后真实地存在着教育观念。那么，教育是不是一个简明的"观念-行为"结构呢？纯粹的教育的确如此，现实的教育则不然，它必然制约于或显或隐、或正式或非正式的制度。因而，关于实质性的教育，最恰当的表述应该是：一定制度规限下的"观念-行为"结构运动。这种结构运动在现代教育中是显而易见的，而且三个要素之间的互动机制也已经足够成熟。化教育观念为教育行为，在教育行为过程中生产观念，客观上已是先进的教育运动的常态。当"观念-行为"运动遭遇现实的阻碍时，教育实践者当然会寻求技术上的解决路径。如果技术不成问题，则会进一步要求制度的改良，由此把教育革新扩展为教育改革。为了说明教育世界的实质构成，我们还可以采取分析的立场，将观念、制度和行动视作各自独立的系统，而令人欣喜的是，这样的分析也具有可靠的经验基础。说白了，教育观念、教育制度和教育行动在人的意识中的确可以各自独立存在。教育认识发展到今天，已经塑造了一个相当完备的教育观念系统，它真的就像一个独立的世界，有自己的术语、逻辑和认识的范式，既能为教育实践赋能，也能超越教育实践做自主的运动。教育制度一方面为教育行动而生，但自身也是一个系统，即便教育实践不同程度地摆脱了它的规限，也不影响它自身内在的一致性。这使我不由想起教育史研究历来专注于教育思想史和教育制度史，却未能把教育行动或说教育活动列为有机的研究范畴，应是研究者考虑到了教育思想观念和教育制度是两个相对独立的世界。关于教育行动，说它是教育实践的核心内涵也不过分，客观上充当了教育现实的第一表征。只是需要意识到，现实的教育行动绝不是纯粹的教育行动，在这一点上是无法与教育观念和教育制度相比的。换言之，教育观念可以是无涉制度和行动的存在，教育制度也可以无涉观念和行动，但教育行动，尤其是现代意义上的教育行动，一定是教育制度规限下的"观念-行为"结构运动。因而，立足于系统思维，观念、制度与行动是教育世界的实质构成。

对教育世界的三种构成加以统合，就可以对教育世界做一简明的描述。从基础处出发，一定制度规限下的"教育观念-教育行为"结构运动是教育世界的内核，它是整个教育世界生成的基础。此结构运动的恒常性使教育世界的历史性持续展开，进而形成以现实教育为载体的传统与未来的凝聚。以此为前提，当然可以说所谓一定的制度既空间化了制度的传统，又时间化了制度的现实。而这种现象在家庭、学校和社会三个不同的场域中均有体现，区别主要在于教育世界的内核在不同的场域中显现的方式不同。具体而言，在家庭场域中，"教育观念-教育行为"结构运动是家庭日常生活的有机成分，从而使长辈可以在没有强烈教育意识的情形下毫无痕迹地实施教育。与日常生活的密不可分也使得家庭教育不存在系统性和持续性，甚至不存在计划性，因而教育世界的核心结构运动在家庭场域凸显出随机性和情境性。社会场域中的教育与家庭场域中的教育具有一定的相似性，这主要表现在它同样的随机和具有较强的情境性，但在系统性、持续性和计划性上显然优于后者。之所以如此，是因为社会场域虽然首先是公共空间，但公共空间的深层存在着集体意志及其承载者。这里的承载者即是有责任行使精神文明建设职能的公共组织和机构。重要的是那些公共组织和机构并非任何个人随意地设置，而是社会治理整体设计中的职能分担者。也因此，社会场域中的教育虽然对于接受者来说时而有形、时而无形，但站在社会治理设计的角度看，其实是具有较好的系统性、持续性和计划性的。学校场域中的教育或说学校教育的情形就大不同了，高度的组织性和计划性使它成为人类教育的最高典型。在其中，教育者是职业的，受教育者也可以说是职业的；教育者专门做教育，受教育者专门受教育；教育的目的高远、目标明确，内容系统、方法讲究。整个教育的运行，既有资源的有序投入，又有知识的合理支持，同时还有制度的有力保障，使得人类教育的一切观念和行为在学校得以集中体现。

整合我们对教育世界的理论分析和阐释，教育的图像在我们的意识中具有了不同于以往的清晰。当我们再说起教育学是研究教育的学科时，对其中的"教育"便有条件不做所谓广义和狭义的划分，也不必在"教育现象""教育事实"等词语之间含糊其词，而是可以明确地宣示：教育学是研究教育世界的学科。顺便指出，对教育世界构成的分析显然有利于教育知识分类的进步，可以间接地促成教育学科研究和建设的更加理性和秩序化。不过，在时间和空间的框架下把握教育世界也具有自身的局限性，教育世界的许多细节在这一框架下难以充分呈现。这种现象在人类认识活动中是普遍存在的，因而对于具体对象的研究宜采取多样综合的方法。延续我们的思路，在教育世界构成分析的基础上，我们还应该补充说明教育世界的特点，以使教育世界的意象更为完满。简而言之，教育世界是一个完整而复杂的系统，有其内在的结构进而相对独立，但它处于时间与空间、历史与现实、自身与环境的网络交错中，在进化的大趋势中存在着各种不确定性。但可以确定的是，教育世界是一个具有人文性、开放性和多重性的世界。它自身就是一种人类文化现象和事件，且以传递文化、优化人性为己任，人类创造的一切观念、规则、制度等均能栖居于其中；它以当下性的方式现实地存在，却能凝聚历史、预测未来，以独立的姿态运动却与环境保持能量和信息的交换，从而在时间和空间的维度展现其开放性；它扎根于自然物理的世界，却能以其符合人类需要的功能和与生活的不相脱离外显为社会性的结构，并内蕴教育者与受教育者的精神互动过程。综合起来，这就是作为教育认识对象的教育世界。

第二章　教育认识的问题域

　　教育认识和教育一样，就发生和存在于教育世界之中。而教育世界能以其符合人类需要的功能和与生活的不相脱离外显为社会性的结构这一特征，使得教育认识无论在简单粗放的早期，还是在复杂精细的当代，都紧跟人类生活的需要，并随着人类需要的变化而在教育功能的发挥上表现出自身的价值。面对今天内容繁多、形式多元的教育认识过程与结果，特别是面对学者们创造的一部分艰涩的学术文本，我们间或会产生一种错觉，很容易以为教育认识的更高境界可能是与实践的更为脱离。实际上，这的确只是一种错觉，其源头在于那些艰涩的学术文本最多只是与教育有关，而不是与教育认识有关。反过来，凡可称为教育认识的过程与结果，固然首先具有认识的本性，但同时必然具有教育认识的特性。采取历史学的立场，我们就不难发现，教育认识在产生之初，其涉及的问题主要集中在"术"的范畴，在历史过程中，人们依次关心的是如何能把教育做得更好和如何能把教育用得更好。伴随着教育认识的专门化，有一部分人从教育实践中分离了出来专做教育的思考，教育认识的范围也因此而进一步扩大，其追求不再限于做教育与用教育之"术"，为"术"寻求理性依据的教育理论研究便应运而生。教育理论研究，既有科学层面的具体事理研究，也有哲学层面的抽象道理思辨。至此，从结构上讲，教育认识的成果呈现出"术""理""道"有机相连的基本格局。整体来看，教育认识的问题域内实际上是由分在于两种类型的四个问题组成的。其中，第一类型为求知取向的两个问题，即什么是"真教育"和什么是"好教育"；第二类型为致用取向的两个问题，即如何用好教育和如何做好教育。它们共同构成了现代意义上的教育认识问题域。问题域是问题的基本范围，明确了教育认识的问题域，就等于明确了教育认识探索的基本范畴和方向，也可预示教育知识的基本结构和追求。

第一节　教育认识问题域的来源

问题域的产生无疑始于具体问题的提出，这就注定了问题域尽管在每一个当下都呈现出具有内在必然联系的静态结构，但在形成的意义上却是一种历史性的存在。这正如教育认识的最初问题只是教育之"术"的一部分，原因是"人只是在需要提出问题的地方才提出问题，而在不需要提出问题的地方，他就没有问题，也提不出任何问题"[①]。那么，追溯教育认识的源头，就会发现理论意义上的第一代认识者同时就是最基本教育活动的实践者，从需要的角度分析，他们无论如何不可能对教育进行形而上的思考。教育与日常生活的自然融合，决定了他们关于教育的思考必然是与教育活动相伴而存的，严格意义上的教育认识关系在这一历史阶段应该说仍未形成，充其量只能把这种伴随着教育活动的思维运动视为最朴素的教育思考。那么，以教育活动者为本位角色的那些思考者究竟会思考什么呢？我们只能武断地认为他们会思考能把教育做得更好的方法问题。再向前追溯，在这种思考还没有自觉化的情形中，他们恐怕只能拥有对自己教育行为的自觉意识，换言之，他们只是知道自己正在进行的活动是教育。但这一点之于教育认识的历史也是相当重要的，因为这种对教育的自觉意识已经使教育自身从自在走向了自为，进而为教育认识的发生确立了必要的前提。

自为之前的自在教育实际上是后来的人们基于历史思维的想象，通俗言之，是后来的人们觉得自在的教育很像是后来教育的雏形，所以也可以称之为准教育。在准教育阶段，作为教育雏形的存在者，只不过是被后来的人们概念化为教育的雏形，但在当事人那里是没有所谓教育意识的。由此可以推

[①] 聂敏里：《问题、问题域及问题域中的深入研究》，《云南大学学报（社会科学版）》，2020 年第 6 期，第 5—15 页。

知，准教育阶段的所谓教育者断然没有对教育进行即使是"术"层面的有意识思考的可能。究竟在何种情况下才能出现教育者对教育之"术"的思考？对于这样的问题，我们仍然只能进行思辨，这并不只是因为没有文献的记载可资利用，更主要的是因为，一种历史现象完全发生于历史的渐进之中，当人们对它普遍有所意识的时候，与此有关的过程早已出现，以至于人们根本无法对其进行简单的叙述。从而，今日我们可见的关于教育之"术"的思考所对应的教育实际已经具有相当高的文明水平了。在中国，《学记》被称为最早论述教育、教学的著作，依据其是对先秦时期教育经验的总结和概括这一共识，再联想到先秦诸子在教育、教学实践上的智慧和业绩，便可得出一个结论，即在思想活跃、私学兴盛的春秋战国时期，人们对教育的思考仍然基本指向"用教育"和"做教育"，以致值得我们自豪的教育认识成果仍然是"用好教育"和"做好教育"的方略。如"君子如欲化民成俗，其必由学乎！……是故古之王者，建国君民，教学为先"[①]，就属于"用教育"的范畴，就属于"用好教育"的方略，其实质是使教育有机地服务于社会治理与政治生活，最终实现教育与政治在"目的-手段"思维范式内的有机和策略的统一。

不过，关于"用好教育"的思考通常更具有政治学的色彩，这一范畴中占主导地位的思考主体是社会治理者，他们立足于社会生活的全局，更能自然地把教育作为社会生活的子领域或社会系统的子系统审视，关注的当然是教育之于社会生活理想实现的工具性价值。与此相应，直接面对受教育者进行教学、教育活动的教育者则更关心如何"做好教育"的问题，这种问题的提出以及后续的思考，完全是由教育者的实际工作需要决定的。教育者需要的是教育的效果和效率，这一点在《学记》中体现为："善歌者，使人继其声；善教者，使人继其志。……善学者，师逸而功倍，又从而庸之。不善学者，师勤而功半，又从而怨之。"[②] 从中可以发现，那时的教育者之所以要思考教与学的方法，就效果而论，是为了"使人继其志"，就效率而论，是为了能够达至"逸而功倍"同时远离"勤而功半"。"用好教育"和"做好教育"

[①] 高时良译注：《学记》，北京：人民教育出版社，2016年版，第5页。
[②] 高时良译注：《学记》，北京：人民教育出版社，2016年版，第7—8页。

表面看来是两个范畴的问题,但因它们均扎根于同一文化的土壤,所以两者在根底上是联系在一起的。我们知道夸美纽斯的《大教学论》是在寻找一种教学方法,如他所说,这当然是为了"使教员因此可以少教,但是学生可以多学;使学校因此可以少些喧嚣、厌恶和无益的劳苦,多具闲暇、快乐和坚实的进步"[①],但显然并不止于此,他进一步指出,还要"使基督教的社会因此可以减少黑暗、烦恼、倾轧,增加光明、整饬、和平与宁静"[②]。分析这一段文字,不难看出夸美纽斯寻找教学的方法,首先着眼于教学的效果和效率,这是"如何做好教育"的考虑,但更高远的追求则在于社会的光明、有序和平静,而这后一种效果显然不是学校教学可以简单直接带来的,因而其内涵更近于"如何用好教育"。

应该说直到目前为止,"用好教育"和"做好教育"仍然是人类教育认识的主导性问题领域,这种现象自出现就持续存在于社会生活实践,但其承载的意义却随着历史的发展变得更为丰富。历史地看,这两个问题领域是人类教育认识的先行存在,直接从社会生活和教育实践的需要中提出,并指向社会生活和教育实践的质量与效率,可以归结为致用的教育认识内容;逻辑地看,这两个问题领域在教育认识专门化之后,逐渐演化为教育学体系中与理论教育学相对应的实践教育学主题。需要指出,"用好教育"和"做好教育",虽然客观上仍保留着教育认识历史的痕迹和惯性,但作为教育学有机构成的实践教育学并不是完全基于实践需要和感觉经验的绝对独立系统,而是与理论理性相对应的实践理性认识场域,某种程度上还是理论教育学的第一应用场地,客观上成为理论教育学走向教育实践和社会生活的重要中介。

当然,理论教育学也还只是一种说法,并无一个被普遍认可的实体与之对应。实际存在的、名为"理论教育学"的著作,要么具有知识杂烩的色彩,要么在其内涵的理解上还可商榷。前者如俄罗斯圣彼得堡大学教授 В. И. 吉

---

① [捷] 夸美纽斯:《大教学论》,傅任敢译,北京:人民教育出版社,1984年版,第2页。

② [捷] 夸美纽斯:《大教学论》,傅任敢译,北京:人民教育出版社,1984年版,第2页。

涅岑斯基所著的《理论教育学概论》[①]，分章论述了教育人类学、教育社会学、教育价值哲学、教育文化学、教育效率学，未能呈现出某种理论逻辑的秩序；后者较为分散，比较有代表性的是把"理论教育学"简单地等同于现实中的"教育原理"。比如有研究者认为，"理论教育学，也即教育原理，是研究教育的一般规律、教育目的、教育功能、教育原则、教育制度等，揭示教育的发展规律及其功用的科学，既要回答'教育是什么'的科学问题，也要回答'教育应该是什么'的价值规范及其取向问题"[②]。这一认识的可取之处是研究者意识到两个基本问题，即"教育是什么"和"教育应该是什么"，但美中不足的是对两个问题的定性未能完全贴切，而且缺乏进一步的抽象。实际上，"教育是什么"并不完全是科学问题，它在教育学中更是教育形而上学的主旨，研究者由此出发意在获得教育的本质，就其认识论的意义而言，是在追寻教育之真，亦即"真教育"；"教育应该是什么"的确是一个价值规范及其取向的问题，但在教育学中同样从属于教育形而上学，研究者由此出发意在获得教育的理想，就其认识论的意义而言，是在追寻教育之善和美，亦即"好教育"。如此，理论教育学在最抽象的意义上就是在用理论思维的方式追寻"真教育"和"好教育"的意涵。

概而言之，教育认识的问题域实为理论教育学所关注的"什么是真教育""什么是好教育"和实践教育学所关注的"如何用好教育""如何做好教育"。如果说实践教育学的问题源自社会生活和教育实践的需要，那么理论教育学的问题则来源于超越具体操作层面的求知和意义赋予的愿望与热情。求知是对既成事物原型的发现过程，其最无可争议的领域是人对自然事物的研究，也因此，最典型的求知始终与自然科学联系在一起，其他认识领域与求知的联系则会受到人们知识观的影响。如果依从孔德的观点，只有进入了实证阶段（即科学阶段），人类所获得的知识才是真正有价值和有意义的。显而易见，在他看来，实证科学知识之外的认识成果，即便被称作知识，其意义和

[①] 安方明：《〈理论教育学概论〉简介》，《国外社会科学》，1994年第4期，第78—79页。

[②] 张成刚、刘晓敏、索海英：《现代教育教学探索与实践研究》，长春：吉林人民出版社，2019年版，第129页。

价值也值得怀疑。具体地讲，神学的虚构自不必说，形而上学的抽象因其无法证实和证伪，也没有多少意义和价值。现在看来，这是一种很有局限的知识观，它固然最彻底地肯定了实证科学的价值，却莽撞地看轻了实证科学之外的人类认识成果。神话虚构可以说是人类认识的幼稚阶段，但形而上学的抽象思辨应是与科学实证相并行的认识方式，此二者或可被视为人类理性认识的左右两翼，缺少了任何一个，人类的理性认识本身及其所获得的成果都会失去完整性。客观而言，思维与存在的完全符合，既是一种认识理想，也是只能偶然出现的幸运。那些借助形而上学的思辨获取的事物之原型或共相，甚至那些融入了人文价值的事物之理想状貌和构造，在认识共同体的约定下，同样不失其在认识和实践中的意义和价值。教育乃是人类的发明，并在历史的演进中被不断赋予新的意义。作为认识的对象，它对于首次面对它的认识者来说几近于既成的自然事物，但其不断走向未来的历史性质，实际上需求和容许人们进行永恒的抽象思辨和价值畅想，从而，求知取向的对"真教育"的揭示和对"好教育"的构造也成为无需置疑的认识过程。教育的人文性和历史性注定了教育认识无法摆脱思想的品格，从认识论的角度讲，"问题不仅对于研究者展开为一个明确的问题域，同时，这个问题还立即展现为一个公共思想的空间，也就是一个学术上的社会分工、合作领域"[①]。审视教育认识的历史和现实，从属于求知的"什么是真教育""什么是好教育"和从属于致用的"如何用好教育""如何做好教育"，实际上就构成了教育认识的公共思想空间，不同的研究者在其中既分工又合作，最终构成教育认识及其成果的完整形象。

第二节 "真教育"与"好教育"

"真教育"和"好教育"的区分，很能说明认识论中的能动反映问题，因

---

① 聂敏里：《问题、问题域及问题域中的深入研究》，《云南大学学报（社会科学版）》，2020年第6期，第5—15页。

为这种区分显然不是教育世界在人类意识中的简单投射，而是我们对教育内在品质的一种分层次的创造性分析。这种分析既内含了逻辑学意义上的真实性，又内含了实践论意义上的策略性。前者意味着这种区分具有发展教育理性认识的潜质，后者则意味着这种区分必然会启迪教育实践者的教育智慧。其实，这样的区分客观上已经发生，但已经发生的区分始终缺乏必要的知识组织跟进，以致我们对"真教育"和"好教育"的并举，不仅不会引发人们的惊异，甚至还会让人觉得了无新意。但不能忽略一个事实，即人文思想的积极变化就发生在看似平常却不失其内在价值的认识行为之中。原则上，教育认识的成果只要能被接受者理解，其所包含的信息便不在他们的知识和经验之外。然而，教育认识者的创造并不因此而被埋没，他们基于纯粹理性和人文理想对已有知识和经验的有效组织本身，就是一种典型的创造。须知创造从来就不是完全的无中生有，而是在有意义目标的引领下对既有材料的"重"新组合。被并举的"真教育"和"好教育"以其简洁与生动很容易引发人的美感，但这种价值尚在其次，更重要的是这种并举可以促发我们进一步的思考。若能对两者做逻辑的分析，即可知"好教育"必是"真教育"，但"真教育"未必是"好教育"。教育实践者必先使自己所做的教育为真，方能自证其"能教育"的职业资格；在此基础上，须努力使自己所为之真教育"好"起来，方能成就其"会教育"的职业形象。为此，教育认识者自然需要提供关于"真教育"和"好教育"的知识。

一、关于"真教育"的认识论说明

"真教育"这样的提法很容易让人觉得多余。猜想实证研究者一定会说，教育就是教育，哪有什么真假之分。不得不说，只有走进教育世界，才能体会到现象层面的教育真的会让人真假难辨。如果不同的个人或群体均号称自己在做教育，进一步假设他们相互之间均怀疑或否定对方所做教育的真实性，客观上是不是就需要确定用以判断一种行为、行动抑或实践是不是教育的标准呢？教育学家或许并未刻意去回应这一问题，但他们把"教育是什么"设定为教育学的第一问题，就是要通过概念的界定为教育确定理论的标准。只是这种标准通常并无用场，因而教育划界并没有像科学划界之于科学哲学那样成为教育哲学的重要问题。不过,这种局面现在好像有所改变。伴随着教育市场化现象的发生,现实教育的纯正性已经被人们关注。而学校之外服务于学生应试的培训活动,从开端时就被人们用教育的标准加以衡量,在一定的条件下还会被人们视为学校教育的干扰因素而进行抑制。在此背景下,"什么是真教育"就具有了超越理论边界的价值。

对"真教育"做认识论的说明,意味着我们并不是要给教育进行逻辑的界定,换言之,并不是要给出一个不同于以往的或是认同以往的某种教育界定,而是要说明"真教育"的认识论实质。这种意图可以进一步转化为两个具体的任务:一是说明教育之真的内涵;二是要说明把握教育之真对于教育认识的作用。

什么是教育之真呢?我们能否把教育之真转换为教育的真相?如果这种转换并不存在思维上的障碍,那么,教育的真相是在人的思维之外,还是在人的思维之内呢?这看似平常的一系列问题在既有的教育认识领域并没有受到高度的重视。若问其原由,应是教育生活世界整体上并未在教育真假的辨别上陷入困惑,而更实际的原因则应是教育与日常生活的融通与高度相似使得人们在世俗的意义上没有必要进行教育真假的思辨。这样说来,好像这种思辨纯属于教育形而上学家的游戏。而实际是,如我们所知,教育首先不是一种自然之物,即使其起源的状态很像是一种自然事件,也不过是可使后发的、来自主观的意义得以着落和可以生长的载体。与其说教育的概念是"教育"一词与某种行为实际的符合,不如说它是"教育"的意念对一般行为的染色。在此意义上,教育的概念实际上是"教育"意念与一般行为结合而非符合而成。进而,教育在人的感觉经验中是实实在在的活动和事业系统,但其本体却在人的主观精神之中。唯其如此,人们对于教育概念的界定至今仍未取得共识,更值得注意的是,对于教育的认识在认识论上还存在着本质发现与意义阐释的博弈,从趋势上看,本质主义很显然处于下风,这预示着人们在未来可能会基本放弃本质发现的执着。如果这种放弃并不完全是人的认识惰性所致,而是基于某种理性的选择,那是不是恰恰说明教育之真始终存在于人的主观世界并在其中有序地生长呢?现在看来,"教育"一方面已被人们习惯性地当作人对某种客观存在的命名,另一方面始终是人自己发明创造的一种精神价值标准，它最真实地存在于人的意识之中。负载教育意念的一般行为其实只是教育的形式和现象，教育意念才是教育的实质和本质。至于教育意念是一种什么样的意念，概括迄今为止人类关于教育概念的理解，或可说它是指向人自身精神发展的一种关怀性的和建设性的意图，这种意图一旦与具体的人类一般行为有机结合，现象层面的教育就出现了。

进一步说，"真教育"的根据是教育意念，即指向人自身精神发展的一种关怀性的和建设性的意图，而我们可以感知的教育则是在不同程度上负载教育意念的一般行为。以此为前提和标准，首先，可以对呈现在感觉经验中的、约定俗成的教育事实进行真假判断。这样的判断应该不会被纳入常规性的教育评价之中，即便在未来也可能只是一种理论行为，但由此而生的教育评论，就像已经足够成熟的文艺评论对于文艺创作的促进一样，一定会促进教育认识和教育实践的不断进步。在我国，曾有学者主张建立教育评论学，意在规范地发挥"教育评论对教育理论、教育政策和教育行为的积极导向作用"[①]，可惜并没有获得应有的回应。假若规范的教育评论之风在未来能够兴起，那么，关于"真教育"的知识一定是其最为重要的基础。其次，对于"真教育"的把握直接决定着教育理论的状貌，在学科体制下，必将影响教育学知识体系的构造。严格的理论是概念的展开，对于教育学，如果要追求逻辑的严谨，自然当以教育概念的展开为最佳路径，但实际的教育学知识体系并非如此，而是对原本就不大严谨的知识体系进行了拆分，进而形成了各自相对独立的分支领域。这虽然已是一种现实，但并不是一种理想状态，很有可能在未来被教育学家重新组织。这种可能发生的教育知识重组，其必要的理性基础只能是人们对"真教育"的理论界定。真是与假相对而言的，假教育只是享用了教育的名义，其实质并非教育，因而"真教育"也就是教育。以此来看，以往关于"教育是什么"的思考其实就是对"真教育"的求索。略有遗憾的是，人们并没有在理论思考中形成区分教育与自然事物的普遍自觉，从而使关于教育概念的界定具有了事实性描述和价值性表达的双重性，最终使教育

---

① 刘尧：《建立教育评论学学科体系初探》，《广西大学学报（哲学社会科学版）》，1995年第4期，第98—101页。

的概念在真的维度不够纯粹。对教育概念做如此界定,在教育学知识组织上的直接后果就是描述性和规范性混杂,理论思维和工作思维交织,以至于教育学的学科规训至今仍旧孱弱。

二、关于"好教育"的认识论说明

尽管在现实中根本不存在"真教育"和"好教育"的分离,但在理论上对描述性的知识和规范性的知识加以区分是十分必要的。从历史的维度看,教育认识也没有同时指向教育的真与好。除了类似"上所施下所效也"这样的字义解释属于反映性的描述,在很长的时期里,人们是以探求教法与学法的方式把认识兴趣投向"好教育"的。而且由于不能在整体上认识教育,至少在教育哲学意识普遍形成之前,人们对"好教育"的认识基本分布在不同维度结构的教育要素改良愿望之中。这种认识的成果具体体现在具有鲜明对照性的对立思维表达中,较为典型的有:好学者与不好学者,善学者与不善学者,善教者与不善教者,善问者与不善问者,善待问者与不善待问者,以及教之所由兴与教之所由废,等等。这种完全自觉的对举,足以说明较为朴素的对"好教育"的追求在教育认识的历史演进中走在了前面。那一历史时期的人们之所以不去关心教育之真,固然有教育理论思维水平上的历史局限,但主要还是因为做教育的人不会怀疑自己所做的不是教育。从这里也可以得出一个结论,即人们在认识上优先对待的问题,一定是他们在现实中最关心的或最困扰他们的问题。这是因为,"对任何东西的关心都会给我们带来相应的要求,即需要我们关心我们所关心领域的真信念,它同样包括尽责地获得那些领域中信念的要求"[①],简而言之,即是我们所在意的东西会对我们提出认识上的要求。上述对举中的内容,实际上说明教育认识在较早的历史阶段,所关心的是与整体相对的部分和与抽象相对的具体,概言之,则是与理论相对的实践,这完全符合行动者的逻辑,同时也符合历史发展的内在顺序。对此做知识论的解释,应是行动者对求善的重视远大于、也远先于对求真的重

---

① [美]琳达·扎格泽博斯基:《认识的价值与我们所在意的东西》,方环非译,北京:中国人民大学出版社,2019年版,第10—11页。

视,这在中国文化传统中表现得尤为突出。"自先秦时期以来,中国哲学发展的是一种'知其如何'(knowledge how)的知识论(我名之为'力行的知识论'),它不同于西方的'知其如是'(knowledge that)的知识论,前者重在求善,后者旨在求真"①。

追求"好教育"具有鲜明的求善意图,但在知识论上它不只是表现为对教育"知其如何"的重视,这种重视一旦发生就走向致用,虽然很契合行动者或实践者所在意的东西,但在知识论上却是较为初级的。比其更高级的知识论是对"好教育"的"知其如是"。尽管与"真教育"内涵的唯一性相比,"好教育"的内涵具有多样性,甚至具有多元性,但这并不妨碍我们对"好教育"进行形而上学和价值畅想相结合的理性思辨。应该相信这样的理性思辨不仅具有认识论的价值,而且会具有对教育实践的特殊作用。"好教育"当然还是教育,但它是人在意识中对现实教育的超越,表达的是人基于现实的更高希望。相对于概念来说,它是一种理念,内含更高、更多和组合更为合理的价值原则及其支配下的更具活力或更加合理组合的艺术。从功用的角度讲,"好教育"才是引领教育实践的教育认识成果,因而也可以说教育实践者是朝着"好教育"的方向努力的。而"真教育"虽然更具有知识上的基础性,但其功用直接表现为对教育实践者理性自觉的促进,更在提醒他们不能走出教育的边界,并不具有朝向未来的引领功效,这也应是教育学家越来越在规范的理论思维中观照"好教育"的深层原因。不过,在教育的学术语境中,"好教育"已经处于走向规范的学术概念的途中,目前人们使用这一词汇的用意,主要在于彰显自己所看重的教育具有的特征,因而其意涵表面上格外丰富,实际上是尚难以抽象统一的众说纷纭。少数学者对"好教育"的郑重对待,现在看来更具有人本主义伦理学和政治学的倾向,本质上属于学者们批判教育现实的认识性表达。如果再加上钟情于纯粹认知和劳动效率的教育技术立场,那么"好教育"在较抽象的意义上主要包含了教育的文明与专业。但这些认识显然还局限在教育范围之内,与此相联系的因素基本上存在于广义的

---

① 陈嘉明:《〈认识的价值与我们所在意的东西〉总序》,载[美]琳达·扎格泽博斯基:《认识的价值与我们所在意的东西》,方环非译,北京:中国人民大学出版社,2019年版。

教育过程之中。因此，诸如教育者的素养、教育的过程与方法以及教育活动需要遵循的规范等，才是思谋"好教育"的最常见抓手。整体上或可说"好教育"更像是教育思想者的话题，围绕着"好教育"的思考并没有强烈的求知特征，这是由其兼容批判与展望的内在性格决定的，当然与"好教育"要么是一种观念性存在要么是一种效果现象也不无关系。换言之，"好教育"一方面多呈现为意识中的教育未来状态，另一方面则呈现在人们对符合自己意愿和标准的既有教育的评价性判断中。尽管如此，"好教育"还是能够成为一个知识论的话题，这不只是一种有意义的希望，实际上也是一种基于纯粹理性的判断。作为认识的对象，"好教育"对人来说也许的确不具有离身的物质实在性，但在人们的潜意识中，也不是见仁见智的个人意见，而是客观真实的观念性存在。那些言说"好教育"的人，即便表面上使用了"我认为""在我看来"等表达意见的措辞，骨子里仍然是在告知人们"好教育是什么"。从语言学的角度看，"好教育是什么"很像是"教育应该是什么"这一表达的转换，但问题很可能没有这么简单，要知道不同的提问方式，感觉上是提问方式的语言变化，实际上具有不同的认识论意义。"教育应该是什么"的答案是教育的应然状态，即教育应该是但不必然是的某种状态；"好教育是什么"的答案则是"好教育"的必然状态而非其应然状态。前者通常通向对教育现实的原则性建议，而后者则通向关于"好教育"的知识。在我看来，对"好教育是什么"这一问题的求索，不论其莫衷一是的状态持续多久，因人的认识具有逻辑穷尽的可能，必将形成共识，其最终的答案一定是不同于原则性建议的知识，只是这种知识是社会建构的产物，而非对某种先验性存在的反映。

第三节 "用好教育"与"做好教育"

也许教育从产生起就是一种工具性的存在，否则我们很难理解一种现象，即科学取向的教育研究无论被怎样强调，总是无法蓬勃发展。即使研究者力求价值中立，进而对教育进行事实判断，也能不由自主地转向价值论的思考，这就不难理解至今仍有人坚持认为教育学是一门实践科学。相对比较谨慎的认识是承认教育学具有科学和哲学双重性质，意为教育研究既可以把具体、特殊的教育现象和问题作为对象，也可以把教育整体作为对象，前者需求科学的方法，后者需求哲学的方法。但无论是哪一种性质的教育学，好像都没有贡献出确定且系统的教育知识，以致推动教育认识深化的往往是哲学和其他学科的知识，而推动教育实践的则是教育思想而非确定且系统的教育知识。如果这种状况并不是研究者的能力和研究传统的偏狭所致，那么值得我们思考的就应该是教育学研究以至教育认识的命中注定的功能。有研究者把学科功能视为教育学学科地位的独立原点，进而认为教育学因"承担了'传承文化-认识世界'和'指导实践-改造世界'的两大基本职能，才被赋予其必须存在的生命根基，彰显出其独立学科地位的必然性和必要性"[①]。这一认识在结构上近似于我们关于教育认识的问题域的划分，但深入下去则不大相同，具体体现为教育学在我们的定位中，属于求索知识而非传承文化，是为用而知而非指导实践。考虑到历史的完整性，我们还是用"教育认识"替换"教育学"一词，从而，教育认识在求知的范围内最终指向"真教育"和"好教育"，在致用的范围内则最终指向"用教育"和"做教育"，后者在人的思考中会自然转换为"用好教育"和"做好教育"。

一、关于"用好教育"的认识论说明

只要提到"用"字，就会引起纯粹教育主义者的反弹，原因无非是"用"直接显现为"利用"，在他们的意识中，教育一旦被"利用"，好像就失去了独立性，就会沦为某种目的的手段，进而也就没有了纯粹意义上的教育。这是不打折扣的书生之见，不仅是迂阔的，而且有失理性的完整。站在唯物论的立场上，我们可以说自然物是一种无目的的存在，但在人文生活世界中，难道还存在与目的无关的东西吗？即使是自然物，一旦与人建立了联系，也会被人的意识有意无意地染色，但凡进入了人的意识，什么样的事物能不服从人的目的呢？而且，这种现象并不是原始人道主义的即人类中心主义思维

[①] 林丹：《学科性质、学科体系抑或学科功能？——理性审思教育学学科地位的独立原点》，《教育学报》，2007年第3期，第16—21页。

的效果，在某种意义上也可以说是一种栖居于人类生活世界的自然现象。再进一步说，在无限的宇宙中，人类的生活世界本身也近似于一种自然现象。做此一番思辨，无非是要纠正客观存在的某种思维上的简单化，以便我们可以心无挂碍地讨论"用好教育"的问题。实际上，一切局部的和阶段的存在，在逻辑上均需服从整体和终极，这自然意味着来自人所筹划的局部的和阶段的存在必然是服务于整体和终极的手段。

就教育来说，至少从其走进文献就开始了自己被利用的历史。古有"建国君民，教学为先"，今有"经济要发展，教育要先行"。现实的教育规模、结构、模式、原则，一般也是由教育之外的目的决定的。杜威就曾说过，"教育本身并无目的。只是人，即家长和教师才有目的；教育这个抽象概念并无目的"[1]。这话还不彻底，进一步的问题是家长和教师的目的又从何而来？显然来自社会。所以，杜威自己也是把教育与民主社会的发展联系在一起的。现在的教育学领域对教育目的基本形成了共识，在思维上表现为社会本位和个人本位的调和。实际上，即使这两者在人的思维中处于分裂和对立的状态，也不影响教育在不同的意义上被人利用。我们知道杜威之前的赫尔巴特主张道德是教育的最高目的，他自然是在说教育的最高目的是使人有道德。但这究竟意味着什么呢？简而言之，就是指道德为个人所需，而有道德的人为社会所需。赫尔巴特通过观察人生，"发现许多人，他们把道德看成是一种约束，很少有人把它看成是生活本身的原则"[2]，他在这里所说的生活当然是具体历史文化背景下的社会生活。有道德的人可以自我享用道德，但更为重要的是社会会因其成员有道德而获得安定和秩序，因而教育即使是从人的利益出发，仍然是被社会利用的。

教育认识领域在目前并没有在意更谈不上重视关于"用好教育"的研究，除了教育主义思维的局限，更关键的原因应是研究者下意识地把这一问题交给了社会治理者，最起码也是把它下意识地交给了政治学和经济学，这自然

---

[1] ［美］约翰·杜威：《民主主义与教育》，王承绪译，北京：人民教育出版社，2001年版，第118页。

[2] ［德］赫尔巴特：《普通教育学·教育学讲授纲要》，李其龙译，杭州：浙江教育出版社，2002年版，第42页。

就使自己在这一问题上失去了发言权，即便偶尔在关于教育的思考中对这一问题有所涉及，也只能从社会治理者及政治学、经济学那里寻找依据。这种现象对于教育研究者来说是一种下意识的失职，对于教育认识来说则是一种根源于自身的认识局限。需要明确教育学所要面对的教育不能只是教育者所承担的一种劳动，它还是社会生活和社会系统中的一部分，类似教育学是教育者自身所需要的一门科学这样的认识，无疑仍然正确，但很显然并不充分，研究者很有必要带着使命意识和责任感把教育学的阵地合理地向外扩张，以使自身的价值不只局限在教育者及其教育过程之中。如果教育学以至教育认识领域不能贡献出关于如何"用好教育"的有效成果，那么社会治理者只能就此问题去求助于政治学和经济学。如果政治学和经济学研究者并不认为如何"用好教育"从属于自己学科的问题域，那社会治理者恐怕就只好自作主张了。由此联想到学科的分化对于人类认识整体真可谓是利弊参半，其利在于人们对于部分认识的愈来愈深入，其弊在于知识的碎片化几近积重难返。知识已经分科而在，但世界却是一个整体，教育认识者理应谨记教育只具有相对的独立性，它与社会生活世界根本无法分离。既然如此，教育认识者就不能仅仅关注教育者的教育，还必须关注社会的教育、生活的教育，只有这样，教育认识及其成果才能够趋于完整。有了这样的前提，教育认识者就可以理直气壮、郑重其事地关注与"用好教育"相关的问题，比如：谁在用教育？他们在用教育做什么？他们是怎样用教育的？教育认识领域一定会在这些问题上有所作为。

二、关于"做好教育"的认识论说明

把"用好教育"纳入教育认识的范围直接扩大了教育研究者的视野，还能够激发教育认识的活力。研究者终将发现，只有充分考虑教育的使用问题，才能够使自己的教育研究与整个社会生活有机融通，否则，关于"做好教育"的思考将无所旨归，自然也不会有实际的价值。研究者当然可以认为自己只需要寻求把教育做好的方略，但需要知道教育之"好"的标准根底上并非出自教育自身，而是来自教育之外的社会。无论是何种意义上的"好"，都是与个人所在的共同体的利益和兴趣紧密相连的。尽管如此说，教育研究者仍然会把如何"做好教育"视为自己的本分,这一问题的解决毕竟只能由他们完成,也正是在此意义上,他们才成为社会认知中的教育知识专家。教育认识历史遗产中的精华实际上也主要集中在这一领域,而实际从事教育活动的实践者对这一领域的认识成果也是情有独钟。经过认识与实践长期的历史性互动,关于"做好教育"的成果,在丰富性和深刻性上均达到了较高的水平,往后的发展尽管并无止境,但在人类的思维发生新的革命性变化之前,在技术的维度已无多少空间。目前较为迫切和棘手的问题主要是如何在实践中艺术地应用这一领域的成果,在认识领域则需要下知识组织的功夫,以使零散的成果得以成系统,有逻辑,最终使"做好教育"的思维更具整体性和理智性。

要对"做好教育"进行认识论的说明,可能需要回答以下三个问题:(1)"做好教育"的操作性内涵是什么?(2)"做好教育"的标准是怎样的?(3)什么样的人才能够"做好教育"?应该说,这三个问题的提出过程就是对这一领域既有成果的梳理,也等于用归纳概括的方法厘清了"做好教育"的认识范围。对于教育认识者来说,如果能够较好地回答这三个问题,那么关于"做好教育"的知识体系也就基本形成。

首先说"做好教育"的操作性内涵,其实是"做好教育"在实践中具体要做好什么这一问题的答案。这一方面的既有认识主要分布在目标和行为两个领域。

目标领域的认识具体指向基于人的素养元素的德、智、体、美、劳五个对象,分别回答了如何做好德育、做好智育、做好体育、做好美育和做好劳动教育。研究者对每一个问题的回答,均已形成一个知识系统,而且均能符合全息原理,即部分包含着整体的信息。具体而言,在每一个问题的系统回答中,都包含着从目的到手段、从原则到方法再到组织形式的内容。我们只能说这是一种客观的存在,当然也必须肯定每一部分内容的认识论意义,但必须正视一个问题,即如此分化的教育认识虽然不妨碍各自形成完备的知识体系,但其服务于"做好教育"的立意却无法有效实现。其症结在于人的素养是一个整体的结构,而所谓德、智、体、美、劳这样的划分,仅具有理论认识的价值,却不能简单、机械地投射到教育生活实践之中。人的素养的整体性决定了被理论划界的"五育"在实践中必须融合。而在这种必须进行的融合中,就会发现原先各自独立的"做好德育""做好智育"等知识,不无价值但很难落地。盖因此,未来这一领域中最有价值的研究,一定是与"五育融合"的操作方法密切相关的。

行为领域的认识具体指向教育者在教育过程中的具体作为,到目前为止主要集中在教学、训育、管理三个方面,研究者要回答的问题当然就是如何做好教学、训育和管理。这三者在理论上的定型要归功于赫尔巴特,但他关于这三者的理论说明渐渐地已归属他个人,而被后人继承的是教学、训育、管理三种可服务于教育目的的工具性行为。具体而言,教学是推动知识的传递、掌握,人的认知能力形成、发展的行为系统;训育是推动人的德性养成和发展的行为系统;管理是伴随并支持教学和训育的行为系统。以往教育认识领域中还存在着教学与教育的区分以及管理是不是教育等问题的纠结,现在看来均属于认识者的思维偏差所致。一旦我们只把"五育"的划分当作一种理论认识的策略,摒弃把理论分析成果投射到实践中的习惯,就能理解教学、训育、管理以至更多看似与教育很难有涉的行为,都可以在教育目的的引领下实现教育化。

其次说"做好教育"的标准,在操作意义上就是要回答"怎么样就算做好了教育"这一问题。由于教育的本体只是一种意念,所以对这一问题仅仅做抽象的回答是远远不够的。而要做具体的回答,自然又会回到行为层面的教学、训育和管理上,从而"做好教育"的标准就被转换为"做好教学""做好训育"和"做好管理"的标准。在既有的教育认识领域,客观上存在着与此对应的"教学论""德育论"和"教育管理学",但是否成功地确立了三种行为各自"好"的标准,还真的难以结论。平心而论,各自"好"的标准是有的,但其呈现的方式基本上只是可以用祈使句形式表达的原则性建议。这还不是问题的关键,问题的关键在于那些实质上在表达"好"的标准的教学、训育和管理原则,均受到思维格局的限制,以致分属于三种行为系统的原则难以相互融通,这便使在实践中无法分割的教育整体运行无所适从。因而,迫切需要改变的仍然是由认识分化带来的思维偏狭问题。这样说来,尽管对"怎么样就算做好了教育"这一问题不能仅仅做抽象的回答,但也不能缺少这种抽象的回答。这是因为,对这一问题的抽象回答固然缺乏生动与具体的特性,却能保证教育思维的完整性。由此想到教育认识在分化的过程中永远不能与源头上的教育整体脱离关系,否则分化出来的各认识领域难免会作茧自缚,其对教育实践的效用也会越来越小。

再次说什么样的人才能够"做好教育",这就是众所周知的教育者的素质问题,在学校教育范围内就是教师的素质问题。这一问题在教育认识领域始终为人重视,因而就其成果而言可谓硕果累累,其知识系统的品质也较为成熟,这应与教师教育实践需要的成熟大有关系,但根本上还是不断发展的教育对教师的素养提出了越来越多和越来越高的要求。回顾教育的历史,在相当长的时期内,拥有知识和德性被视作教师的必备条件,在中国文化语境中逐渐凝练成了"学高身正"的标准。这一标准无疑是关键的,但同时也是基础性的,因为其中只是彰显了教师需要具有相较于普通个人更多的知识和更高尚的德性,并未涉及教育自身的品质对教师素养的要求。随着教育科学化的进展,人们对教师的要求才开始超越知识和德性,具有了教育专业的内涵,集中体现在对教师提出教育专业发展上的要求。这一趋势反馈到教师教育系统,合理地推动了教育技术和艺术取向的专业培训,与此照应,教育研究领域也展开了对教师专业素养的认识和构想。由于教师教育目前基本上"以'为了教育的更加专业'和'为了教育的更加文明'为基本主题"[1],关于教师素养的研究也基本集中在专业和文明两个领域。在专业的问题上,应该牵涉一个人作为教师所需要的"知"与"会",亦即教育知识与教育技能;在文明的问题上,应牵涉一个人作为教师所需要的"德"与"境",亦即教育德性和教育境界。那么,与此相关的教育认识对象自然就是服从于教育专业化的教育知识与教育技能和服从于教育文明化的教育德性与教育境界。对于这些对象的认识,最终均指向对"什么样的人才能够做好教育"这一问题的回答。

总结我们关于教育认识问题域的思考,其要义是在最基本的层面揭示人类在教育认识领域的根本作为。其可希望的效果应有两个:其一是使人知道

---

[1] 刘庆昌:《教师教育改革的两个基本主题》,《全球教育展望》,2016年第11期,第67—75页。

教育认识的范围；其二是使人知道教育认识的任务。而最应知道这些成果的人一定是教育认识者，在今天则主要是教育研究者，他们会因这种知道而提升自己研究的理性自觉，间接地会对教育认识整体效率的提高起到积极的促进作用。有一点无需置疑，即专业的教育研究者无不致力于教育认识问题域内的某些问题的研究，客观上也可能卓有成效，但由教育认识领域分化带来的专家思维很可能导致无暇顾及或无兴趣关注教育认识的整体。如果这是一种真实的现象，那么对教育认识问题域的整体把握，将使教育研究者更加清楚个人研究与整体教育认识的关系，也能进一步提升他们在教育认识劳动中的元认知能力。严格地讲，这种改变不仅仅是利惠研究者个人的，对于教育认识领域和教育学学科的进步也是一种助益。能做如此的判断，主要是因为明确了问题域不仅意味着人自觉意识到认识对象的问题性，而且还意味着人意识到针对具体认识对象的提问边界。问题域是一个问题的结构，内隐着针对具体对象的提问范围，研究者还可以"把问题域作为一种阐释策略，那么它就是方法论的东西"[1]。对于教育认识者来说，无论把问题域作为一种知识，还是作为一种方法，都具有很强的必要性。

---

[1] 刘恪：《中国现代小说语言问题域》，《创作与评论》，2014年第12期，第5—13页。

第三章　教育认识的历史研究

明确了教育认识的问题域，也就明确了教育认识的基本范畴和方向，但这也不意味着人类教育认识整体立即变得完全清晰。尽管"真教育"与"好教育"、"用教育"与"做教育"基本概括了教育思考的主要领域，但教育认识及作为其结果的教育知识系统并未因此而在人们的意识中变得有机。环顾当下，虽然教育研究的成果汗牛充栋，但人们对整个教育认识领域的感觉仍然是有序与无序参半。狭小的专门教育研究领域基本上有序，但各专门研究领域之间的壁垒分明，一定程度上又反映出教育认识整体上的盲动。尤应注意的是，今天的教育认识主要存在于学科体制之下，不断分化的学科使原本就未成为有机整体的教育学越来越呈现出碎片化的形状。这种情形一方面令一切可能的学习者感到困难重重，另一方面也让专业的教育研究者手足无措。两方面的信息相互碰撞，所形成的结果是教育学在教育实践面前遇到了自身价值的危机，在教育研究者那里，一则难有认识的宏大格局，一则无法形成坚定而理性的自信。"迷惘"竟成为一个时期人们对教育学状态的判定，令人疑惑的是，这种判定至今仍没有被教育认识的进步推翻，个中滋味只有教育研究者自己清楚。各种困惑持续存在，教育学的学科形象和尊严仍然是一个让人头疼的问题。当我们陷入认识上的困惑时，回顾事物演化的历史应不失为一种明智之举，但这显然是一项艰巨的任务。在已有的研究中，人们多在"教育思想史"和"教育学史"的视野内关注教育认识问题，却极少有人专门地关注"教育认识的历史"，那么我们的思考在很大程度上就属于一种尝试。

第一节　对教育认识的历史反思

在进入教育认识的历史之前，我们需要理清思维的头绪，对我们思考的理论和知识基础、研究的方法论，以及在一定的方法论指导下对于教育认识历史的基本判断做出说明，这样也许能够减轻我们思考和论述的随意性和盲目性。关于我们思考的理论和知识基础，可以分为两大类：一类是哲学上关于人类知识、认识的理论研究。比如：休谟的《人类理解研究》，孔狄亚克的《人类知识起源论》，洛克的《人类理解论》，费希特的《全部知识学的基础》，罗素的《人类的知识》，等等，这些优秀的作品会给我们很多思维上的启示。另一类是教育学领域关于教育思想史和教育学史的研究。尽管这一类研究较少有认识史或知识史的眼光，但无疑为教育认识史或知识史的研究奠定了坚实的基础。关于我们研究的方法论，明确地讲就是唯物史观。我们相信教育认识的发生、发展过程以及这个过程中的具体现象都是社会历史条件和人的主观相互作用的产物。在各种基础之上，对于教育认识的历史，即顺次呈现出以下问题：教育认识的事实化和教育经验；教育认识的自觉化和教育思想；教育认识的专门化和教育理论；教育认识的专业化和教育学。

一、教育认识的事实化和教育经验的产生

所谓教育认识的事实化，是指教育认识成为客观存在的事实，在成为客观存在的事实之前，它是不存在的。显而易见，我们用"教育认识的事实化"这一命题代换了传统的"起源"和"发生"问题。做这样的代换并不是名词上的翻新，根底上在代换一种思维方式。从常规上讲，任何历史的研究都会追溯源头，从而使"起源"成为理所当然的史学话题。然而，在研究人类认识和行为历史的时候，由于其源头总在蒙昧的时期，任何蛛丝马迹都没有留给我们，注定了关于起源的研究无法走实证的道路，人们只能根据后来的文字记述，使用一定的方法论对起源进行思辨，当这种思辨发生时，一个史学问题就变成了哲学问题。教育哲学是涉及教育起源的，这种涉及"除了起源

问题本身的意义外，主要是寻求对教育本质研究的启示"[1]。"教育认识的事实化"是我们对于教育认识起源阶段的基本把握，其中隐含着两个判断：一是教育认识的起源不是发生在一瞬间的事情，它是一个事实化的过程；二是"事实化"是作为今人的我们的判断，意味着教育认识已经客观存在，而当事人可能并无自觉的意识。这可以说是我们思考教育认识起源的思维基础。

对于人类早期的教育认识进行专门思考，我们能查询到的是我国学者吴定初 1995 年发表的《中国教育科研起源论》[2]。在此文中，吴定初指出，教育科研的基本前提是存在教育这种人类特有的社会活动。这一认识虽然朴素，但说到了要害之处。人类的教育认识历史和整个人类的历史固然是联系在一起的，但教育是一个特殊的、具体的存在，教育认识的历史和人类的历史并不同时开始，它是人类历史发展到一定阶段的新生要素，并从此成为人类整体历史的一部分。我们不能同意以往所谓"有了人类就有了教育，有了教育就有了教育认识"的简单的看法。

原始人类的教育活动从整体看是自发的、随机的，没有任何文字的记载。在我国，有文字记载的历史始于商代，因此即使我们了解最早的夏朝的教育情况也是以后世的文献为依据，还缺少当时的、可靠的材料证据。"但我们却难以否认，这些先民完全可能在他们不自觉的甚至自发的教育活动中面临、感觉到或发现有关'问题'，进而产生解决问题的需要并初步或粗略地解决这些问题。这种'解决'已在相当程度上带有了自觉性，包含着自觉的认识活动或认识过程的成分。"[3] 那么，夏朝以前又是什么情形呢？我们更无实证的依据，但依据理性我们可以说，教育认识的演化是一个渐进的过程，在自觉的教育认识活动出现之前必然存在过一个过渡状态——自在的教育认识。如果我们承认"在人类三百多万年发展的历史上，绝大部分时间内的教育，均为自发的'自在之物'，人类自觉进行的'为我之物'的教育，到现在还不到

---

① 刘庆昌：《教育者的哲学》，北京：中国社会出版社，2004 年版，第 21 页。
② 吴定初：《中国教育科研起源论》，《四川师范大学学报（社会科学版）》，1995 年第 1 期，第 44—51 页。
③ 吴定初：《中国教育科研起源论》，《四川师范大学学报（社会科学版）》，1995 年第 1 期，第 44—51 页。

一万年,时间很短"①,那么,自在的教育认识应该存在于人类教育历史临近一万年前的一段时间。这段时间到底有多长,我们无法猜度,但它原则上取决于"自在的教育"自身的进化和人类精神系统的进化程度。

无论怎样,在这个过渡时期,教育认识事实上已经存在了。这种存在的载体实际上是知行一体的原始思维。教育在原始人的意识中是怎样的,我们不得而知,不过,相关的认识我们可以借鉴。在论述原始人的自然观时,卡西尔曾经指出,我们总是习惯于把我们的生活分为实践活动和理论活动两大领域。在这种划分中我们很容易忘记,在这二者之下还有一个更低的层次。原始人的全部思想和全部情感都仍然嵌入于这种更低的原初层中。他们的自然观既不是纯理论的,也不是纯实践的,而是交感的(sympathetic)。"原始人绝不缺乏把握事物的经验区别的能力,在他关于自然与生命的概念中,所有这些区别都被一种更强烈的情感湮没了:他深深地相信,有一种基本的不可磨灭的生命一体化(solidarity of life)沟通了多种多样形形色色的个别生命形式。"② 我理解这是指一种尚未以理性能力主宰生命活动的表现。进而推想,在原始人的自在的教育中,教育认识和教育行为是一体的,是无法分开的。也许正因此,关于我国夏朝以前先民们的教育,文献只说明先民们做了什么,而没有说明先民们说了什么。先民们或许说了但无文字记载是一种可能,不过,这种情况应能通过口头传递留下一些蛛丝马迹,可是没有,因而另有一种可能就是先民们就教育实在也没说过什么,至少在整体上,他们的教育认识是嵌入于原始的自在教育行为和生命情感之中的。有一点毋庸置疑,即人类的教育认识在那时已经客观存在了,这就是"教育认识的事实化"。这一阶段的教育认识尽管是自在的,却也有其产品或者更谨慎地说是效果。我们认为,基于一体化的自在的教育阶段的教育认识,其产品或效果就是它对原始教育行为的支持和强化。我们该如何定位这样的教育认识产品或效果呢?简而言之,就是教育经验。当然,此处的经验与今日人们所说的生活工作经验

---

① 胡德海:《教育学原理》,兰州:甘肃教育出版社,1998年版,第202页。
② [德]恩斯特·卡西尔:《人论》,甘阳译,上海:上海译文出版社,1985年版,第105页。

相距甚远，它仅仅意味着一次次的自在的教育行为在原始人精神系统的不断积累，这样的积累到了某种程度，人类的教育认识就会发生革命性的自觉。

二、教育认识的自觉化和教育思想

教育认识何时或怎样从自发阶段演进到了自觉化阶段，无法做出结论，但站在唯物辩证法的立场上，我们会认为教育认识的历史是一个渐变的过程，无论是人的物质态还是人的精神态的转变，我们都无法想象仅仅是发生在一瞬间的事情。什么是教育认识的自觉化呢？它指的是教育认识开始成为一种能动的、有意识的活动，进行教育认识的人知道自己在做什么，甚至知道自己为什么要做，教育认识不再仅仅是一种客观的事实，也成为一种主观的事实。教育认识从自在到自觉的转化掀开了人类教育认识和整个人类教育历史的崭新一页。教育认识可以从教育活动的整体中游离出来，教育则开始摆脱人的本能、习惯等自然的束缚。

作为一种历史性的事件，教育认识的自觉化是一定历史条件下的产物。这里的历史条件包括基本的两个方面：人自身发展的条件和社会发展的条件。

所谓人自身发展的条件，是说人的心智所具有的能力或发展程度。如果人的心智停滞不前，教育认识便不可能从自在的状态走向自觉。问题是教育认识的如此转变需要人怎样的心智能力呢？孔狄亚克给了我们启示。他在论反省时指出："对于一切作用于心灵的客体来说，心灵原是处于一种从属地位的，但当记忆一经形成，想象的运用也已处于我们能力的控制之下时，记忆所回想起的一些信号，以及想象所唤起的那些观念就开始把心灵从那种从属地位中解脱出来。一旦心灵能主动回想起它所见过的事物，它便能把它的注意贯注其间，还可以把注意从它看到的事物那里撤回来。尔后，它又能把注意再放回到这些事物上去，并可以对这几件事物和那几件事物交替地予以注意。"[①] 孔狄亚克的这一段论述说的就是反省。其核心处在于：反省，这种可以控制记忆和想象的心智能力，能够使人的心灵从"从属于个体"的状态中

---

① ［法］孔狄亚克：《人类知识起源论》，洪洁求、洪丕柱译，北京：商务印书馆，1989年版，第44—45页。

解脱出来。教育认识的自觉化，不也必须建立在这种心智能力基础之上吗？没有反省的能力，教育认识是无法从自在的教育活动"混沌"中游离出来的。

所谓社会发展的条件，说的是社会作为一种环境和客观具有了对教育认识自觉化的需求。这话听来费解，环境和客观怎样会具有只能属于主观的需求呢？这里实际上说的是如果教育认识不能自觉化，社会的继续发展可能会受到限制的历史状态。在这一历史状态中，人类的生产、生活经验有了十分丰富的积累，仅靠融于生产、生活中的自在教育已经无法完全传承，于是产生了传授社会生产、生活经验的需求，也就是对于教育的需求。这种需求一旦被人所意识，自为教育的历史就正式开始了。教育由于从自在走向自为，历史性地成为人类意识的对象，随之而来的就是教育认识的自觉化了。我国古籍记载，原始人群时期的先民们"不耕不稼""不织不衣"，"茹草饮水，采树木之实，食蠃蚘之肉"；进入氏族社会以后，宓羲氏"教民以猎"，燧人氏"教民以渔"，神农氏"因天之时，分地之利，制耒耜，教民农耕"，后稷"教民稼穑，树艺五谷，五谷熟而民人育"。如果以上记载具有真实性，它所反映的正是人类自为教育的开端。不过在这一阶段还不会出现自觉化的对教育的认识，教育认识的自觉化应该是教育从生产、生活中脱离之后的事情。

思维和语言是紧密联系的；文明和文字是紧密联系的。先有语言，后有文字；先有自为的教育，后有自觉化的教育认识。孔狄亚克说："人类在通过声音来相互交流他们的思想的情况下，感觉到有必要设想出一些新的符号，以便于这些思想永久保存下来，并且使不在场的人们也能知道这些思想。"[①]文字就这样产生了，与此同时，"使不在场的人们也能知道这些思想"的念头也出现了。这个念头与教育走向自为有着直接的关系，而自觉化的教育认识显然是在自为教育发展的过程中出现的。

教育认识在自觉化阶段的产品，总体上讲是教育思想，当然也存在着一些感觉描述的成分，这应是教育认识历史连续性的表现。思想是人主观思维运动的结果，它超越了历时的经验本体，表达着人的愿望、情绪和意志。思

---

① [法]孔狄亚克：《人类知识起源论》，洪洁求、洪丕柱译，北京：商务印书馆，1989年版，第214—215页。

想在形式上的起码的特征，是其所内含的人的主观认识。一种认识无论高明与否，只要它内含人的思维和意志，就可以称之为思想。思想就其产生来说并不是天外来物，必然是一定的思维运动的结果，但其最终的形式往往是省去了思维运动过程的，这也是它区别于理论的外显的特征。在教育经验之后，教育认识结果或说教育知识的第二种存在方式就是教育思想。教育知识以思想的形式存在是一个很长的时期，尤其在中国，西方教育学和教育理论引进之前的整个古代，教育知识的主体形式就是教育思想。所以我们可以说中国古代有许多深刻、卓越的教育思想家，却没有一位教育理论家和教育学家。中国古代的教育思想家，也不是专门化的教育思想家，他们一般是在自己的哲学、伦理、人生、政治的言说旁边或言说过程中言及教育问题。比如，孔子的教育思想主要反映在《论语》中，但《论语》并不是教育言论专集。也有一些专门涉及学习、教师等的文本，比如荀子的《劝学》、韩愈的《师说》等，但就其形式而言，应属于思想随笔。这样的思想随笔在中国古代教育知识文献中并不罕见。中国古代教育知识文献中最引人注目的当属《学记》，它总结了我国两千多年前（先秦）私学教育实践中所取得的宝贵经验，是记述我国古代教育的最早的一篇论著。《学记》所反映的教育认识成果即使在今天仍让我们感到自豪，而其形式同样也是教育思想随笔。由于中国古代没有形成西方样式的逻辑学和哲学，在《学记》的基础上，教育认识的水平和教育知识的形式，其后两千多年间并无质的变化。相对而言，欧洲的"教育思想"形式的教育知识阶段要简短得多。柏拉图的《理想国》产生于公元前370年，当时中国正处于东周后期；昆体良的《雄辩术原理》产生于96年，当时中国正处于东汉早期；夸美纽斯的《大教学论》产生于1632年，当时中国正处于明朝末期；赫尔巴特的《普通教育学》产生于1806年，当时中国正处于清朝中后期。即便我们把《雄辩术原理》作为欧洲教育理论的开端，以"教育思想"为形式的教育知识阶段在欧洲也要简短得多。换句话说，欧洲的教育知识比中国的教育知识更早地进入了教育理论阶段。进一步讲，欧洲比中国更早地进入到了教育认识的专门化阶段。

三、教育认识的专门化和教育理论

教育认识的自觉化只是说明了教育认识走出了自在而在的状态，人们可以发出有意识的关于教育的议论，与专门化还有很大的距离。这里所讲的教育认识的专门化，是说出现了就教育而进行的有计划的系统的教育研究工作，并最终生产出了专门化的教育知识产品，更为重要的是，教育知识产品的主人明确地意识到他在做一项专门化的工作。为了更清晰地说明，我们不妨审视一下专门化教育认识源头的代表作：《雄辩术原理》《大教学论》和《学记》。

《雄辩术原理》，由古罗马的雄辩家昆体良（约35—95）所著，公元96年出版，凡十二卷，"把从希腊接受来的教育思想系统化，并且给它们补充了很多新见解"[1]。其十二卷中，专门论述教育的有四卷，即第一、二、三卷和第十二卷。从写作方式上讲，《雄辩术原理》卷下有章，但卷、章均无标题，只有深入阅读，才能感受到其内在的理性逻辑。书中论述了天性与教育、学前教育与家庭、学校教育的优越性、（雄辩家的）培养的目标、教学法。一般认为，《雄辩术原理》既是古代希腊以来雄辩术研究成果的集大成者，也是古代教育思想的集大成者，它对古代希腊时期、罗马共和制时代和罗马帝制初期的教育思想和经验进行了总结。而其作者昆体良则被认为是夸美纽斯以前西方历史上最杰出的教学法学者。这样的评价绝不过分，不过读了《雄辩术原理》就会认为昆体良绝不仅仅是一个教学法学者。有一点是没有疑义的，即《雄辩术原理》可以称得上是一部专门化的教育著作。除了内容上的依据之外，我们还可以知道这本著作的写作动机和目的。昆体良在此书第一卷前言中说道"从事培养青年的工作达20年以后，当我终于获得进行研究的闲暇时"[2]，这说明他是准备专门研究的；关于《雄辩术原理》，他说："我的目标是完美的雄辩家的教育。"[3] 可以说，从此教育认识的专门化就开始了。

---

[1] 曹孚：《外国教育史》，北京：人民教育出版社，1979年版，第38页。
[2] 任钟印选译：《昆体良教育论著选》，北京：人民教育出版社，2001年版，第4页。
[3] 任钟印选译：《昆体良教育论著选》，北京：人民教育出版社，2001年版，第5页。

《大教学论》，由捷克教育家夸美纽斯（1592—1670）所著，1632年出版，全书33章，内容范围从教育到一般教学，再到学科教学，堪称教育的百科全书，被公认为人类第一部教育学著作。《大教学论》的出版和《雄辩术原理》的出版时间相差达1536年，我们为什么也把它作为教育认识自觉化的源头作品呢？原因是《雄辩术原理》的手稿遗失达1320多年之久，直到1415年才被重新发现，正值欧洲文艺复兴时期，一经发现就受到极大的重视，成为欧洲人重新认识古希腊罗马教育的重要线索。[①] 而更令人回味的是昆体良和夸美纽斯有一种历史的机缘。任钟印先生写道：

> 在西方古代和中世纪的教育家中，就教学法而言，几乎没有任何一个人像昆体良那样给后代以深远的影响。人类等待了一千五百年才有幸见到了一个人超过了昆体良，此人就是夸美纽斯。人文主义者和夸美纽斯因为有了昆体良而启发了思想、增长了智慧，昆体良因为有了人文主义者和夸美纽斯而得以重新被人类所赏识。历史就是这样将必然性和偶然性交织在一起，有些事出乎意料，却又在情理之中。[②]

回味"昆体良因为有了人文主义者和夸美纽斯而得以重新被人类所赏识"，我想象昆体良就像沉睡了1500多年，可谓千年一梦，一觉醒来，才与夸美纽斯一起把人类的教育认识带进了自觉化的阶段。如果仅从时间上考虑，教育认识自觉化的开始，应以昆体良的工作为起点；若说教育认识专门化的逐步展开，也可以从夸美纽斯的工作开始。夸美纽斯的命运与昆体良相似，在18世纪和19世纪初，他的理论著作在许多国家几乎都被遗忘了，只是在19世纪后半期和以后的时期，一些进步的教育家才开始愈来愈清楚地弄明白了夸美纽斯的作用。我以为，100多年被人遗忘的不只是夸美纽斯的教育思想，还有一个更为重要的遗忘，就是对于教育认识专门化的遗忘。然而那些极少数的没有忘记夸美纽斯且受其影响的人，一方面在继承和发展着他的教

---

① 王天一等：《外国教育史》，北京：北京师范大学出版社，1984年版，第68—69页。
② 任钟印选译：《昆体良教育论著选》，北京：人民教育出版社，2001年版，第13页。

育思想，另一方面也在一定意义上继续着教育认识的专门化。卢梭（1712—1778）就受到了夸美纽斯的影响，在《爱弥儿》中系统阐述了自然主义教育的思想；裴斯泰罗齐17岁就读了《爱弥儿》，受到卢梭的影响，著有《林哈德和葛笃德》；赫尔巴特曾拜访过裴斯泰罗齐，著有《普通教育学》，成为教育学专业化和学科化的标志。我们的确可以说，从昆体良的时代起源，从夸美纽斯的时代开始，直至赫尔巴特的时代，人类教育认识终于进入专业化的阶段。

中国是一个文明古国，那么，在教育认识的专业化上，中国人有什么贡献呢？要回答这一问题，必须首先承认中国传统的文化背景下，人们对于主客观世界的认识和表达有自己独特的方式。由于缺乏追求认识真理的强烈兴趣，没有形成形式逻辑规则，古代中国人始终没有进行专门化的教育认识，唯一值得称道的是产生于战国末期的《学记》。中国教育史学家很愿意说这个仅有1200多字的《学记》是中国教育史上和世界教育史上一部最早、最完整的教育学著作。实事求是地说，至少我们不能称《学记》为一部教育学著作，因为"学"乃分科之学，是一个源于西方学术发展史的特有现象。不称《学记》为教育学著作，并不降低它的实际价值。我们知道《学记》是《礼记》中的一篇，它系统总结和概括了我国先秦的教育思想和教育实践，论述了教育的作用、目的和任务，以及教育制度、教育内容、原则和方法，还谈到教师及师生关系。就思想的实质而论，《学记》的确是古老的中华民族的教育智慧，博大精深，既雅致又实用，言简意明，微言大义，其思想的精神使得其后两千余年中竟难以超越。然而这一早期的教育知识巅峰之作，也成了中国古代教育认识的绝唱。应该说，《学记》的作者们，在创作《学记》的时候，无疑在进行着专门化的教育认识活动，但是这样的历史性的活动并没有形成中国本土的教育认识专业化。这是一种遗憾吗？我想历史不存在遗憾，遗憾只是后人的主观感觉，中国文化形成自己的特色总有其内在的、深刻的逻辑。

如果到了教育认识的专业化阶段，其产品就可以说是教育理论了。什么是教育理论呢？有学者这样界定："教育理论是系统化的教育思想，是由一套专门概念和术语、命题构成并支持着的一组陈述。"[①] 对这一界定加以分析，

---

① 唐莹：《元教育学》，北京：人民教育出版社，2002年版，第1页。

可以得出以下结论：其一，教育理论的内容是教育思想；其二，教育理论的形式是有概念、术语、命题的一个陈述结构，或者说是一个内含形式逻辑的陈述。若依此为标准，在中国古代，即使是《学记》，也很难称得上是教育理论，因为《学记》的陈述比较简单，多为一语中的之言，或是"比物丑类"之妙句。比如，"君子既知教之所由兴，又知教之所由废，然后可以为人师也"。又如，"善歌者，使人继其声；善教者，使人继其志"。欧洲因有亚里士多德创造了逻辑学，加之有古希腊罗马的哲学思考和雄辩实践，从其教育认识专门化一开始，教育思想的表达就具有了理论的特征。正是从昆体良（甚至柏拉图）开始，经夸美纽斯、卢梭、裴斯泰罗齐，西方教育认识终于在赫尔巴特那里跨越到了专业化阶段。

四、教育认识的专业化和教育学

教育认识专业化和专门化仅有一字之差，但内涵是有微妙区别的。教育认识的专门化，主要强调出现了就教育而进行的有计划的、系统的研究工作，并最终生产出了专门化的教育知识产品，更为重要的是教育知识产品的主人明确地意识到他在专门地做一项工作。而教育认识的专业化，是指教育认识在专门化的基础上发展成为一种专业化的活动，具有了专业性质和水平，并围绕着专业化的教育认识逐渐形成了专业化的从业人员。夸美纽斯在教育认识专业化上是一个重要的人物，一则他是一个地道的、专门的教育家，二则他的《大教学论》已经具有相当的专业水平，并非一般哲学家和知识分子可以随便为之。其后，卢梭也是值得重视的。他虽然不是专门的教育家，但《爱弥儿》一书构思20年，撰写3年，书中对人的发展和外部环境的关系的分析，对儿童生理心理自然进程的论述，对自然教育和儿童本位教育观的倡导，也具有了专业的水平，为教育科学的建立开辟了道路。裴斯泰罗齐提出"教育心理学化"，并在教育实践中探索以心理学为基础发展人的能力的方法。从继承的线索看，卢梭受到夸美纽斯自然教育思想的影响，裴斯泰罗齐的"教育心理学化"则是从卢梭的自然教育思想中引申出来的。如果我们可以把赫尔巴特作为教育认识进入专业化阶段的标志性人物，那么，整个教育认识专门化阶段实际上是在客观上孕育着教育认识的专业化。事物的发展就是一个从量变到质变，从渐变而突变的过程，无论是教育认识的专门化还是专业化，都不是突然或偶然出现，历史早已经埋下了它们成长的种子。

我们把赫尔巴特作为教育认识专业化的标志性人物，最重要的理由是在他那里，"教育学"的意识极为强烈，而这一点在以往的教育理论家那里是不大明显的。培根在1623年发表的《论科学的价值和发展》中，对一切科学进行了分类，第一次把教育学作为一门独立的学科列了出来，这是一件应该提及的事情，不过也不必渲染，因为在培根那里，教育学不过是"指导阅读"的学问。夸美纽斯虽然深受培根的影响，但主要是在方法论上，"教育学"意识在他那里仍然没有确立。我们能看到《大教学论》根本不限于"教学"，而是对于整个教育的论述，但"教育学"的意识并未因此而确立，应该说是时代使然。在教育学意识的确立上，德国哲学家康德是一个绝不能忽视的人物。康德在哥尼斯堡大学任教授期间，先后于1776—1777年、1780年、1783—1784年以及1786—1787年讲授教育学，开大学讲授教育学之先河。1803年，也就是康德逝世的前一年，经他的学生整理的讲稿以《康德论教育学》为名出版，有些教育史学家认为此书是欧洲教育学之祖的名著。尽管如此，教育学上对于康德教育学"事迹"一般只是提及而已，现代教育学开创者的荣誉却给了康德在哥尼斯堡大学哲学教席的继承者赫尔巴特。这并不是历史的误会，而是有其合理性的事件。一是因为康德的"教育学"是讲座名称，康德本人只是在他自己哲学的基础上论述教育，"教育学"学科意识还不明确；二是因为康德的教育论述对于后世的影响远不及赫尔巴特。当然，最重要的原因还是赫尔巴特要把教育学科学化的努力和他对于教育学学科存在及发展的忧患和责任意识。

赫尔巴特对于教育学的贡献，集中反映在他的《普通教育学》著作中。《普通教育学》是世界教育史上第一部具有科学体系的教育学著作，教育学因此不仅从哲学中基本脱胎出来，而且学科的独立性和专业性问题也得以发生。赫尔巴特把他的教育理论建立在实践哲学（伦理学）和心理学之上，建构了一个深刻而有机的教育学体系，使教育学第一次有了专业性的尊严。最使我震动的是赫尔巴特在教育认识专业化和教育知识学科化的开端，就能够具有令人敬佩的学科意识，而这一点反倒是今天的许多教育学专业人员没有具备的，也难怪教育学的尊严问题总不能得以彻底解决。让我们看看赫尔巴特关于教育学的深刻见解：

  但愿那些很想把教育基础仅仅建立于经验之上的人们，对其他的实验科学作一番审慎的考虑；但愿他们认为值得去了解物理和化学。……而一个人究竟何时方能成为一个有经验的教育者呢？而且，每一个教育者的经验是由多少经验组成，要经过多少次的变换呢？相比较而言，一个有经验的医生了解的事情是何等广博，多少世纪来人们为他记录下了伟人的经验！即使如此，医学仍如此脆弱，以致恰恰是它变成了各种最新哲学理论现在其中繁茂地丛生着的疏松土壤。
  教育学不久也将走向这种命运吗？它也将成为各学派的玩具吗？……
  假如教育学希望尽可能严格地保持自身的概念，并进而形成独立的思想，从而成为研究范围的中心，而不再有这样的危险：像偏僻的被占领的区域一样受到外人治理，那么情况可能要好得多。任何科学只有当其尝试用自己的方式，并与其邻近科学一样有力地说明自己方向的时候，它们之间才能产生取长补短的交流。哲学本身肯定欢迎其他科学审慎地接受它；而今天的哲学读者——虽不是哲学本身——非常需要为他们提供不同的观点，以便从中作出全面的考察。[1]

这几段话蕴含着赫尔巴特关于教育学学科建设的基本思想：其一，教育学不是教育经验的汇集，它是使教育者摆脱经验主义的努力；其二，如果教育学不能摆脱经验汇集的陷阱，将会成为哲学理论的殖民地和各学派的玩具；其三，保持自身的概念，并进而形成独立的思想，是教育学免受外人治理的前提；其四，教育学不仅要接受其他学科（包括哲学）的影响，还要与其他学科（包括哲学）形成取长补短的关系。何其深刻！想想教育学的境遇，以

---

  [1]　［德］赫尔巴特：《普通教育学·教育学讲授纲要》，李其龙译，杭州：浙江教育出版社，2002年版，第12—13页。

及存在于教育知识领域的种种困惑、迷惘，无不是忘却伟人的言说的恶果。

赫尔巴特在教育学科建设上的努力，对于欧洲大陆的教育学以及苏联教育学的影响都是不可磨灭的。但是其后不久，教育学在科学化的道路上就走得过远了，伴随着拒斥形而上学的哲学思潮，"保持自身的概念，并进而形成独立的思想"逐渐被人们抛掷于脑后。20 世纪初，欧洲的新教育运动、实验教育学风潮，对赫尔巴特的教育学进行了批判和冲击，他的"教育学观"自然也被人们放置一边。加之 20 世纪以后美国文化成为强势文化，实用主义的教育学与赫尔巴特更是格格不入，他的"教育学观"已经不在人们的视野内了。历史是辩证的，得失是平衡的。近百年来的科学教育学和实用教育学，的确为教育实践的改进做出了巨大的贡献，但是，教育学的专业性和独立性也受到了从无间断的怀疑，这难道不是一种损失吗？也许在教育实践面前，教育学的"学科意识"无足轻重，但如果要使教育认识能够有序地深入下去，它就并不是一种多余的意识。史可为鉴。历史已经发生和存在，一个或许有序但难以把握的教育知识整体已经摆在我们面前，我们只有去认真地审视了。

第二节　教育认识者的历史演化

对教育认识做历史的反思，无疑使我们在认识状态和知识形式两个方面把握了人类教育认识的历程，但要进一步释解教育研究者的深层困惑，进而改良他们的认识状态，我们还有必要把隐藏在教育认识背后的教育认识者提取出来，同样从历史的维度进行考察。只有这样，今日的、作为教育认识者的教育研究者才能够认知到自己的历史位置和认识论定位。应该说教育认识的历史就是教育认识者的历史，但两者又属于性质不同的两个问题。我们只能从一切历史均是人的创造上说两者势必相互纠缠，但问题是教育认识者在通常的教育认识历史中，最终只是承载了人类对创造者表达尊敬的一个符号。即使史家感兴趣于教育认识者个人的生平事迹，最多也是帮助我们理解了具体的个人与具体的教育认识成果之间的某种必然联系。至于教育认识者群体的历史性特征，谨慎一点说，还远远没有成为人们普遍认可的重要学术议题。

这便意味着这个议题的潜在意义与我们显在的、普遍的需要尚未形成联系。略微浪漫地去思考，这种状况也可以说明当下的教育认识者仍然没有条件关注自己以至从历史中走来并接纳了自己的教育认识者共同体。这种关注的持续缺乏，很可能就是教育认识者充满各种困惑的外在原因，因为他们所困惑的从来就不是具体研究过程中的难题，而是隐隐约约意识到的共同体的当下姿态和他们自己的存在状态，这一类的困惑直接影响到他们的安身立命，同时也神秘地抑制了他们的想象和创造。在古希腊，苏格拉底把阿波罗神庙墙壁上的铭文"认识你自己"当作自己的人生信条，从而走向爱智慧之路。在今天，从事教育认识的人们，也应到了认识自己的时候，通过内省式的自我观察和对共同体的整体反思，我们一定能够感悟到许多困惑的源头就在我们自己这里。要知道作为认识对象的教育是无所谓困惑的，如果我们在面对教育的时候生出了困惑，切记这种困惑实际上是来自自身的，因为对象化的现实教育从理论上讲正是教育认识者共同体的产品，而所谓教育实践者，某种意义上只是充当了使教育认识实在化的雇员。我们现在来关注教育认识者自己的历史，其操作性的内涵既在于辨识共同体意义上的、不同历史阶段的自己，更在于借助想象和完形的心理功能描摹出不同历史阶段的教育认识者的存在状态——但这还不是最为重要的意图，最为重要的意图是要揭示教育认识者在历史过程中如何显影、如何作为，又如何一路走到今天。不用说，走到今天的教育认识者正是从事教育研究的我们自己。而如果厘清了共同体的历史，导致我们今天困惑的原因也就显而易见了。

　　但如何走进教育认识者的历史呢？这是一个虽非完全没有经验却基本没有完整先例的学术工作。可以肯定的是，经典的历史科学研究方法很难在这里派上用场，历史过程整体的盲动性使得我们根本无法从某种原初的经典中寻找到后来变化的蛛丝马迹。在这种情况下，最可选择的方法仍然是历史哲学的方法，而让人头疼的是，究竟什么是历史哲学的方法还是一个没有标准答案的问题。但能给予我们启示的思想资源比较丰富，这使得我们至少可以根据具体认识的追求去有意识地寻求启示。就历史哲学的方法来说，我们首先可以从它与历史科学的区别角度进行理解，毕竟哲学和科学虽然都属于理性的实践，但两者的旨趣明显不同。"与科学之间的区别：哲学考察了支配的思想与被支配的客体之间，即作为主体的人与世界之间的关系。相反，科学考察的是构成世界的各个被支配的客体中间的相互关系。"① 这一认识的重要，在于它明确了历史哲学所要考察的是主体与客体的关系。具体到对教育认识者的历史考察，我们选择历史哲学的方法就意味着选择了把教育认识者与他们所要面对的教育现实存在之间的关系作为重要的对象。也只有这样，具体环境中的教育认识者个人才能够成为教育认识历史的主体。其次，我们可以从哲学对一般性和统一性的执着追求角度来理解历史哲学的方法。亨利希·李凯尔特说："历史上的东西，从最广泛的意义说，就是那种仅仅出现一次的、件件都是个别的、属于经验范围的实际事物；它既带有直观性，又带有个别性，因而是自然科学构成概念的界限。……如果想把历史的任务规定为只讲个别的内容，历史科学的概念实际上就陷入了语辞矛盾。"② 他的意思是说即使是某个具体的历史表述，也几乎全都是由一些具有一般意义的词语所构成，而且只有这样的词语才能被众人理解。这里讲的就是一般性。而雅斯贝斯则说："统一成了人的目的。对过去的考察，必然要涉及这个目的。……历史处在起源与目的中间，在这中间，统一的观念总是在起着作用。"③ 这就讲到了统一性问题。我们对教育认识者的历史考察，必然无法离开对重要和典型的教育认识者的关注，但我们的关注绝不是偏于历史科学的关注，而是要透过那些重要、典型的个人与具体历史环境中的教育现实的关系，获得他们在教育认识历史中的角色。但这只是一个开端，在此基础上，我们还需进一步在不同历史阶段中重要和典型的教育认识者之间寻找某种历史的连续性和统一性，以使教育认识者的历史在我们意识中成为一种理性的事实。

基于这样的方法论思考，我们就可以对教育认识者的历史进行较为自信的建构。原则上讲，只要我们的建构具有一定的经验支持，并符合了人们的

---

① ［英］汤因比等著，张文杰编：《历史的话语：现代西方历史哲学译文集》，北京：中国人民大学出版社，2012年版，第321页。
② ［英］汤因比等著，张文杰编：《历史的话语：现代西方历史哲学译文集》，北京：中国人民大学出版社，2012年版，第17—19页。
③ ［英］汤因比等著，张文杰编：《历史的话语：现代西方历史哲学译文集》，北京：中国人民大学出版社，2012年版，第56页。

主观逻辑，那它就是具有认识论意义的。这里需要我们能改变把历史仅仅理解为过往事实的看法，要知道一方面的确存在着作为既成事实的历史，另一方面，既成的事实一旦转化成为历史叙事，便不再是既成的事实本身。实际上，历史研究的诱人之处并不仅是对个别事实的确证和叙述，更是人们能够通过历史的理解和解释形成自己的世界观和价值观，当然也可以接受历史人物对自己人生观的影响。就说我们对教育认识者的历史考察和建构，固然可以首先满足认识上的需要，而我们的核心意图却是为今日的教育研究者明晰自己的历史角色和认识责任奠定理性的基础。教育研究者通过认识自己的历史角色和认识责任，实际上也能更加深刻地认识教育研究本身。如果能够获得这样的效果，难道不比获得所谓事实意义上的历史真实更有价值吗？

对教育认识者作历史方向的思考，在笔者这里曾与关于教育理论与教育实践的关系思考联系在一起，基本的思路可以表述如下：早期的教育者做教育，具有"我想我做""边想边做"的特点。换言之，想教育和做教育的是同一个人，而且，想教育和做教育发生和存在于同一个过程中。后来因为各种因素，比如生产力发展了，可以有人"只想不做"了，"想教育"这件事就从教育整体中分离了出来，"想教育的人"就从教育者整体中分离了出来。此后，"做教育"的人仍需"想教育"，继续保持原先"我想我做""边想边做"的状态，而可以"只想不做"教育的人也就逐渐发展为专门的、专业的，以至职业的教育认识者。这种教育认识者，在今天基本生活在学科体制之下，主要集中在教育学这一领域。如上的表述显然不是对可经验的事实的描述，因为没有任何的史志资料记载这样的信息，但我们的表述也不是没有边界的想象，似有真实的经验事实隐隐约约地就在其中。说白了，这就是最为简明的历史哲学方法的应用，它不拘泥于任何单个的经验事实，却也不会远离经验世界，经验在哲学式的思考中实际上是具体事实与概念之间的一种状态，真实而不具体，有用而不有形。也正是基于这种状态的经验，历史哲学才具有合理性和可接受性，才能对人们的认识和行动发挥启迪作用。依于我们的思路，即可以在意识中建构起教育认识者的演化历史，大致可以将其分解为以下几个阶段性的存在形态：（1）具有教育意识和教育方法思考能力的一般教育行动者；（2）具有教育反思和理念建构能力的卓越教育行动者；（3）自觉担负教育行动和教育认识双重责任的行动者兼认识者;(4)脱离教育行动的、职业的教育认识者。以上四种形态在今天都是现实的存在,从而在共时的意义上构成了现实的教育认识者整体,但在历史中,这四种形态则连续构成了教育认识者逐渐演化的过程。

一、具有教育意识和教育方法思考能力的一般教育行动者

必须首先承认教育认识者在最初只能是教育者自己,他们的历史角色也只是基本纯粹的教育体现者,也就是说他们的所为具有后来的人们所把握的教育的最基本特征。不过,这样的表达本身也还是十分蹩脚的,因为最初的教育充其量显现为以信息和技术传递的"教",而且在其中,所谓技术亦即有效的动作方法的传递还是第一位的。当信息的传递成为"教"的目的时,教育的历史已经开始,从而,在此之前存在的、仅仅以传递有效动作方法显现"教"的阶段,即归入了教育的史前史。虽不可能有任何考古的结果作为证据,但我们仍然能够做出一个基本的判断,即教育认识在史前史的阶段是可以忽略不计的,存在于"教"的过程中的意识活动无疑更偏向于动物心理而非人类认识的一端。其原因很简明,即"主客体之间认识关系的建立根源于实践活动"[①],而史前史阶段的"教"并不是人类生活的一个系统的意识单元,只是生活整体的一个有机组成元素,"教"的实践尚未出现,更谈不上意义更加丰富的教育实践。可被称呼为实践的"教"以至"教育",一定是从生活整体中独立出来的、具有相对独立性的行动单元,原因是只有在这种情况下,"教"及"教育"才能够让主体在行动中有可能把它置于意识的对面。正是这种情形使得"教"及"教育"不再仅仅是主体的行动自身,而且成为主体自觉意识的对象,一种很可能一闪而过却真实存在的教育认识关系才成为现实。但正是由于那样的教育认识关系只是一闪而过,因而教育认识者在这样的历史阶段严格地讲是不可能存在的。即使在源头的意义上,也只能说最初的教育认识者是具有教育意识和教育方法思考能力的一般教育行动者。

---

① 李景源:《认识发生的哲学探讨》,北京:中国社会科学出版社,2016年版,第74页。

这里所说的一般教育行动者，指代所有在最初的历史阶段体现了教育的人，他们无须卓越，只是有能力并实际进行了最初的教育。重要的是群体进化的水平足以支持他们在行动的过程中能够时不时把教育行动本身置于意识的对面，进而产生片段的教育认识体验，并由此成就了自己在教育行动中短时的教育认识者角色。实际上，"教"及"教育"的意识萌发，就注定了人作为行动者的现实性和成为认识者的可能性。行动的意识就是行动本身的成就者。如果没有意识的伴随，人就不属于主体，他的一切外显的行为便只能叫作本能的产物。显而易见，由本能驱动的行为是无须劳烦意识的，而这样的行为无论客观上呈现出怎样的姿态，都与实践没有任何关系。这就不难理解我们在界定一种人类实践活动的时候，很习惯使用"有目的""有计划"等词语，因为目的和计划正是意识通向行动的、较高强度的表现层级。当然也可以由此想象到教育行动的意识水平也存在着由弱到强的历史演化。进一步可以说，最初的教育行动，其意识水平是孱弱的，目的是模糊的，计划更可能合理地缺席，教育行动就只是教育行动，它不会承载哪怕是较弱的教育认识片段。但可以肯定的是，随着目的的不断清晰和计划成为历史性的事实，教育行动中就会出现主体的认识因素，只是这种情形中的认识因素绝不可能与求知相关联，唯一可能出现的必然是关于教育方法的思考。实事求是地讲，做出这样的判断也主要是依靠了我们的勇气，有识之士完全有理由提出质疑，甚至可以进一步怀疑我们进行这种判断的意义。

如果允许为这样的判断行为辩护，我只能说，不进行这样的判断，我们将无法整体地把握教育认识者的历史。而如果不能从整体上把握教育认知者的历史，那么今天的教育研究者必将在各种信息的干扰下迷失前进的方向，他们的研究也许不无意义，但究竟有什么样的意义，恐怕连他们自己也难以述说清楚。更值得注意的是，缺乏对自我角色的历史反思，教育研究者自己根本无法通过他们认为的实实在在的研究达到认识自己的目的。不是有人指出过教育学的迷惘吗？那教育学迷惘的实质又是什么？毋庸置疑，就是教育研究者的迷惘。换句话说，迷惘的教育学正是迷惘的教育研究者亲手制造的作品。人文的也就是历史的，从而，人是具有历史性的。人创造了历史，又体现了历史。今天的教育认识者正是因为模糊了自己的来路，所以才迷惘了自己的去路。

　　对于具有教育意识和教育方法思考能力的一般教育行动者，我们也可以立足当下进行考察，其认识论的依据是教育认识历史流动到当下所呈现出的横截面，类似于一棵老树横截面上的年轮结构。呈现在历史过程中的教育认识者不同阶段的存在形态，在当下历史的横截面上则呈现为共时结构中教育认识者不同水平的存在形态。既然如此，我们就有理由为了认识的目的，对今日最朴素的教育者及其朴素的教育进行感性的描述和理性的分析。问题是谁是今日最朴素的教育者呢？我们深知其有却需要艰难地寻觅。环顾城市里的各个家庭，父母们从学前阶段就开始为他们的孩子做计划，传统意义上的家庭教育事实上已被解构，父母们不知不觉地在不同程度上接受了明显有偏差的学校教育的世俗逻辑，并及早适应了助力学校教师的民间规则。所以，即便今日城市里真的存在朴素的教育者，也不会具有典型性。那我们就把目光投向乡村吧。遗憾的是，今日的乡村与半个世纪前的乡村已不可同日而语，城乡物质生活差距的大幅度缩小加上信息时代的技术普及，"古朴"在物质与意识两个领域均呈现出消退的趋势。因此，最朴素的教育者真的已经成为历史。但这也不意味着我们无法立足当下的经验来思辨教育认识者的萌芽，原因是人类的历史自开启之日就明示了自身生存和发展的基本逻辑，否则我们就无法使用类似"一脉相承"这样的词语。

　　审视人类心理的逻辑，或能意识到处在当代社会的、作为个体的我们自己所走过的历程，在某种意义上正是在复演人类的历史。仅说我们对自己孩子的教育性照顾，它就发生在日常生活之中。在其中，我们会"教"孩子以广义的知识与道理，与此同时必伴有强度不同的教育意识，这实际上就为我们打下了进行教育认识的基础，但通常情况下教育认识并不会自觉发生。仅当我们的"教"以至"教育"难以如愿并使我们产生了挫败感的时候，"教"及"教育"本身才会成为我们思考的对象。只是这种思考并没有多么纯粹，我们可能会反思自己"教"及"教育"的方法，也可能会怀疑自己孩子的心智水平和人格类型。但不管怎样，教育认识就这样萌发了，而我们自己在日常生活的某个片段也真实地成为教育认识者。我相信擅长叙事的文学家一定能够把这样的情形变为有趣的故事，真能如此，应能调动起更多个人对自己相关经验的回忆和内省,从而为我们论述教育认识者的初期存在提供更为丰富的经验材料。想必会有严谨的人们质疑我们的这种材料选择和思考方式,对此我有义务作出说明:之所以做这样的选材和思考,首先因为教育认识者的最初存在形态客观上存在于没有文字记载的史前阶段,而我们对于源头性的问题探索又不忍轻易放弃,而次要的原因则是对于某种理论观念的理性认同。伯茨就提醒道:"不要把史前人类和现代所谓的'原始人'相混淆,因为史前人类仅仅是没有文字记载而已,这一点是至关重要的。"[①] 我理解伯茨在这里在场表达了史前人类和现代所谓"原始人"的不相同,但还可以推论出一个不在场的结论,即史前人类与我们现代人在最基础的心理逻辑层面应无大的区别,他们仅仅是没有文字记载而已。"在史前时代,文化和教育是一体的"[②],这里的文化"是指某一特殊社会团体成员创造的、学习的、共有的并代代相传的整个生活方式"[③],在这一点上,我们今天的人在学校之外对孩子进行的教育性照顾,与史前人类的同类行为应具有跨越时空的逻辑共通性。

二、具有教育反思和理念建构能力的卓越教育行动者

在分析教育认识者存在的第一种存在形态时,已经提到了教育反思一事,这说明在我的意识里那一阶段的教育反思虽然比较初级却应能发生,只是苦于没有可靠的证据,才具有一种主观臆断的色彩。但当我们读到关于教育的文字文本时,就可以理直气壮地谈及教育反思,因为没有这种反思,教育一词都不会出现,遑论后来的教育概念以及围绕着它的众说纷纭了。实际上,一个事物一旦进入人的语言系统,就意味着事物可以脱离具体的时空条件在人的意识中以观念的形式存在,那么人也就可以开始对该事物的思维运演了。因而,"教"及"教育"语词的出现都不能说是教育思考和认识的开端,而应

---

① [美] R. 弗里曼·伯茨:《西方教育文化史》,王凤玉译,济南:山东教育出版社,2013年版,第5页。
② [美] R. 弗里曼·伯茨:《西方教育文化史》,王凤玉译,济南:山东教育出版社,2013年版,第4页。
③ [美] R. 弗里曼·伯茨:《西方教育文化史》,王凤玉译,济南:山东教育出版社,2013年版,第1页。

该是在此之前的教育思考和认识经验的符号化。但从这种符号化开始，教育思考和认识就进入到较为高级的阶段了，这是因为语言以至文字不仅是思维的外壳，也是思维的工具，作为思维的外壳，语言、文字的成熟程度可以标识思维的成熟程度；作为思维的工具，语言、文字，既可以是思维流程中的一个环节和思维结构中的一个要素，还可以是思维发散的一个起点和中心。不论属于哪一种情况，教育理念的建构都可以顺理成章地成为现实。尽管有学者认为，"对于漫长的历史时期中没有文字记载的教育思想，我们可以通过当时的教育活动、教育习俗、传统、教育制度乃至神话传说去研究，以重现教育思想发展第一阶段的原貌，补写那一段无文字记载的教育思想史"，但理性地来讲，对于无文字记载的教育思想并不能给予过高的估计。要知道"无文字"所表达的不仅仅是在史前阶段没有文字，同时也在表达那时的人类还没有创造出文字，这便折射出了那一阶段人类思维的大致水平。比如，中国古代传说中的"有巢氏教民筑房""伏羲氏教人捕鱼"，我们从中最多能够获知在 4000 多年前就有了"教"这种事实，又如何敢进一步想象有巢氏和伏羲氏会对"教"本身有什么特别的思考！

就中国来说，我们知道《学记》被认为是世界历史上最早专门论述教学和教育问题的文献，我们暂时接受它的作者为战国晚期思孟学派人物乐正克，迄今也就 2300 年左右。现在我们说《学记》比较系统、全面地总结和概括了先秦时期的教育经验，其实也就意味着在《学记》之前是没有教育专论的。谨慎而言，即便圣如孔子，也只能定位为具有教育反思和理念建构能力的卓越教育行动者。孔子无疑是具有教育反思能力的，而且具有德性化的内省反思习惯，这一点在《论语》中可以找到明确证据。可以肯定的是，以孔子之智慧和学力，完全具备专论教育的能力，只可惜没有赶上需要专论教育的时代，也许更重要的原因是作为早期职业的教师，孔子自己也不会意识到专论教育是一件该做的事情。不过，《学记》的出现本身就是一个谜，如果其作者真的是乐正克，我们很想知道他为什么就专论了教育，而且那么精彩？我们还想知道为什么在他之前和之后，都没有像他一样有兴趣专论教育的人？然而我们不得而知，以致对于孔子以来名见经传的教育家，无论他们在教育以至文化史的意义上多么的伟大，我们也只能做出"具有教育反思和理念建构能力的卓越教育行动者"的定位。

孔子是"述而不作,信而好古"的,也就没有为我们留下类似《学记》这样专论教育的文本,但仅从记录孔子及其弟子言行的《论语》中,就可以发现他绝对是"具有教育反思和理念建构能力的卓越教育行动者"的典型,在此意义上,他就是一位堪称"伟大"的教育家。"真正伟大的教育家的思想应当对今天的教育有所启迪。"[①] 以此为据,孔子的教育认识恐怕是少有人能及的。为了更加具体地理解"具有教育反思和理念建构能力的卓越教育行动者",我们带着景仰的心情,愿用《论语》中的素材呈现教育认识者在这一历史阶段的典型形象。我们所呈现的形象当然首先是孔子,但又不仅仅是孔子,还有其他的和他一样"具有教育反思和理念建构能力的卓越教育行动者"。

《论语》中,能够体现对教育进行自觉反思的素材有:

(1)曾子曰:"吾日三省吾身:为人谋而不忠乎?与朋友交而不信乎?传不习乎?"(学而篇)此句虽出自曾子之口,足可反映出孔子的品格。孔夫子以身为教,高足自然会诚敬效法。此句本就是关于内省的经典,其中的"传不习乎",通常的解释是对老师传授的知识是否温习,实为庸见。既然"为人谋"和"与朋友交"均为言说者的主动行为,为什么不合情合理地把"传"解释为言说者曾子本人的教授行为呢?后世王阳明有《传习录》,即取"传而习之",因而,"传不习乎"实为曾子对自己教育活动的反思,意思是说,传授给弟子的道理自己是否践行。

(2)子曰:"默而识之,学而不厌,诲人不倦,何有于我哉?"(述而篇)此句的结构为"默而识之,……何有于我哉?"属于典型的反思性表达,可惜庸常的解释者未能意识到"默而识之"正是对反思状态的表述,而硬是牵强附会地把它与"学而不厌"和"诲人不倦"并列起来。好在这种误解并不能否定孔子教育反思这一事实。

(3)子曰:"吾尝终日不食、终夜不寝,以思,无益,不如学也。"(卫灵公篇)此句简直就是一则反思笔记,且有反思的结果,即在效率上思不如学。

---

① [英]罗伯特·R.拉斯克、詹姆斯·斯科特兰:《伟大教育家的学说》,朱镜人、单中惠译,济南:山东教育出版社,2013年版,第5页。

(4) 子曰："生而知之者上也，学而知之者次也，困而学之又其次也。困而不学，民斯为下矣。"（季氏篇）子曰："唯上知与下愚不移。"（阳货篇）此二句乃教育反思的结果。

《论语》中，能够体现教育反思和理念建构能力的素材有：

（1）"温故而知新，可以为师矣"；"学而不思则罔，思而不学则殆"。此两句均出自"学而篇"，从观念形成的角度讲，其中的识见无疑来自观察和内省；从识见的内容上看，显然属于对"师"的条件和学习方法的理念建构。换句话说，孔子实际上是要求教师能够温故知新，要求学生能够学思结合。

（2）子曰："当仁，不让于师。"子曰："有教无类。"此二句均出自"卫灵公篇"，分别关涉学习伦理和教育伦理，既然所言说的就是他所期望的，也就具有了教育理念建构的性质。

（3）子曰："中人以上，可以语上也；中人以下，不可以语上也。"（雍也篇）子曰："不愤不启，不悱不发，举一隅不以三隅反，则不复也。"（述而篇）子曰："吾有知乎哉？无知也。有鄙夫问于我，空空如也。我叩其两端而竭焉。"（子罕篇）子曰："求也退，故进之；由也兼人，故退之。"（先进篇）子夏曰："博学而笃志，切问而近思，仁在其中矣。"（子张篇）此五句中有一句出自子夏之口，同样可以反映孔子的识见。从内容上讲，虽然所涉问题不同，但均属教育教学之法，不仅记载了孔子的教育行动，而且为后世为师者树立了楷模，故不愧为"天之木铎""至圣先师"，给中国的教育建立了基本的章法。

从孔夫子这里我们能深切地感知到，存在着这样一个历史阶段：职业的教育者已经出现，他们中卓越的少数不仅恪守教育职业的精神，而且对教育的效果尤其是对实现理想效果的方法能进行较深入的思谋。他们虽然尚未形成对教育的求知取向，却能在追求理想教育效果的过程中借用一般智慧，归纳自己和同行的经验，进而在纯粹行动的范围内总结出教育实践的逻辑。就像孔子这样伟大的教育家，我们也许不会认为他为后人提供了教育知识，但会认为他不愧为一位教育的天才，进而会认为他是一位教育思想家，并在实践的意义上高度认同他进行教育教学的方法。从《论语》所提供的信息中，我们可以无须转换地读出一位卓越的教育行动者的风貌，甚至能够借助共情的能力捕捉到他的机智与情趣。我们可以合理地推定他在不具有认识论意识的情况下事实上对教育进行着认识，只是他的认识直接而非间接地服务于教育行动的目的。也正因此，尽管他智力超群且能学而不厌，却只能成为卓越的教育行动者兼思想家。应该说，在孔子这里，教育反思已经达到相当自觉和成熟的水平，教育理念建构的能力似乎也已经接近成为教育理论家的临界点，但就是没有再向前突进一步，这大概就是所谓历史的局限。由于整个中国古代思想属于一种日常的认识论，没有形成主客分离的认识习惯，这才在成就了教育思想深刻的同时，未能走进教育知识的领地。不过，如果我们能够悬置一切的成见，也未尝不可把这种思想方式视为人类整体认识中的一种风格。对于中国古代思想者来说，"认识的实质不是认识主体之于认识对象的一种反映论的表象，而是和人类其他行为方式一样，是生命为解决其种种生存问题而应对其生存环境的一种有效的行为工具，即生命实现自身的一种生活形式"[①]。这种哲学式的表达常常会让人感到云里雾里，但想一想孔夫子以及和他一样的"具有教育反思和理念建构能力的卓越教育行动者"，就会觉得哲学的表达是一种深刻的亲切。

三、自觉担负教育行动和教育认识双重责任的行动者兼认识者

总体地看，以孔子为代表的中国古代教育家应是教育认识者第二种存在形态的典型，这种情形直至近代西学东渐才开始有所改变，因而，纯粹中国教育认识传统实际上是以造就了"具有教育反思和理念建构能力的卓越教育行动者"为其终结的。好在我们对教育认识的考察是在人类整体的范围内进行，否则就无法描绘出教育认识者演化的整体图像。仅从教育认识者的认识论自觉角度讲，在17世纪的欧洲出现了一种同样担负教育行动责任但同时又对教育进行专门、系统认识的人，我们把他们称作自觉担负教育行动和教育认识双重责任的行动者兼认识者。这种情况的出现是与弗兰西斯·培根有关的，众所周知他重视知识的价值，而他最大的贡献则是接续前人进一步论述了可以获得真正知识的科学归纳法，并坚持认为知识来源于实践而非传统的

[①] 张再林：《中西哲学的歧异与会通》，北京：人民出版社，2004年版，第7页。

权威。培根被誉为英国近代唯物主义的鼻祖，在认识论上自然主张知识来源于对外部世界信息的归纳，这乍看起来只是一种方法论的立场，实际上促进了主客分离的认识论思维的发展。在教育领域，"在培根的影响下，欧洲一些文人学者，如夸美纽斯的名师阿尔斯泰德，开始研究所谓'泛智论'，试图集自然、人类和宗教一切知识之大成。……一些新兴资产阶级教育家在新的哲学、自然科学的启示下，开始设计改革教育的新方案。最早企图按照培根的思想探索新的教育方法的是德国的拉特克。……拉特克的见解后来便成了夸美纽斯教育著作的发端"①。

这里我们说到了夸美纽斯，他可是 17 世纪一位地地道道的教育家，做过捷克兄弟会中学教师，后来担任了校长，编过教科书，研究过教学法，著述颇丰，而最为重要的是他的《大教学论》为西方近代教育理论奠定了基础，被认为是近代第一部比较系统的教育学著作。作为教育行动者的夸美纽斯，在境界上可与孔子相媲美。具体而言，他们均是卓越的教师，在知识传授和学生德性的培养上很是讲究，已臻于艺术的境界。除此之外，他们均能通过教育行动追求更远大的目标。孔子是有政治和文化理想的，他向往天下为公的大同世界，但因他的理想在当时无法实现，转而整理典籍、修订六经、开展文化教育活动，实际上是把自己的政治理想寄托于后世。"夸美纽斯的一生是为祖国的复兴，民族的解放，兄弟会的生存而奋斗的一生，是为改革旧教育，创建新的教育学体系而辛劳的一生。"② 但与孔子不同的是，夸美纽斯在教育认识领域不只是一个边实践边反思的教育思想者，而且是一个能把教育整体作为思考对象的专门的教育认识者。两相比较，孔子所表达的教育思想和方法固然独到且深刻，甚至具有进一步发展为教育知识的潜质，但从性质上讲，仍然属于行动中的感悟或是行动后的反思，我们可以由此而判定孔子是一位有强大思维力的教育行动者。因为思维力强大，孔子不仅教学有方，弟子成才，而且以感悟的方式贡献了丰富的教育思想和方法，但因为他的教

---

① 方克明：《夸美纽斯和他的〈大教学论〉》，载［捷］夸美纽斯：《大教学论》，傅任敢译，北京：人民教育出版社，1984 年版，第 2—3 页。
② 方克明：《夸美纽斯和他的〈大教学论〉》，载［捷］夸美纽斯：《大教学论》，傅任敢译，北京：人民教育出版社，1984 年版，第 4 页。

育思想和方法直接来自行动中的感悟和行动后的反思，还谈不上是对教育整体的系统认识，所以只能被视为"具有教育反思和理念建构能力的卓越教育行动者"。而夸美纽斯就大不相同了。也许就教育思想的深刻性和智慧性而言孔子会更胜一筹，但依照认识论的标准，夸美纽斯无论在自觉性上还是在系统性上，都代表了教育认识者更高的历史水平。

我们所说的认识论标准意义上的先进，在夸美纽斯这里首先表现为他能自觉地把教育整体作为理论思考的对象。在这里，我们尤其想突出"把教育整体作为理论思考的对象"，并愿意进一步将其解析为"教育整体"和"理论思考"两个元素。之所以要突出"教育整体"，是因为在欧洲，古希腊的柏拉图在他的《理想国》《法律篇》中，古罗马的昆体良在他的《雄辩术原理》中，虽然均做过不同于孔子教育感悟和反思的较为逻辑的论述，但只有夸美纽斯在《大教学论》中才把"教育整体"当作了认识的对象。之所以要突出"理论思考"，则是因为柏拉图和昆体良在制定和论证各自的教育计划和方案时，虽然不乏理性，但在其中并没有表现出任何认识论的兴趣，而夸美纽斯在这一方面显然向前迈进了一步。客观而言，这一步迈得并不大。尽管夸美纽斯的思考接续了阿尔斯泰德的所谓泛智论，按照他自己的解释，是"对宇宙进行精确的解剖，以确定所有事物的血管、肢体等，做到所有一切一览无余，没有被遗漏；而且确认每一事物都在其应在的位置上，互不干扰"[①]，但在对教育的认识上，即便在《大教学论》中，他也没有表现出那种构造主义的认识论风采。

虽然《大教学论》被誉为近代第一部比较系统的教育学著作，但学科意识在夸美纽斯这里仍然没有形成，至少他没有用"教育学"来命名他的著作，而培根1623年在《论科学的价值和发展》中已经把"教育学"这一学科名称列入了科学的分类之中。唯物主义的培根是追求真正的知识的，这也是他崇尚科学归纳方法的主要原因。但是，夸美纽斯似乎并没有多么强烈的知识追求，从而他的思考方法主要表现出演绎和批判两种特征。这并不是我们主观

---

① ［英］罗伯特·R. 拉斯克、詹姆斯·斯科特兰：《伟大教育家的学说》，朱镜人、单中惠译，济南：山东教育出版社，2013年版，第77页。

随意的判断，而是基于他自己自觉而明确的说明。对于"大教学论"，亦即把一切事物教给一切人类的全部艺术，他"愿意用先验的方式去证明这一切，就是从事物本身的不变的性质去证明"[1]，这是显而易见的演绎方法；他认同格累哥利·那齐恩曾"教育人是艺术中的艺术"这一观点，并进一步认为，"描绘艺术中的艺术是一件烦难的工作，需要非凡的批判；不独需要一个人的批判，而且需要许多人的批判；因为没有一个人的眼光能够如此敏锐，使任何问题的大部分不致逃脱他的观察"[2]。我们毫不怀疑更不会否认像《大教学论》这样的教育著作必然内含其作者能够把握和合理应用的各种知识，甚至不怀疑和否认其作者一定贡献出了够得上"教育知识"的内容，但作者自己的追求却不是严格意义上的教育知识。夸美纽斯意识中的《大教学论》就是在阐明把一切事物教给一切人类的全部艺术，进而言之，夸美纽斯的教育思考和他的先辈们一样是致力于教育教学之术的。他优于前人的地方主要在于他有意识地把教育教学之术置于某种先验的基础之上，这在一定程度上提升了教育教学之术的理性水平。而他之前和之外的人们在夸美纽斯看来是没有这种认识觉悟的，他因此不无自信地指出："有人提议过各种各色的改良方法，但是他们所根据的差不多全是些互不联系的、从肤浅的经验中拾来的方法，也就是说，他们的方法是后验的。"[3]

不过，这一切都不会抵消夸美纽斯的历史贡献，仅依据他把教育整体作为理论思考的对象这一点，就足以确认他"自觉担负教育行动和教育认识双重责任的行动者兼认识者"的历史角色。我们最多能够说夸美纽斯的《大教学论》在理论的建构上，以后来的标准衡量仍很不成熟，当然也能够说他不管做出了多大的贡献、产生了多大的影响，都不能遮蔽他思考的致用特性，但无论如何也不能否认他在人类教育认识发展中的客观地位。他在理论建构

---

[1] [捷] 夸美纽斯：《大教学论》，傅任敢译，北京：人民教育出版社，1984 年版，第 3 页。

[2] [捷] 夸美纽斯：《大教学论》，傅任敢译，北京：人民教育出版社，1984 年版，第 4 页。

[3] [捷] 夸美纽斯：《大教学论》，傅任敢译，北京：人民教育出版社，1984 年版，第 3 页。

上的不成熟和思考上的致用特性，正是他所处的历史阶段的局限所致。任何人都无法超出他自己时代给予他的限制，因而具体的个人即便极其卓越，也只能成为他自己时代的代言人。须知影响夸美纽斯的不只有培根的唯物主义感觉论，还有基督教的基本信条。在这样的背景下，他能够满怀热情地批判现实、改良教育，并为此对教育整体进行系统的思考，已是难能可贵。而且还必须注意到，像夸美纽斯这样的教育认识者在他的时代几乎可以说是独一无二。他必在认识上承前，而重要的是他已在认识上启后。处在社会变革的历史时期，新思想固然新颖锐利，却也缺乏社会的基础，也因此，夸美纽斯的教育思想在他生前并未有效实施，甚至在将近两个世纪里几乎被人遗忘。直至 19 世纪中叶，产业革命基本完成，教育改革势在必行，夸美纽斯及其教育思想才引起人们的高度重视。这无疑是一种遗憾，但从一个角度也说明教育认识者的历史进阶难乎其难。

四、脱离教育行动的、职业的教育认识者

虽然人们并不习惯于"职业的教育认识者"这一称谓，但还是比较容易接受这样一个事实，即存在着一定规模的专做教育及教育学研究的人。这一类人的具体角色主要包括教育研究机构的研究人员和大学教育学专业从事研究的教师。在较为粗放的意义上，说前一种角色的"研究人员"是"职业的教育认识者"应无争议，而后一种角色的"大学教师"身份则会影响人们对他们从事教育认识的职业性的认同。实际上，只要去真实地了解这一部分大学教师的职业工作状态，就会发现与教师的身份相比较他们更是研究者。而他们虽然实际从事着高等教育工作，但这与他们所进行的教育研究基本上不存在经验上的联系。盖因此，领域之外的人们和他们自己也基本认同了"职业的教育认识者"的身份。由于当今的教育研究，在教育知识生产的层面几乎完全在学科体制下进行，因而教育研究也自然具有教育学研究的意义。之所以进行以上的说明，无非是要确证一个事实，即脱离教育行动的、职业的教育认识者在今天是一个无需争议的事实，至于这样的教育认识者从何时开始出现，那是一个历史问题，需要我们做进一步的考察。擅长考证的教育史家一定能为我们寻找到专门的教育研究机构的产生标志。比如，有研究者指出,"1906年6月11日,朝廷颁发学部管制职守清单,……设置编译图书局、京师督学局、学制调查局、高等教育会议所、教育研究所等机构"①,由此,我们至少知道了中国最早的教育研究机构从何时产生。当然,也有研究者指出,民国十七年(1928年)成立的国立中山大学教育研究所是全国最早的教育研究机构。② 对于考察教育认识者的演化历史来说,这种起源性的具体细节实际上并不重要,我们要把握的是从20世纪开始,伴随着专门的教育研究机构的产生,必然有专门的教育研究人员出现,而无论他们的研究实际情形如何,都意味着在社会学的意义上,职业的教育认识者开始登上中国历史的舞台。在20世纪20年代,一些大学开始设置教育学专业,开始培养教育学专业人才,这都标志着职业的教育认识者开始在中国教育和学术领域有了自己的位置。

在简短的历史学说明基础上,我们更为重视的是职业的教育认识者的历史演化特征。与前三种存在形态相对照,职业的教育认识者最显在的特征就是他们脱离了实际的教育行动。这一特征不只意味着教育认识者的职业化,更重要的是它反映出在实践中获得认识的局限和教育发展对教育知识的内在需求。

首先,脱离了实际的教育行动是教育认识者走向职业化的外在标志。从最现实的意义上讲,如果教育行动者依靠他们自己边想边做、边做边想就能够满足自己对教育问题的解决和教育任务的有效完成,那么,外部世界就不会为专门的教育认识者提供生活的保障。反过来说,只有当社会一方认为一种事情的专门化可以增加社会价值的总量时,才会对这种专门的事情给予报偿。进而也可以说,当教育认识可以从教育行动整体中提取出来并由专门的人员承担时,这同时也就意味着社会开始认可教育认识是一种有意义的劳动,随之而来的就会是围绕着教育认识的机构、制度、教育、文化等逐步建设。这样的变化到了一定的历史阶段,教育认识便成为一种职业,而教育认识者

---

① 王有春:《晚清学部教育研究所的创立及其影响初探》,《石家庄职业技术学院学报》,2015年第3期,第44—46页。
② 张磊、黄明同:《广东省志·社会科学志》,广州:广东人民出版社,2004年版,第326页。

则成为可以不实际做教育的、职业的教育认识者。脱离了教育行动,主要是说教育认识者不再有教育行动的工作任务,并不是说他们与教育行动彻底没有了关系。这一变化的根本之处在于教育行动成为他们的认识对象,从而使主客分离式的科学研究范式渐成自然。日益壮大的教育认识者群体会在此基础上借助相互交流和向先进认识领域的借鉴,形成自己的共同体意识,其中包括共同的价值、共同的志向和共同的劳动方式等。由于一种认识历史事件并非某种超越者的规划,我们很难确定事件本身运动的事实性节点,但依据人的心理逻辑和实际的历史事实,我们可以发现职业的教育认识者与他们的前辈相较,开始转向对教育普遍知识和原理的探索。当然,教育行动在他们的意识中绝不会消失,只是从原先直接的思虑对象转而成为一种目的性的和背景性的因素。如果说在先前的历史阶段,以教育行动为主业的兼职教育认识者把自己的思考完全建立在现实的社会生活和教育行动之上,那么职业的教育认识者即使可以帮助教育行动者改良教育行动,但他们的认识趣味还是指向普遍的教育知识。仅在教育认识的范围内来说,这样的认识趣味在每个历史阶段具有哲学家品格的教育认识者那里已经出现,但能成为认识共同体的趣味最多是19世纪末20世纪初以来的事情。这一方面最具有代表性的事件应是实验教育学的产生。德国的梅伊曼和拉伊、法国的比纳、美国的桑代克等人,均强调把教育学建立在自然科学的基础之上,以使教育学成为一门真正的科学。什么是真正的科学呢?除了研究方法上的科学规范,就其结果而言,在实验教育学产生的时代,就是普遍有效的知识。因为那个时代的科学观念仍是对近代科学的延续,而"近代科学的主要代表是数理实验科学。它通过实验取得科学知识的实际效果,通过数学取得科学知识的普遍有效性"[①]。梅伊曼著有《实验教育学讲义》,拉伊著有《实验教育学》,桑代克著有《人类的学习》和《教育之基本原理》,从中可以窥见实验教育学的特点在于使用自然科学实验的方法来研究教育问题,强调发现教育变量间的因果关系,并据此揭示教育原理,确立教育原则。教育实验在实践教育学这里不再

---

① 吴国盛:《追问"什么是科学"的当下意义》,《民主与科学》,2016年第5期,第42—43页。

是教改试验性质的尝试性实践，而是科学主义范式下的教育研究方法。进而可以说，实验教育学的出现，在标识教育认识者职业化的同时，也开启了一种教育认识的专业化。

其次，脱离了教育行动的教育认识者的出现也反映了教育认识进阶的必然要求。我们今天的教育学究竟是什么性质的学科仍然在争论中，其中一个侧面的争论是关于它是理论科学还是实践科学。这样的争论自然不会有结果，重理论的和重实践的，各行其道、相安无事，实际上也只有把他们的认识综合起来，才是完整意义上的教育学。教育是那样的现实与具体，教育学怎么能不具有实践的品格？但也不能无视一个常识，即当教育成为认识的对象之后，承载教育认识的教育学过程和结果就不能只是体现实践的理性，尤其不能局限于寻求技术的和处方的探索，它必须指向获得作为既成人文事实的教育的真相或曰真知，才能被人类认识领域接纳。即便在相当长的历史阶段里，教育学仍然以服务于实践为其核心任务，也需要在普遍性的知识意义上有所作为，否则它就与过去历史上的有思考情趣和能力的卓越行动者的教育感悟没有了区别。在此，我想提及很少有人注意的赫尔巴特对教育学整体的看法。他说："教育者应当带着什么样的意图去着手进行他的工作，这种实际的考虑，或许暂时可以详细分析到我们按迄今具有的认识所必须选择的各种措施为止，这在我看来就是教育学的前半部。与此相应的还应当有第二部分，就是要在理论上说明教育的可能性，并按各种情况的变化去说明它的界限。但是，直到现在为止，这样的后半部像其必须赖以为基础的心理学一样，只能是一种虔诚的愿望而已。一般人把这前半部作为一个整体，而我自己姑且也得赞成这种说法。"[1] 之所以要摘出这长长的一段，是因为我意识到赫尔巴特的《普通教育学》虽被誉为第一部具有科学体系的教育学著作，实际上他对教育的认识只是处于由对教育"实际的考虑"向科学理论的转化途中，他所说的教育学的"后半部"起码在他自己看来在当时仍然是一种虔诚的愿望。他的理想直到一个世纪之后才在他的批评者，实验教育学家梅伊曼和拉伊那

---

[1] ［德］赫尔巴特：《普通教育学·教育学讲授纲要》，李其龙译，杭州：浙江教育出版社，2002年版，第13页。

里变成实际的追求。"实验"的确是一种具体的研究方法,但实验教育学家并不是把实验教育学看作是教育学的一种,他们只是用"实验"来宣示新的教育学与以往教育学的不同。至少拉伊认为,"以后除了一般教育学以外,不再有一门实验教育学;因为实验教育学将成为唯一的教育学——普遍教育学"[1]。那么,这种新的教育学在知识学上有什么特征呢?拉伊在《实验教育学》的末尾说道:"教育学不仅是一门通过实践得来的一种艺术……而且是一门科学。"[2] 这一认识与赫尔巴特具有内在的一致性,但明显超越了夸美纽斯"阐明把一切事物教给一切人类的全部艺术"的境界。

还需要指出,教育哲学家也在追求一种普遍性的教育认识,他们当然不是像教育科学家那样努力获得一种确定性的结论,而是在不同的意义上追求一种普遍性。尤其需要指出的是,教育哲学家是职业的教育认识者中重要的成员,他们借助思辨的方法认识教育的本体,同时又借助于价值思维建构好教育的图景。在好教育的图景中,教育哲学家一方面会提供"目的-手段"的教育思维,另一方面还会提供保证一定的"目的-手段"教育思维顺利实现的精神法则。说实话,我们目前对于教育哲学家的作用还没有足够的重视,许多人甚至仍然抱着对哲学的一知半解,主观臆断教育哲学的空疏无用,却不知教育哲学并不是一切哲学在教育认识领域的投射。尽管类似分析的教育哲学在教育认识领域演绎了清思的功用,但主流的教育哲学工作,不管属于何种主义,均能具有内在的实践性格。完全可以说,教育科学家和教育哲学家构成了迄今为止最具有专业性的、职业的教育认识者整体,他们共同的特征是基于经验但不陷于具体的经验情境,以不同的方式追求一种普遍性的教育认识。两者的区别主要在于教育科学家更强调认识结果的确定性和可检验性,而教育哲学家则更强调认识结果的深刻性和启发性。未来,随着教育认识的继续进阶和教育实践的更高要求,教育认识的专业性还会继续提升,但在我们的思维范围内,具有教育意识和教育方法思考能力的一般教育行动者、具

---

[1] [德] W. A. 拉伊:《实验教育学》,沈剑平、瞿葆奎译,北京:人民教育出版社,2005年版,第18页。

[2] [德] W. A. 拉伊:《实验教育学》,沈剑平、瞿葆奎译,北京:人民教育出版社,2005年版,第144页。

有教育反思和理念建构能力的卓越教育行动者、自觉担负教育行动和教育认识双重责任的行动者兼认识者以及脱离教育行动的、职业的教育认识者，就是构成教育认识者演化过程的四种历史存在形态。

第三节　从教育事理到教育学理
——借助于对中国"教育学原理"70年的反思

　　正如前文所述，教育认识的历史就是教育认识者的历史，反过来，教育认识者的历史也就是教育认识的历史。教育认识者的四种历史形态，其第一层的线索无疑是由具有教育意识和教育方法思考能力的一般教育行动者向脱离教育行动的、职业的教育认识者的演进，而隐藏在这种演进背后的则是教育认识者的认识论自觉不断形成和日趋成熟。关于这背后的认识论自觉，笔者曾在"教育学的历史逻辑"之下，指出了"术—理—道"的求索内容逻辑和"为用—求知"的求索宗旨逻辑。① 其要义是说：广义的教育学亦即人类教育认识，最初的思考内容只是做好教育的方法，也就是教育之术；继而探索具体教育方法之所以有效或无效的原因，此即教育之理；最终是探寻各种教育之理背后的教育本体，也就是教育之道。这一过程所隐藏的认识动机或说宗旨，则是由纯粹和直接的"为用"发展为通过较纯粹的"求知"间接地"为用"。严格地讲，教育认识的历史应该从人类在面对教育产生求知意识时算起，因为在没有求知意识之前，认识者是未存在的，即便人类获得了行动目的之外的收益，与此有关的认识活动也是自在而非自为，那么，其中的主体仍然是行动的而非认识的主体。紧接着的问题是，对于自为的、求知的教育认识，我们应该如何追索它的历史呢？可以肯定的是，也只能在有限的教育历史的信息基础上进行思辨，实际上也只有这样，才能够从整体上把握人类在教育领域求知的历史。应该说，这样的认识论原则还是容易确立的，要实现这样的原则，我们所遇到的困难也许在其实质上并无难度，但目前的认

---

① 刘庆昌：《教育哲学新论》，北京：科学出版社，2018年版，第285—301页。

识论方法还不足以支持这样的认识活动。在这种情况下，恐怕也只有带着真诚以管窥天、以蠡测海，虽难以获得事物的整全信息，却也能知其大概。2019 年，适逢新中国成立 70 周年，笔者有意识地对中国"教育学原理"学科 70 年的历史进行了理论反思，竟发现教育认识在最基本的层面，即使在今天仍然纠缠于教育事理和教育学理，似乎折射出教育认识者虽然已经职业化，但其认知论的旨趣还处于求知的纯粹与不纯粹之间。

一、相关问题的必要梳理

以"教育学原理"为名的著作在中国出现，我们可以追溯到 20 世纪初，但"教育学原理"作为一个学科只能从 20 世纪 90 年代算起，其标志为 1990 年颁布的《授予博士、硕士学位和培养研究生的学科专业目录》中明确地把"教育学原理"设定为教育学一级学科下的二级学科，但这并不意味着"教育学原理"的历史只能从 90 年代说起。任何显形的理论事实，固然不排除天才个体的独立贡献，但其渐变的过程也一定隐含在显形之前的思维流变之中。1949 年新中国的成立的确是国家历史发展中的一个转折点，而这一具体的历史条件也的确为教育学理论的发展创造了一个全新的开端。由此出发的教育学理论的变化，一方面会与其过往具有内在的连续性，另一方面也会因新的历史条件而开启独特的个性发展之旅。具体而言，"教育学原理"在学科化之前存在着由事理向学理的逼近，同时也促发了教育学者对"教育原理"和"教育学原理"关系的困惑。这种困惑在近十余年来，逐渐演变为学者们在理论层面对"教育原理"与"教育学原理"的辨析，但实事求是地讲，辨析并无满意的结果，甚至在某种程度上催生了更多的困惑。面对这种情况，我们自然需要更为冷静的审视，况且我们并非完全束手无策，只是需要寻求更合适的思维策略。至少，我们需要对与此种困惑相关的理论问题做必要的梳理，并在此基础上探查"教育事理"和"教育学理"形成的认识论路径。在可能的情况下，还需要对"教育事理"向"教育学理"的跨越做出知识论的解释。

无论我们怎样区别教育原理和教育学原理，有一点是无需争论的，此即教育必是它们共同的思维对象，也正因此，才出现了实际存在的教育原理和教育学原理文献在著作者那里少有自觉的区分，在文献接受者那里更是难以辨别。我以为问题的关键在于"教育"这一词语所具有的双重意义未能结构性地呈现在人们的意识中。进一步说,"教育"一词作为"名",在理论世界中毫不违和地关联着已在的教育客观事实和未在的教育主观意象,前者成为反映认识的对象,后者成为建构认识的目标。其中的反映认识是指研究者对作为事实存在的教育现象的理性把握,其有效的结果是研究者对教育现象背后的本质和规律的如实客观反映;而建构认识则是指研究者在反映认识的基础上发挥逻辑的效用,从内含教育本体的教育概念出发,对教育的主观意象进行纯粹理性的建构。换言之,对教育的反映认识,最终也归结为具有一定抽象水平的判断和判断序列,但因其起点在教育经验世界,其结果自然无法与现实的教育事项和经验特征完全剥离,教育原理就是这样的结果。作为反映认识结果的教育原理,虽然具有一定的抽象水平,但它所呈示的教育在结构上与人们对教育的感知具有内在的一致性,因而具有了一定程度的现实性。从此意义上讲,人们对教育的建构认识就具有了更为纯粹和理想的品格。应该明确,对教育的建构认识是从教育概念出发的,尽管概念具有经验的基础,但它一经形成便会与具体、特殊的事实、情节相脱离,因而,基于教育概念的教育建构认识,其结果必然会具有教育原理所无法比拟的纯粹性和理想性,其实这就是教育学原理。教育学原理所言说的当然也是教育,但它呈示给人们的教育并不是与教育现实同构的判断和判断序列,而是符合纯粹逻辑和积极价值的教育逻辑体系。从如上的分析中,我们分明触碰到了教育之事、教育事理和教育学理,进而极有必要对这三个问题做必要的理论梳理。

首先是教育之事,也就是教育这件事。这无疑是一切教育之思的原始基础,所谓"理论来自于实践"的实践就是指教育之事。这个问题看似基础,但在人们的意识中并不那么清晰。给予这一问题较好回答的是教育学家胡德海,他在自己的《教育学原理》一书中认为,人类社会的教育形态"是由教育活动、教育制度(或称教育事业)与教育思想这三个因素组成的"[①]。这一认识的最可取之处在于理性地区分了社会中的制度化教育系统亦即教育事业和教育者实际从事的教育活动。更进一步说,在教育学学科语境中,教育这

---

① 胡德海:《教育学原理》,北京:人民教育出版社,2013年版,第201页。

一件事情，实际上拥有两种意义：其一是社会治理者意识中的，与政治、经济、文化等诸系统相互依存、相互作用于社会大系统中的教育事业；其二是发生在教育者和受教育者之间的，以知识、情感、价值等为内容和中介的，帮助受教育者进步和发展的教育活动。对于教育事业，人们关注的是它的社会存在方式、它在社会系统中的功能，以及它的健康发展对政策、资源和环境的要求。可以看出，教育事业意义上的教育就是一个完整的教育生态系统。对于教育活动，人们的关注则直指它的运行和操作，通常会以受教育者形成理想的知识、技能、智力、美德为目标，在教育内容和方法上做文章，进而将课程、教学、训育、管理等具体问题作为思考和研究的范畴。可以看出，教育活动意义上的教育就是一个以"目标-手段"为其内核的教育工作系统。

其次是教育事理，也就是教育这件事背后的道理。由于存在着两种意义上的教育之事，自然也就存在着两种意义上的教育事理。其一是教育事业的宏观运行之理。此种教育之理的主旨是教育在人类社会系统中的功能化运动规律，具体表现为大多数"教育概论"中对教育与政治、经济、文化等功能性关联的理性认识。其二是教育活动的微观操作之理。此种教育之理的主旨是教育工作现场的技术性和价值性操作原则，具体表现为具有逻辑自洽性的课程论、教学论、德育（训育）论等具体理论体系。教育事理之为事理，主要是因为它本质上属于对教育之事的理性说明，换言之，它属于对教育实际运行的理论抽象，其主要功能在于帮助人们理解教育的现实运行和操作。在认识论上，教育事理因属于人文实践事理，它既可能来自理论抽象过程，也可能来自经验总结过程。无论如何，教育事理所内含的信息必有客观的事实作为其来源，因而是研究者对教育之事进行能动性反映的结果。

再次是教育学理。或许其内容与教育事理具有某种相似，但在认识论上却具有与教育事理不同的旨趣与品格。当然，教育学理与事理迄今并没有成熟的有说服力的区分，否则也就不存在名称上并存的"教育原理"和"教育学原理"在实际论域和论法上又大同小异的局面了。两者名称上的并存，说明研究者或许隐隐约约地觉察到两者的差异；两者在实际论域和论法上的大同小异，则说明研究者并未明了两者差异的究竟。在这一问题上，我认同教育学原理作为一门学科，属于原理理论。所谓"原理理论是由原理支持的假说，而原理则由经验事实支持，它是用归纳法形成的"①。从这里，我们立即意识到的是教育事理正是从经验事实中归纳而来的原理，而教育学原理则是基于教育原理的假说。但问题并无法到此完结，这是因为教育学原理固然是基于教育原理的，但要说它是一种假说显然不符合实际。暂且不说教育学原理为什么不是假说，我们必须指出"原理理论"（principle theories）是爱因斯坦在谈论物理理论时与建构理论（constructive theories）并举的概念，这种说法对我们有启示，却不能完全照搬使用。不同于自然事物的纯粹客观形成，如教育这样的人文事物是在人类社会生活中历史生成的。教育的历史生成性固然决定了理论化的教育原理需要从经验事实中抽象归纳而来，但同时也决定了教育学原理不会是基于教育原理的假设。我以为，教育学原理无疑是教育学理，但教育学理并不是一种等待验证的假设，而是具有超越性的一般性教育理性逻辑。教育学理的根源当然是经验性的教育历史事实，但它呈示的是承接教育历史的每一个当下中的人们对教育这件事情的最纯粹、最具有逻辑可靠性的理论建构。这种教育学理不仅能从根底处解释既有的教育客观存在，还具有启示人们预见未来教育的潜质，一定程度上成为人类教育理性的源泉。

概括起来，教育学原理也就是教育之学理，它来自教育原理的启示；教育原理也就是教育之事理，它来自教育的经验事实；而教育之事，就是作为教育事理来源的教育经验事实。通过如上的理论梳理，我们一方面在为70年以来教育学原理的反思寻求坚实的基础，另一方面也在梳理中看到了教育学原理与教育原理的思维血缘关系。这便支持我们不能把对教育学原理70年的反思简单地建基于"教育学原理"的名称之上。纵览教育学的过往，我们分明能够发现，现实的和实践的取向使得教育学从学科建立之初就缺乏深厚的认识论准备，以致日常思维和话语与学术思维和话语长期相互交织在一起，由此而出现事理和学理的概念模糊与纠结也就实属正常了。反过来，在厘清事理和学理的基础上对70年的"教育学原理"进行理论反思，才能够获得有

---

① 齐梅、柳海民：《教育学原理学科的科学性质与基本问题》，《教育研究》，2006年第2期，第28—32页。

效作用于学科发展的学术信息。

二、"教育学原理"意识的苏醒

撇开学科的立场,就名称而言,"教育学原理"在1949年之前也已有之,如1904年和1933年就分别有日本人迟秀三郎的《教育学原理》和美国人桑代克的《教育学原理》面世,对我国1949年后有影响的也有1947年出版的苏联人冈察洛夫的《教育学原理》。因而可以说,1949年以后,我国学者所著述的《教育学原理》,主观和客观上都是对以往"教育学原理"的抽象承接。如果追究其内涵,至少在1990年被研究生教育领域划定为教育学的一个二级学科之前,"教育学原理"基本上与一本书的"教育学"或"教育原理"名称是近义甚至是同义的。这种现象的产生,一方面与教育学的传统有关,即无论是夸美纽斯,还是康德、赫尔巴特及杜威,相互间的区别主要在于学科意识的有无和抽象程度的高低,一脉相承的是均在论述教育之事,转换为主题,大致是"教育(之事)是怎样(做)的"和"教育(之事)是应该怎样(做)的"。他们思想的精华既有对教育历史经验的归纳,也存在某种前提性思想和理论的演绎,但究其著述的立意来说,其思维的对象的确是现实的教育实践。

1949年新中国成立后,欧美教育学的思想及其中国化的表达逐渐退场,教育领域开始引进和传播苏联的教育学理论。在此背景下,凯洛夫的《教育学》中译本于1950年12月由人民教育出版社出版,作为第一本被引进的教科书,开始对我国教育学的教学和研究发生影响。而在1951年,冈察洛夫的《教育学原理(初译稿)》也由人民出版社出版。从此时开始,直至1966年,"共计翻译出版苏联教育学专著56本,其中1949年至1957年为52本,1953年至1955年为高峰期,分别是20本、7本和8本,而1960年至1966年无一本译著出版"[①]。面对这一现象,人们通常多关注这种整体学习和具体人物及其思想的正确性和适用性,却很少关心其中的学理问题。这并不是一种疏忽,客观上反映出教育学学科在具体历史阶段的认识论特征。实际上,中国教育

---

① 周谷平、徐立清:《凯洛夫〈教育学〉传入始末考》,《浙江大学学报(人文社科版)》,2002年第6期,第115—121页。

领域对苏联教育学思想的学习并非始终机械照搬。1956年,由于毛泽东明确指出,学习苏联"必须有分析有批判地学习,不能盲目地学,不能一切照抄,机械搬运","应该学习外国的长处,来整理中国的,创造出中国自己的、有独特的民族风格的东西",中国教育学界便开始逐渐摆脱教条主义的思维,萌生了教育学"中国化"的意识。可以想到,在历史环境的变化中,以凯洛夫教育学为代表的苏联教育学思想,不仅地位发生了动摇,紧随其后的则是兼有理性和非理性成分的批判。这样的批判整体上一直持续到21世纪之初。如果稍作具体的说明,那就是1976年以前的对苏联教育学的批判,包含着政治的、社会的和学术的多重意义;1976年以后,尤其是21世纪初"新课程改革"中的批判基本上是学术和专业意义上的批判。

尽管我国教育学在1976年以后的40多年来具有了越来越纯粹的学术性,但就"教育学原理"来说,仍处于一种要么不做界定、要么难做界定的状态。不过,从语言应用的角度分析,当人们越来越自信和习惯地使用"教育学原理"一词时,说明有别于"教育原理"的"教育学原理"意识真正苏醒了。1993年成有信主编的《教育学原理》出版,1998年胡德海独著的《教育学原理》出版,应被视为这种意识苏醒的重要标志。客观而言,成有信主编的《教育学原理》更近于一本书的"教育学"。该书集聚诸多教育学领域的专家参与,内容涵盖了从教育基本理论问题到课程教学及班级管理等操作层面的问题,应该说每一个部分都能反映当时较深刻的研究,但还是称不上学科意义上的"教育学原理"。从成有信在该书出版前对"审读者"意见的应答[①]来看,一方面,"审读者"的思维仍存在保守的非学术思维,自然谈不上对"学理"的认知,另一方面,"应答者"的应答也只是做到了观点上的针锋相对,也同样没有"学理"意识。也可以说,该书所言说的教育,仍是具体历史背景下的教育,这一点可以从他对"审读者"认为该书"严重脱离实际"的反驳,以及他对该书"现代社会是商品社会""现代教育具有商品属性"的观点进行的辩护中洞察出来。相对而言,胡德海的《教育学原理》更具有对"教

[①] 成有信:《两种教育观的论争——1991年关于〈教育学原理〉书稿出版问题答"审读者"》,《江西教育科研》,1996年第6期,第19—25页。

育学原理"的自觉认知。之所以有如此判断的理由如下：其一，该书明确指出了教育学原理与教育学的关系，认为"教育学体系与教育学原理等各门分支学科之间是整体与局部的关系，教育学原理和教育学体系中的其他各门分支学科之间是普遍与特殊的关系"①。在这里，教育学原理的"学科"意识已经十分明晰，而且教育学原理在教育学中的位置和特点也得到了辩证的揭示。其二，该书还进一步指出了教育学原理作为基础理论学科的研究对象，一是教育学自身，二是教育，需要特别指出的是作者认为这里的教育是"人类教育的总体"②。这种认识无疑是我国教育学理论发展中的一次进步，但也须指出该书实际的论域与论法仍未完全走出传统教育学的范围，在认识论意义上，对教育现实进行抽象总结和从已有思想出发进行逻辑演绎，仍是其基本的特征。换句话说，胡德海的《教育学原理》的确对以往的"教育原理"和相当于一本书的"教育学"的"教育学原理"有明显的超越，但在更为自信和理性的教育学学科意识之外，还是在说明教育这件事情。

从认识论的角度分析，胡德海《教育学原理》中的主要理论成果具有典型的"事理"特征，最重要的依据是在作者看来，"理论之所以能够对实践有普遍的指导意义，是因为它对研究对象的科学抽象，这种抽象不是模棱两可的思辨，而是从一定的逻辑起点出发透过现象对事物本质联系的分层次的升华"③。在这一段论述中，作者所说的对研究对象的科学抽象，对于人文实践的研究来说，只能是对实践运行章法的抽象反映。作者对科学抽象和思辨的有意识区分，恰恰折射出了其坚定的反映论的认识立场。反映论的认识论并无半点落后，但其功能毕竟是有限的，应该说它对于发现式的科学研究更具有解释力和指导力，而发现式的科学研究最容易获得的便是物理、心理和事理。具体到教育学原理，在事理的层面，所对应和指向的就是现实的教育实践。也因此，旨在求得教育事理的教育原理或教育学原理的研究者，通常会相信"理论从实践中来，又要回到实践中去，指导实践"。实践是事，教育实践是教育之事。从事中来的理论，只能是事理；也只有表达事理的理论，才

---

① 胡德海：《教育学原理》，北京：人民教育出版社，2013年版，第34页。
② 胡德海：《教育学原理》，北京：人民教育出版社，2013年版，第36页。
③ 胡德海：《教育学原理》，北京：人民教育出版社，2013年版，第35页。

能较少障碍地回到实践中并指导实践。如此看来,作为一本书的"教育学"替身的,或是无异于"教育原理"的"教育学原理",根底上仍然是在述说教育事理。既然是在述说教育事理,那它自身的变化与现实社会的变化几乎无法分开,甚至可以说,每一种"教育原理",包括实为"教育原理"的"教育学原理",都是述说者自己时代的"教育"的原理,因而并不具有最高的理论抽象性。

不管怎么说,到了20世纪90年代,我国学者的"教育学原理"意识可以说苏醒了,当然把这种苏醒置于人类教育学发展的线索中,也可以说是一种复苏。客观而言,直至这一时期的"教育学原理"整体上还处于事理性的"教育原理"阶段,但想走向教育学理的学术运动也已经开始。实际上,即使是关于教育事理的述说,一旦述说者有了逻辑意识和抽象努力,就已经是夹杂着事理和学理的符合性述说。只是这种学理的成分并未被述说者自觉认识到,也就只能充当未来学理性的"教育学原理"的潜在根源。在此意义上,作为教育事理述说的"教育原理"对真正的、述说教育学理的"教育学原理"的最终产生是具有孕育功能的。

当然,催生"教育学原理"的原理不可能是"教育原理"本身,现在看来应该是指向这一问题的元教育理论思考。在我国教育学领域谈论元教育理论研究,不能不提及陈桂生,他不仅对教育理论进行了有意义的分类,而且对中国"教育学现象"做了较为深刻和犀利的分析。就"教育原理"来说,陈桂生曾经把自己的教育理论探索划分为三个阶段,其中的前两个阶段是以其1993年所著的《教育原理》和2000年所著的《学校教育原理》作为标志的。陈桂生自己在反思时说:"《学校教育原理》……关于'教育'的总体思考,重在教育的'形式结构'与内涵演变的考察。这种考察比《教育原理》周严,独立研究的成分较多,但比《教育原理》更加缺乏可读性。"[①] 在此基础上,他继续说:"《学校教育原理》相对于《教育原理》,或近于'教育理论问题研究'之作。不过由于一向关注的是教育的'原理',……故所谈的问题

---

① 陈桂生:《从"教育要素"问题谈起——关于"教育原理"研究的检讨》,《西北师大学报(社会科学版)》,2006年第4期,第54—56页。

同一般教师日常关注的'教育问题'较为隔膜。"[1] 我无法断定陈桂生是否意识到他的《学校教育原理》实际上已经具有了明显的"教育学理"倾向,仅从我的分析来看,他所重视的教育的"形式结构"和他所关注的教育的"原理",其实已经不是对教育之事的分层次抽象升华了,而是接近于"教育学理",这正是教育学原理的真正内涵。也正因此,其述说才更加缺乏可读性,也才可能让一般教师感到隔膜。陈桂生的教育学思维具有鲜明的分析哲学性格,因而他难以容忍不同性质教育概念的混淆和不同性质教育命题的混淆,进而能在自己的理论陈述中"分清并兼顾事实层面、逻辑层面与价值层面以及可行性层面"[2]。他对这几个层面的明晰区分便足以说明教育事理和教育学理的区分已经走到了自觉意识的门口,真正的、表达教育学理的"教育学原理"可谓呼之欲出。但可惜的是,陈桂生至此就把接力棒留给了而不是递给了后来人。

三、"教育学原理"学科的独立

1990年对于"教育学原理"来说是有特殊意义的。这一年的10月,国务院学位委员会和国家教育委员会颁布了《授予博士、硕士学位和培养研究生的学科专业目录》,在其中,"教育学原理"替代"教育基本理论",成为教育学一级学科之下的一个二级学科。表面看来,这只是一个称谓问题,实际上反映了我国教育学领域相关认识的进一步成熟。虽然在此之前已经有以"教育学原理"为名的著作或教科书出现,但却谈不上学科意义上的自觉,我们甚至可以猜测一些"原理"的译名也可能是翻译者对"原理"一词的偏好所致。这也不是随便一说,要知道汉语中的"原理"一词至少可以对应英语中的 principle、theory 和 laws,而"教育学原理"至少对应着 Principles of Education 和 Foundations of Education,有时候甚至是对 Philosophy of Education 的翻译。这种语言翻译上的多样性表达,是词语意义丰富性的表现,也

---

[1] 陈桂生:《从"教育要素"问题谈起——关于"教育原理"研究的检讨》,《西北师大学报(社会科学版)》,2006年第4期,第54—56页。
[2] 陈桂生:《从"教育要素"问题谈起——关于"教育原理"研究的检讨》,《西北师大学报(社会科学版)》,2006年第4期,第54—56页。

是概念翻译不准确的表现，一定程度上也影响到了我国教育学理论的逻辑和严谨程度。

教育学术对于社会环境的依存性，使得一个实际上不很严谨的研究生教育学科专业目录，因明确列出了"教育学原理"竟然具有某种历史价值。学者们从此有了依据，并在研究生教育质量的不断提升中，对"教育学原理"实施着属于学科建设范畴的各种行动。由于"教育学原理"已经在学科分类标准中有了自己的位置，尽管其内涵性的发展仅可意会、难以言传，但其学科存在的"合法性"已无可置疑。当然，在学科的意义上建设"教育学原理"，不可能没有新的变化，只是已经出现的变化能否使"教育学原理"升级换代，还需要我们认真分析。有研究者在论述改革开放40周年"教育学原理"的成就时，使用了"历史性飞跃"一词，而在这一飞跃中，"教育学原理"作为学科名称的确立被视为一个重要的标志，标志着"教育学原理"学科的创立。但实事求是地讲，直至目前来看，所谓"教育学原理"学科的内涵还远远配不上学科的名称。仅就各高校教育学原理专业的硕士、博士招生方向来看，可谓五花八门，大略有教育基本理论、教育哲学、教育社会学、教育政治学、德育原理、教育文化学、教育人类学、教育法学、教育改革与发展、家庭教育等，足见这一领域的人们对于"教育学原理"论域和性质的认识还没有达到理性水平。而在教育学术领域，"教育学原理"至少与教育哲学和教育基本理论尚未形成合理的关系。或许是因为作为教育学研究对象的教育过于实际，包括被称为理论教育学或教育基本理论的"教育学原理"，始终难以走出探究教育事理的困境，结果之一就是未能建构出具有严谨逻辑和高度抽象的教育学理性知识。这一状况反映到教育学者的著述中，就是"教育学原理"与"教育原理"大同小异、名异实同。在这种情况下，即便有合法的学科称谓，也没有什么实质性的学科意义。

令人欣慰的是，在学科认知整体模糊的背景下，还是出现了有活力的思考，而这些思考客观上也与"教育学原理"的学科在研究生教育系统中的确立具有密切的联系。不过，这一类思考应该说是姗姗来迟。虽然不能否认存在着教育理论研究者非正式的和零碎的思考，但公开发表的"教育原理"与"教育学原理"的辨析论述，直至2007年才逐渐出现而且为数不多。这一方面最为系统和具有代表性的研究是齐梅的《教育学原理学科科学化问题研究》,作者在该书中从各个角度论述了教育学原理及其科学化问题,对教育学原理与教育学、教育哲学等作了理性的区分。此后,还出现了其他一些关于教育学原理与教育原理关系的论述,撮其要而述,不同作者的共同认识是:教育学原理不等于教育原理。总起来说,人们对"教育原理"的理解容易达成共识,而对"教育学原理"的理解就有所分化了。这是因为教育原理之教育,无论怎样也还是一个较为明晰的概念,而教育学原理之教育学就是一个比较复杂和模糊的概念了。研究者非常容易受语言本身的启示,能很自然地推断出:教育原理是(关于)教育的原理,而教育学原理是(关于)教育学的原理。这样的结论,之于教育原理来说基本合适,但之于教育学原理来说就很值得琢磨。如果遵从此解,教育学原理也就约等于教育的形而上学了。

  需要强调,自教育学原理被确定为独立学科之后,教育理论研究者对其内涵、边界等基本问题日益重视,甚至可以说,迄今为止,教育学原理领域最值得称道的研究就是对学科自身基本问题的思考,至于不断出现的"教育学原理"教科书,尽管各有其独特之处,却没有根本的变化。简单说来,各种"教育学原理"教科书的内容结构,基本上可用"教育学基本问题+新或旧意义上的教育原理"来表示,实际上是以此来区别于"教育原理"。挖掘其背后的认识基础,与一位研究者的认识比较符合,即"'教育学原理'是关乎教育之'学'的原理,而'教育原理'是无关乎教育之'学'的纯系'教育事理'的原理"[①]。这种认识实际上也支撑了长期以来存在的"教育学原理"与一本书的"教育学"难以区分的事实。值得肯定的是,这一认识中提及"教育事理",而值得感叹的是,这一认识在教育学原理的性质这一关键问题上并无新意。在这一关键问题上,齐梅的认识具有独特的视角,她借鉴了爱因斯坦、杨振宁关于物理学理论的观点,指出教育学原理属于原理理论,应该把逻辑的完美和基础的坚实作为目标。因此,她认为在进行教育学原理体系的建构时,首先要从日常思维中提炼出与感觉经验直接相关的原始概念

---

① 余小茅、曹玉娜:《试论教育学原理不等于教育原理》,《上海教育科研》,2017年第8期,第19—23页。

（通常为实体概念）；其次通过词义分析和逻辑定义，从原始概念中抽象出尽可能少的基本概念（通常为非实体概念，与经验无直接相关）；"然后是找出基本概念之间的逻辑联系和关系，并把这些联系和关系的规律性上升为原理（原则）；最后是在原理基础上进行演绎推理，建立逻辑完美和基础坚实的原理理论的科学体系"[①]。不过，齐梅又觉得这是教育学也许不可能实现的学术理想。而我以为在这一问题上应持乐观的立场。作为人文实践的教育的确不同于物理世界，但认识论意义上的"原理理论"并非不能在教育学中形成，最多只会是教育学中的原理理论不会内含许多纯粹的因果律，但这并不影响具有个性的教育学中的"原理理论"存在。

实际上，具体学科的发展与学术文化环境是具有互动性的。在国家关注"学科建设"的大背景下，"学科意识"也会逐渐由肤浅而深刻，由幼稚而成熟。任何时候，我们都不能忘却"学科"之"学"所具有的认识论意义。人类的教育之思，从教育思想到教育理论再到教育学，在这一历史流变中，思考的对象始终是教育，变化的是认识论的原则。教育思想是教育经验引发的、关于教育的有意义的所思所想，其核心在于意义；教育理论，既可以是对教育经验中的（相关）关系的抽象，也可以是对具体教育思想的经验确证；而教育学则是在教育思想和教育理论的基础上，就教育整体进行的知识组织与原理建构。客观地讲，我国教育学科的学术教育尚不成熟，思想创造和理论建构的认识论和方法论教育尤为不足，在某种意义上说甚至没有起步，从而使学习研究的学生在思想和理论领域缺乏必要的学术规训，这应是教育学原理理论及教育形而上学研究难有进展的根本原因。实践主义和实用主义的倾向，也加剧了教育基础理论研究薄弱的程度，由此导致的教育学原理以至整个的教育学，对一般哲学少有贡献，对教育实践影响乏力，也就在情理之中。现在的主要问题是，教育学原理的"学理"特征并未引起普遍的关注，研究者基本上是在"教育学原理"的名义下做着"教育原理"的亦即"教育事理"的工作。

[①] 齐梅、柳海民：《教育学原理学科的科学性质与基本问题》，《教育研究》，2006年第2期，第28—32页。

当然，我们也不能漠视属于教育学原理范畴的一些局部的教育思想和理论进展。有研究者在总结改革开放 40 年中教育学原理发展的时候，提及中国当代的教育学学派的创生。其中说到的"生命实践教育理论""主体教育理论"和"情境教育理论"等[①]，无疑是可贵的教育思想和理论成果，但这些理论成果整体上仍属于作为学科的教育学原理之建构的重要材料。"生命实践教育理论"较为特别，就其知识论的性质而言，当介于教育原理和教育学原理之间，可视之为在"教育学原理"层面上的有效探索。除此之外，教育哲学领域的研究者对"教育思维""教育意念"等问题的研究，对柏拉图、康德、杜威等哲学家教育思想的研究，对后现代主义教育思想、现象学教育哲学等教育思想理论流派的研究，对于教育学原理学科内容的丰富和体系的建构，均会产生深刻的影响作用。

再回到教育学原理的"学理"特征问题上，这里要强调的是，"教育学原理"固然也在言说教育，但它对教育的言说是在陈桂生所说的"逻辑层面"和"价值层面"进行的，而不是在"事实层面"和"可行性层面"进行。而同时兼顾逻辑与价值，正是教育学区别于物理学的地方。一旦远离了事实和可行性，教育理论的建构便只需考虑自身逻辑的严谨与价值的正当，思维的自由必然会促进教育学想象力的极大丰富。依此两方面考虑，注定了教育学原理具有科学与人文的复合性格。但是，这种复合性格也不会影响教育学原理的"学理"特征。所谓"学理"，并无神秘，其实就是把非实体的、与经验无直接相关的基本概念作为原材料，遵循正确的教育价值原则，在纯粹逻辑的意义上进行理论建构的结果。教育学理还是教育的道理，但不是事实层面和可行性层面的教育的道理，而是逻辑和价值层面的教育的道理。其中，逻辑是核心，价值是对逻辑建构的必要规制。

四、面向未来的简短思考

立足当下，我们谈教育原理在 70 年历史末端的存在状况，简而言之，即

[①] 柳海民、邹红军：《教育学原理：历史性飞跃及其时代价值——纪念改革开放 40 周年》，《教育研究》，2018 年第 7 期，第 4—14 页。

是在意识苏醒之后，很快借助于一种制度化的提醒就进入到学科建设阶段。历史存在的概念模糊、认识论的准备不足以及实践主义和实用主义的持续影响，并不会随着学科在名义上的独立而自行消失。就此来看教育学原理的未来，真可谓任重而道远。就目前来说，一方面很有必要确立教育学的理论自信，应珍惜和认真审视70年以来，尤其是改革开放40年以来，中国教育学者所做的努力和成果；另一方面也很有必要在人类总体意义上统合中外优秀的教育思想和理论成果，寻求具有最高普遍性的教育学理。在认识论和研究方法论上，需要优先解决从"教育事理"向"教育学理"的知识论跨越问题。只有这样，"教育学原理"才能够从事理与学理的纠缠中摆脱，进而显露出自己的本相。

这是一个与哲学认识论有关的问题，因而首先需要对事理与学理在认识论上的差异加以说明。我们知道教育学者多能意识到"教育原理"是教育之事理，但也有学者认为"从哲学上说，任何原理都是一种思维抽象，属于认识论范畴而不关涉本体论，本体论意义上的事物只是运动变化着，无所谓原理不原理。所以，任何'原理'都是'学理'"[①]。我以为此种认识更适用于对自然世界的认识，而不适用于对人文实践的认识。因为，自然世界运动的规律在未被人认识之前的确是自在而在的，但人文实践活动就截然相异了。具体来说，人文实践活动的道理，在未被人们认识之前，是以实践者个人知识或说缄默知识的方式存在的。实践者是有意识的，即使他们无法系统言说出实践的道理，也不影响他们按照自己所在的传统中的章法进行自己的实践。正因此，像教育这样的人文实践，它运行的道理在原理化之前是客观存在于实践者意识中的。从而，人们对教育事理的认识，第一步总可以表现为把处于缄默状态的道理显在化，让粘连着具体细节的道理简明化，由此而得到的"教育事理"对于教育实践者来说是亲切而无隔膜的。他们从"教育事理"中可以意识到自己的存在感，并能通过掌握"教育事理"获得教育实践的理性自觉。我们过去的与教育原理、教育学难以区分的"教育学原理"实际上就

[①] 齐梅：《教育学原理学科科学化问题研究》，北京：中国社会科学出版社，2007年版，第47页。

是在表达这样一种"教育事理"。而真正的"教育学原理"是表达"教育学理"的，此学理的根源也在教育实践中，但教育实践并非其直接的来源。如果说"教育事理"是对教育实践活动的日常道理之抽象与升华，那么，"教育学理"则是从"教育事理"中发现结构事理的关键概念，然后再在教育价值原则引领下，运用关键概念进行逻辑运演所获得的高度抽象的道理。其价值在于可以让研究者超越具体的教育实践，运演出尚无经验事实与之对应，却既符合教育价值追求，又具有逻辑严谨性的教育学理。

即便人们普遍认可了如上的分析，"教育学原理"的名副其实仍尚待时日。这是因为，哲学认识论上的说明，仅仅可以在理论上解决人们的疑惑，对现实的教育学研究者发挥最大规制作用的力量还是长期存在的研究传统，简单地说，就是在一个研究领域中长期存在并发挥标准作用的、认识上的和方法上的约定俗成。研究传统中的绝大多数研究者是不会对研究传统有所怀疑的，所谓"平庸的大多数"就是这样产生和存在于研究领域之中。面向未来，实现"教育学原理"从事理表达向学理表达的转变，仅仅解决哲学认识论上的疑惑是不够的，还需要以理性的眼光，重新审视教育学科的学科规训及与此相联系的学术教育。否则，我们没有理由相信学科研究领域的后来者会自动具有发展"教育学原理"的能力。

教育学的学科规训的程度较弱，具体表现在两个方面：一是学科核心知识和基本原理的秩序感较弱。二是教育知识哲学研究意识极为薄弱。由于历史的原因，教育学是应实践所需而出场的，以致从开端处就具有了浓烈的实践品格。既然是应实践所需，教育学研究在主题上的顺序自然是"术→理→道"，目前由教育之术研究的深化催生的教育之理的研究得以蓬勃发展，但教育之道的研究就相对落后了。须知理论建构的逻辑顺序是与教育学研究的自然秩序正好相反的"道→理→术"，如此，因抽象的教育之道层面的问题未能成功解决，教育之理自然难以得到学理上的整合，教育之术就更是多元而零碎了。关于教育知识哲学的研究，我国教育学界虽然引进了具有分析倾向和清思旨趣的元教育理论，但自主的、基于汉语语境的元教育理论研究基本没有，从哲学知识论立场出发的教育知识哲学研究也只是逐步开始。这一切都影响了教育学学科规训的尽快成熟。作为结果，我国目前的教育学学术教育缺乏明晰的规范和方法论意义上的深刻，特别是教育学中的理论研究，说它不具有现代气息也不为过分。不过，教育学本身就是一门既年轻又复杂的学科，它当下的状态应是其历史发展阶段的合理表现，只是有更为成熟的其他学科作为参照，才引发了本领域研究者的急切。回顾70年来我国教育学在"教育学原理"这一领域的发展，虽有艰难和不足，但进步和创造也在其中。通过必要的梳理和理论层面的反思，我们至少把握住了由教育事理向教育学理转变的基本方向，这一点或可被"教育学原理"未来的发展借鉴。

第四章　教育事理与教育学理

　　教育认识的历史演进到今天，客观上已经集中到教育事理和教育学理两个方面，从而教育认识范围内的进展也必然体现在研究者对事理的更好认识和对学理的更好建构上。从实际情况看，纯粹的教育学理只是一种轻淡的存在，它有时候隐含在关于教育事理的阐述中，有时候显在于教育事理阐述的片段。这种情形应是教育学理论缺乏形式上的严谨的最主要原因，也是影响教育学研究者作为教育认识者缺乏理性自信的最主要原因。在这里，我们没有言及教育的方法和技术，须知这并不是一种思维上的疏忽，也不是一种有意识的回避，而是因为方法和技术的获得本身并不建基于求知取向的认识活动，它只是为了某个实用的目的，运用求知认识获得的教育事理或教育学理进行的工程性开发。直截了当地说，人类教育认识的成果归根结底就是教育事理和教育学理，其中，教育事理无疑更为实质，教育学理只是对教育事理的一种逻辑学处理。再进一步讲，教育学理所含的仍然是教育事理，其特殊性主要体现在其中的事理是最抽象意义上的事理，它以概念为构成的元素，远离了具体情境中的经验规定性，进而显现教育世界整体和局部的概念与概念之间的逻辑关系。虽然如此，教育学理也不会走向高度形式化的数学境界，即便作为其构成要素的概念，总还是与教育经验世界具有血缘上的关系。站在教育认识论的立场上，我们有必要从教育之事入手对教育事理、从教育之学入手对教育学理进行形而上的思辨，这对于教育认识活动的更加有序和成熟必有助益。

第一节　教育之事与教育事理

教育是怎样的一件事情呢？如此基本的问题恐怕已经沉入认识者意识的底层，从而在具体的教育认识过程中已经不再成为一个问题。但遗憾的是，它的确还是一个问题，因为这个问题在一般教育研究者的意识中不仅可能是模糊的，而且可能是破碎的。理性的不足很容易使人对于最基本的问题置若罔闻，并由此导致许多既成的教育认识常常经不起经验世界人们的追问，进而使他们坚定地认为教育学中的理论与他们实际感受和从事的教育少有关系。要消除这种现象，其着力点显然并不在经验世界的教育者那里，而应在教育理论的生产者自身。从唯物认识论的逻辑上讲，即使认识者仅以探明教育事理为目的，也需要先明确教育之事的具体情形，只有这样，教育事理与教育之事之间的关系才能够清晰和完整。

一、教育之事

我们现在基本上能够认识到教育是伴随着人类社会的运动而产生和发展的，但是产生之后的教育在我们的意识中便具有了某种程度的天然性。换句话说，对于今天的人们来说，作为历史的承继者，很容易觉得教育是一种既有的和外在于人的客观存在。应该说这样的认识在较浅表的层面并没有什么问题，对于个体来说，他们出生即能面对的事物不就是一种天然的存在吗？但如果我们深入到教育的行为层面，面对被文化共同体成员称为教育的事物，我们仍会认为教育是一种天然的存在吗？转化一种提问的方式：是否存在天然的教育行为呢？对这一问题的肯定性回答，将意味着有一些行为作为教育行为是不以人的意志为转移的，当然也不受任何条件的制约；反过来，对这一问题的否定性回答，则将意味着行为意义上的教育必须借助人的主观创造才能成为现实。进一步讲，如果教育行为是人的发明与创造，它必是一个结构性的存在，且不论其构成要素的多少，必可分为无所谓教育不教育的中性行为和决定一种行为是不是教育的情感和价值性意念。显而易见，这样的认识与我把教育的本体视为意念密切相关，而根底上则是因为教育是一种情感性、价值性的人文实践。简单梳理一下思绪，关于教育，我们的基本认识是：在最基础的层面，教育是一种人类行为，但不存在天然的教育行为；教育行为是一般行为教育化的结果。认识到这一点，对于教育认识和教育实践均具有基础性的价值。简言之，教育之事，在最基本的意义上就是教育行为这件事情。

（一）并不存在天然的教育行为

如果真的存在天然的教育行为，那么教育就是一种自然的事物，即使人对此有认识的兴趣，也只能在类似生理学这样的纯科学领域进行，但这很显然不符合人的认识实际和教育存在的实际。极少有人认为教育在行为的意义上是一种生理行为，也就是说教育行为不可能是本能的，人们普遍地认为教育只能在人类的历史中生成，就其性质而言属于一种文化心理现象。像利特尔诺、沛·西能这样的教育的生物起源论者，实际上忽视了教育的社会性和文化性，一方面把一种高级的社会文化实践庸俗化了，另一方面又把一种低级的动物本能行为无原则拔高了。虽然说教育的概念的意涵取决于人自己的界定，但我们至少应该尊重教育意识语言化之初的意义，相信它必定具有了相当高度的文明追求。可以肯定教育是人类意识中生长出的意念，绝非对某种既存事实的反映，因而也可以肯定教育的生物起源论者实际上把动物界的某些本能行为附会到只有人类才具有的文化观念中去了。

的确存在着一些行为，在形式上很接近人们常识中的教育行为，在缺乏反思的情况下就很容易把它们不假思索地视为教育行为。这样的行为说起来也不多，主要有讲授、训练、管理三种，仔细分析就可以发现，人们之所以容易把这些行为不假思索地视为教育，还不完全是因为他们在形式上接近某种教育行为，而是因为它们较多出现在被文化共同体界定的教育时空之中。分析到动机和目的的层次，我们也许会发现虽然这些行为最利于教育意图的实现，但它们自身仍然不是天然的教育行为。

讲授容易被视为教育行为，主要是因为教师作为职业的教育者，迄今为止仍以讲授为最基本的工作方式。他们在课程尤其是在学科课程教学中，最方便使用的还是讲授的方式，各种思潮的课程改革时不时会冲击这种方式，但从来没有使讲授真正退场,想必将来也不会发生大的变化。尽管如此,我们还是要指出讲授可以用于教育,但它本身并不必然是教育。之所以如此,最主要的原因在于教育是一种积极的人文价值实践,而讲授则既可以承载教育的意义,也可以反其道而行之,根底上是因为它具有天然的工具性质。讲授的目的可以是为了教育,也可以是为了教育之外的事物;讲授的内容可以是符合教育标准和需求的,也可以是反教育标准和需求的;还有,讲授的方式既可以是温和的、给人以愉快的,也可以是少修养的或是不耐烦的。可以说,一念之间,讲授便可以"是"也可以"不是"教育,甚至还可能反教育,皆因它自身是一种工具性的存在。而教育,至少在中国文化中,是要养子使作善的。阳明先生曾说:"古之教者,教以人伦。后世记诵词章之习起,而先王之教亡。"[①] 这里的教以人伦就是教化,本质上是文化共同体所主张的向善的引导,我们更可以从中读出缺乏向善目的的词章记诵是背离教化的。

训练在教育的场域不可或缺。不管教育被各种思潮打扮得多么文雅,只要它不放弃受教育者多方面的能力和素养,就不可能离开训练这一方式。深入体会就能发现,在德、智、体、美、劳五育之中,竟然没有任何一种能够与训练脱开关系。最容易引人注意的,无疑是体育中的运动技能训练和美育中的艺术技能训练,这两个领域如果没有了训练,任何教育的追求也就成为空谈。劳动教育中的相关训练也容易被人注意,这是因为劳动在人们的意识中从来就不是一个抽象的概念,而是与人自身生存和生活的需求紧密联系在一起的。从劳动自然联想到生产,从生产自然联想到操作,从操作自然就能联想到训练。如果说劳动态度与训练的关系相对淡远,那么劳动能力的养成是必须依赖于有效训练的。现在,智育领域的训练也容易被人们理解,尤其在我国现阶段,各种原因使得学校有计划的应试行动无法杜绝,有意义的和无意义的甚至有害的应试训练鱼龙混杂,以致教育学者经常要做教育与训练的辨析,主旨当然是训练不等于教育。实际上,在智育中,为了巩固和运用知识,要求学生进行必要的训练是题中应有之义,而在深化智育的过程中,

---

① 〔明〕王守仁:《传习录译注》,王晓昕译注,北京:中华书局,2018年版,第356页。

基于知识学习和问题解决的思维训练也越来越为人重视。尽管如此，训练如果偏离了教育的精神，它仍然与教育没有什么本质的联系。应该说，训练与德育最难有机联系。我们之所以有这种印象，并不是因为德育实践缺乏训练的色彩，而是因为人文主义思想的柔性，使得我们在德育实践的思考中不愿意接受带有机械性和强制性的任何训练因素。殊不知美德的养成仅靠认知远远不够，还需要"训诫把人置于人性法则之下，开始让人感受到法则的强制"①，当然也需要必要的仪式，以使学生在看似机械的重复中形成文明的习惯。

再说管理，它本为源于不信任而对他人实施的组织、监督和控制，与教育其实也没有必然的联系，然而，与讲授、训练一样，也与教育在理论和实践领域长期纠缠不清。深刻如赫尔巴特那样的教育学家，在论到管理的时候也存在着某种思维上的分裂。他一边说"这种管理并非要在儿童心灵中达到任何目的，而仅仅是要创造一种秩序"②，紧接着又说"然而，读者不久就会清楚，儿童心灵的培育是完全不能忽视管理的"③。从这段话中，我们究竟悟到管理与教育是什么样的关系？如果我们知道了在赫尔巴特的意识中，"一切管理首先采取的措施是威胁"④，还能够在多大程度上接受管理与教育的联系？但如果我们能够认识到真正的教育就是一类人为了另一类人的进步、发展和解放而对他们实施的"善意的干预"，是不是又能够轻松地接受管理与教育不可分割的联系呢？以上这些令我们思维纠结的情形，恰恰说明管理与教育的关系比较特殊，管理显然不等于教育，但教育似乎与管理总是同在的。如果我们能够回忆起没有管理在场的教育，那一定是管理采取了威胁和监督之外的权威和爱的方式，这才让我们好像感觉不到它的存在。

---

① [德]康德：《康德教育哲学文集》，李秋零译注，北京：中国人民大学出版社，2016年版，第8页。
② [德]赫尔巴特：《普通教育学·教育学讲授纲要》，李其龙译，杭州：浙江教育出版社，2002年版，第27页。
③ [德]赫尔巴特：《普通教育学·教育学讲授纲要》，李其龙译，杭州：浙江教育出版社，2002年版，第27页。
④ [德]赫尔巴特：《普通教育学·教育学讲授纲要》，李其龙译，杭州：浙江教育出版社，2002年版，第27页。

为了弄清教育行为的实质，我们再把目光投向教育方法，原因是教育方法都会落实到人的行为层面，否则就不具有可操作性。在此仅以孔子的"不愤不启，不悱不发"为例来说明道理。众所周知，这就是著名的启发教育方法，其中的行为是"启"和"发"，两者均为教者的行为。做一下训诂的工作，"启"在这里实为包含着点拨、开导、提示在内的一个行为集合；而"发"在这里就是教者向学习者直接传授。无论是点拨、开导、提示还是直接传授，无疑最常出现在教师和学生之间，但却不仅仅出现在教师和学生之间，我们在社会生活的许多领域都可以捕捉到这样的情景，但有趣的是，我们几乎未加怀疑便把"不愤不启，不悱不发"直接理解为教育的方法。我想这背后的原因，一则是《论语》中的孔子显然是教育者的身份，二则是孔子为他的"启"和"发"分别设置了"愤"和"悱"的前提。这种前提的设置，一方面折射出孔子的教育机智，另一方面则充分彰显了孔子的教育意图。想象一下学生不愤他就不启、学生不悱他就不发的孔子，我们能否体悟到正是孔子的教育意图和意志，把本属于中性的"启"和"发"转化成了教育行为？

所以，根本就不存在什么天然的教育行为，所谓的教育行为实际上是真正的教育者为了教育的目的所实施的一种有意义行为。认识到这一点，无论对于教育研究者，还是对于教育实践者，均具有积极的意义。对于教育研究者来说，其主要的意义在于知道什么才是真正的"教育"研究，知道并非与教育有联系的问题都是教育问题，进而明确研究最应着力的地方。这个最应着力的地方现在看来可以集中为两个大问题：一个是教育意念问题，另一个是把教育意念渗透到相关事物之中的方略问题。对于教育实践者来说，其主要的意义在于能使他们在认识上理性地摆脱纯粹功利的技术主义思维，同时能让他们对教育思想的价值进行重新认识。既然不存在天然的教育行为，教育研究者就有义务发挥自己的主观能动性，用人类文明和智慧的材料，不断制造新的教育意念，以使教育实践者有可不断汲取的教育精神营养。既然不存在天然的教育行为，教育实践者就有必要在教学、训育和管理之余真诚地学习教育理论，并从中获得或转化出教育的意义以供自己在工作过程中合理渗透，否则他就只能作为通常所说的教书匠存在，虽然占用了教育世界的资源但与教育并没有多少实质性的联系。必须说明，教育行为的非天然性并不减损它丝毫的价值，应该说正是它的非天然性为教育行为的专业化和创造性预留了无限的空间。

（二）教育行为是一般行为教育化的结果

不存在天然的教育行为，意味着现实存在的教育行为只能是人自己的创造，同时还意味着教育行为只能是"教育"与"行为"的有机结合，其中的"教育"是意念的，而"行为"则是可操作的。简而言之，教育行为是一般行为教育化的结果，当然也可以说是教育意念行为化的结果。只是需要清楚，在与教育意念结合之前，行为本身已经客观先在，因而行为化的教育意念并非它的行为版本，而是它的现实载体。实际上，教育只是人类的一个工作领域，理论上讲，人的一切有意义的行为均可能发生和存在于教育世界之中，但有可能被转化为教育行为的只是其中的一小部分。这是因为"教育"的积极价值取向首先淘汰了一切消极和不文明的个体行为；其次，教育的基本追求驱使人优先选择了与知识传递、能力提升及道德养成最能自然匹配的行为，这些行为也就是我们所说的、在常人看来很像是教育的行为。然而，它们只是很像是教育的行为，实际上并不必然是，如果不经过教育化，它们即使占据着教育世界的时空，仍然属于人的一般行为。那么，人的一般行为怎样就能实现教育化呢？回答了这个问题，我们就等于获得了一般行为教育化的原理和操作思路。在对既有教育事实进行理性审视后，我们发现人的一般行为教育化通常借助了以下两种途径，即服务于教育的目的和服从于教育的原则。

1. 通过服务于教育的目的，一般行为成为教育的手段

我们从中国教育语境中提取了教、学、思、习、训、管六个词素，它们分别指代教育场域中最常见和最常用的六种行为。可以看出，除了"教"和"学"所具有的语言暗示容易让我们直接联想到教育，其余四种行为与社会中任何一个工作领域都可以自然联系起来。通俗地说，一个人在哪个工作领域不需要思考、磨练？哪一个工作领域的管理者不说教、不管理？即使是"教"和"学"，难道不普遍存在于人类的各个工作领域吗？从这一实际出发，我们可以认为教、学、思、习、训、管之所以单独或组合成为教育行为，仅仅因为它们成了教育目的实现的手段。当然，我们也有必要承认相比于其他的一般行为，这六种行为的确与教育这件事情更为有缘，也正因此才被教育自然

地优先选择。

为了说明教、学、思、习、训、管六种行为不必然是教育的一般性，同时为了说明教育化的客观存在，我们不妨对每一种行为及其教育化加以分析。

（1）教与学

教与学分别由教者和学者承担，由此，教者是教的主体，学者是学的主体，在教育的范围和层面，实际上就是教育（者）与受教育（者）的关系。

教，其本义与施教有关，后来的意义丰富。作为动词的教，主要是传授、使学、令学之义。仅就传授来说，类似前文所述的讲授，它的目的和内容既可以是支持教育的，也可以是反对教育的，因而具有中性意味。但"使学"和"令学"意义上的教就大不相同了，因为使和令内含教者的意志，而且这种意志中很显然包含着教者对学习价值的肯定性认知。也就是说，教者深知学习是一件好事情，他指向学习者的教，不仅有传授知识的意思，还有要求学习者学习的意思。一旦有了这种自觉的使和令的意识，教者便不再是简单的传授劳务承担者，他同时也成为潜在的学习者学习的干预者。他的干预必是善意的，因而他的干预连同他的传授便一起转化为教育行为。值得注意的是，教的这种情形不仅出现在中国教育语境中，在世界其他地方的教育语境中也一样存在。比如"最初，拉丁语的教学（instruere）不但意味着'教'，而且意味着形成秩序，建立结构，建设、形成制度"[①]。完全可以说，"教"在实践中所发生的、超出其本义的意义部分，正是"教"这种一般行为教育化的痕迹。换言之，作为教育行为的"教"实际上已不只是展现其自身可供选择的功能，而成为实现它之外的教育目的的手段。

学，同样意义丰富，但与动词"教"相对应的动词"学"，就是接受"教"的意思，其操作性的含义主要是模仿、效法。不用说，教和学有机组合而成的教学，在制度化的教育场域中基本上就是教育的一种存在方式了。不过，单独存在的学，无论其能给学习者带来什么样的利益，都不能归入教育的范畴，因为没有教的存在，教育完全不能成立。经验和逻辑分析均能使我

[①] [美]肖恩·加拉格尔：《解释学与教育》，张光陆译，上海：华东师范大学出版社，2009年版，第99页。

们认为，学并不以教为其存在的前提，客观上存在着有教的学即教学，也存在着无教的学即自学。我们最多只能像教育的心理起源论者那样把模仿学习作为教育的起因，却不能说模仿学习本身就是教育。也许可以说是教育的发明者利用了学习者的学，包括利用了学习者学的动机和学的能力，正是这种利用把学习者的学组织到了教育之中。对于人类个体而言，学习更是一种为了生存或更好生活的行为。个体通过自主的学习，或可获得与受教育同样的效果，即使那样，他们的学习也还只是学习，却不能被视为受教育。只有被教育者组织和利用的个体的学习才具有了实现教育目的的手段特征，因为他们的学习内容、方式以及标准均被教育者规定，因而可以说他们的学习事实上被教育化了。

（2）思与习

思与习在教育行为整体中属于学生一侧的行为，其现实的存在是与学紧密联系在一起的。这种联系可以分为两种情况：一是学在学生那里与思、习的自然联系。具体说来，学的过程只要是有效的必有学者思的参与，从而学与思通常是相伴而存的；而学得知识之后，要想使其服务于生活的文明或是服务于各种问题的解决，就有一个基于所学知识的实践问题，须知学生所学的知识只有通过实践才能真正转化为他们的素养和能力，这里的实践也就是习。二是教师所期望的学与思、学与习在学生那里的有意识联系。比如孔子就期望他的学生能够把学和思结合起来，即是学思结合，之所以如此，是因为孔子自觉地意识到"学而不思则罔"；他还期望学生能够"学而时习之"，其立意当为学以致用，但孔子并未做直接的说明。如果能会通历史，还可把王阳明的"知而不行"与孔子的"学而不思""思而不学"并列起来，进而我们可以归结出一个由学经思而知的实践逻辑，此即：学是为了知，但学而不思也不可能知；即便边学边思而有所收获，若不去实践，仍然不是真知，甚至等于不知。把今日我们的内在体验与孔子和王阳明做同情的打通，就能意识到古人要求学生学而思和学而习，是充盈着教育情感和意志的。因为他们担心学生因"学而不思"而罔，或因"知而不行"而等于不知，所有的教育情感和意志就蕴含在这种担心之中。当教师从教育者的立场出发进而不忍看到学生学之后的罔和不能真知的结局时，思与习就被教育化了。

而思与习之所以能被教育化，是由两方面的原因决定的，其一是思与习具有自身自然的功能；其二是思与习的功能为教育目的的实现所需，归根结底是因为思与习具有潜在的教育价值。先说思，其操作性的意义是人就一定的对象所进行的思维运作。它既可以为了认识，也可以为了实践；它既可以发生和存在于日常生活实践中，也可以发生和存在于各种专业实践中。笛卡尔的"我思故我在"在这里得到了有效的印证。从功能上看，思可以表现为人对既有事物的理解，也可以表现为对未有事物的创造；从立场上看，思可以基于接受的心理倾向，也可以基于怀疑的心理倾向。类似这样的说明，我们还可以继续下去，目的只有一个，就是要对思进行客观的功能性说明，正是思所具有的功能使它自身具有了可被教育化的基础。对于教育者来说，如果他被赋予的教育职责与人的高层级知识掌握、思维发展及审辨性素养有关，原则上他就应该对学生的思进行谋划，以使其服务于相关的教育目的实现，这一立意和过程其实就是对思的教育化处理。再说习，其操作性的意义当是对既有之知的实在化，至少有两种可能的情形：一是运用某种知识解决不同性质的问题；二是把某种接受了的观念转化为实际的行动。第一种情形主要存在于知识和智慧教育之中，习在这里通常就是知识在学习情境中的应用练习；第二种情形在古代的广义教育中类似王阳明所讲的知行合一，在当代教育中则相当于教育者设计的真实情境中的知识应用练习。同样的道理，习完全可以是中性的知识运用功能的发挥，但如果教育者在其中有把习作为学生素养形成的手段，那么习也就自然转为教育目的实现的手段了。

（3）训与管

训与管在教育行为整体中属于教师一侧的行为，在这里，我们显然是在学校教育范围内谈论的，目的只是方便论述，实际上训与管也存在于家庭等其他教育空间中。从理论上讲，训与管完全可以与教育分离而在，但在教育过程中，一旦训与管发生，必定与教育任务的完成和教育目的的实现自然联结。让我们的思维深入到具体的教育情境中，就会发现训与管通常出现在教育过程因学生的非身体和非认知因素而受阻的时候。进一步讲，这种阻碍教育运行的因素通常表现为学生的秉性、习气或自控力等方面，这是在现实教育中恒久存在的问题，不容忽视，承担教育责任的教师，他们的消极情绪主要来自与这些问题的碰撞中。由于秉性、习气和自控力等均与所谓的人性基础有关，使得训与管需求的基本上不是技术要领而是道德智慧。正是在此意义上，"一些相对并未受过多少教育的家长，与具有高深学术或理论专门知识的家长相比，在对子女的道德教育上，常常会有更好的见地"[①]，用戴维·卡尔的话说，这是因为一个人所取得的理论物理学或数学知识，"并不会使其比那些对此类知识的无知者更具有道德智慧"[②]。其实，这样的认识仍然不尽彻底，真实情况是，完整的和能够有效用的道德智慧是与教育者的道德权威性紧密相连的，而道德权威甚至连带着纪律在现代教育中都正被人们质疑，较为激进的教育思想中不乏淡化教师道德权威和纪律的倾向，接续着这种质疑和淡化的是对学生自我管理的浪漫期望。

很多时候，训与管这样的问题还能够延伸到教育政治学的思考中，这在学术研究上是自然的，但并不会实质性地改变人们在权威、纪律与学生自我管理之间的纠结。理性而言，管理无疑基于不信任，但不信任在成年人之间和在成人与未成年人之间的情形是不完全一样的。未成年人不仅在生理和心理上未完全成熟，更关键的是基于这两种不成熟的道德判断不成熟，使得负有教育责任的成年人有义务利用个人的权威性和共同体认可的纪律，对作为受教育者的未成年人实施必要的干预。在此我们很显然需要申明，教师对学生的训与管并不是在满足他们自身的需要，而是为共同体设定的教育目的尽责，他们的训与管的行为，也许在策略上不必然适切，但在性质上是一种服务于教育目的实现的行为。

2. 通过服从于教育的原则，一般行为获得教育的意蕴

或可说，在教育的非专业化阶段，教育的目的被负有教育责任的教师及其他成年人接受从而使他们具有的教育意识，实际上支持了他们在教育过程中的信心。但这种状态在教育走向专业化的历史阶段是远远不够的，教育者必须在自己所具有的教育意识的基础上接受专业研究者所发明和创造的教育

---

① ［英］戴维·卡尔：《教育的意义》，徐悟译，北京：中国人民大学出版社，2015年版，第62页。
② ［英］戴维·卡尔：《教育的意义》，徐悟译，北京：中国人民大学出版社，2015年版，第62页。

的原则，才能够适应专业化的教育劳动需求，专门的教师教育在立意上就是为教育者的这种适应服务的。这里所谓的专业研究者，在大众的认知中当然是作为有规范的教育知识生产者显现的，但是他们的专业研究从来就不是像自然科学家那样的纯粹理性的运演，教育的人文性和社会性决定了他们一方面在发挥自己的创造力，另一方面也在把共同体的价值和希望与现实的教育操作过程有机结合。所以，我们接触到的具体教育思想虽然出自具体的研究者个人，却不是也不可能是研究者纯粹个人思想的表达，这自然因为纯粹的个人也无所谓思想，而文明意义上的教育无论如何都只能是社会意义上的教育。如果我们可以把教育研究者的创造大致划分为思想的和技术的两个部分，那么真正使一般行为教育化的一定是其中的思想的部分，这部分内容一般最集中体现为单个或系统的教育原则，教育者所使用的一般行为在接受了教育原则的规定之后，就会因具有了教育的意蕴而成为教育行为。

那么，教育的原则又是什么呢？首先可以肯定的是，能使一般行为获得教育意蕴的教育原则并不是纯粹体现教育技术理性的原则。纯粹体现教育技术理性的原则因规定着具体的教育操作，我们习惯上也冠之以教育原则之名，但它实际上更发挥着技术引导的作用。这一方面的典型是规定教育中具体活动的相对具体的原则，如教学原则、德育原则等等，它们各自作用的范围是有明确界限的，教学的原则只对教学有效，而德育的原则只对德育有效。显而易见，教学原则和德育原则自身都不是教育原则，即使把它们综合起来也不等于教育原则，因为教育原则并不是一个个具体活动领域的原则的总和。其次，来自教育之外的社会价值期望也不是教育原则，虽然这样的价值期望很多时候是教育系统需要遵循的，但它实质上只是具有现实性的、能使教育因应社会需求进而使教育与社会关系协调的必需。由此延伸，能使一般行为获得教育意蕴的教育原则，只能是来自教育自身的规定性。有研究者认为，教育原则作为一种规范，其确立的依据有两个：其一是教育自身，也就是教育内在的规定性；其二是历史与现实经验的总结。[①] 这一认识是符合教育认识

[①] 黄启兵：《教育原则的澄清与重构》，《教育理论与实践》，2005年第6期，第11—14页。

实际的，因为人们确立教育原则的优先意图必然是使教育之实与教育之名相符，其次则是要使教育在名副其实的基础上能费最少的力气、能有最好的效果和最美的感受。显而易见，前一种意图的实现，需要教育者接受来自教育内在规定性的教育原则的规定；后一种意图的实现，则需要来自历史和现实经验的教育原则的规定。

存在着哪些来自教育内在规定性的原则呢？如果要在既有的教育学教科书中去寻找，恐怕不会有结果，但长期浸润于人类的教育思想之中，是可以直觉到必有教育的原则来自教育自身内在的规定性。这里兴许存在着一个理性上的障碍，即人们虽然通常把原则理解为目的性和规律性的统一，但在其中占据优势的内涵仍是规律性的侧面，这主要是因为人们的认识更容易被短近的功利左右。比如一提到《学记》中的教育原则，人们还是容易强调豫、时、孙、摩和启发诱导这样的原则，而对长善救失这一原则，即便能够记忆在心，也很难做刻意的应用化的思考。这不就是因为"禁于未发之谓豫，当其可之谓时，不陵节而施之谓孙，相观而善之谓摩"和"道而弗牵，强而弗抑，开而弗达"更具有操作层面的机智性和艺术性色彩吗？然而，在整个的《学记》之中，最能够体现教育内在规定性的原则还是长善救失。因为，教师能够做到"豫、时、孙、摩"自然好，即使做不到，也不过是"发然后禁，则扞格而不胜；时过然后学，则勤苦而难成；杂施而不孙，则坏乱而不修；独学而无友，则孤陋而寡闻"，说白了只是影响教学的效果；同理，教师能做到启发诱导固然好，但做不到也就是算不上善喻，并不因此而使他的教学不是教学。但是，一个教师如果不能接受长善救失这一原则的规定，不管他如何知晓教之所由兴，也不管他如何能够善喻，他的教学也只是教学，而不可能成为教育。换言之，只有类似长善救失这样的来自教育内在规定性的原则才能够使人的一般行为实现教育化。反思赫尔巴特所讲的"教育性教学"，实际上就是接受了教育原则规定的教学。赫尔巴特说过，"远非一切教学都是教育性的，……为了收益，为了生计或出于业余爱好的学习，这时将不关心通过这种学习一个人会变好还是会变坏"①。在赫尔巴特那里，道德是教育的最高目的，更进一步说，是因为只有道德才能让人从万物中脱颖而出，同时也只有道德被人具备，人类整体才能够获得最高量的幸福。这样看来，体现教育内在性的教育原则无论用什么样的语言形式表达，其要害总在于为了人的整体的、长远的和高级的利益，为此要求教育者须在"善恶""好坏"上花费心思，而不是只做技术的和艺术的文章。我们会发现，最能体现教育自身内在规定性的教育原则表达就是教育的界定本身。在此意义上，"养子使作善""长善救失"和"善意的干预"，就既是对教育概念的界定，也是对教育行为的规定，因而也可谓最为基本的教育原则。

"善意的干预"是我对教育的一种理性把握，基于集体的经验，依托于形而上的思考，在其中突出了"干预"和"善意"两个元素。仅从表层理解，干预至少体现了教育者的主动和相当强度的意志，而善意则体现了教育者干预的性质和方向。既然教育是承担教育者角色的人对作为受教育者角色的人实施的干预，就说明教育者在受教育者那里是有所图谋的。此种图谋一定不是为了教育者自己的私利，相反的它一定关乎受教育者个人以至双方共处于其中的共同体的利益。这里所谓的共同体在社会学意义上可以是文化性的、情感性的和利益性的共同体，在其中，教育者实际上表达和实施着共同体的意志，并为了共同体的最高利益有原则地选择控制和组织受教育者的行为。从而，真正的教育必内含干预，而如果没有干预，则教育便没有发生。但需要指出，干预并不机械地表现为具体的言语和动作，一种使学生有原则存在的整体设计其实就是一种特殊的干预表达。要说干预的缘起，当然是教育者从受教育者的自然中发现了之于善的过程和善的归宿而言不适切的情形，对这种不适切情形的务实和放任，必然会使教育目的无望实现。如此，干预便不仅是必要的，而且是正当的。应该说，为教育目的尽责的意识还算不上是一种善意，充其量只是一种教育职责的履行，只有自觉、主动而且持续的尽责才算得上成熟的善意。教育者在工作过程中的善意本质上是一种转达性传

---

① ［德］赫尔巴特：《普通教育学·教育学讲授纲要》，李其龙译，杭州：浙江教育出版社，2002年版，第237页。

递，他们转达的是共同体的善意，因而不能将之理解为与教育者个人无法分离的某种先天的性情。教育者的这种先天的性情对于共同体善意的转达无疑具有加强作用，但仅仅依靠它是难以保证教育目的的实现的。我们时常赋予教育的神圣与崇高意义，并非基于具有偶然性的教育者个人性情，而是针对教育者的职业责任事关共同体及其成员的进步和发展而有的。当我们说教师是人类灵魂的工程师时，很显然是在说教师所塑造的是"人类的"灵魂，因其塑造的模范必是人类在具体的历史发展阶段所理解的完善与完美的灵魂，这才让人意会到教师工作的神圣性和崇高性。

前述的教与学、思与习、训与管，从教育的本体论立场出发，其实都属于教育者对受教育者的干预，它们实际上存在于人类的各种社会实践之中，但运行在教育过程中就得接受教育原则的规定，作为结果便成为典型的教育行为。照赫尔巴特的思路说，远非一切的教与学、思与习、训与管都是教育行为，只有接受了教育最基本原则的规定，才会有教育性的教与学、教育性的思与习和教育性的训与管。现在，我们关于教育原则的认识愈发明晰了，进而可以把教育原则划分为两类：一类是影响一种行为能否称为教育的原则。这一类原则理论上只有一个，那就是关于教育的逻辑界定。当然在现实中可能会有许多这一类的原则并存，之所以如此，仅仅因为我们对于教育本体的认识尚未取得共识。另一类是影响一种行为能否高质量地为教育目的的实现服务的原则。这一类原则就极为丰富了，可以说有多少种行为可以为教育的目的实现服务，就有多少种这一类的原则，说到底这一类原则是类似技术的或艺术的，是改善行为效率和效果的，是顾及教育中的人的感受的。尤其是顾及教育中的人的感受这一点，使这一类原则虽然明显具有技术和艺术色彩，却也同时具有了教育的意蕴。

（三）认识到"教育行为非天然性"的双重价值

现在可以更加确定地说，并不存在天然的教育行为，这种认识在理论领域可以较好地抑制对教育起源问题感兴趣的研究者从生物演化的角度构建教育的历史，在实践领域则一定有助于人们确立一个观念，即做好教育需要后天习得且需要发挥主观能动性。更进一步讲，教育是人类的发明和创造，而不是通过发现从自然界获知的一种现象。在发明的意义上，人类实际上立足于自身生存和发展的需要，联合运用信息运动和人的心理运动的规律，在历史过程中经过知与行的不断循环，最终使教育从无到有，从日常到专业；在创造的意义上，人类实际上只做了一件事情，那就是把从简单到复杂的教育意念与从单一到杂多的人类一般行为进行了有原则的组合。通俗而言，如果我们把整个教育的历史在总的趋势上视为从低级向高级不断发展的过程，那么在此过程中，人类的核心作为可以概括为以下三种：一是教育意念的自觉生发和建构；二是可资教育利用的人类一般行为选择和设计；三是对教育意念和一般行为的有原则的组合。基于这样的阐释，我们便可以发现认识到"教育行为非天然性"是具有认识和实践的双重价值的，它主要体现在对教育理论研究和教育实践创造两个领域的启示上。教育理论研究者将因此在教育意念的丰富和完善上用心着力，在实践关怀的驱动下，他们还会自觉思考教育意念向实践领域的有序运动；教育实践创造者将因此在一般行为的教育化上发挥自己的主体性，在教育认识兴趣的驱动下，他们还可能在教育思想和理论的创造上做出独特的贡献。

1. 教育行为的非天然性与教育思想创造的可能

凡可称为思想的均来自思想者的创造，因为原始的世界是无思想的存在，而原始的人脑也只是一种神经组织载体，当然也是一种无思想的存在，那这两种无思想的存在发生碰撞之后怎样就出现了各种各样的思想呢？在唯物认识论的视域内，思想除了能被人来创造，的确也没有别的来路。从这一角度思考，教育理论研究者作为今日教育思想的主要创造者，在教育领域一方面拥有基本无法被替代的存在价值，另一方面他们只能在自身与教育世界的互动中实现自己应有的价值。站在每一个历史的终端，他们所面对的，实际上也是他们所在的教育世界。这世界并非原始的世界，而是已被共同体命名和界定，因而已经体现和运行了共同体的价值的世界。这就在当下为他们的思想预设了边界，从而客观上他们的思想首先是个自由的。正因此，在一个较短的时期内，无论理论研究者如何努力，教育领域的人们并不能感觉到教育思想的明显进展。即便时常有某种新思潮吸引了人们的注意，人们也很快就能意识到那些新思潮许多情况下更是一种语言的艺术效果，其思想的实质并未超越人们的思想和行动经验。形成这种结果的原因很简单，其实就是教育理论研究者的意识客观上被相对稳定的教育存在所决定,所以,他们的思维尽管在做有效的运动,但作为思维主体的他们潜意识中却默认了教育现实存在的天然性。

也就是说,这种很可能是暂时的对教育现实存在天然性的默认,使得他们的思维创造性一时间只能局限于语言的范围。反过来,只有当教育理论研究者明确地意识到教育行为的非天然,他们才能理直气壮地、在一定的原则下对教育进行相对自由的运思。其内在的原理是:教育理论研究者不仅要认识到现实的教育存在决定着自己的教育思维,还要认识到现实的教育存在不过是以往历史上各种教育思想的选择性实现。这样,教育理论研究者就应当在批判现实的基础上,为未来的教育世界创造符合规律和价值理想的教育意念,而由于认识哲学的转变,思想的自由度对于个人来说便立刻获得了历史性的提升。实事求是地讲,在一定的社会文化氛围中,教育理论研究者难免会顾虑自己的思考脱离教育的实际,应该说他们的这种顾虑并不主要是在意了教育实践者的批评,更值得注意的是他们对自己劳动的价值会产生怀疑,毕竟实践者的需求及评论常常能使专注于教育思想的研究者被动地产生一定程度的愧疚。但如果他们能够明确教育行为的非天然性,是不是能够在教育意念的创造中心安理得和理直气壮呢?

教育行为的非天然性决定了教育的发展主要取决于教育意念的发展,因此教育理论研究者实际上具有自然科学家无法相比的自由空间。当然,这种自由是有前提的,研究者需要理性地考虑共同体的价值理想、现实诉求以及可供利用的物理资源和行为资源的可能性,换言之就是要使自己的意念创造在合于目的的同时合于规律。为此,教育理论研究者不能只局限于专业知识的范围,而是要把自己的认识融入具体的社会发展之中,以便从中捕捉到共同体价值的演化方向和趋势,而且还不能轻忽社会发展的现实诉求。真正的教育理论研究者的本质性劳动,一定是对新教育的发明和创造,但这种发明和创造又不能是对既有教育的完全颠覆,这就在减轻了他们负担的同时也增加了他们的纠结。因为,"大众要求学者根据自己的专业知识做出系统的分析，他们不会容忍学者躲在专业名词背后，用复杂的表达重复常识"[1]，他们通常很难接受对他们自己实践的颠覆，却期望学者为他们的实践增添新的活力，这就等于给了学者在一定原则下自由创造的空间。对于目前的教育理论研究来说，提醒研究者明确教育行为的非天然性，其最突出的意义在于使他们更加自觉到丰富和完善教育意念远比在方略和技术的意义上解决现实教育问题重要。尽管没有研究者认为教育是一种天然的存在，但他们中间也极少有人明确主张教育的意念还需要进一步丰富和改造。那些致力于教育思想的人们，有一部分只是呈现了思想者的外部形态，其实质性的运思则是用思想批判的方式实现改造教育现实的理想，自然也不能排除这种方式产生新教育意念的可能性，但他们明确的现实性追求事实上使一些新意念的火花经常埋没于庸俗的辩证之中。教育意念的创造还是需要教育理论研究者目的明确地专门进行，而等待不确定到来的思想组织者的披沙拣金总体上是靠不住的。

对于教育意念在未来的可能性创造，我以为重点应该放在教育者善意的理论化和共同体价值的重组上。之所以有此观念，首先是因为善意作为教育性干预的前提，其关怀性的和建设性的意义固然是明晰的，但继续深入的理性分析仍然缺乏，自然更谈不上成熟。然而，这却是一项值得重视的工作，它绝不仅仅可以满足理论研究者分析的需要，更重要的是能够使类似教育精神、教育情怀这样的关键概念由模糊而清晰、由抽象而具体，再向实践的方向延伸即可实现操作化，对于教师教育内涵的充实和境界的提升意义重大。其次是由于教育干预的善意标准根底上取决于共同体的价值标准，因而，即使仅从善意的理论化角度考虑，我们也需要对共同体的价值进行重组。从理论上讲，这样的价值重组可以在任何时间进行，但绝非任何时间都是价值重组的最佳时间，一般来说，社会发展的转型时期是各领域进行价值重组的重要契机。比如我们中国正面临着百年未有之大变局，在这个大背景下，教育自然要适应环境的变化，教育意念系统应当对其间的变化做出理性的应答。且不说放眼全球，教育理论研究者起码应当思考中国文化自信在教育领域的

---

[1] 项飙：《为承认而挣扎：社会科学研究发表的现状和未来》，《澳门理工学报》，2021年第4期，第113—119页。

实现方式，具体需要深研社会主义核心价值观中的中国元素、现代元素及社会主义元素。应该相信，经过理论思维的深度处理，我们必然可以从中抽象和构造出超越以往任何历史阶段的教育价值体系，并以此为基础建构起教育干预的善意系统。这样的工作，在每一个历史的变革时期都在进行，每有一次这样的工作，教育的价值体系进而一个国家或地区的教育文化都会被重新整理，并由此使教育走进新的时代。社会总处于变化之中，新的事物和新的期望也总会不断出现，加上人类历史运动的辩证特性，教育价值的重组也许在构成的层面会趋于相对稳定，但重组工作本身永远不会终结，从而教育的发展会以螺旋的方式不断持续。

2. 教育行为的非天然性与教育方法创造的必要

客观而言，教育思想的或说教育意念的创造这一问题，在教育理论研究者那里仍未形成共识，自然可以想象它的价值在实践者和实践主义者那里更是处境尴尬。已有相关的研究者认为，"教育研究只是保障和提升教育实施效果的一种辅助行为。……而教育是建立在经验系统上的实践，历经上千年的积累，早就是一个十分成熟的系统了"[1]。我们当然不难指出隐含在其中的局限，但不能否认这种认识是具有相当普遍性的，这也许是"理论为实践服务"的观念过于普及，以致教育理论的认识论价值被极为自然地悬置。我其实很理解如上的认识，并进一步对卓越的教育实践者所进行的非规范研究持真诚肯定的态度，因为那些规范的科学或哲学研究，虽然能贡献出科学的和有价值的真理，但教育的而非单纯教学和训练的方法，恐怕只能由教育现场的实践者创造出来。如果有教育科学家和教育哲学家满怀信心地要为教育贡献具体的方法，那他们要么发挥了自己多面手的另外一面，要么就是在展演理论思维对工程思维的僭越。但立足于分析的立场，我们还是应当言明：真理的标准是认识意义上的正确，而方法的标准则是实践意义上的有效和恰当。

因而，教育方法的创造主体只能是教育实践者。在这里我显然没有给自己留有余地，如果有人举出许多教育方法并非由有教育实践者角色的人提出，

---

[1] 闭藏君：《教育研究是教育实践的辅助手段》，《教育科学研究》，2021年第12期，第1页。

我愿意顺便指出他们只是没有实践者的角色，实际上必然以某种方式直接或间接地经验了实践。在教育的发展中，教育思想和理论的专门认识领域已经从教育实践中合理地独立了出来，而且必将持续下去，只有这样，人类的教育才能在越来越高的文明和专业层次上向前发展。教育理论研究者当然可以有，我们也可以建议他们最好能有教育实践情怀，但这并不影响他们心安理得、理直气壮地进行教育思想的创造和教育理论的建构。至于教育实践者最为看重的教育方法，最终还得由他们自己创造，思想家和理论家的责任一方面是向实践者贡献可靠的认识资源，另一方面是向实践者贡献有效的把思想和理论向操作方向转化的方法。教育行为的非天然性，实际上既为教育实践者预留了无限的教育方法的创造空间，另一方面也使他们的教育方法创造成为必要。

也可以说，在教育方法的创造这件事上，教育实践者其实是有责任的，而且他们的确具有教育理论研究者所不具有的得天独厚的条件，这种得天独厚的条件常常被人们表达为"有经验"。正是因为自己"有经验"，他们才能自信地认为教育理论研究者的结论和建议虽然在认识上正确，但对于实践基本属于隔靴搔痒。不过，如何理解他们的"有经验"，这是一个值得正视的问题。直觉上，"有经验"绝不仅仅意味着教育实践者时常处于做教育的状态从而有机会时常感觉教育。必须清楚一点，即对于缺乏足够理性能力的人来说，即使他看起来有机会感觉教育，也可以肯定他基本上感觉不到教育本身，这是因为"真正的纯粹经验是不具有任何意义的，而只是照事实原样的现在意识"[①]。这样看来，教育实践者要想充分地利用自己的经验优势，还需要调动起自己超越当下的简单意识，而一旦当下之外的意识介入，纯粹的经验就不再纯粹，但这是一种进步，是能呈现自身本质力量的方法。那么，超越了当下的意识将意味着什么呢？直觉上，有两种因素会时常光临，一种是来自过去的标准，另一种是来自未来的希望。前者为可能出现的创造提供资源，后者为可能出现的创造提供方向，把这两者在具体的创造中统合起来，与主体

---

① ［日］西田几多郎：《善的研究》，何倩译，北京：商务印书馆，1965年版，第7页。

性实践相关的新意义就可能产生。

教育实践者的教育方法创造基本上是朝着教育行为有效和适切的方向进行的，他们一方面会让习用的教育方法发挥新的作用，另一方面会为在教育中未习用的一般行为注入教育的意念，从而使新的一般行为具有教育的意蕴。颇具戏剧性的是，教育实践者的这番努力恰恰与他们内心并不习惯的理性思维有关。记得有一日我拿起戴维·卡尔的《教育的意义》一书，特别注意了该书的英文名称"Making Sense of Education"。其中的 making sense，在此处当有理性思考之义，也只有这样理解，该书的副题"An Introduction to the Philosophy and Theory of Education and Teaching"才能够成立。我再以汉语思维面对 making sense，竟然臆想到"制造意义"，但我并未觉得有丝毫的荒诞，因为教育理论家在很强的意义上就是在为教育制造意义，他们所制造的教育意义正是我们头脑中教育概念的内涵。教育实践者的确不必在教育理论和思想的创造上下专门的功夫，但一定不可以非理性地拒绝教育理论和思想所传递的教育意义。既然把教育理论研究定位为教育实践的辅助手段，那就不妨把这种教育意义拿来为教育方法的创造服务。教育实践者的智慧实际上就体现在他们能把出自理性思维的教育意义巧妙地注入他们独具慧眼所发现的一般行为之中，由此为教育行为集合添加了新的元素。

总而言之，并不存在天然的教育行为，这是我们需要明确的一个观念。在全部历史的视域下思考，这个观念其实并不奇异，或者说它就缄默于一切教育创造者的潜意识之中，仅当对教育进行系统的反思时才能够如约而至。人文的也就是人为的，而人为的领域则只能是意义的领域。包括教育在内的各种人文实践的意义，从结果出发回溯，当然可以用"生成"来一言以蔽之，但理性地审视生成过程中的每一个关键事件，就会发现人文实践的丰富意义实际上来自一个个具体的发明与创造。在人文社会科学的发展中，人们已经深刻地意识到自然科学的研究范式很难有用武之地，进而，从本质的发现到意义的阐释，已经不是一种愿望，在实际的研究中基本已经实现了转换。但也要注意到，阐释的观念之所以受人欢迎，一方面是因为它内含了对人文实践历史性的理性默认，另一方面是因为它不仅替换了发现，而且超越了古典的解释。在此基础上，阐释的更高价值应在于它正视了借助解释实现创造的事实。理论家和思想家，在人性的善端和共同体的价值之间辩证运思，在人文创造物和人类自身发展之上生发关怀，最终制造出了教育的意念，他们自己也因此成为教育理论家和教育思想家。教育实践者则是消费教育意念的群体，正是他们在操作的层面，为了实现现实的教育目的，把教育意念注入到人类的一般行为之中，由此创造了教育行为和发展了整个的教育。基于此，我们当然可以说，虽然不存在天然的教育行为，但因人类的一般行为可以实现教育化，教育的历史一经开始，便永无终结。

显而易见，教育之事在我们这里是比较纯粹的一件事情，也就是说它是与教育活动的主体紧密联系在一起的一种行为，其余一切具有教育色彩的事情均是以教育的最基本意义为核心和起点衍生出来的。如果把教育行为与人的发展和社会发展联系起来，就会形成社会系统中的教育事业概念；如果对教育做历史学的考察，就会产生历史整体中的教育历史概念；如果把教育作为认识的对象，就会产生广义知识体系中的教育思想和教育理论以及教育学的概念。这样的想象还可以继续进行下去，但无论我们的想象能走多远，其核心和起点都是由人作为主体展开的教育行为。在此有必要提及一种现象，即在教育认识分化的过程中，许多被归属于教育认识范畴的内容，与教育行为的关系其实相当淡远，以致我们最多只能把它们视为与教育相关的认识。那些仅仅被归属于教育认识范畴的内容在很大程度上是在寻求和建立教育之外的知识与教育之间的联系，其主要的意义在于让人类的许多认识成果合理地应用于教育。但严格地讲，这种认识虽然扩张了教育认识的规模，其实质性的贡献并非教育知识。比如，我们恐怕很难把教育政治学、教育经济学、教育文化学、教育人类学、教育管理学、教育法学等，视为教育学的组成，它们实际上更是政治学、经济学、文化学、人类学、管理学、法学等领域向教育世界的延伸。当然，现实的教育从来就不是纯粹的教育行为自身，它必是社会生活整体中的有机构成，所以我们也不能把教育的认识局限在纯粹却狭窄的范围。应该说，在本体论的意义上，可以只关注纯粹的教育（行为）现象，但在以教育世界整体为对象的教育认识中，我们所关注的必须是与社会生活水乳交融的、具有生态性的教育之事。

二、教育事理

作为社会生活有机构成的教育，换句话说，也就是社会生活中的一件事情，它是社会必须做的，而且在历史发展的过程中，越来越成为一件必须要做好的事情。应该说，只要教育成为社会必须要做的事情，教育事理便自在地存在于教育之中，但只有社会想把教育做好的时候，教育事理才会成为人们关注的对象。这显然是因为人们相信任何事情都有它自身的道理，只有遵循事情自身的道理而为，才能够把事情做好。至于事情本身的道理是什么、有多少，那就取决于具体社会历史文化背景下的人们对它的认识了。对教育事理的探究，所指的就是这样的认识，而这样的认识，在足够抽象的教育学没有出现之前，几乎就是人类教育认识的全部。类似这样的判断，理论工作者是很难轻易做出的，他们以此维护理论本身的严谨，然而这样的维护在保证了他们自己没有闪失的同时，也损失了认识上的清晰，实际上阻碍了认识本身的彻底。如果我们意识到今天的教育理论研究多少呈现出与教育实践的若即若离，那就应该承认一个事实，即研究者所谈论的教育绝不是纯粹现实的教育之事，一般来说是教育的经验与教育的概念在研究者意识中纠缠的结果。这种情况折射出今天的教育理论研究者，一方面短缺了教育实践者无所顾忌地专注于教育之事的优势，另一方面也没有处于足够成熟的教育学发展阶段的幸运。细心的人还可能注意到一些专业的教育理论研究者，在经过长期的"教育学"研究之后，很心安理得地走向对教育事理的阐明。这种现象既可以被解释为那些研究者在"教育学"之路上举步维艰，也可以被解释为他们觉悟到一切对于教育的认识最终还是要回到对教育事理的阐明。暂且不论其中原委究竟如何，毋庸置疑的是：对教育事理的探究才是贯穿于教育历史始终的，对不存在学科情结的人们来说，教育认识或说教育研究，不就是对教育事理的探究吗？进一步说，我们之所以要认识和研究教育，不就是要把教育这件事情做好吗？站在这一立场上并顺着这一思路，那么，人们对教育事理的研究就会以如下的顺序展开。

（一）教育是一件有意义的事情

教育的有意义是人们对教育进行日常关注的自然基础，也是对教育事理进行探究的实践逻辑前提。如果教育是一件没有意义的事情,既不会有人有意识地去做,更不会有人有意识地去想。如此,人类的历史中就不会有日益成熟的教育,自然也不会有生动而精辟的教育事理。在此意义上,第一个被人类意识到的教育之理就是"教育是一件有意义的事情"这一判断。至于教育究竟有什么具体的意义,最初自然是人们在日常的生产和生活中形成的直觉;之后,则会是生产和生活发展的需要与教育的相遇在人们意识中的反映;再往后,则会是人们带着期望对既有教育进行自觉的功能挖掘的产物。这是一个历史的过程,就其实质而言,是教育之事被人类不断赋予了新意义,从而不同时期的教育认识者用自己时代对教育意义的认识,连缀成了教育意义的历史。教育的"有意义"其实是一个极为世俗的话题,换言之,也就是教育的"有用"。正因之,教育在较高文明的人类生活中,不管它是正式的还是非正式的,必是没有缺席的。但因它并无神秘可言,又无法成为理性追问的对象,这大概就是教育学至今难以摆脱世俗性的根本原因。毕竟,"我们所能肯定的教育思维的第一个坚实的立足点是,教育能够完成某种任务,而且这些任务只能由教育来完成"[①]。

接着说,教育究竟能完成怎样的任务呢?这样的问题在非理论的回答中只有一种情况,也就是历史上那些有能力表达自己观念的思想者的文本中的回答。比如柏拉图,就把教育作为实现理想的国家和理想的个人的唯一途径;中国的《学记》则说:"君子欲化民成俗,其必由学乎! ……人不学,不知道。是故古之王者建国君民,教学为先。"另外的回答就属于理论家的历史哲学判断和事后的理性分析了。比如说教育可以传承文化、培育人才,这一类对教育功用的认识当然正确无误,但显然不是对教育终极目的的表达。或可说,在人类历史的古代阶段,教育是因为对社会有意义或说有用才被关注的。虽然教育自身的运行必有直接的效果,但在社会一方,包括在为社会进行思考的人们那里,教育的运行过程及其直接效果是被打包为整体并被视为工具的。这种状况直至近代才有所改观,核心在于人的主体性被历史性地关注,人自身也由工具转为目的,人类的教育思维也就随之而变了。从卢梭开始,

---

[①] 周浩波:《教育哲学》,北京:人民教育出版社,2000年版,第38页。

教育固然不会脱离社会生活，无视社会需要，但"儿童的发现"这一历史性的思想事件，使得教育为了人自身的发展不再隐匿于后台。到了杜威那里，即使根底上仍是要通过教育改造社会，却能够把教育的有意义合理地集中在促进人的发展这件事情上。杜威说的教育之外无目的，正是凸显了教育对于人自身发展的直接效用。

在目前时代关于教育意义的思考中，我们会发现谈论教育之于社会政治、经济、文化的意义，之于人的发展以至解放的意义都已经显得庸常，原因是其中的道理对接受了一定程度教育的人来说已是常识。相对而言，在心理科学的范围和教育操作的层面探究教育与人的认识和人格发展的关系，才是教育意义丰富和深化的有效途径。因而，在今天言说"教育是一件有意义的事情"，牵涉到社会与人的发展，感觉上总有些空泛和老套，策略的言说也许可以聚焦于以下问题：

一是教育与人的发展。首先是教育与人的认知发展问题。这两者之间的联系早已被人们认识到了，较为典型的证据至少有"学而不思则罔，思而不学则殆""道而弗牵则和，强而弗抑则易，开而弗达则思"为人熟知。但把认知发展作为教育的目标追求则是近代以来的事情，最具代表性的证据莫过于18世纪的"形式教育"学说，其主旨是借助知识的传授训练学生的心智形式，具体涉及思维、想象和记忆能力。有学者对此做过专门的说明，指出形式教育一词，德文为 formale bildung，英文为 formal discipline，formal training，mental discipline，mental training。[①] 其中的关键动词是训练和陶冶，对象是心智形式，目的当然是对心智形式的发展。其次是教育与人的人格发展问题。这是一个可以言说且很有质感的教育意义问题，却也是一个最好言说无须追问的问题，原因是人格的发展和认知的发展一样，虽然重心在心理的形式一边，但其手段却需要分别借助于知识和道德这种具有实质性的内容作用。而两者无论在人们的意识中还是在现实的实践中，又具有方向正好相反的历史变化。具体来说，与德性涵养相联系的人格发展教育，在历史的演进中经历

---

① 瞿葆奎、施良方：《"形式教育"与"实质教育"（上）》，《华东师范大学学报（教育科学版）》，1988年第1期，第9—24页。

了由强到弱、从中心到边缘的过程;而与知识掌握相联系的认知发展教育,在历史的演进中则经历了由弱到强、从边缘到中心的过程。我们当然可以从教育指导的思想文本中看到认知与人格并重、并举的提醒,但在现当代教育实践中,通过知识及其学习过程方法的选择、设计以促进认知的发展,无疑已经成为重中之重。

二是教育与人的幸福。这几乎可以说是教育人文主义者的基本信仰,在其中人的幸福是被视为至善的,如果现实的教育背离了这一信仰,其道义性就经不起伦理学的追问。教育并不能直接给人带来幸福,但可以为人的幸福生活在能力和人格两方面奠基。我们由此可以想到中国古代的劝学格言"书中自有黄金屋,书中自有颜如玉",虽然"黄金屋"和"颜如玉"并非幸福本身,但在日常世界中,一个人拥有此二者,无疑会提升获得幸福的可能性,我们今天不轻易言及此类条件,不过是在有意识地规避其中浓烈的功利主义和享乐主义倾向而已。作为至善的人的幸福在人文主义者那里纯粹而神圣,即便要借助教育的作用,也会把思维聚焦于与美德深刻纠缠的人格培育之上。这是因为"决定人的精神取向的是人的生活态度,是人对幸福的理解。而人的生活态度和对幸福的理解是由人的品格决定的,简单说,是人格决定幸福指数"[①],正是鉴于此,日本宗教家、创价大学创始人池田大作"在创价教育的实践中特别强调学生的健康人格塑造,通过培养和锻炼,塑造学生健康、良知、信心、勇气、坚强、正义、睿智、友情、青春、希望等人格"[②],这些人格要素在他看来属于学生谋求人类幸福的人格。

三是教育与社会发展。与"教育与人的发展"相较,这是一个虽非最基础却是更为永恒的问题,不仅不能回避,而且不可轻视。须知人的发展之价值存在也是以社会的存在为前提的。如果没有了社会,那个人只不过是一个纯粹自然的生命体。在此意义上,关于人的发展的一切思想和追求,皆基于人是一种社会性的存在。以文明的存在及其作用为内涵的社会实际上已经替

[①] 刘建荣:《人类幸福:人本教育的终极指向——池田大作教育思想研究》,《伦理学研究》,2012年第4期,第130—136页。

[②] 刘建荣:《人类幸福:人本教育的终极指向——池田大作教育思想研究》,《伦理学研究》,2012年第4期,第130—136页。

代了大自然成为文明人的真正母体，从而，通过发展了的人去发展社会，表面上看是社会组织者的意志体现，实际上也是每一个作为社会成员的个人无须纠结的应然选择。人们内心存在的与此有关的纠结，说到底是对人的工具化的某种排斥，殊不知人与社会的关系一经形成，就具有了互为目的和互为手段的特征，根由在于社会是由人按照一定的规则构成的，而人在正常情况下是携带着社会信息、承担着社会责任的。社会总是政治、经济和文化的社会，那么人就需使自己成为社会政治、经济和文化事业的建设力量。

概而言之，我们说教育是一件有意义的事情，就是在说教育这件事对人和社会是有用的，而由于人是社会的人，社会是人的社会，所以归根到底教育的有用性是对人而言的。但是非辩证性的思维习惯使个体在一定的认知条件下常常把自己和社会在意识中分割甚至对立起来，这种情况有时候也发生在理论家那里。好在教育的有用是普遍的共识，从而，无论怎样理解教育的有用性，也不会影响人们从这里出发对教育这件事做更进一步的事理挖掘。接着"教育是有用的"这一判断，人们会探究教育之所以有用的原理，以应对教育之所以有用的原因追问。

（二）教育有用的实质是教育的功能与人及社会相关需要的契合

有用，是比较日常的说法，理论上与之对应的就是价值问题。因而，当我们说教育有用时，就是在说教育是有价值的。价值是什么？人们普遍认为它是一个关系范畴。那么，它又是一个怎样的关系范畴呢？相关的理论家自然明白，但一般的人们则基本属于不追问时似乎明了、一经追问便欲言又止，这也就是一般人对于许多事理的模糊认识状态。对于此类问题，其实都用不上寻章摘句、引经据典，带着理性的思维去审视具体事物的价值状况，就可以知道事物的价值实为它自身的功能与人及社会相关需要的契合。功能这一概念显然出自物理科学，意为事物运行过程中自然呈现的性能，人则会取其利于己者用之，也因此，功能通常是指事物在运行中所发挥出来的有利的作用和功效。依循这一认识，我们当然就可以说，教育之所以是一件有用的事情，是因为人及社会能从它所呈现出的性能中发现利益之处。但这样的结论是根本经不起理性追问的，原因是教育一旦进入自为的历史阶段，它本身已经内含了价值逻辑，人们完全可以不思考教育的性能与他们自身需求的契合问题。换言之，人们正在从事的教育不是自然的物理性存在，它只要成为自为的现实，就已经在集体无意识中完成了价值"论证"。如果他们较强烈地意识到教育的功能与他们自身需要的关系，那一定是他们想通过教育满足某种新的需要，而既有的教育却显然无力满足，于是就产生了既有的教育与人的新需要之间的矛盾。

这种矛盾的最终消解一定不是通过人对新需要的主动放弃而实现，积极的结果总是人对教育功能有目的、讲规则的进一步挖掘。如此这般，教育就在人的需要范围不断扩张和需要水平不断提升的过程中从最初的粗放走到今日的精细。习近平总书记2013年在中国科学院考察工作时指出，人造生命不仅对人类认识生命本质具有重要意义，而且在医药、能源、材料、农业、环境等方面展现出巨大潜力和应用前景。我猜想他在全面评判人造生命价值的基础上，更重视它在生产领域的巨大潜力和应用前景，这是现时代国家综合发展的必然要求。我从中受到的启示是：工程性的设计活动，虽然指向实用的目的，同时也具有认识的功能。仅说人类的教育，就我们对它进行认识来说，它当然是既有的事实性对象，但我们可能很少想到，作为认识对象的教育，除了它在日常生活中自然形成的那一部分，其余的部分均是高度文明的人类设计并实施的结果。在此意义上，作为认识对象的教育，其实是人类自己的创造，进而，对教育的认识其实也是人类对具有主体性的自身的认识。这种认识显然具有反思而非纯粹反映的色彩，其中还会内含人类潜在的自我欣赏。认识不到这一点，我们就很难理解教育学这种学科的脾性。直觉告诉我，对教育本质的把握，绝不是一般本体论思维可以完成的，它很可能是借助了设计者的"合成"智慧。我的意思是，认识者实际上是以设计的方式让最适合的教育形象在意识中呈现出来；而他们设计的核心技术则是为了特定的目的，用最本真的心灵、最利善的方法和最崇高的价值，进行符合人的目的（需要）和相关认识规律的创造性"合成"。此"合成"的过程，在行动者的意识中就是行动；在认识者的意识中就是认识。

回到教育的功能与人及社会相关需要的契合这一问题上，我们越来越不难意识到，像教育这样的人文实践活动，其内在的运动机制竟然是人自身不断产生的需要与自身不断创造之间的一个螺旋式互动。可以设想第一次成为认识对象的教育是具有一定功能的历史事实,我们不妨暂且以《说文解字》中的"教,上所施下所效也""育,养子使作善也"作为起点进行思考,进而,孟子所说的"得天下英才而教育之"即是使受教育者学会怎样做事并把所学用于有益的目的达成。这很显然是对人类早期教育的一种事实性描述,与今天的教育固然具有内在的一致性,却也无法同日而语。问题是:早期的教育怎样就一步一步地发展为我们今天的教育了呢?

首先是必须通过"教"才能传递的人类新创造物的出现,使得"教"不能仅以上施下效的形式存在。具体而言,上施下效的方式只能满足外显行为的传递,如果有较高思维含量的知识与道理需要传递,那么教者的教就不能只是呈现,而学者的学也不能只是效仿。如此,"示"就必须扩展为对知识的分析和对道理的阐明,后世所谓"讲授"的要义正是这种分析和阐明。而要做到有效地分析和阐明,教者也需有更高的本领,在此意义上才会有"记问之学不足以为人师"的感叹,原由在于仅有记问之学,既不能完成有效而必要的分析和阐明,也经不起学者的求知性追问。但说到底,"教"仍然没有超出人类精神创造物的传递,教者只要学不止于记问,便能实施有效的"教"。但后世的"教"显然不再限于技能、知识和道理的传递,还要直接服务于学者的"发展",这无疑是因为人对自身的发展有了新的需要,并对"教"的功能进行有意识的挖掘。到了今天,比如中国基础教育领域特别重视学生发展核心素养亦即必备品格和关键能力的培养,教者的"教"必须和学者的学联合为"教-学"结构,并为适应学生发展的新需要而开发探究性、项目化的教学。

其次,反映人的地位和尊严需求提升的教育人际伦理原则的变化,也在倒逼"教"思维的改进和提升。如上所说的探究性、项目化的教学,一方面是"教"对教学内容和目标及人的新发展需求的应答,另一方面也隐含着主体性教育、生本教育的精神元素。实际上,当教育不再是朴素意义上的教书育人和传道授业解惑,还与人的认知、人格发展以至人的幸福联系起来的时候,就说明人欲从教育过程中获取的已不仅仅是知识、技能和道理了,还有主体意识觉醒而滋生出来的地位和尊严。

今天的认识者所面对的教育,已经不是《说文解字》所说的"上所施下所效也""养子使作善也"了，而是一种经过长期的教育功能与人及社会的需要互动而生成的更为高级的和制度化的教育。人的需要还在变化着表达的方式，教育的潜能在心理学和各种关于人的科学的支持下，还在被有意识地挖掘，但不变的是教育有用的实质，即教育的功能与人及社会相关需要的契合。此两者的互动仍将持续，只要教育存在就不可能停歇，但互动的内容经过长期的历史过程大概已经接近极限。而在这个历史过程中，教育认识者的兴趣也随之逐渐集中在教育过程与方法这一领域，毕竟教育的目的、作为教育资源的人类创造类型和教育人际伦理原则的可能向度已经应有尽有。

（三）教育功能的发挥取决于教育的过程与方法

一线的教育实践者最关心教育如何做，也就是最关心教育的过程与方法，因为他们是实际的教育工作者，必须面对和完成极其现实的工作任务。他们的工作任务是从教育的目的和课程教学的目标转换而来的，是间接反映了人的发展和社会发展的需要的。他们必须想方设法使自己运行的教育发挥出应该发挥的功效，才能够达成课程教学的目标进而实现教育的目的，而能否使自己运行的教育发挥出应有的功能则取决于他们制造的教育过程与方法品质如何。所谓"制造"出的教育过程与方法，它是与自然的教育过程与方法相对而言，体现的是人在教育中的主体性，即能动性、自觉性和创造性。与此相较，自然的教育过程和方法其实就是从日常生活的土壤中生长出来的、朴素的教育本身，它呈现为一个过程，而且过程本身即是方法。朴素的教育过程与方法自然是与最朴素的教育目的相匹配的，它能满足人类欲从教育中满足的最基本需要。但当人类有了新的需要且直觉到教育的改变能够满足新的需要时，朴素的教育过程与方法就捉襟见肘了，教育过程与方法的"制造"也就历史性地由此开始。

实际上，正是由于这种"制造"进入教育功能与人及社会需要契合的循环，教育自身的发展才成为现实，进而教育的历史生成性质才具有了实质意义。深入分析教育的历史生成，会发现其出发点是人类自觉的自新。言其自觉，也不是说自新的观念可以凭空而生，论源头当然是环境及其变化的挑战，但其间必然蕴含着人类与环境相互作用过程中产生的新的期望。仅说面对环境及其变化的挑战，教育过程与方法的"制造"实属一种积极的主观应对。

从心理学的角度理解这种制造,这种制造的动机是与三种诱因紧密相连的,具体为教育的高效率、教育的好效果和教育的高境界。而迫使这种制造发生的底层原因则是制造者自感力小而任重。以下分述之:

其一,对教育高效率的追求几乎可以说是一种人类的本能,其实质是欲以尽可能小的成本获得尽可能大的收益,而根底上求效率的原因则是个体生命的有限。庄子曰:"吾生也有涯,而知也无涯。以有涯随无涯,殆已!"[1] 悬置庄子在其中的生与知的本末判断,单从生有涯而知无涯来说,积极进取的人们是要在教育的效率上做文章的。所以孔子希望能够举一反三,若"举一隅不以三隅反,则不复也"[2];《学记》则主张,"善学者,师逸而功倍,又从而庸之。不善学者,师勤而功半,又从而怨之"[3]。此类主张在中外论述中并不鲜见,在现实教育中更是一种普遍的追求。

其二,对教育好效果的追求比起对高效率的追求更具有进步性,这是因为教育的效果即使在有文字记载的早期论述中也不只是指学习者对知识的掌握情况,还考虑到了教者、学者双方在整个教育过程中的感受。"善学者,师逸而功倍,又从而庸之。不善学者,师勤而功半,又从而怨之"中已经包含了这种信息。"发然后禁,则扞格而不胜;时过然后学,则勤苦而难成;杂施而不孙,则坏乱而不修;独学而无友,则孤陋而寡闻;燕朋逆其师,燕辟废其学"[4] 和"道而弗牵则和,强而弗抑则易,开而弗达则思"[5],则更加微观地描述了教育过程与方法对学习者学习感受的直接影响。

其三,对教育高境界的追求是在基本的效率和效果问题解决的基础上寻求教育精神化和审美化的思想和行动自觉,这应该说是教育为人和人是目的思想的现实体现,在教育本身的发展上无疑具有重要的意义。就教育的精神化来说,一方面表达了人类愿意促进人文主义思想滋养教育过程与方法的倾

---

[1] 〔战国〕庄子原著,范勇毅注译,唐品主编:《庄子全集》,成都:天地出版社,2017年版,第43页。
[2] 杨伯峻译注:《论语译注》,北京:中华书局,2017年版,第97页。
[3] 宋元人注:《四书五经(中)》,北京:中国书店,1985年版,第202页。
[4] 宋元人注:《四书五经(中)》,北京:中国书店,1985年版,第201页。
[5] 宋元人注:《四书五经(中)》,北京:中国书店,1985年版,第201页。

向，另一方面也潜藏着对教育精神化的积极期待。尽管这种倾向和期待在迄今为止的教育历史中仍然带有明显的理想主义色彩，但它与已然融入教育文化的崇高观念具有内在的一致，因而可以成为教育者奋斗的目标。即使难以实现，但类似塑造人类灵魂的观念还是能被有情怀的实践者接受。在追求教育精神化的过程中，教育的审美化自然会进入教育者的意识。作为人类精神体验的至高状态，审美不仅能独立显现教育的境界，还能反过来作为教育高效率和好效果追求的良性基础和条件。

要实现以上三种追求的实在化，在普遍的意义上，只依靠教育者的天赋能力显然不够，所以就需要他们在教育过程与方法的制造上有所投入，也因此，教育在操作的层面随着历史的向前推进获得了不断的进步。何为制造？工程学的解释是把原材料加工成适用的产品，在教育中则应是为了教育的实质性目的的实现和教育内在品质的提升，对教育元素进行基于一定设计的建构。从原理上讲，此种教育过程与方法的设计和建构，需要当事人在"目的与手段""结构与功能""观念与操作"等向度之间进行综合考量；而设计和建构的成果则是"教育思想与教育行动""教育程式与教育智慧""教育原则与教育方略"等结构性范畴的操作性思路与策略。领略教育的历史，其发展的内涵在认识的侧面就是这些向度和范畴内的道理的演进。这中间有直线式的演进，而更多的是螺旋式的演进，人类教育就这样从历史来到现实并走向未来。

第二节　教育之学与教育学理

如果人类的教育思考始终伴随着教育行动，那么教育思考的内容就会保持在较低抽象程度的教育行动本身，其结果整体上则属于教育的事理。反过来，如果教育思考基本脱离了教育行动，甚至实际存在的教育基本上成为思考者无须也无法摆脱的经验背景，那么教育思考则只能在较高的抽象水平上进行，它所遵循的就不可能完全是教育行动本身，而主要是逻辑的规则和某种被认为是正确的前提，其结果则属于教育的学理。不过，这也只是一种比较粗糙的说明，无论我们怎样区分教育事理和教育学理，两者在人的意识中都势必自动纠缠，原因应是抽象程度再低的教育事理，也是经由人的思维处理从教育行动中抽离出来并以语言文字符号表达出来的。它之所以是事理，也许都不应该从抽象程度上进行衡量，是因为它所表达的正是事情本身所呈现并被人的意识较客观地反映的。教育学理则不同，其自由度要明显大于教育事理。也可以说，教育事理是人对教育运行内在机制的意识捕捉和能动反映，而教育学理则是由人运用抽象的概念，从某种正确的前提出发，遵循逻辑的规则建构而成。仅针对一件具体的事情而言，不同个体对事理的表达具有更大的相似性，但不同个体对学理的表达则具有更大的差异性。这样说来，教育事理与教育学理好像只是认识论意义上的区别，但实际的情况并不完全如此。尤其是对于学科体制下的教育研究者来说，学理还是被视为与教育学这门学科相联系的概念，对于其严谨性并无必要追究，即便存在着某种不严谨，也是不严谨的教育认识现实所致。鉴于此，我们仍有理由和必要从教育之学的考察出发，进一步走进教育学理的探究。

一、教育之学思辨

教育之学，在当代的语境中并没有成为一个确定性的用语，它仅出现在相关的具体论述情境之中。虽然教育学在学科整体中已经名正言顺，学科教育和学科建设也已经基本制度化，但"教育学"的实质在该领域不同角色的人员那里仍然是一种模糊的存在，具体表现为人们尚未形成学科本质和学科规训的共识。实际地看，应有少数的研究者具有一定强度的学科意识和情结，多数研究者只是在教育学的名义之下进行着各种类型和层次的学术研究。教育学术与教育学科在今天很难分割，但它们又是性质不同的两种存在，需要通过对它们的分别考察，方能获得对教育之学的整体认识。

（一）教育学术

关于学术，我们都不能轻易说存在着一种通常的看法，它有时候让我们联想到一种专门系统的学问，有时候让我们联想到一种有特色的认识活动，有时候还让我们联想到致力于认识的一个领域或一个共同体。尽管如此，从"学术"一词的语用中，我们还是能够捕捉到它的一些特征，这说明相关的人们在潜意识中对于学术还是具有一定共识的。比如在大学,"学术研究"与人文社会研究就具有更紧密的联系,相对而言,理工科的研究者则更愿意把自己的认识性劳动与科学探究联系起来。对于这种语用现象,也不能轻视,它不仅反映着人的认识,反过来也会影响和强化人的认识。至少我们已经不能用语词考证的方法来界定今天的学术概念,否则,语言的混乱将使我们无所适从。较为适宜的方法恐怕还是从今天的整体经验出发,对学术做出符合今天人们认知实际的说明,这才有利于今人在当下更加明晰地理解学术这件事情。我注意到"学术"在今天已经成为一个整体的意义单元,像梁启超对学与术进行区分,基本上只成为人们谈论学术一事时的一种谈资。因为,"学者术之体,术者学之用"①,显然仅仅把学和术看作不同性质认识活动的结果,而"学也者,观察事物而发明其真理者也;术也者,取所发明之真理而致诸用者也"②,又把学和术理解为两种不同取向的行动。这样的理解与今人意识中的学术虽无冲突,但一定是有出入的。虽未经考证,但能注意到人们更多情况下会把学术与思想进而把学术性与思想性做比对性的理解,从而"将学术看作是与历史、材料、研究打交道的学问,将思想看作是头脑里产生的想法、观点及其思辨形态"③。这多半是一种俗见,起码在今天,"既然原创无法凭空而起,既然复制不可能达到同一,那么'思想'与'学术'的截然对立也就无法具体而现实地成立"④。不过,在这样的思辨中,我们还是能够抽象出学术的基本内涵,即它更贴近于中国传统文化语境中的"学问",其内在的价值取向是以理解的方式传承既有的思想性的或非思想性的信息;而思想,则是形式上隐去了既有事实或知识依据的思辨过程及其结果。

那么,教育学术呢?它实际上同样不可能指代纯粹与历史、材料、既有研究打交道的学问,在今天应能界定为一种基于文献的教育认识活动。这就意味着教育学术首先是一种教育认识活动,通俗地说,主体总在直接或间接

---

① 梁启超:《清代学术概论》,北京:中国人民大学出版社,2004年版,第271页。
② 梁启超:《清代学术概论》,北京:中国人民大学出版社,2004年版,第271页。
③ 吴炫:《什么思想与什么学术》,《学术月刊》,2001年第10期,第6—9页。
④ 倪梁康:《学术与思想:是否对立以及如何对立》,《学术月刊》,2001年第10期,第3—6页。

地走向教育的本相，没有了这一兴趣，教育学术也就仅局限于对既有文献的考证与注解了。其次则意味着教育学术作为一种认识活动，是主体基于对既有文献的考察，而非基于对教育事实的直接经验。这其实就是对今日教育认识活动比较客观的写照。严格地讲，在一个对象的认识历史上只有第一代认识者属于非学术研究者，他们的认识活动不属于学术活动，而他们之后的认识者，只要不想游离于认识的历史之外，就只能选择学术研究这一认识的方式。也只有这样，他们才能通过接受先驱者的成就省去无效的直接认识，同时也才能通过接受先驱者的教训避免不必要的试误。其中的道理不可谓不明晰，然而，学术演进到今日，却出现了已经司空见惯的重大偏差，即是：在历史的演进中，学术研究者似乎忘记了他们认识的只能是作为认识对象的事实本身，而既有的文献亦即先驱者的成就和教训实为牛顿所言的巨人的肩膀。究其实质，应是文献的不断增长，逐渐隔断了研究者与认识对象的直接联系，从而在他们的意识中，文献中的信息因处于注意的中心而格外鲜明，作为认识对象的事实本身反倒模糊为隐约的背景被置于注意的边缘。在一定程度上，一部分教育学术研究者因此而不能算是认识教育的人，自然也就不能算是认识论意义上的研究者，他们劳动的性质实际上越来越接近于中国传统文人、学者所中意的述而不作，所不同的是他们的劳动产品在形式上接受了现时学术研究表达的规范。

今天的教育研究者需要明确，教育认识从非学术研究进化为学术研究，并不能改变其以教育事实为直接对象这一前提。作为后来者，我们基于既有的文献或说站在巨人的肩膀上，必是为了在更高的平台上认识对象，却不能以文献中有关教育的信息来替代教育事实本身。忘记了这一点，所谓的教育学术研究也就因远离人类认识的本质而越来越趋近于一种认知性游戏。我们今天的教育学术产品数量激增而认识贡献乏善可陈，是不是与一些研究者对教育学术的茫然不解有直接关系呢？

问题总是存在的，而真正具有教育认识特征的教育学术研究也始终客观存在，否则也就没有了层出不穷的新教育知识和新教育思想。对于有意义的教育学术，需要有一个结果性的把握，在这一方面，博耶的学术分类为我们提供了一个有效的框架。他把学术分为四种：探究的学术、整合的学术、应用的学术和教学的学术。人们大多重视他提出的"教学学术"概念，实际上全面理解他对学术的划分对于我们把握教育学术是很有帮助的。

探究的学术，是指传统的专业研究，其职能是生产高深知识，也就是要创造新知识，这是最基本的学术工作，当然也是最核心的。这一类学术研究更像是科学探究，研究者直接面对大大小小的"世界"，或反映，或构想，获得"世界"的真相或是"世界"的理想状态。而且，研究者的研究直接指向具体的对象，生产出单个的知识产品。这样的产品是其他类型学术研究活动开展的基础。在教育认识领域，探究的学术主要有两种形态：其一是教育科学研究，特指运用经验的、实证的方法对教育运行过程中的因果关系的揭示。就其典型的成果而言，主要出自教育观察、调查和实验研究，分布在教育心理学、教育社会学以及教育管理学等几个领域。其二是教育哲学研究，特指运用哲学思维的方法对教育的本体和教育的理想进行的思辨。简单地说，教育科学研究在生产教育知识，而教育哲学研究在生产教育思想。

整合的学术，是要建立各个学科间的联系，把专门知识放到更大的背景中去考察，目的是要整合高深知识。显然，此类研究是不生产新知识的，不是直接面对"世界"的探究，但仍然具有创造的意涵，其创造性具体表现在整合活动上。所谓整合，相当于旧材料的新组合，研究者虽然没有探究，但对探究的学术产品要做理性的辨析、判断，寻找众多单个知识产品之间的历史和逻辑联系，以单个的知识产品为原料构建一类知识的体系，其价值虽不能与探究的结果相比，但自有其独特性。整合性的学术工作，简单的可以是文献综述，复杂的也可以是哲学工作。因为哲学并不生产新知识，而是在最抽象的水平上概括和总结各门具体学科，属于最为高级的整合性学术。这样理解哲学未免有点狭隘，毕竟整合知识只是哲学工作的一部分，但这一部分是举足轻重的。没有哲学的整合，学科的、领域的个性化知识是难以转化为人类公共智慧的。更多的整合学术研究，处在文献综述和哲学工作之间，通常以话题论述的方式出现，没有明显的问题意识，但研究者在一主题下发挥理性的作用，把散落在各处的思想明珠组装成价值不菲的首饰，实际上是另外一种意义的知识生产。

应用的学术，取向于应用高深知识，在各学科之间以及科学和艺术之间搭起桥梁，进而建设更好的生活。我们可以把应用的学术理解为基于整合的学术工作。单个的高深知识也可能被直接应用，但经过整合的高深知识才是更为可靠的和现实的应用资源。应用的教育学术是实现高深教育知识价值的重要途径，可以归属于广义"教育工学"研究，所发挥的功能是在高深教育知识和教育生活实践之间架起桥梁。这正应了孔德所说的"严格字义上的科学家和实际生产管理者之间，如今正在开始出现一个工程师的中间阶级，它的具体功能是将理论和实际联系起来"①。由于教育质量提升的需要，纯粹爱智慧的教育学术越来越属于少数个人的追求，大多数人更为重视运用高深教育知识改善教育生活质量的价值，从而，应用的教育学术在现实世界中更受人们青睐。不过，应用的教育学术研究者需要清楚，没有探究的教育学术，便没有可以应用的对象；没有整合的教育学术，应用者便难以知道什么样的高深教育知识才可以和值得应用于教育。

教学的学术，在博耶看来是一种通过咨询或教学传播高深知识的学术，这个概念的提出主要是对美国社会对科学精英占据过多社会资源却在培养生产性人才和良好公民上无所作为的批评的应对。用这种方式告诉人们，教学并不是简单的知识告知或传递，而是需要教师创造性劳动的工作，其中的道理不言自明。应该说教育学领域的课程与教学研究就是服务于教学专业化的，而当教学走向专业化境界的时候，教学的学术才真正成立。大学的教学，传统上不大讲究教法，教师的思维中心多在学问本身，然而，如果不能把教学做成学术性的工作，教师的高深学问也很难按照自己的意愿有效地传递给学生。教育知识和思想的教学，比起其他知识和思想的教学更为特殊，主要是因为教育知识和思想的教学，不只需要教师解决认知上的疑惑，还需要他们能够对一部分思想和知识进行具身的表现。

对于博耶的学术分类，我们仔细分析生产、整合、应用、传播四个动词就会发现：除了"生产"，其他三种学术工作原则上均不生产新知识，但每一种学术工作又都是人类知识生产和价值实现的必要环节。如果教育学术领域

---

① 转引自王沛民、顾建民、刘伟民：《工程教育基础》，杭州：浙江大学出版社，1994年版，第20页。

的研究者和管理者能够多一些理性，就应该让每一种教育学术都能获得发展。任何一种教育学术的弱势都会消解甚至切断整个教育学术的运行链条，最终制约教育学术发展的水平。

（二）教育学科

当谈及教学学术时，学科自然会跃出意识的湖泊，这不仅因为"学科"本身就是一个具有教育性质的概念，更因为"学科意识"仅对于学院派的教授们才具有重要意义。一个教育学教授，可以没有教育学的知识和思想的创造，这最多不能使他跻身于教育学家的行列，但如果缺少了教育学的学科意识，他们将会失去身在教育学中的角色感。理解了这一点，也就能够理解许多教育学者并不会因有人挑战教育学的尊严而放弃对教育学独立性的维护和捍卫。不过，这一类的维护和捍卫更多情况下只是在宣示一种立场，同时也说明教育学虽然在学科分类的意义上具有合法的地位，但其存在的状态还远远不足以让教育学者满怀自信。实际的情形，正如胡德海所说："教育学依其与教育实践的关系，它应该是一棵参天大树，应该是其中的一门显学，但百年来的历史和现实都告诉我们，应该说它还不是。……这是教育学真正的尴尬之所在，也是一切教育学工作者真正难堪之处。"[①] 问题是教育学为什么会是这样呢？它要以怎样的姿态出现才能够摆脱自身的尴尬和难堪呢？

回溯教育学的历史，我们很难以类似哲学史上的泰勒斯之本源说或像教育经济学史上的舒尔茨之人力资本理论作为原点。因之而来的便是两种情况：一是把教育学的原点确定在某一部著作上，如柏拉图的《理想国》、夸美纽斯的《大教学论》或赫尔巴特的《普通教育学》，但这种思路有一个天然的不足是无法说清每一部著作形成的历史逻辑。二是直接把教育学的原点确定在人类开始对教育有所思考的时代。这一思路虽然暗含着教育学从无到有的历史哲学，但同时也最大程度地体谅了教育学的理论理性不足。原因很简单，那就是越远离现代的教育思考越具有伴随教育行动的性质，也就是说思考者即行动者。他们思考的的确是教育，但教育又的确不是他们的认识对象，因为

---

① 胡德海：《思考教育学》，《西北师大学报（社会科学版）》，2004年第1期，第86—89页。

思考的目的指向某种教育行动的效果或教育行动之外的目的。而支持他们有效思考的依据要么是非教育领域的卓越见识,要么就是以常识形态存在的生活世界的一般智慧,这也应是教育学的独立性直至当代仍受人质疑的主要原因。仔细品味奥康纳所说的"'理论'一词在教育方面的使用一般是一个尊称",他一方面是在表达一种实证科学的立场,即作为严格科学的教育理论应该建立在社会学和心理学实验研究的基础上,另一方面也是在暗指现有的教育理论是以非实验研究为基础的。奥康纳的认识当然不是最终的标准,作为分析教育哲学家,他自然会走语言逻辑分析的清思路线,也会推崇自然科学的研究范式,因而他的看法只能作为参照。但在科学主义占据主导地位的认识领域,奥康纳的认识无疑代表了人们对教育学的一种判断。教育学的尴尬和难堪显然与之不无关系。

理性地分析,教育学的现状是与其发展的历史实际密切相关的。如果我们谨慎一点,尊重共识,将夸美纽斯的《大教学论》视为欧洲近代教育学的开端,进而考察它的时代背景,就会发现"教育学"从那时起就具有近乎纯粹的实践目的。换言之,夸美纽斯及其同时代的教育思想者均以改造现实的教育为目的展开他们的教育思考,关键是他们的思考从开端处就不具有认识论的追求,而属于宽泛意义上的实践理性。虽然在 17 世纪自然科学的发展势头已经形成,但"17 世纪欧洲的科学家多为学院外的在野派,他们一方面具有强调'思想自由''打破偶像'的英雄气概;另一方面也主动将科学理论与发现附和为'上帝对自然的构思'或'君主统治的荣耀',充分表现了顾及现实的苦心"[①]。夸美纽斯《大教学论》中的思考显然具有这种宗教情怀和世俗科学的双重色彩,而且其中的世俗科学侧面并没有显现出认识论的追求倾向,最显著的特征是他对于构成自己教育思想的核心概念基本上没有逻辑界定的兴趣,这就从起点上未能为后来的"教育学"继承者立下纯粹理论思维的规矩。不过,这只能说人类教育认识自身在那个时代还没有条件去做类似哲学家和自然科学家为求知而进行的认识活动。就夸美纽斯来说,他固然天才般

[①] 林杰:《西方知识论传统与学术自由》,北京:北京师范大学出版社,2010 年版,第 114 页。

地系统思考了教育,但激发他思考的主要动力却来源于对教育实践现实的失望。他在《大教学论》中说道:"我们非常缺乏有方法的能主持公立学校并能产生我们所望的结果的教师。"① 也因此,他对《大教学论》的定位很明确地指向寻求一种能产生效率和教育效果的教学方法,阐明把一切事物教给一切人类的全部艺术。与这种思想一脉相承,夸美纽斯历史性地萌发了师范教育的思想,在《大教学论》中,他明确建议设立"学校之学校"或"教学法学院"以专门进行师资培训。但这只是一种想法,师范学校的实际出现或说正式的师范教育的实际开始,则是19世纪初的事情了。

若说具有师范教育雏形的教育机构,从17世纪开始就已在欧洲国家出现。德国的第一所教师培养机构就是牧师佛兰克1696年在哈勒创办的"教师讲习班";1749年,富兰克林在费城设立了第一所师资养成机构。但是,正式的师范学校在欧洲各国普遍出现却是在19世纪,而更值得注意的是教师证书制度也在那时出现。1833年,法国颁布《基佐教育法》,"规定每省建立一所培训小学教师的师范学校,还要求所有小学教师都必须接受师范教育训练,通过国家证书考试"②。教师证书制度的出现,说明教师职业开启了专业化的历史,具有重要的标志价值。那时的师范学校在课程设置上分三个部分,分别是文化基础课、专业课和教育课程,其中的教育课程一般包括教育学、心理学、教学法、教育见习及教育实习等。我要说的是,"教育学"就是在师范教育形成和发展的过程中从个人研究的领域走进了学校的课堂。这在教育学的发展中无疑具有转折性的意义,因为有针对性的教学必然需要对相关的材料进行编排和组织以形成教科书,那么,无论其性质如何,一个关于教育的知识体系就会逐渐确立。只是对于教育学来说,这一天来得似乎有点早,以至于它在自身尚未成熟的情况下就被动地走上了教育历史的舞台。换言之,教育学的走进课堂并非其知识的数量和质量足以让其创造者有信心和愿望借助教育的过程去传递,而是应教师培训和培养之急需以职业类课程的面目出

---

① [捷]夸美纽斯:《大教学论》,傅任敢译,北京:人民教育出版社,1979年版,第248页。
② 李先军、杨汉麟:《近代西方师范教育制度的确立与发展》,《集美大学学报》,2008年第4期,第8—13页。

现在众人面前。这是不容忽视的一种历史状况,它不仅对纷至沓来的教育学研究者具有示范作用,而且会在所有相关人员的意识中形成刻板印象。这种刻板印象不仅直接决定着人们对教育学的判断,还会抑制人们对教育学的期望,如此双重的影响客观上使教育学陷于难以突围的困境。

面对此种局面,那些有学科情结又目睹了其他学科健康发展的研究者,一方面为教育学长叹,另一方面也通过向其他学科学习来改变教育学的面貌并取得成效,否则今天的教育学也无法在实质上超越夸美纽斯或赫尔巴特的著述。但与其他较成熟的学科相较,教育学仍然会暴露出学科规训的孱弱,一旦用公共的学科质量标准衡量,便显现出其局限。学科规训是什么?我们不准备对此做繁琐的考证,仅从我国学者翻译福柯的《规训与惩罚》时将"规训"翻译为"规范化的训练"①,就可以演绎出:学科规训是在学科研究和学科教育过程中形成的一系列规范,它会规限学科的追求、边界、范畴以及方法,从而支持学科研究和学科教育的秩序。学科规训的严格固然也会产生自我封闭等消极的后果,但其促进学科学术共识与促进学科研究及教育规范运行的积极作用会更为显著。对于教育学来说,正是由于学科规训较弱反倒没有自我封闭,从而表现出赫尔巴特当年所担忧的"变成了各种最新哲学理论现在在其中繁茂地丛生着的疏松土壤"②。这实际上是因为教育学的学科规训较弱导致的对其他学科知识的无力抵挡和不得不引进。如果教育学想要健康发展,恐怕还是要上不被自身历史耽搁的"课程",补上学科规训这一课,尝试着形成自己的共识,确定自己的边界、范畴,明晰自己的研究和教育方法,先让教育学中人对教育学自身有一个清晰的认知。也只有这样,教育学学科才会有尊严,教育学中人才会有自信。要实现这一愿望,我们需要对教育学的特性进行认知,在此基础上,还需要明确作为学术概念的教育学和作为教育概念的教育学在自身建设和发展上的不同任务。

教育学有什么样的特性呢?这个问题看起来平常却很少有人提及。学者

---

① [法]米歇尔·福柯:《规训与惩罚》,刘北成、杨远婴译,北京:生活·读书·新知三联书店,1999年版,后记。

② [德]赫尔巴特:《普通教育学·教育学讲授纲要》,李其龙译,杭州:浙江教育出版社,2002年版,第11页。

们多以学科性质的辨析为目的，在人文科学与社会科学、理论科学与实践科学等范畴结构中进行选择和整合，最多也就是争论了教育学的归属问题，并没有探明教育学的特性。这一缺憾使得教育学研究者只能在向其他学科的学习和模仿中，按照自己的学术信念进行自己的教育学研究，以致研究者之间可以交流的只剩下对同一研究对象的不同看法，至于自己的看法与教育学整体是什么关系，自己的研究对教育学有什么贡献，基本无法做出判断。而且，研究者虽然知道自己的研究属于教育学，却难以判定自己的研究成果究竟是知识还是思想或是其他的什么类型。这难道不值得我们忧心忡忡吗？但要弄清教育学的特性，也不是一件容易的事情，那就不妨从一些真实的感悟出发，看看能不能逐渐逼近它的真相。

在长期的学习和体悟中，我发现教育学具有以下一些特点，但必须预先声明：并非只有以下的特点。

（1）教育学是一门知识成本较高的学科。具体来说，研究哲学的、研究历史的、研究社会学的、研究心理学及研究其他许多学科的人，都可以不读教育学的书，不懂教育学，却不影响他成为一个哲学家、史学家、社会学家、心理学家或其他什么家。但是，一个学教育学的人，若想成为有建树的教育学家，就必须首先懂得哲学、历史、社会学、心理学等基础和前提性的知识，否则，他在教育学领域只能是一事无成。显然，教育学研究者需要较高的知识起点和较多的知识储备，少年早成基本没有可能。

（2）教育学是一门基于心理体验的学科。就像伦理学、美学一样，教育学在很大程度上是基于研究者对教育的心理体验，只有把自己融入研究的对象即教育之中，研究者才能够洞悉教育的奥秘。近代以来的主流研究方法论是主张主客分离的，这可能适宜于自然物的研究，对于以人、事为对象的人文社会研究来说多少有些机械。教育是发生在社会之中及人与人之间的一件事，没有做过教育人和教育事的研究者，在把自己同研究对象分离开来的同时，就被研究对象轻轻地关在了门外。也许有人要说，根本就不存在一点都不知道教育的人，那我要说，作为一个普通的生活人对教育的体验和作为一个研究者对教育的体验是不可同日而语的。从教育思想的宝库中，我们找不到一个没有生命感的学术语句，那里无不是基于思想家对教育深刻体验的思维凝结。

（3）教育学是一门没有专业术语的学科。在教育学领域，有一个经典的问题，即教育学是不是一门独立的学科？对于这一问题的肯定性回答当然是多数，但也有学者对此持否定的意见。谢弗勒、米勒、彼得斯等人就否定教育学是一门独立的学科。谢弗勒认为，教育学只是一门职业性科目，而不是一门学术性科目，经验世界中的各个领域与各个学科之间不存在对应关系，不能用其他学科的术语创造一门独立的学科。[①] 谢弗勒在这里提到了术语问题，他显然认为已有的教育学是没有自己的专业术语的。仔细查阅教育学文献，可以发现真正属于教育学的术语主要有：教育、学校、教师、学生、课程、教材、教法，除此之外的理论术语的确原发于其他学科。不过我并不因此而同意谢弗勒的观点，道理很简单，人要吃粮食、蔬菜、水果、鱼肉等，以维持生命的存在与健康，难道人会因生命的运行全部依靠了外在的资源而失去自己的独立性吗？所谓的"没有专业术语"也许不是教育学的不足，而是它的特殊性表现。

（4）教育学是一门难以超越常识的学科。教育是人人可谈的事情，注定了教育学超越常识世界的艰难和复杂。学教育学的学生，经常会发现自己虽然学习了各种教育学科的知识，但对于现实的教育很难产生超越常人的言说，似乎自己的专业性只有在试卷上才能表现出来。然而完全不必因此而灰心，或者对教育学怀有失望的情绪。实际上，教育学没有自己的专业术语这一事实，就注定了它只能被思想家所成就。换句话说，教育学是一门思想者的学科。如果一个所谓的教育学者没有教育思想，那他在教育学领域必然一无所有。教育之于常识世界的难以超越，的确容易使研究者几乎本能地远离哲学的思辨和科学的实证，转向常识化的、想当然的、与教育实际颇为暧昧的思维方式，从而也很容易使教育学进入高不成、低不就的尴尬境地。

类似以上的对教育学的感悟还可以接续下去，但以上的感悟已足以支持我们进一步思考教育学的特性。直觉告诉我：思想性是教育学的第一特性。

---

① 瞿葆奎、范国睿：《当代西方教育学的探索与发展》，《教育研究》，1998年第4期，第6—17页。

其根由在于教育作为教育学的研究对象并非自然且不变的存在者,而是人类自己的创造。对于第一次面对教育的研究者来说,教育的确是一种既有的存在,进而仅对他自己来说,教育也无异于自然界的存在。然而,当研究者能够把自己视为人类整体的延续时,就必须承认教育是人类整体智慧的产物,也就是说他所面对的教育对于人类整体来说是完全已知的。对于完全已知的事物,我们又如何能够通过研究获得新的知识呢?但人类并不会因此而放弃对教育的思考,那么思考的结果也就只能是一种新的教育观念及其支配下的教育方略。实际来看,在教育的运行中,教育者所依据的从来就不是某种客观的教育知识,而是具有道义性和技术性的原则和程序,反过来则会倒逼着教育思考者进行观念和方略的创造。由此可知,若论教育学的核心内涵,当然就是教育思想和教育方法,从而,我们能从历史中继承的教育精神遗产也只能是各种各样的教育思想和方法。以此为前提,我们不仅不应为前人未能为我们留下教育知识感到惊异,更不应因此而妄自菲薄,而应沿着教育思想和教育方法创造的道路继续前行。

教育学在今天已经不是历史上的某一本著作,也不是教师教育机构的一门课程,已然成为一个人类认识的专门领域,同时也成为大学有建制的学科教育系统。不过,这两种情况更是一种理论上的区分,在现实中则基本上是相互融合的。虽然不能排除纯粹由个人兴趣支持的自由认识者,但在普遍的意义上,以创造为宗旨的教育认识和以传承为宗旨的教育学学科教育在大学已经实现了有机的统一。科学研究和学科建设几乎无法分离,前者决定后者的水平,后者引领前者的方向,进而,相对自由的教育学术研究和相对规范的教育学科教育,在相互依存的前提下又各自相对独立地自主运行。因此,当我们谈论教育学或教育学科时,很有必要把作为学术概念的教育学与作为教育概念的教育学区别对待,此两者的认识论旨趣和内在的逻辑虽无对立却是相异的。简而言之,作为学术概念的教育学至少到目前为止是指代现实存在的教育认识领域,而作为教育概念的教育学则意味着对教育认识成果的逻辑组织。

如果有人问询我们从事哪个学科的研究,我们的答案一定是教育学,但回头看自己实际进行的研究工作及其结果,就会发现我们的研究只是"属于"

教育学。作为专注于具体教育问题研究的个人，我们很可能配得上具体教育问题研究的专家名称，却很难说我们对教育学的整体成竹在胸。这种情况对于个人来说也许是一种遗憾，但在今天的教育认识领域并不是一种瑕疵。在认识高度分化和精细化的时代，想要做一个百科全书式的人物，即便在教育学这样一个领域也极为困难。正因此，教育认识领域以至其他各认识领域普遍充斥着术业专攻的专家，却难见纵横捭阖的通才。对于各自进行着教育认识的研究者群体而言，教育学真的只是一种说法，它不过是以符号的形式为从事教育认识的群体提供了一个意识上的归宿。这种情况已经存在了很久，也将持续下去，随之而来的后果是：出自个体研究者的成果与日俱增，而教育学的形状却越来越模糊。由于缺乏具有知识组织力量的通才，无数来自个体研究者的成果自在而在，难以转化为公共的教育思想和方法。在这种现象背后，个体研究者相互之间不仅缺少交流的兴趣，甚至会认为没有交流的必要。研究者各自为政所导致的认识上的壁垒丛生，已经使"公共的教育学知识整体"越来越无可能。也许研究者普遍期望在我们的时代能够出现夸美纽斯和赫尔巴特那样的人物，现在看来难乎其难。实际上，教育学的学术领域所存在的问题远不止认识上的壁垒丛生和研究成果的自在而在，更为深层的问题是研究者对于教育学的研究范式至今仍然未有共识。在教育学的名义下，就研究范式进行的相互攻讦时有发生，这至少说明双方对教育学的特性尚无深刻的思考，想必这也是教育学不成熟的一个重要表征。在此意义上，教育学的确需要补上学科规训这一课，并以此规避教育认识领域的局部有秩而整体无序。

说到学科规训，我们就需要进一步审视作为教育概念的教育学，而作为教育概念的教育学其实就是大学教育学科分类中的教育学，人们通常所说的教育学学科建设就是在此意义上进行的。不过，学科这一问题说起来简单，其现实的存在与运行却极其复杂，至少内含研究与教育的纠缠。须知现代意义上的"学科规训是一个为规范学科在知识生产和人才培养两条轨道上运行的，以学科组织、学科制度和学科文化作支撑的系统。在这个系统中，学科组织是学科发展的载体，学科制度是学科发展的关键，学科文化是学科发展的土壤"①。其中,学科制度是学科组织规训学科新人、规范学术方式的规范,说到底就是一个学科学术教育问题。学科制度又内含学科准入制度、学科划分制度、专业人才培养制度、课程标准、学科研究规范以及学科评价标准,基本上就是以大学院系为主要载体的学科教育组织运行需要遵循的规范。就学科准入制度来说,它决定着何种知识门类可以算作学科以及能否进入大学教育系统,我们的教育学就因为既非典型的人文学科也非典型的社会学科,其科学性和学科合法性常常受到质疑而处境尴尬。即使这样,由于教育之于个人和社会发展的意义,教育学仍然在现代大学占有一席之地。虽然客观上教育学的学科规训比较孱弱,但还是在现代学科教育制度之下具有自己的课程标准。课程是培养学科人才的手段,从知识论的角度看,它是相关学科知识的组合,组合的原则和方式则取决于人才培养的目标。具体到大学的教育学专业,它旨在培养教育学人才,其人才培养方案亦即专业课程标准中的教育学专业课程部分,其实就是作为教育概念的教育学。很显然,这种意义上的教育学既不是指具体的一本书,也不是指知识生产意义上的教育学研究领域,而是指具有内在秩序的教育学专业课程结构。把这种课程结构转换到学科范畴,是趋近于学科人才培养的学科分类目录的。

在一定程度上完全可以说,主要是由于学科学术教育的需要,出自研究者个人的成果才被系统地组织和划分,进而无数有意义的个人认识成果才被有效地转化为普遍的知识。要知道很少有研究者个人对这样的工作有兴趣,即便有此兴趣的研究者,如果纯粹为了学术的目的,也很难坚持下去,还可能无力实现所愿,这是因为几乎不存在认识的视野和境界均能至全至高的个人。因而,从实际出发,在人类认识规模化和专门化的今天,也只有因应学科学术教育之需,才可能对巨量的个人研究成果进行有质量的系统组织。但理性而言,这种对认识成果的教育性组织固然有质量也有效率,但既不是认识成果组织的唯一方式,更不是纯粹理性意义上的最佳方式。对认识成果的教育性组织当然也会考虑认识自身的逻辑,但同时还得考虑学习者的接受心

---

① 刘子真:《学科规训的原指与现代意蕴》,《长春工业大学学报(高教研究版)》,2008年第2期,第9—13页。

理，在此过程中，不得不遵循的教育心理原则在有利于教育目的实现的同时，必然会通过损失认识的整体与生态、隐匿认识的过程与方法，迁就学习者的接受能力。基于此，作为教育概念的教育学与作为学术概念的教育学，虽然享用了同一个名称，却因旨趣不同而不可同日而语。如果我们要进行教育学理的建构，恐怕还得选择一条相对艰难的道路，即在作为学术概念的教育学意义上进行。

二、教育学理建构

在作为学术概念的教育学意义上进行教育学理建构，对于目前的教育学尤其是对于中国教育学的发展来说是不能再回避的任务。这种不能回避也不是某种急迫性所致，而是从教育学自身的有序和健康发展的角度而言。从最为实用的角度讲，研究者首先需要在自己的认识成果与教育学知识体系之间建立起有效的联系，否则，无论他如何判定自己研究的价值都不具有学术共同体默认的合理性依据。没有了这一前提，研究者自己虽然也会具有教育学的意识，却很难实际地产生教育学的有机归属感，换言之，他与教育学之间只是一种低强度的情感和观念上的联系。从而，难以计数的研究者只是共享了"教育学"的名义，他们实际上无异于一切对教育有认识和研究兴趣的普通人，各自为公共世界贡献着打上了个人烙印的教育思想或理论。严格地讲，无数具有个人个性色彩的教育思想和理论中自然也内含更多的公共性认识，但个人个性的部分就足以让他们的认识各自独立，于是就出现了我们已经司空见惯的"各抒己见"和"众说纷纭"。很多时候，我们会因此认为这是教育学术界百家争鸣式的繁荣，却忽略了"各抒己见"和"百家争鸣"只不过是人们对同一对象或同一问题未达成共识前的状态。此种状态的独立存在或许能够激发我们的一种理智审美感，但将其置入教育认识的整体或全程中，就会知道它应该是追求绝对真理和确定性认识的暂时的和局部的存在。接受了后现代思潮影响的研究者当然也可以从根基上否认绝对真理和确定性认识，那他们就等于放弃了讲求内在逻辑同一性的教育学理建构，进而可以反过来坚守教育学的思想性，并强调思想多元的合理，不用说，这样的教育学真的就成了认识教育的不同个人共享的一个名义。

教育学的确是思想性的,问题是思想性的成果难道就无法实现统一吗?当然不是的。要知道指向同一对象的不同思想之间如果存在着冲突,实质上是对立统一中的对立面之间的冲突,然而在统一的事物整体中,所谓对立面的冲突只是一种认识者的主观感觉,而认识者主观感觉中的对立其实是事物存在及其运动的内在前提。在很大的程度上,思想是以其深刻性彰显其价值的,而思想的深刻在多数情况下或说在多数思想主体那里则是以其片面的合理为其表征。也可以说,看似对立的两种思想通常只是思想主体各自放大了对立面之一面的合理,同时又基于人性的局限而忽视了另一面的合理。但当我们能超越人性的局限进而跳出主观上的感觉,回过头来统观事物整体时,则会发现我们原先认定的合理具有片面性,它不过是事物整体存在的一个侧面和事物整体运动中的一个环节。这样的觉悟会使我们立即意识到辩证法的真实,更重要的是我们原先感觉中相异的甚至是冲突的思想能够毫不费力地和谐共存。以中国传统教育思想基础的人性论思想为例,孟子讲性善,荀子讲性恶,表面上看似对立,但恶在孟子的思想中、善在荀子的思想中均有其合理的位置。具体而言,孟子虽说"人性之善也,犹水之就下也。人无有不善,水无有不下"[1],但也得补充"若夫为不善,非才之罪也"[2]。问题是,非才之罪,又是谁之罪?按照孟子的逻辑,使人为不善的原因当然是外部环境,但问题是人性中无恶,又如何识得恶?莫非物质的存在还有恶性?若说一人之恶是由他人传染,那他人之恶又来自哪里?而荀子讲性善,倒是简洁明了,直言"人之性恶,其善者伪也"[3]。思维的格式与孟子无异,两者的差别在于:孟子认为善乃人之固有,不学而能,恶是外部影响所致;荀子正好相反,认为恶乃不学而能,善是要通过人为努力才能够具有的。对于荀子的性恶论,我们同样可以质问:若是人性中无善,人如何识得善?即便识得,那善又是从何而来?莫非物质的世界中原有善的元素?实际上,跳出人性善恶的争执,审视两种各有其理的学说,我们分明看到了两个把完全的真理一劈两半的辩

---

[1] 宋元人注:《四书五经(上)》,北京:中国书店,1985年版,第84页。
[2] 宋元人注:《四书五经(上)》,北京:中国书店,1985年版,第86页。
[3] 顾树森:《中国古代教育家语录类编(上册)》,上海:上海教育出版社,1983年版,第185页。

论者，他们相互之间的争辩永远不可能有结论，他们不过自以为真诚，事实上也很真诚地分别述说了关于人性的"公理"和"婆理"，却忘记了只有把公理、婆理统一起来才可能是关于人性的完全道理。

教育学内在的思想特性决定了教育学理的建构必须基于辩证的思维，才能够在整体和全程的视野下对具有片面合理性的深刻思想进行纯粹理性的整合，也才能够把不同取向的价值和不同范式的认识统一在一个有机的系统之中。

首先，科学主义的教育知识追求和人文主义的教育价值选择需要用辩证的思维加以整合。科学，是一个多义词，既有分科之学的含义，也指以经验实证的方法获得真知的认识方法，在认识论中则主要强调后一种内涵，它是人类迄今为止获取知识的最高效率的和最可靠的方法。科学主义是与科学直接相关的，但显然不等于科学本身，甚至可以说科学主义恰恰是反科学的。这是因为，科学强调认知立场的中立，但科学主义又是不折不扣的一种认识论偏执，它把科学价值神圣化，把科学的方法绝对化，自然陷进非辩证思维的泥潭。这种情况在教育学的历史和现实中都有表现，而且并没有因为在认识的道路上碰壁而自行退场，至今仍有研究者在努力使教育学走向科学。人文，泛指人类的文化，狭义上特别指向人类文化的核心价值部分，因而人文主义在任何一个领域均表现为对一些核心价值的崇尚和维护，其要义无外于对人的价值、尊严、权利等的钟爱，在其深层则隐含着人是目的的情结。认识领域的人文主义一般表现为借助文本对人类的理解和对人文要义的应用性阐释，因而在认识过程及其结果中均弥漫着价值宣扬和捍卫的气息，并自然呈现出对一切反人文和轻人文现象的批判姿态，总体上是人类实践理性在具体实践领域的展演。科学也罢，人文也罢，由于均为人类所创造，在人类整体意义上本不应有冲突，因而我们只能把科学主义和人文主义的对立理解为人类自身的精神分裂。这种分裂显然是由人类个体难以摆脱时空局限所带来的对整全认识的无力承担所致，并且在17世纪之后因自然科学的发展带来越来越多的理性力量和实际利益而更加普遍。就教育学而言，真正接近自然科学范式的研究已逐渐被一部分心理学家和教育技术专家代劳，留给纯粹教育学的任务，其实也就是三个主要部分：一是教育的形而上学；二是教育的价值哲学;三是基于相关科学和技术的教育过程与方法的建构。从一个角度看,这就是教育学的全部。那么,在这样的教育学中,科学和人文难道不是有机相融、和谐共在的吗?如果我们浪漫一些,说科学本身就是一种人文,也就不可能有什么科学主义和人文主义的对立了。教育这件事情,必先是人文的,但构成教育的要素、要素之间的结合以及整个教育的运动,无不有客观的规律规限之,因而不讲科学的教育学必定不是地道的教育学;但教育毕竟是人文的事情,是一种价值实践,如果不讲人文,这样的教育学不仅状貌经不起理性的凝视,而且恐怕连自身的存在都属于多余了。

其次,求真理的教育认识和求效用的教育认识需要用辩证的思维加以整合。历史地看,在很长的历史时期里,教育认识是未能脱离教育行动的,因而,作为行动者的认识者很难却很自然地把求效用作为思考的首要甚至是唯一的目的,这也是历史传承下来的教育认识成果中以方法和原则居多的原因。但随着教育学的产生,教育认识逐渐走向了职业化和专业化,教育认识者随之也越来越认同了自身知识生产者的身份。须知这种身份的认同并不是一个简单的心理学事件,它同时意味着教育认识者必然会接受人类在具体历史阶段知识生产的信念和规范。反思教育学人对教育学学科地位和尊严的忧虑,便可知他们心思并不主要在于教育学的效用,而是在于教育学的学术品格和规范水平。当这种意识达到一定的程度时,一部分研究者就会像其他先行成熟的学科研究者一样把追求真理作为自己的首选,这便与持续坚持追求效用的研究者形成对照。这样的情形继续发展,其自然的结果就是教育认识领域的人们在认识旨趣上的明确分化,一部分人会钟情于教育学的纯粹理性,另一部分人则会坚持教育学的实践品格。于是,在教育认识领域就出现了理性主义和实用主义两个阵营,它们各自立足于本位的立场,前者指摘后者的过于功利和实际,后者则批评前者的空疏和无用。从思维的格局上讲,双方实际上都表现出了非辩证思维的局限,难以体会到对方的创造性劳动于教育认识以至教育实践发展的价值。客观而言,在目前的教育学术界,我们很难判定理性的和实用的两种倾向哪一个更占上风,原因是:从主导性的认识意识形态上讲,"理论从实践中来,又要回到实践中去指导实践"这一观念仍具有压倒性的优势,但从认识的成果上看,真正能"回到实践中去指导实践"

的却少之又少。然而有趣的是，尽管钟情于纯粹理性的研究者至少在感觉上居于多数，但他们的立场却不那么坚定，一种可被称为实践主义的现象总在教育学术界时隐时现。究其缘由，一方面是研究者受到如火如荼的教育实践改革的形势牵引，另一方面也暴露出许多研究者的纯粹理性认识功夫不足。辩证地说，为了实践的效用而进行教育认识具有永恒的必要性，但在相关哲学和科学研究的基础上追求教育的真理和建构教育的学理也绝不多余。需要认识到，在教育专业化的进程中，没有学理作为基础的效用追求很难超越日常经验的范围，因而才会有"万变不离其宗"和"隔行不隔理"的效应。这当然也需要一个前提，即研究者教育真理追求的纯粹性必须与对教育实践的终极关怀联系在一起，否则教育学理的建构就很可能滑入某种理性的游戏。顺便说明与"求效用的教育认识"相对应的"求真理的教育认识"，在这里使用了"求真理"而非"求真知"，这是因为"真理"和"真知"还是有明显的差异：真知强调知识，真理强调道理，而知识是自然事物的真相，道理是人文实践的逻辑。教育学根底上不是知识的体系而是道理的体系，教育学中的道理固然有教育要素及其组合的相关知识作为基础，但人文生活的基础信念和核心价值从来就没有缺席。这一事实反过来也说明科学和人文在教育中的不可或缺，从而，存在于教育认识领域的非辩证思维，无论其主体多么的真诚，都属于一种偏执。

再次，经验与实证、分析与思辨、理解与解释的研究范式也需要用辩证的思维加以整合。对教育学特性的认知不同，使得研究者在教育学研究的名义下所追求的目的不同，很自然的，为达到目的所选择的方法论和方法也就不同。科学主义的教育学研究者，虽然不可能完全摆脱分析与思辨、理解与解释，但经验与实证必为他们的首选；人文主义的教育学研究者想必也不会非理性地拒绝必要的经验与实证，但对先进的核心价值的崇尚会让他们自然选择理解与解释；至于本质主义的教育学研究者，因其求索的是超验的教育本体（本质和规律），也只有分析与思辨才能与其要达到的目的相匹配。应该说在整体的教育认识视野中，这三类方法论和方法各有其功用，完全可以共存共荣，并以此表征教育认识领域内部的分工，但实际的情况显然不完全如此。由于每一种方法论和方法选择的背后隐藏着不同的教育学认知，因而，即使相关的教育学研究者并不会轻易认为自己的认知是绝对的真理,也会在充分肯定和维护自身选择的同时,在价值上轻视其他认知意义上的教育学研究。这无疑也显露出了思维的非辩证性,而要解决这一问题,关键并不在于由他者宣讲各种方法论和方法的意义,而在于从根本上解决对教育认识本身的认识问题。现在看来,简单地鼓励不同选择的研究者之间相互交流以实现相互理解并达成共识都不太现实,最为便捷的办法也许是向他们推送一个关于教育认识的辩证陈述,此即:(1)教育认识的对象是教育整体。这意味着教育首先是一个指代经验世界中一切教育现象的全称概念;不仅如此,我们还需要以生态学的立场,把思维的触角伸向制约经验现象状态的教育本体论和教育价值观;在此基础上,可显现的教育现象、可选择的教育价值和可体悟的教育本体,实际上都只是教育整体的一个部分。(2)既然如此,教育认识的完全意涵就只能是对由教育本体、教育价值和教育现象共同构成的教育整体的认识。其中,教育本体是非经验的,只能借助于非经验的认识方法,分析和思辨与此类追求最为契合;教育价值虽是经验范畴,但属于人的内部经验,只能借助理解与解释才能够实现社会心理意义上的认同;教育现象,必以教育行动为其内核,就实际的目的而论又有现实的操作,欲获取其真相就必须以经验和实证的方式切入。

就目前教育认识领域的实际看,较为引人注意的是科学主义的教育学研究者在强调经验与实证研究范式的同时,对非实证研究在认识论价值上的过多贬抑,而相反的情形整体上并不存在。这种情况实际上由来已久,在一定程度上反映出科学主义者与人文主义者相较,更不容易具有思维上的辩证和心理上的宽容。其根由与科学主义的教育学研究者个人并无必然的联系,症结应是科学对于人类认识和实践的作用着实巨大,进而遮蔽了科学之外的其他人类非科学认识的同样重大的价值。再往深层讲,这种认识价值和研究范式上的偏执,在一般研究者那里已经阻碍了他们所崇尚的科学研究,集中表现为所属研究者在科学研究的范围内越来越陷入零碎的经验、数据,并无意识地表演着经验与实证的方法,对于科学研究同样重视的理论建构越来越失去了兴趣。殊不知,"没有一般理论,我们对于社会实践就缺乏一种能够从时间和空间上对社会现实和社会历史变迁的整体进行把握的全景图,这将使得我们难以对自己正在从事的社会实践从时间和空间上进行相对准确的定位，从而对于自己的行动整体以及下一步的行动过程难以做出较为适当的带有整体性和前瞻性的判断和筹划"[1]；"没有一般理论的指导，我们对于社会现实所进行的各项研究从总体上来看也会陷入各自为政、盲目进行的局面，使整个社会研究呈现出一种杂乱无章、难以整合的状况"[2]。我们应该相信，随着教育认识理性的不断提升，目前仍然具有教育认识思维和价值偏执的研究者必将觉悟到教育学的整体存在，进而能够意识到科学与人文、理论与应用、实证与非实证均可在辩证的思维中得以统一。

最后，我们审视教育学理的建构。依据教育学的思想特性，教育学理注定不会是一个严格的形式逻辑概念体系，它必须在辩证思维的统摄下才能具有某种整全性。尽管如此，形式逻辑的规则仍然会发挥重要的作用，这是由纯粹认识的习惯决定的。我们可以判定整体的教育学理只能是一个辩证的结果，但在教育认识的局部，在构成教育学理整体的要素那里，却不能摆脱形式逻辑的规范。教育是人的创造物，仅在说明它并非自然界的一次性成就，而是人文实践历史中的不断生成，但这最多能够说明作为推理的原始前提或作为辩证的基本元素的应是一种信念，这种信念客观上能让具体历史阶段的认识者觉得好像存在着先天的教育逻辑。这当然不符合实际，却有利于人类自证教育的理性。何为理性？这可是一个麻烦的多义词，有时候与感性相对，有时候与信仰相对，但应该相信它在每一种语境中虽然会有其特殊意涵，但一定也保留了理性一词中最基础性的内容。若从认识论的角度看，理性则既可以指人的一种能力，也可以指人的一种习惯，因为有理性的能力，人可以发现隐藏在事物现象中的本质和规律，并使用语言和逻辑恰当地加以表达；因为有理性的习惯，人常常会为自己的主张提供知识的基础或是价值上的理由，而不是依其特殊的位置或特有的勇猛做强行的主张。在此意义上，教育学理的建构实际上就是两条路径：一是基于相关知识的教育科学原理建构；

---

[1] 谢立中：《探寻社会学理论发展的非经验主义道路》，《学术月刊》，2021年第1期，第142—149页。

[2] 谢立中：《探寻社会学理论发展的非经验主义道路》，《学术月刊》，2021年第1期，第142—149页。

二是基于相关价值的教育哲学原理建构。

第一,基于相关知识的教育科学原理建构。对于科学主义我们应该警惕,但对于科学,我们就需要满怀热情,因为科学不仅能让我们对自己以往的成功和失败在最高的确定程度上恍然大悟,而且还能为我们在教育世界中的想象和希望提供最坚实的基础。现实中的人们对教育科学的异样感觉,严格地讲,与教育科学研究的过程及结果本身并无关系,而是与从科学主义者的思维品质延伸出的科学理性的傲慢直接关联。可以设想,当极端的实证主义者把一切来自非经验过程的认识结论从理性的王国驱逐出去的时候,非实证研究者会有怎样的心理感受。要承认人类认识世界的途径和方式是多样的,包括科学在内的任何一种认识的途径和方式,也只能完成自身能够完成的认识任务。尤其是像教育这样的人文实践活动,仅依靠科学的认识途径和方式是根本无法整体把握的。如果再把科学狭窄到既有的自然科学和工程技术科学的范围内,必会发现科学的认识途径和方式在教育认识领域并无多少用武之地,否则"实验教育学"就会成为教育学的全部。一般认为,科学知识包含科学事实、科学定律、科学假说和科学理论等基本成分,从形式上看,似乎也能够建构起教育科学知识体系,但教育之于人类整体的非自然性,使得关于教育事实的描述或判断最多具有组织学的意义,并不能提供人类意识之外的信息。教育的文化性和交往性,则会使任何发现教育定律的企图都无功而返。假说只能作为教育认识过程中的一种策略,而不能指望用实践的方式去检验,因为这不符合教育认识的伦理原则。看来,科学的认识途径和方法在教育认识中最可期的作为,主要是以既有的教育事实为对象,建构起具有说明和解释色彩的、客观的教育原理。

我们的教育学中是否存在具有说明和解释色彩的、客观的教育原理亦即教育科学原理呢?我相信人们大多会对这个问题本身感到惊异,原因是这样的问题几乎没有人会提出。然而,这却是一个有意义的问题,更重要的是教育科学原理在教育学中是客观存在的,只是因为我们难见其形成的过程,更未追究其形成过程的科学性,这才很难把一些教育原理性的陈述与科学联系起来。鉴于此,我们应先确立判定教育科学原理是否真实存在的基本依据,换一个角度,其实就是要列举出教育科学原理的基本特征。结合科学哲学的理论和教育学的实际，可以总结出教育科学原理的特征有：（1）须基于相关的知识。这是说教育科学原理不是对教育事实的简单描摹，而是要借助于相关的知识。（2）须是一个表达关系的判断组合。这是说教育科学原理只能是对教育事实中的两个或两个以上要素间关系实质的揭示。（3）须具有理性的论证过程。这是说教育科学原理必须交代结果的原因，以使相关的判断远离武断，实际上也只有这样的原理才具有有效的解释力。（4）可被经验印证。这是说教育科学原理的内涵符合既有的教育事实的实际。

教育科学原理的建构客观上存在，主观上也需要在三个层次进行。其一是把教育视为整体的存在，进而建构它与社会系统中其他相关存在的关系原理。这里的"其他相关存在"，既可以是与教育同样属于相对独立实践系统的政治、经济、文化，也可以是像意识形态、价值哲学、文化传统等支持社会生活实践的观念系统，还可以是作为教育对象的人的发展。应该说目前教育学中"教育基本原理"就属于这一层次的教育科学原理。其二是把教育视为整体的存在，对其进行结构分析，析出其基本要素，进而建构要素之间相互作用和整体运动的原理。其实际的建构存在多种可能性，既可以是静观之下的要素之间的功能性联系揭示，也可以是目的、目标牵引下的手段系统的有方向运动。其三把教育视为有目的的社会实践，建构教育手段系统基本领域的运行原理。类似课程、教育性教学、训育、教育性管理等领域的要素分析、关系阐释，就属于这一层次的教育科学原理建构。

第二，基于相关价值的教育哲学原理建构。哲学家休谟对"是"与"不是"和"应当"与"不应当"两个范畴的问题做过区别，认为前者是由理性分析得出的事实判断，后者是由内心情感体验得出的价值判断。这一思想在罗素那里得到了更明确的说明，他说："当我们断言这个或那个具有'价值'时，我们是在表达我们自己的感情，而不是表达一个即使我们个人的感情各不相同但却仍然是可靠的事实。"[①] 显然，事实判断是主体对客体科学认识的结果，而价值判断则是主体在对客体认识加非认识体验基础上进行选择的结

---

① ［英］罗素：《宗教与科学》，徐奕春、林国夫译，北京：商务印书馆，1982年版，第123页。

果。进而，人们很自然地把对事实的认识与科学联系了起来，而把对价值的选择性判断与哲学联系了起来。基于此种认识，教育科学原理的建构实质上是人以能动反映的方式制造的教育实然的理性图景；教育哲学原理的建构实质上是人以能动创造的方式制造的教育应然的理性图景。此两者的相异之处在于内涵上的"实然"与"应然"和制造上的"反映"与"创造"；两者的共通之处则在于认识论上同为"建构"和同属"理性"。具体地说，教育的实然就是教育在客观上的"是"；教育的应然就是教育在人主观上的"应是"。对教育的反映，目的在于抽象出教育实际的结构及其运动机理；对教育的创造，目的在于表达人意识中理想的教育。无论属于哪一种情况，教育原理都是建构的和理性的，换言之，都是理性的建构。其中的"理性"，一方面意味着抽象，另一方面意味着建构者对于结构和逻辑的自觉。当然，同属"理性"，但教育科学原理的建构是纯粹理性的运动，而教育哲学原理的建构则是实践理性的运动。进一步讲，其中的"建构"，仅在说明原理的形成机制是建构者以概念为元素、以思维为手段，在意识中进行能动的和主观的制造，并不会因科学与哲学的分化而有所区别。

　　教育哲学原理的建构，总体上是对理想的教育进行理性的描画和构思，现在我们越来越习惯于视之为对"好教育"的设想和辩护。但有必要指出，我们实际面对的教育哲学原理很少属于纯粹的关于"好教育"的设想和辩护，这是因为越是趋近于当下的教育哲学原理，在性质上越来越处于科学与哲学交汇处。这种情况不仅折射出了教育科学研究者的人文情怀和实践意向，而且也说明关于教育的哲学思考已经走出了纯粹形而上学的困境，进而把教育的哲思深深地扎根于教育经验世界以及教育科学知识之中。若要回望教育哲思的历史，又会发现这种情形在每一个历史时期的重要教育思想家那里均有所表现。柏拉图的《理想国》无疑是"乌托邦"思想的源头，却同时扎根于当时的现实和知识土壤；近现代的卢梭、赫尔巴特、杜威，他们的教育哲学则不仅具有自觉的批判现实倾向，同时也把自己时代的心理学、社会学成果作为教育哲思的坚实基础。这些伟大的人物以一己之力建构了自己的教育哲学，实际上贡献出了一个个具有个人特点的教育哲学原理。那是否存在超越个人的公共教育哲学原理建构呢？当然有。这一类的建构多具有教育思想组织者的姿态，建构者多具有教者的情怀，其产品则多属于教育哲学的"教科书"。这便注定了公共教育哲学原理的建构很难具有建构者个人的特色，不过其建构的难度却未因此而降低，其建构者必须首先确立关于教育的公共性判断作为前提，然后才能推演出教育哲学原理的基本结构。例如，有研究者就首先确立了一个公共性的判断即"人、文化与社会是教育的基本构成"，进而确立了教育哲学问题的人、文化和社会三个维度：由人是教育的主体，析出"价值与教育""德性与教育""精神与教育"；由文化是教育的内容也是教育的载体，析出"文化与教育"；由社会提供了教育存在的外部场域及教育者、受教育者的生活空间，析出"民主与教育""人权与教育""自由与教育"。[①]这一建构的特征在于较充分地体现了教育哲学原理与教育价值的关联，同教育科学原理与教育事实的联结形成了鲜明的对照。

第三节　教育学的思维方式

从教育事理探究向教育学理建构的演进，就认识主体而言，也发生了由教育理论家向教育学家的转化。随着教育学家的出现，教育学的学科意识自然会不断提升。教育学家无疑还是以教育为思考的对象，但他们在认知教育的同时又自觉追求对教育的学理性建构。如果不存在学科意识的影响，教育认识者只要把作为认识的对象说清楚便大功告成。也正是在这样的情况下，就出现了以个体方式存在的教育理论，而只要生产出了有意义的教育理论，认识主体也就具有了作为教育理论家的资格，但他们显然还不能算作教育学家。教育学家当然同时就可以是教育理论家，只是他们不会以单个教育理论的生产为其最终目的，而是要将其纳入教育学的知识体系之中。不仅如此，教育学家还会把其他教育理论家的创造经过逻辑处理纳入教育学的知识体系。但实际地讲，这样的工作在迄今为止的教育学中并不理想，以致所谓"教育

[①] 王坤庆、岳伟：《教育哲学论纲》，北京：人民教育出版社，2022年版，第380—381页。

学"中的许多理论基本没有褪去创造者个人的色彩。应该能够预判,在教育学未来的发展中,教育学必将如同其他较先成熟的学科一样,建构起足以支撑教育学家学科自信的知识体系,这一切无疑有赖于较为成熟的教育学的思维方式。

一、问题的提出

人类对教育的思考由来已久,也因此而生成了教育思想的历史。应该说,正是教育思想的不断演化,促成了永远充满变化可能的教育生活。进而,当我们回望不同历史阶段或不同地域的教育实践时,总是自觉不自觉地把意识转向教育实践背后的教育思想,好像教育的历史就是教育思想的历史。更值得注意的是,教育史研究领域已经习惯性地把教育思想史和教育制度史视为自己的有机构成。这种认识显然是经不起严格的理性分析的。教育思想和教育制度虽然与现实的教育存在无法剥离,但教育思想无疑是一种思想现象,教育制度显然是一种制度现象,它们均非教育存在本身。何况具体的教育思想和教育制度完全可以是未经实践的和未被选择的教育之思呢?或因此,教育史家逐渐开始重视教育活动史的研究,深层的理由是"教育活动是教育现象得以存在的基本形式"[①]。我们继续述说,教育活动不仅是教育现象得以存在的基本形式,它实际上就是教育本身。要知道教育在其历史运动的初期,基本上是没有思想和制度伴随的人类生活现象。随着人类实践的发展,没有思想的教育无法满足人类生活的相关需要,对于教育的思考也就登上了历史舞台。

不过,最初的教育思考是极其朴素的,它实际上只是用思维的方式把教育从生活母体中分离出来,但其现实的存在仍是与教育活动捆绑在一起的。虽然朴素,但教育思考的历史意义却极为重要,它使得教育不再是基于本能和习惯的日常生活行为,而是逐渐成为基于思考的、高于一般日常生活行为的专项活动。可以想象出那一阶段的教育活动在主体那里,具有"我想我做""边想边做"的特征。进一步讲,关于教育的想和做,既是由同一主体完成

[①] 广少奎等:《中国教育活动通史》,济南:山东教育出版社,2016年版,总序。

的，又是在同一时空中完成的。这种情形实际上是普遍存在于人类实践初期的各个领域的，也同样普遍存在于后来人类实践的诸多非专业领域。再到后来，伴随着人类对教育日益提高的需要，融于教育活动中的思考就有了局限性，对教育的"想"亦即教育思考就从教育活动中独立了出来，而这一部分专事于教育思考的人，也就是今日职业的教育研究者的先驱。"想"被分离出来之后，"做"教育的人仍保持着自己"我想我做""边想边做"的状态，但"想"教育的人却可以不"做"。渐渐地，教育思考就从最初作为教育实践的衍生物，最终演化为与教育实践平行并立的独立系统。这无疑是一种进步，但无须争辩的是，教育实践和教育思考的分在、割裂局面也从此开始。可以想象，当教育思考与教育实践既分在于不同性质的主体，又分在于不同的时空时，现实存在的教育实践只有一种，即教育实践者的教育实践，而教育思考却有两种：一种是教育实践者的教育思考，另一种是职业的教育研究者的教育思考。那么，历史运动的今日横截面上实际上存在着两种教育思考，隐藏在它们背后的思考逻辑和思考宗旨自然是各不相同的。

走出对教育历史的简单回望，我们分明能够强烈地感受到今日教育现实中存在的教育思考和教育实践之间令人激动和错综复杂的关系。所谓的令人激动，是说教育思想和理论从来没有像今天这样与学校教育实践频繁互动和深度结合；所谓的错综复杂，是说教育实践者和教育研究者、教育实践和教育理论之间的关系，并不是我们期望的那般融洽与和谐。深入分析，教育思想和理论与学校教育实践的频繁互动和深度融合，一方面得益于教育实践者专业发展的自觉性，另一方面则得益于教育研究者越来越热切的教育实践情怀。而两者之间的不尽融洽与不尽和谐，实在不是一个能够轻易做出归因的问题。教育研究者更多的情况下会把原因归结为实践者对理论的学习动力不足和理解能力有限，而教育实践者更多的情况下则会把原因归结为教育理论的脱离实际。然而，有一个事实并没有引起人们的重视，此即：一方面，随着教师专业发展行动的不断深入，一线教育实践者对教育理论的兴趣已经今非昔比，他们的理论理解能力也有了很大的提高；另一方面，越来越多的教育研究者，甚至那些教育哲学研究者也正在热情地走向实践。因而，教育研究者和教育实践者相互指责对方的理由事实上越来越失去了现实的基础，但问题在于，教育思想和理论与学校教育实践之间的关系并未因此而立即变得融洽与和谐起来。

这的确是一个令人费解的问题，如果我们仍然遵循以往习惯性的思维道路，不仅问题的解决无望，而且对已经存在的、包含着各方低效努力的现象也无法理解。在我看来，以往对于这一问题的思考，我们还是过多地关注了教育研究主体和教育实践主体各自的动力和能力，却对两种主体所从事的活动之不同性质少有分析。简单地说，教育研究是认识活动，教育实践自不必说，是实践活动，这两种活动的逻辑和宗旨当然是大不相同的。对于教育实践问题，我们暂时悬置，单说教育研究，不论其类型如何，均要遵循认识论的原则，并均以求得教育知识与方略为其宗旨。乍一想来，教育研究的宗旨不正可以满足教育实践对教育知识和方略的需要吗？事情远远没有那么简单。其复杂之处在于，教育知识如果不能对教育实践所追求的教育效果和效率有所助益，那它对于实践者来说就只是可以记问的材料。至于教育研究所求得的教育方略，虽拥有实践者乐见的名称，但不会是可直接进行操作的技术程序。如其不然，类似启发教学、因材施教这样古老的教育方略不就人人可为了吗？事实上，能够成功实现启发教学和因材施教的教育者迄今为止仍然是较为稀缺的。现在，必须道出一个问题，即思维方式。我想要说的是，无论是历史上的教育思想家和理论家，还是今天的教育学家，也无论他们自己是否亲身参与教育实践活动，当他们进行专门的教育思考时，都在不同程度上让自己的意识走出了具体的教育情境。尤其是近代以来的教育学家，他们的教育思考，就思维方式来说，与教育实践者相较，所遵循的逻辑不能说两者毫无联系，但应分属于不同的系统。如果教育实践者意欲理解教育思想和理论，就不必把精力完全花费在思想和理论所内含的观点上，而应该重点关注其背后的思考逻辑。正如经济学者林毅夫所言，"经济学对学习者真正有用的，是在这些错综复杂的理论背后，所反映出的一套观察个人行为及社会现象的思维方式"[①]。林毅夫在这里所说的思维方式，实为经济学的思维方式。

---

① ［美］保罗·海恩等：《经济学的思维方式》（原书第13版），史晨译，北京：机械工业出版社，2018年版，林毅夫推荐序。

那么，在教育思想和理论的背后是不是也存在着一套"教育学的思维方式"呢？答案是肯定的。

二、概念的界定

保罗·海恩等人谈到经济学的思维方式时说："等你自己有了实践经验，你就知道它是怎么回事了。"[①] 他们之所以这样说，并不是在回避什么，而是难以对其做简洁清晰的描述，但他们还是明确地认为，经济学的思维方式"它指一种方法，而不是一套结论"[②]。现在我们谈论教育学的思维方式，也可以肯定地说，它不是一套结论，也只能指一种方法。但与经济学不同的是，教育学的思维方式并不是一个人只要有了一定的教育学经验就能自然拥有的，原因是不同时空中的经济活动逻辑的相似性远远大于差异性，而不同时空中的教育活动逻辑的差异性则与相似性难分上下。这也应是不同国家之间的经济领域比教育领域更容易相互学习和借鉴、更少沟通上的文化障碍的深层原因。换言之，如果经济学的原始假设更容易成为人类的共识，那么教育学可能从一开始就在不同的时空中从不同的逻辑起点展开。经济学无疑是最具有典型性的社会科学，而教育学的学科性质至今仍然被争论不休。不过，这一切也许并不影响我们对教育学的思维方式这一概念进行界定，因为界定作为一种逻辑学作业，其结果毕竟是形式性的，无涉文化和意识形态的时空差异。

从语言学的角度看，"教育学的思维方式"这一语词本身已经明示了"思维方式"这一基础性的意义，"教育学"一词在其中是起限定作用的。但这一限定绝非修饰，而是表明存在着一种属于教育学并能标识教育学的思维方式。不过，这只是汉语言范围内的一种分析，不见得能够尽显"教育学的思维方式"的全部含义。为避免语言可能形成的思维局限，我们不妨再来分析这一概念的英语表达。借鉴"经济学的思维方式"的英语表达"the economic way of thinking"，从结构上看，其准确的汉语翻译应是"思维的经济学方式"，其

---

① [美] 保罗·海恩等：《经济学的思维方式》（原书第 13 版），史晨译，北京：机械工业出版社，2018 年版，第 4 页。

② [美] 保罗·海恩等：《经济学的思维方式》（原书第 13 版），史晨译，北京：机械工业出版社，2018 年版，第 4 页。

内涵应是人类思维在经济学中的个性化显现。那么,"教育学的思维方式"的英语表达则应是"the pedagogical way of thinking",其内涵自然是人类思维在教育学中的个性化显现。须知,形式意义上思维方式是无所谓经济学或教育学的,实际使用的"教育学思维方式",只能是实质性的而非形式性的概念。

如果是实质性的概念,那么,教育学的思维方式说到底只能是教育学家的思维方式。教育学是教育学家的创造,而只有作为创造主体的教育学家才会有自己的思维方式。问题是教育学家的思维方式又是什么呢?当然不是教育学家作为普通人的思维方式,而是他们在思考教育时不同于普通人的一种思维方式。如果教育学家与他之外的人们在思考教育时真的存在着比较稳定的个性化思维方式,那就说明教育学家的思维方式亦即教育学的思维方式是一种真实的存在。在这样的区分中,我们已经默认了或者触碰到一个事实,即教育学家思维中的教育与其他人思维中的教育是不完全一样的。为了说明问题,我们选择政治家、教育资本家和学校教师三种重要相关者加以分析。对于政治家来说,由于他们的思考范围是整个社会系统,所以在他们的意识中,教育一方面是社会系统的有机组成部分,另一方面必须是一个有意义的功能单位。"建国君民,教学为先"就是典型的政治家思维,我们可以从中想象出政治家所期望的教育功能。但需要指出的是,政治家不只是思考狭义的政治,经济、文化等事业的发展均在他们的思考之列。"经济要发展,教育须先行"就表达了政治家对教育作为人力资本制造过程的清醒认知。今天,我们讲学校教育要培养中国特色社会主义事业的建设者和接班人,也是对以往政治家教育思维的继承和发展。对于教育资本家来说,由于他们的基本追求是经济的利益,因而他们通常不会去关心教育内部的细节,教育在他们的意识中必须是能够赢得购买者的凝聚物,至于教育是追逐理想还是迎合现实,他们通常没有立场,因为他们的思维方式是经济学的而不是教育学的。相比较而言,学校教师意识中的教育就不是一个整体的功能单位,而是寓于过程的各种细节。由于学校教师在某种意义上属于不同教育利益主体的雇员,他们一方面要间接地满足不同利益主体的需要,而另一方面,他们独立的人格又会驱使他们尊崇教育自身的原则,做到极致时就有了教育学家的心态。从理论上讲，学校教师无须具有教育的功能性思维进而遵循功利的原则，但在现实中，由于他们不可能成为纯粹的教育者角色，也不得不对利益主体做不同程度和方式的迎合，并会对世俗的哲学做出自觉或不自觉的妥协。然而，正是这种不纯粹，使得最贴近教育自身的学校教师几乎不可能拥有教育学家的思维方式。

不用说，教育学家在认识的领域一定是纯粹的，这并不是因为他们作为普通人拥有比政治家、教育资本家和学校教师更高的觉悟和境界，而是因为他们做的是理论的而非现实的工作，只需遵循纯粹的理性。相反，一切现实中的教育者或教育利益相关者，必是在现实的境遇中面对教育的，远远不具有教育学家在认识领域的自由程度。如此来看，教育学家的思维方式首先具有认识上的自由品格。这种自由当然不意味着教育学家可以在认识领域为所欲为，仅仅意味着他们可以超越现实的物质条件限制、经济利益诉求和意识形态规约。也正是这种自由使教育学家可以对教育做比较纯粹的学理性思考，进而学理性成为教育学的思维方式的基本特征，教育学在某种意义上也就成为关于教育的学理。而政治家、教育资本家和学校教师意识中的教育道理则是与现实情境、利益、价值和意识形态无法分开的关于教育的事理。反过来，教育学理就是"从'教育事理'发现结构事理的关键概念，然后再在教育价值原则引领下，运用关键概念进行逻辑运演所获得的高度抽象的道理"[①]。从关于教育学理的认识中，我们意识到教育学家尽管具有认识上的高度自由，但教育自身的特性，使得他们至少无法摆脱价值的引领，因而教育学的思维方式之纯粹其实也是相对的。而使其不能完全纯粹的价值引领又反过来促成了教育学的思维方式的价值性。当然，严格地来说，价值性也是从属于学理性的。

概括起来，教育学的思维方式具有认识上的自由和纯粹，又因教育的积极价值追求而具有价值性。结合教育学思维方式通向学理这一特点，我们就可以把教育学的思维方式界定为：教育学家以探索教育的可能性为目的，在

---

① 刘庆昌：《从教育事理到教育学理："教育学原理"70年发展的理论反思》，《中国教育学刊》，2019年第10期，第1—8页。

一定的原始假设基础上,运用概念进行逻辑运演,建构教育学理的思维方式。在这一界定中,探索教育的可能性是教育学思维的基本追求,与之对应的教育的现实性考察,虽然也是教育学的题中之义,但它并不具有教育学的个性,遵循的是一切科学研究的思维方式。我们依此也可以说教育学思维的本质是对"好教育"的无尽追寻。作为既成事实的教育,它究竟是什么样的问题客观上只有一个答案,而有异于既成教育事实的"好教育"究竟是什么则具有多种可能的答案。教育学家的创造性正是在追寻教育通向更好境界的道路上才表现得淋漓尽致。这一界定中的原始假设是教育学思维的基础,其中必有能够反映教育事实的核心概念,而其本身则是一个具有扩张潜力的直觉判断,教育学家可以从中演绎出类似于定理的次级教育判断。在关于教育学的历史逻辑探讨中,我曾揭示出"术—理—道"的历史发展次序和"道—理—术"的逻辑建构原则,以此观照教育学的思维方式,其中的原始假设就相当于教育之道,而从原始假设中演绎出的次级教育判断则相当于教育之理。这一界定中的概念逻辑运演是一切理论思维的基本样态,教育学思维在认识上的自由和纯粹正是在此过程中得以充分显现。运用概念进行逻辑运演,在教育学思维中无疑要接受价值的引领,但思维运演一旦开始,必会遵循纯粹的逻辑原则,纯粹的概念逻辑运演也是教育学思维具有自由品性的前提条件。具有了自由品性的教育学思维并不会因此而脱离价值的引领,原因是价值实际上已经被凝结在构成教育原始假设的核心概念和基本判断之中了。

我们对教育学的思维方式做如上的界定,一方面可以使其在我们的意识中得以明晰,另一方面是具有教育学方法论意义的。客观而言,我们从具体的教育理论著作中或许能读出明晰的思维路线和结构,但在教育学学科意义上,我们却很难获得明晰而稳定的思维路线和结构。因而,莫说大学教育学系的学生,即使是教师及研究人员,也很难自信地述说教育学的知识结构。间或有人自认为可以对教育学做逻辑的言说,他的言说也很难成为公共性的认知。这种状况的成因,说到底是未能自觉与教育学的思维方式联系在一起。进一步说,每一个教育学家都会有自己符合逻辑的理论建构,但所有的教育学家至今并未就教育学的思维方式取得共识。结果是,自教育学作为一个学科存在以来,每一个历史时期都会有为人推崇的教育学家及其个人的理论建构,却没有形成超越具体教育学家个人的教育学理论建构。如果不能改变这一状况,未来仍然会不断上演"你方唱罢我登场"的教育学剧目。反过来,如果这一状况能够加以改变,教育学家也就能像数学家和各种科学家一样,只需发现或接受难题进行研究,而无须独立构建自己的思想和理论体系。或许有人会认为这是一种不符合教育学实际的认识,还有人会机智地拿黑格尔的"哲学就是哲学史"来为教育学的过往辩护,果真如此,只能说明他们对教育学和教育的本质尚无深刻的认识。要知道与教育同为人文社会实践的政治、经济、法律等活动,已有相对应的思维路线和结构明晰的政治学、经济学、法学等客观存在。教育学为什么会长期处于教育学家各自为政的状态呢?从学科建设和发展的角度看,我以为主要是教育学领域的元研究相对薄弱,以致学科的基本范畴、基本原理、基本追求未成共识,这便使得教育学尚未步入一定范式下的常规发展阶段,并使得教育学如赫尔巴特当年所担心的那样被各种学科外的思潮牵引,"像偏僻的被占领的区域一样受到外人治理"[1]。正是从这一意义上讲,我们说对教育学的思维方式进行界定具有教育学的方法论意义。起码有一点必须指出,即没有关于教育学的思维方式的界定,教育学问题和教育问题仍将继续被混淆,进而教育学研究和教育研究也必将继续界限不明、相互僭越,教育学知识建构的材料和教育知识建构本身也必将难以彻底分离。

三、一种可能性的阐释

界定使我们完成了对教育学的思维方式的形式性认识,这当然是十分必要的,但因其超越了教育学研究的经验实际,并不能给人以真切的感觉。现在,我们需要在界定的基础上去探寻教育学思维方式的可能的存在方式,一则是自觉行走从形式到实质的认识过程,二则可以说明我们所讨论的问题并非虚妄。应该说,每一个教育学家都会尝试建构具有普遍价值的教育学的理论体系,作为结果,各种与具体人物相联系的教育学陆续出现。但无论具体

---

[1] [德]赫尔巴特:《普通教育学·教育学讲授纲要》,李其龙译,杭州:浙江教育出版社,2002年版,第13页。

人物的教育学建构在一定的历史阶段如何受人推崇,都既没有终结教育学的个人建构尝试,也没有个人的教育学升格为普遍的教育学。这种状况的确"使人以教育职业和教育学分支学科的不断分化为由而放弃探寻跨学科的教育学基本思想,代之以许多并存的普通教育学反思形式"①,但仍然有杰出的教育学家持续着建构普遍适用的教育学的追求。底特利希·本纳说道,"只有依据教育思想和行动的独特性这一悬而未定之问题存在的历史事实,才能证明建立普遍适用的教育学基本思想的可能性和必要性"②。很显然,在本纳看来建构教育学基本思想是可能的,也是必要的,而他所说的教育学基本思想,具体而言是教育思想和行动的基本结构,与我们所谓的教育学的思维方式是相通的。我理解这里的可能性,除了本纳指出的教育思想和行动的独特性可以作为基础外,还有一个重要的事实是,的确存在着一个处于缄默状态却是教育学家之间相互心照不宣的某种教育原始假设和基本的思想和行动逻辑的事实,否则,他们相互之间就很难进行交流与借鉴。然而,对于教育学的思维方式的探寻也只能保持面向长远的乐观,因为达成目的之前需要付出的认识论努力是较为复杂的,这中间既需要对教育自身的本体论思辨,还需要求得具有普遍意义的逻辑形式。这两种性质的努力实际上也成为我们初步阐释教育学的思维方式的基本方向。

(一)指向人的发展的"爱智统一"的实践干预逻辑

教育自走出原始起源阶段之后,宽泛而言,可以说成为思想和行动的统一体。通俗言之,进行教育的人不仅知道自己在进行教育,而且对自己进行的教育是有想法的。这里的想法既可以是他们所在的群体共识,也可以是他们自己的独特认识。在此基础上,我们说教育是有意识的人类生活实践现象。什么是有意识呢?首先是有目的,其次是有计划。单说有目的,在最朴素的意义上,教育者一定是为了受教育者的利益。当然,受教育者的利益内涵是具有历史性的,最初时自然不会是后世才有的人的全面发展,更现实的内涵

---

① [德]底特利希·本纳:《普通教育学》,彭正梅等译,上海:华东师范大学出版社,2006年版,第3页。
② [德]底特利希·本纳:《普通教育学》,彭正梅等译,上海:华东师范大学出版社,2006年版,第3—4页。

应是受教育者的生存和生活的趋好。如果我们默认受教育者的生存和生活趋好必以他们自身综合力量的增益为前提，那么在最广义上，进入自为阶段的教育就开始在较弱的意识水平上指向人的发展。而教育者为此目的所进行的教育就其实质来说属于一种善意的干预。此处的干预，就是教育者主动施与受教育者的、意在改变受教育者自然状态和自然过程的影响；此处的善意，就是为了受教育者的生存和生活趋好。回望历史，教育的思想和理论，无论其个性如何，无不分布在善意和干预这两个领域。

首先说善意。它的最高意义是指向人的发展，其根源在于由个体生命的有限性所导致的、上一代人对下一代人的希望。正是基于这种希望，人类社会不仅可以在生命的意义上繁衍延续，还可以在生活的意义上不断向前发展。为了实现这一愿望，教育者实际上并没有简单地抱有这种希望，而是把它转化为教育行动的关怀性和建设性。关怀的情感，内含成人世界对新生一代的呵护，使得教育行动有了温度；建设的立场，内含有意义的传递和付出意识，使得教育行动有了深度。以上所述可以说是业已存在的历史事实，我们只是选择了"希望""关怀"和"建设"几个概念进行了思维的组织。从此意义上讲，通常所谓的事实，其实只是经由人的思维组织过的事实，一切理论的建构实际上都是在思维组织过的事实基础上进行的。自在的存在不存在范畴的分化，走进语言的事实则是人用思维把握对象的结果。在干预的善意这一范畴，教育学家实际上进行着两个方面的努力，其一是对人的发展标准的设定和论证，其二是本着关怀的情感和建设的立场对教育伦理关系的建构。关于人的发展标准，我们切莫以为完全是由教育系统之外的主体所确定。在现代社会，即便是国家确定的人才标准，其思想来源仍然是教育学家建构的人的发展标准。当然，教育学家本就不在社会之外，他们对人的发展的思考，根底上也会基于社会发展的需要，只是同时还会兼顾人的发展，有的时候可能还会把人的发展放在第一位，但这一切都不会影响其成为国家设定人才标准的依据。客观而言，除了消极出世的道家人物，古今中外的思想家所建构的理想人形象无不具有社会性的色彩，从而也成为他们理想社会的有用人才。就人才的素质结构来说，核心的要素是德与智，完美的表达是和谐发展的人或全面发展的人。教育学是需要优先建构人的发展标准的，这不仅是其实践品格的重要表征，也是其展开教育手段性思考的实践逻辑前提。关于教育伦理关系的建构，在传统社会基本上是家庭生活伦理和政治生活伦理的复制，而在现代社会，教育学思想和理论在其中发挥着越来越重要的作用。虽然可以说教育伦理关系永远不可能不受家庭生活伦理和政治生活伦理的影响，但教育学家在这一领域的创造性工作，的确制造了更有利于教育目的实现的教育伦理关系。实际的情形比较复杂，但关怀性与建设性应是教育学家建构教育伦理关系的基本原则。关怀的情感与建设的立场是教育者善意的灵魂，而教育伦理关系的运动正是教育者善意传递和实现的重要途径。

其次说干预。它是教育的行为本体，内含教育者欲改变受教育者自然状态的意志。如果没有这种意志，也就不存在所谓的教育。长期以来，因受科学思维和简单唯物主义思想的影响，我们的教育学不见得刻意回避"干预"和"意志"，但实际情况真的是接近中立地把教育表达为具有温和色彩的"培养"，教学、训育和管理则被处理为被技术理性浸染过的教育手段。在人们的意识中，干预总体上是一个带有权威主义色彩的概念，因而在泛民主的今天，人们就会下意识地回避和抵触这样的概念。然而，这是一种非理性的观念，从而持有这种观念的人实际上回避了教育的特性，忘却了一方面干预意味着作为外力介入对象的存在状态，而另一方面干预者自带的权威意志是一种有价值的人文力量。教育中最基本的干预行为有三种，即教学、训育和管理。教育学在方法范畴的研究就集中在这三个方面，进而教育学家的创造也主要表现在他们关于教学、训育和管理的思想和理论建构上。教学主要是教师对学生学习过程的干预，目的在于提高学生的学习效率、增强学生的学习效果；训育主要是教师对学生道德思维和行为的干预，目的是让学生的道德思维和行为符合社会积极价值的要求；管理主要是教师对学生日常行为的规范，目的是让学生的言行符合学习者和受教育者的角色期望，最终服务于学校有秩序的教学和训育活动。教育学的思维方式的建构，就是要把不同情形的干预用思想和理论的方式统合起来。

指向人的发展的"爱智统一"的实践干预逻辑，就是一种统合各种干预情形的教育学思维方式。这种教育学思维方式的实质是：（1）把干预设定为教育的行为本体。换言之，教育说到底就是一种干预，是教育者针对受教育者实施的意志行为。教育者的教育意志并非他们个人的教育意志,而是对受教育者监护人的或是国家的教育意志的承载。在此意义上,对于教育中的权威和干预过于敏感的思想者多多少少是有些理想主义倾向的。(2)为了人的发展,既是教育干预的理由,也成就了教育干预的善意。教育学在这里能有所作为的范围有限,最关键的是要对干预的合理性做出哲学的论证。(3)爱智统一是教育干预具有合理性的操作性原则。因为兼具爱智的干预既可合于人的目的,也可合于教育这件事的规律。具体而言,爱智统一之后,教育者的爱就成为智爱,教育者的智就成为爱智,最美好的教育情怀和最高明的教育方略均能从智爱和爱智中来。

(二)遵循"道—理—术"次序的理论建构逻辑

如果指向人的发展的"爱智统一"的实践干预逻辑属于教育学的思维方式的内容侧面,那么,遵循"道—理—术"次序的理论建构逻辑则是教育学的思维方式的形式侧面。也可以说,内容的侧面显示了教育学的思维内容,形式的侧面则显示教育学的思维框架。与内容的侧面相比,形式的侧面更难以获得人们的普遍认同。原因是内容就是教育,而教育作为一种历史性的文本就摆放在那里,而且经过几千年的实践,一种实践的逻辑客观上已经印刻在文化记忆之中,但对教育这一事实的理论表现,其形式的可能性就要复杂得多。尽管如此,我相信不同的教育学理论建构逻辑,从欣赏的角度说是各有其美,但从认识竞争的角度讲,还是有高低之别的。衡量其高低的标准如果只设一个,我以为应是看它是否既能对已有的教育学思想和理论具有组织功能,又能作为引领人们进行教育学研究的罗盘。

把"道—理—术"作为教育学理论建构的次序,并非纯粹的主观想象,这一认识是我寻找"教育学的历史逻辑"的副产品。在《寻找教育学的历史逻辑——兼及"教育学史"的研究》一文中,我论述了人类教育思考就顺序来说,经历了从教育之术到教育之理再到教育之道的过程。形象地说,人们思考一件事情的第一原则是功利的,那就是怎样能把事情做好,这就是做事的方法亦即术的问题。当人们具有反思的能力和习惯时,他们会追寻一种做法之所以有效和无效的原因,如果反思成功,他们将能获得隐藏在行动背后的因果关系,此因果关系也就是能够说明术之好坏的理。随着教育实践经验的扩张，人们会发现教育中的理不止一二，但又都属于教育之理，如果他们愿意追问不同的理能够共享教育之理名称的原因，就走上了通向教育之道的道路。显而易见，从术到理再到道，是历史的逻辑。当我得出这一结论时，立即就想到了这一历史逻辑的逆向过程正是教育学理论建构的逻辑。

教育学理论建构的实际方式总体上是充分考虑实践的，剥离掉一些基本理论问题，大致可以概括为"目的-手段"模式。这种教育学理论建构模式看似合理且被人们普遍接受，实际上处于教育学理论建构的初级阶段，即表达教育事理的阶段，尚未达到表达教育学理的水平。须知教育理论固然是对教育事实的反映，但这种反映绝不是简单的摹写，而是能动的、创造性的建构。教育学理论的重心，从来是也永远是对教育可能性的探寻，因而，"道—理—术"的次序更为基础，也更能满足教育实践者形而上学的追问。所谓教育之道，并不是纯粹的自然之道，而是基于自然之道的人文之道，这就注定了它必然内含自然的可能性和人文的必要性两种意义。用哲学的语言说，教育之道就是教育的本体，比如在我看来就是指向人的发展的善意干预，那么，其中的自然的可能性是受教育者的可塑性，而人文的必要性则是人的发展的必要性。从这一教育本体中，我们发挥想象力，是可以演绎出一系列教育之理的。把教育之理与具体的教育任务和情境结合起来，又可以开发出教育之术。综合起来，这就是教育学的思维方式。

第五章　教育认识的方法论

人类是如何认识教育的，这就是教育认识的方法论问题。关于这一问题的最朴素观念当然是面对教育进行思考和研究，但这样的观念在今天显然是比较狭隘的。从教育认识者逐渐脱离教育实践开始，人类对教育的认识就不再只是类似田野研究的方式，离开教育现场的、在思想的范围内站在巨人肩膀上的继续思考逐渐地成为主导性的认识方式。不仅如此，随着教育基本经验的成熟，纯粹求知的教育认识任务渐渐消失，教育研究越来越成为教育思考。致用取向的教育研究还得运用相对科学的方式进行，而对教育的思考基本上成为贴近哲学的过程。或因此，作为现代学科的教育学更加凸显出思想的而非知识的性质，这也符合教育学属于人文社会科学的实际。教育学的研究者在普遍的意义上并不见得有多么深厚的哲学学养和兴趣，但他们的研究都能被各种哲学的认识论涵括与解释。因而，对于教育认识方法论的探讨，无论是从对象式的说明角度，还是从服务性的建议角度，都无法离开一般哲学的思想进行。实际上，也只有这样，才能够在揭示教育认识过程机制的同时，为教育学研究者提供方法论层面的参考。

第一节　教育认识的哲学基础

既然教育学研究者的研究都能被各种哲学的认识论涵括与解释，那我们就有必要把握相关哲学内容的要义，目的并不是要做哲学的宣讲，而是要在意识中预备解释教育认识的哲学背景。然而，发展到今天的哲学实在是庞杂，与认识论有关的哲学也难以尽述,当然也无尽述的必要。从教育学研究的实际出发,反过来审视哲学,我以为对形而上学、实证主义、建构主义和解释学等哲学内容加以把握,应能支持我们对教育认识方法论的思考。

一、形而上学

形而上学不是一种哲学学说,不是一种"主义",但它的命运和人类认识的历史有着密切的关系。现代西方科学哲学总体上是反形而上学的,加之实用主义的美国文化成为优势的文化,形而上学在人文社会学科研究中几乎没有地盘了。然而,人类对形而上学的追求始终没有停止,其存在的合理性使得拒斥它的人们最终也无法摆脱它的影响。什么是形而上学呢?它有什么样的价值呢?弄清这些问题,对于我们理解教育知识是很有意义的。

《周易》中有"形而上者谓之道,形而下者谓之器"之说,借用其中的"形而上",中国学者用"形而上学"翻译了西方的 metaphysics。metaphysics 由 meta(在……之后)和 physics(物理学)构成,字面意思是"物理学之后",表示研究物理学背后的东西。在古希腊,科学尚未分化,物理学基本上代表科学,所以有学者认为,metaphysics 这个词的意思就是研究科学背后的东西。[1] 这一理解符合亚里士多德所说的第一哲学。亚里士多德一生大部分时间研究自然哲学,他认为,一般意义上的哲学是研究原因的学问,自然哲学从形式和质料的结合研究原因,但还必须研究与质料分离的纯形式的存在方式及其本质,因此对原因的研究终将导致对最高原则或最终本体的思考。

亚里士多德的《形而上学》开篇说道:"求知是人类的本性。"感觉、经验、技艺和智慧都是求知的方法,但是感觉、经验、技艺只能使人知道可感的事物"是什么",而不能使人知道"为什么是",只有智慧才能知道"为什么是"的最高原则和最终原因。因而追求智慧的第一哲学不是一般的科学、知识、智慧,而是最高科学。关于第一哲学,即形而上学的研究对象,亚里士多德说:"有一门学科,它研究作为存在的存在和由于本性而属于它的那些属性。"在他看来,具体科学只研究"存在"的某个部分和性质,而第一哲学

---

[1] 王路:《如何理解形而上学》,《哲学研究》,2003年第6期,第26—30页。

则研究"作为存在的存在"及其本质属性。研究对象的明确,标志着本体论哲学作为一门独立学科的建立。显然,形而上学在亚里士多德这里就是本体论哲学。①

亚里士多德只是"形而上学"的源头,他之后,形而上学在不同的历史时期都有新的变化,直至遭到实证主义尤其是逻辑实证主义的拒斥。我们不准备叙述形而上学的历史,在了解源头的基础上,我们的兴趣在于弄清形而上学的认识论的实质。

首先,形而上学是人用思想把握世界的方式。

我国学者孙利天在对形而上学进行历史考察的基础上,认为思想是人类的能力和本性,思想的本性是永恒的否定和超越。思想的本性即是形而上学的本性。以思想的方式把握世界,世界就是思想中的世界,时代就是思想中的时代。反思思想内容的基本逻辑规定,就是解释存在和世界的本质。逻辑学即形而上学,思想是形而上学的秘密。② 实际上,由于形而上学的研究对象是超验的"作为存在的存在",这就决定了其"用思想的方式把握世界"的特征。孙利天先生指出逻辑学即形而上学,这是一个非常重要的认识,因为形而上学和逻辑学的确是纠缠不清的。在古希腊,"是"与"真"是一起提出的,从学科分化的意义上讲,"是"是形而上学问题,"真"是逻辑学问题,实际上两者难以分开。逻辑是哲学研究和表达的工具,语言、思想和实在正是借助逻辑联系了起来,所以,逻辑这个工具绝不只是一个可以隔离的外壳。

亚里士多德是形式逻辑的创始人,他认为,语言(词)是思想的符号,并通过思想指示存在。亚里士多德提出的四谓词理论,一方面集中体现了本质主义思想,另一方面显示了用思想把握世界的现实形式。他说:

> 所有命题和所有问题所表示的或是某个属,或是一特性,或是一偶性;因为种差具有类的属性,应与属处于相同序列。但是,既然在事物的特性中,有的表现本质,有的并不表现本质,那么,就可以把特性区

---

① 李朝东:《西方哲学思想》,兰州:甘肃人民出版社,2000年版,第107页。
② 孙利天:《作为思想的形而上学》,《学习与探索》,2003年第6期,第8—13页。

分为上述的两个部分,把表现本质的那个部分称为定义,把剩下的部分按通常所用的术语叫做特性。根据上述,因此很明显,按现在的区分,一共出现有四个要素,即特性、定义、属和偶性。①

定义是揭示事物本质的短语,下定义的方法是"属加种差",特性不表示事物的本质,只是属于事物。本质是种的本质,是种必然具有的。那么,定义与形而上学有什么关系呢?这就涉及形而上学的重要特征——追问。我们顺着定义去追问,自然可以发现形而上学。比如说,人是动物,那动物是什么?如果说动物是物,那物是什么?如果说物是存在,那存在是什么?在这样的追问中,形而上学就显影了。

其次,形而上学是超经验的本体论。

所谓超经验的本体论,就是超越以经验为基础的实证科学范围,研究世界的本质及其规律的知识和学说。一般科学是在经验的基础上关于"存在者"的知识,形而上学则关心诸存在者"何以存在"和诸存在者整体上"怎样存在"的问题。这种关于"存在"的普遍原理的知识,其对象是非经验的,不是用经验可以得到的,只能通过思辨而获得,所以形而上学必然是思辨的和超经验的。

那么,一种用思想把握世界的方式,一种超经验的本体论,能有什么价值呢?这是一个有趣的问题。一些逻辑实证主义者认为形而上学因无法证实和证伪故而毫无意义,使得这一问题更受人关注。应该怎样理解形而上学的价值呢?有学者指出:"谁要是寻求的是知识,那么,它应当感谢经验科学,并到其中去求得满足。至于形而上学,则不向人许诺关于任何东西的知识,它给人的报酬是信念和智慧。"② 还有学者指出:"形而上学就是一部问题史,形而上学不以获得问题的答案作为自己的目标,而是使问题与回答者在回答的过程中成为一件事情。如果你愿意,你会把这样的问题无限地问下去。我们为什么会不断地去问为什么呢?我们习惯于去寻找一个可以令我们自己信

---

① 张家龙:《论本质主义》,《哲学研究》,1999年第11期,第50—60页。
② 王德峰:《哲学导论》,上海:上海人民出版社,2000年版,第142页。

服的终极来告慰自己,并用这个终极来衡量我们所面对的一切。"①

的确如此,形而上学总在追寻经验世界不可能具有的、我们思想和存在的终极依据。这是具有诱惑力的追寻,难怪自从有了形而上学,人类超越经验的思辨始终没有停止。人是理性的动物,人的理性是通过建构形而上学而实现的。认识论和本体论是理性建构形而上学的结果。认识论和本体论所提出的问题,诸如人如何认识世界,认识自己,人如何达到自我与世界、自我与他人的统一等,都是人类理性最基本的问题。这些问题的明确回答,实际上为人的存在创造了"安身立命"之所。形而上学在科学发展的过程中的确命运多舛,但即使是科学哲学家对形而上学的态度也不是铁板一块。波普尔的证伪主义就承认形而上学在科学知识增长中的价值,他认为许多重大的成果是由形而上学理论成长转化而来的。图尔密、库恩、拉卡托斯、劳丹等历史主义者,不仅肯定形而上学,而且把形而上学内化到科学之中,十分重视形而上学作为信念在科学探索中的作用。当代科学实在论,实际上是对形而上学的回归。这些都说明人们对于形而上学的态度越来越趋于理性了。

二、实证主义

根据美国学者沃野的考察,从语言学的角度看,"实证的哲学"(positive philosophy)最早是由法国空想社会主义者圣西门(1760—1825)提出的,而真正赋予它生命并使它成为一种哲学则归功于他的学生和秘书孔德。② 所以一般认为,作为一种具有明确规定的哲学思潮,实证主义始于孔德的实证哲学。然而,作为一种哲学的传统,实证主义却根植于古希腊以来的西方哲学之中,有学者对这种传统做了细致的考察。③ 简单地说,实证主义的传统可以追溯到古希腊斯多亚学派的怀疑论提出的一种现象主义观点。中世纪末期的罗吉尔·培根(约1214—1292)也表达了一种关于人类认识范围和有效性的实证

---

① 罗兴刚:《形而上学的命运》,《大连大学学报》,2005年第3期,第18—19页。
② [美]沃野:《论实证主义及其方法论的变化和发展》,《学术研究》,1998年第7期,第31—36页。
③ 江怡:《什么是实证主义:对它的一种史前史考察》,《云南大学学报(社会科学版)》,2003年第5期,第58—63、95页。

主义观点。17世纪，伴随着近代机械论的出现，实证主义开始呈现出最初的形态。伽利略的科学观形成了与传统世界观的直接对立。伽桑迪直接反对亚里士多德主义，宣称形而上学的思辨是没有结果的。笛卡尔和莱布尼茨虽然不是严格意义上的实证主义者，但他们持有实证主义者的共同信念，即任何以不可见的力量去解释世界的企图都是徒劳的，我们不能为以无法清楚地表达的东西解释自然过程留下地盘。孔德之后，实证主义继续发展，影响最大的是逻辑实证主义、实用性的实证主义和后实证主义。

孔德生于法国的蒙彼利埃，早年就读于巴黎工艺学校，受过自然科学的严格训练，在思想上先后受到圣西门、英国经验主义者以及狄德罗、孟德斯鸠等人的影响，主要代表作有《实证哲学教程》《实证政治体系》《实证主义概观》等。孔德的理想是改造社会，他企图创建一门实证的社会学，而实证哲学则是首要的前提。实证哲学，其主要特征都体现在"实证"一词中。所谓实证，在孔德看来，其性质应是实在的、事实的、有用的、确实的、正确的、积极的。而实证哲学是向人们提供实在有用知识的哲学，它是各门实证知识的总和。那什么又是实证知识呢？孔德认为，实证知识是来自观察和实验的经验事实的知识。"我们的能力根本无法把握事物的内在本质、一切现象的起源和目的之类的问题。"[1]

孔德实证哲学中最引人注目的是他提出的人类知识发展的三阶段的规律。他说："我们的每一个主要观念，我们的知识的每一个部门，都先后经历三个不同的理论阶段：神学阶段或虚构阶段，形而上学阶段或抽象阶段，科学阶段或实证阶段，……第一种是人类智慧的必然出发点；第三种是固定的、最后的阶段；第二种只是作为过渡。"[2] 令孔德感到兴奋的是在他看来，前两个阶段随着牛顿时代的到来而渐渐消失，让位于另一个崭新的历史阶段，即所谓的实证阶段。在这一阶段中，人类认识的任务是如何寻求真正的科学、真正的知识，亦即实证知识。孔德显然是一个科学至上的鼓吹者，不过他真正关心的问题其实并不在于科学本身，而在于科学在社会生活中的应用，因为

---

[1] 任厚奎等：《西方哲学概论》，成都：四川大学出版社，1988年版，第352页。
[2] 任厚奎等：《西方哲学概论》，成都：四川大学出版社，1988年版，第354页。

他的理想是改造社会。后来，孔德科学至上的观点通过马赫被逻辑实证主义继承下来，又经过罗素的鼓吹，在20世纪20年代的"维也纳学派"那里达到了高峰。

逻辑实证主义以维也纳学派为主要代表，在20世纪二三十年代形成一种哲学运动。撇开社会背景，其认识上的启示主要来自罗素和维特根斯坦。

伯特兰·罗素（1872—1970），英国著名哲学家、数学家、逻辑学家。他与传统哲学公然决裂，主张一种真正的科学的哲学并不提供、也不企图提供关于人类或宇宙命运的问题的回答。逻辑是哲学的本质，哲学的任务不是提供新知识，而只是通过逻辑分析使科学命题和概念明晰的方法。在他看来，科学的错误来源有两个：一是科学的原子命题与经验世界的经验事实不相符合，这需要通过观察和实验来检验；二是科学的原子命题及其整个知识体系的结构与逻辑法则不相一致，这要由科学哲学家通过逻辑分析来检验。若要防止科学知识出现错误，罗素提出两个方案：一是防止科学陈述违反逻辑法则；二是防止由于逻辑句法的误解而产生形而上学的无谓争论。罗素的观点在维特根斯坦那里得到进一步发展。

维特根斯坦（1889—1951），奥地利哲学家，受到罗素逻辑原子主义和数理逻辑的影响，他的《逻辑哲学论》一书，使他成为分析哲学流派中最具代表性的人物。《逻辑哲学论》由七个基本命题组成，在基本命题下面是一层层的具体说明。这七个基本命题是：（1）世界是一切发生的事情。（2）发生的事情——事实——是事态的存在。（3）事实的逻辑图像即是思想。（4）思想是有意义的命题。（5）命题是基本命题的真值函项（基本命题是自己的真值函项）。（6）真值函项的普遍形式是［P，ξ，N（ξ）］。这就是命题的普遍形式。（7）对不可说的东西，就必须保持沉默。[①]《逻辑哲学论》的主要精神是："只有一个世界，只有一个可以有意义地使用受逻辑支配的语言的领域。我们用来描述这个世界的语言必须限制在这一个世界。没有其他的语言，因为没有其他的世界。"[②]

[①] ［奥］维特根斯坦：《逻辑哲学论》，贺绍甲译，北京：商务印书馆，1996年版。
[②] 张志伟、欧阳谦主编：《西方哲学智慧》，北京：中国人民大学出版社，2000年版，第173页。

20世纪20年代，德国哲学家石里克在奥地利的维也纳大学组织了一个哲学小组，讨论罗素和维特根斯坦的哲学思想，这就是著名的维也纳小组。这个小组的基本成员和基本思想形成了逻辑实证主义的维也纳学派。逻辑实证主义认为，哲学的任务就是逻辑分析，其作用有两个方面：一是清除无意义的词和无意义的假陈述；二是澄清有意义的概念和命题，为经验科学和数学奠定逻辑基础。逻辑实证主义具有浓厚的科学主义精神，认为科学是人类所有的知识的典范，一种知识要么是科学，要么什么都不是。哲学除了成为科学的工具，否则就没有存在的意义。在这种精神的指引下，逻辑实证主义哲学家关心的问题范围是：（1）形式科学和经验科学之间的区别；（2）证实原则；（3）消除形而上学。其中以证实原则最为重要，因为这一原则是逻辑实证主义的"意义标准"，而且"逻辑实证"的含义，在证实原则中得到集中体现。具体说来，逻辑实证主义认为，科学哲学的中心问题是一个命题的意义问题，如何判断一个命题有无意义呢？就是使用证实原则。证实可分为直接证实和间接证实。直接证实是指当下经验的证实，间接证实是指在直接经验基础上，通过逻辑推理进行证实。逻辑实证主义是拒斥形而上学的，实际上成为科学主义方法论的思想灵魂。

20世纪30年代末，由于世界形势变化，希特勒的政治迫害以及其他原因，维也纳小组彻底解体了，其主要成员或被迫害致死或流亡国外，其中一部分到了美国，实证主义就在美国文化土壤中得到了新的发展。40—50年代，通过一大批社会科学理论家、方法论研究者的努力，又形成了一种被称为实用的或操作性的实证主义，从而使实证主义在运用上达到了最兴旺的时期。

实证主义之所以能在美国得到发扬光大并深入人心，主要有三方面的原因：[1]（1）美国向来有倡导经验主义哲学的传统；（2）美国文化传统的主导精神是实用，美国学者历来对纯理论、纯哲学缺乏兴趣，他们感兴趣的是实际问题的解决；（3）辅助的研究工具，尤其是电脑的迅速普及，各种统计软件大量涌现，方便了研究者在研究过程中所必需的技术性操作。美国式的实证

---

[1] ［美］沃野：《论实证主义及其方法论的变化和发展》，《学术研究》，1998年第7期，第31—36页。

主义，其总体精神是重视实用性和可操作性，其诞生和成长主要是社会科学方法论家和研究者共同努力的结果。美国式的实用主义认为，逻辑实证主义提倡的需要严格实证的方法论原则有其合理性，但同时认为，实证主义方法论也可以与行动主义、结构功能主义提倡的方法论合而用之，并行不悖。定量研究（quantitative research）就是美国式实证主义的具体表现。这种研究倡导发现知识运用归纳法，检验理论运用"假设-演绎"的模式。这种求知和检验理论的模式，不仅为实践性的科学研究奠定了理论基础，而且提供了一套可以操作的研究程序。

美国式的实证主义从产生直至20世纪70年代，在社会科学研究领域占有非常重要的地位，甚至独领风骚，定量研究模式占据主流。但是，到了70年代中期，符号互动主义、现象学、本土方法论等思想的冲击，使得那种在方法论上要求实证、在研究方法上以调查加统计为主要手段的实证主义研究范式面临极大的危机。伴随这种危机，在整个社会科学领域出现了一场定量研究和定性研究（qualitative research）之间的"方法论大战"。这场大战起于20世纪70年代，激烈于80年代，到90年代初，趋于以所谓"后实证主义"作为标识的统一。从双方争论的情况来看，政治学、心理学、教育学、社会学、文化学等领域的众多学者，一方面不满于明显倾向于人文研究的范式，因为这种研究具有主观性，而且研究过程需要艺术性，另一方面也反对那种教条性的实证主义所倡导的唯一具有科学性的方法论原则，其结果是在"寻求研究结果科学"的共识下，形成了后实证主义方法论，即为了科学地研究一个问题，可以根据研究对象的需要，以多元的方法论指导研究实践。

三、建构主义

建构主义近年来在国内是最受人们欢迎的理论之一，尤其在教育领域，许多人都愿意从建构主义的理论中获得认识或实践上的启示。但作为一种哲学方法论的建构主义，在包括教育在内的人文社会学科研究中并不受人们重视。事实上，建构主义在教育领域的影响主要是它的学习观，而建构主义更深刻的价值是其作为重要的认识论学说所起到的作用。

无论建构主义的思想可以追溯到多远，在教育领域，人们总会把建构主义和皮亚杰（1896—1980）联系起来，这一方面是因为皮亚杰的确是建构主义思想的重要经典作家，另一方面则因为皮亚杰在教育领域的影响颇大。皮亚杰是瑞士著名的心理学家和哲学家，兼通数学、逻辑、物理学、生物学、社会学和科学史。他基于儿童心理学的研究，在哲学上提出发生认识论，超越了以往占统治地位的认识论学说。皮亚杰"六十年的研究工作，都指向建立一种认识理论，关于有机体如何能知道它的世界的理论"[1]，这种企图注定了一旦他的理想能够实现，必然会对人的认识做出新的解释。发生认识论内容丰富，而其关于认识建构的思想充分反映在皮亚杰关于认识发展的心理发生学分析的结果中。他说：

> 一方面，认识既不是起因于一个有自我意识的主体，也不是起因于业已形成的（从主体的角度看）、会把自己烙印在主体之上的客体；认识起因于主客体之间的相互作用，这种作用发生在主体和客体之间的中途，因而同时既包含着主体又包含着客体，但这是由于主客体之间的完全没有分化，而不是由于不同种类事物之间的相互作用。另一方面，如果从一开始就既不存在一个认识论意义上的主体，也不存在作为客体而存在的客体，又不存在固定不变的中介物，那么，关于认识的头一个问题就将是关于这些中介物的建构问题；这些中介物从作为身体本身和外界事物之间的接触点开始，循着由外部和内部所给予的两个相互补充的方向发展，对于主客体的任何妥当的详细说明正是依赖于中介物的这种双重的逐步建构。[2]

这段论述实际上在微观层次说明了建构的原理，了解了这一原理，任何建构的思想都会被我们轻松地理解。

---

[1] ［瑞士］皮亚杰：《结构主义》，倪连生、王琳译，北京：商务印书馆，1984 年版，中译本"译者前言"，第 13 页。

[2] ［瑞士］皮亚杰：《发生认识论》，范祖珠译，北京：商务印书馆，1990 年版，第 21—22 页。

近年来，一种试图超越后现代思想的哲学思潮正悄然兴起，这就是社会建构主义。有学者认为，所谓社会建构主义，并不是什么主义，而是一种对知识的新的研究方式，正如逻辑经验主义研究知识的辩护问题一样，社会建构主义主要研究知识的生产过程，它是一种关于知识如何生产的哲学思想。就内涵而论，社会建构主义主要由三个基本命题所构成：从本质主义转向建构主义，强调知识的建构性；从个体主义转向群体主义，强调知识建构的社会性；从决定论转向互动论，强调知识"共建"的辩证性。[①]

（1）所谓从本质主义转向建构主义，就是从知识的本质判断转向知识的发生过程，即从"知识是什么"的问题转向"知识是如何发生"的问题上。

（2）任何知识或其他人造物，都不是个人的产物，而是集体智慧的结晶。知识所表达的是整个社会。

（3）社会建构主义反对决定论，强调辩证法在社会的建构知识过程中的重要意义。社会建构主义的辩证性有如下形式：一是互动性。通过语言或知识使人与世界、客观与主观、个人系统与社会系统等之间相互转化。二是商谈性（修辞性）。商谈就是一群人在一起使用共享的语言进行交谈，就是许多讲话者和听众利用共同的语言所形成的语言学意义上的一系列话语和文本，这些讲话者和听众，轮流作为讲话者或听众，不断互相反馈以推进持续的商谈。三是超越性。通过主观知识（个体知识）和客观知识（社会或公共知识）的不断循环，达到不断超越自我、不断超越知识的目的。

在建构主义者看来，本体论上的"事实"是多元的，因历史、地域、情境、个人经验因素的不同而有所不同。建构起来的事实不存在真实与否的问题，而只存在合适与否的问题。从认识论上看，建构主义的最大特点就是超越了由来已久的主客思维。没有独立于观察者的对象，主体与客体永远相互纠缠、不可分离。知识既不单纯来自主体，也不单纯来自客体，而是来自主客体之间的相互作用。就实际的研究活动来说，研究者与被研究者之间是一个互为主体的关系，研究结果是由不同主体通过互动而达成的共识。概括起

---

① 安维复：《社会建构主义：后现代知识论的"终结"》，《哲学研究》，2005年第9期，第60—67页。

来，由于事实在不同人那里是不同的，所以，以个体方式进行的认识不可能发现所谓的普遍的本质；由于知识并非预存于个体之中，也非纯粹主观的产物，所以，极端的唯理论和经验论都是靠不住的。如果用最简单的方式表达建构主义的认识论，我认为可以如此说：知识在主客体之间，知识在主体之间；知识既是人和世界建构的产物，又是人和人建构的产物。

四、解释学

解释学，也被称为释义学或诠释学，缘起于古希腊人对历史文本的解读。那时候，就有一批学者专门从事注释荷马史诗的工作，形成了文字解释的传统。进入中世纪，由于对圣经、法典、文学经典的考证和阐发的需要，形成了研究圣经、法律条文理解问题的释义学（exegesis）和研究古典文献理解问题的文献学（philology），这是解释学的最初形态。真正使解释学成为一种哲学的是施莱尔马赫和狄尔泰，他们是古典解释学的代表人物。20世纪，解释学又发生了一次具有深远意义的变革，制造这次变革的人是海德格尔和伽达默尔，解释学由此完成了从认识论（方法论）到本体论的转向。现在我们谈解释学，实际上应包含两种解释学，即古典解释学和哲学解释学，这两种解释学对于人文、社会学科的研究都具有深刻的方法论意义。

古典解释学以施莱尔马赫为创始人，从他开始，解释学脱离了单纯的圣经解经学而成为一种关于理解和解释的一般学说。施莱尔马赫（1768—1834）是德国浪漫主义宗教哲学家、文献学家，他的解释学明确以理解本身为对象，试图使解释学不仅成为一门理解和解释的艺术，而且成为一门科学。这样，解释学不仅具有方法论的意义，而且被赋予了认识论的内涵。施莱尔马赫的解释学分两部分：语法解释和心理学解释。语法解释强调理解文本的语义性，提出要根据文本作者及当时公众所处的情境来确定文本的含义。心理学解释有一个前提假设，即解释者和文本作者在人性上是相通的，理解别人和理解自己是一致的，所以才有语义上的交往。他认为，解释者可以更好地理解文本作者所没有意识到的东西，理解文本的意义实际上是用解释者本人的眼光来理解的。施莱尔马赫的两种解释之间是有矛盾的，但他毕竟把解释学从故纸堆里拯救了出来，为解释学的发展奠定了重要的基础。

狄尔泰深受施莱尔马赫的影响,把解释学从对文本的消极注释转向对历史实在的探讨。狄尔泰(1833—1911)是德国哲学家,生命哲学的奠基人,他严格区分了自然科学与精神科学,并以生命或生活作为哲学的出发点。狄尔泰在解释学发展中的贡献主要在于指出了历史理性批判可以使精神科学达到与自然科学可以比拟的确凿精密和普遍有效。而历史理性批判必须以解释学为基础,解释学又是深深扎根于人的心理生命总体的。人的心理生命总体在具体庞大的历史世界中流动,这样,历史世界亦即人的经验的整体实在,也就是解释学面对的对象。于是狄尔泰就较为彻底地使解释学哲学化,并使之成为普遍的认识论与人文科学的一般方法论,它可以处理的对象也就关涉了人的基本生存经验。[①]

海德格尔从他的存在哲学出发,把解释学从认识论、方法论问题转成了本体论问题。在他看来,解释学不仅涉及具有历史学性质的文本,而且首要的是对具有历史性的"在者"即"此在"的解释;解释学所研究的理解,构成了此在生存活动的"先行结构",这就是"先行具有""先行见到""先行掌握"。换言之,在一个事物被看作是科学认识的对象前,我们已经对它有了"前理解",这可以看作是理解的出发点和基础,解释学研究的就是这个原始的领域。在此基础上,伽达默尔创立了哲学解释学。

伽达默尔(1900—2002),德国哲学家,他在哲学上的主要贡献就是建立了哲学解释学的理论体系,1960年出版的《真理与方法》,是哲学解释学的代表作。到了伽达默尔这里,解释学不再是古典意义上的解释学了,虽然"文本"的概念仍然存在,但伽达默尔理论中的"文本"含义是非常广泛的,它可以指历史上任何成为过去并且对现在有影响因而受到人们关注的社会文化现象。和海德格尔一样,伽达默尔把"理解"看作是人的存在方式,不过他的解释学仍然包含了方法论的原则。伽达默尔的哲学解释学,主要表现在一些基本概念上,通过理解这些基本概念,可以把握住哲学解释学的核心思想。

(1) 成见。所谓成见,是说我们不可能以完全中立的立场而只能站在自己的立场上去理解和解释。古典解释学强调解释的客观性原则,试图克服解

[①] 陈锋:《略论西方解释学史的流变》,《天津社会科学》,2003年第2期,第60—63页。

释者的特殊环境加给他偏见、成见等主观的因素，实质上是试图克服历史的间距。伽达默尔认为这看似合理，实际上问题很多。胡塞尔的现象学强调"回到事情本身"，试图悬置成见，以便直接体验到"现象"即"意识自身"。这一点已经被海德格尔超越了，他认为"前行结构"是"此在"存在的基础。伽达默尔进一步发展了海德格尔的思想，提出"成见"概念，并给予"成见"合法的地位。一方面，如果要纯粹客观地解读文本，就不仅要复制出形成文本的种种客观外在条件，还要复制出文本作者的主观内在条件，这显然是不可能的。另一方面，在理解和解释之前，事实上已经有理解和解释了。所以，从单个理解者的角度讲，纯粹客观地理解文本是根本不可能的。更重要的是，"成见"并非就是错误的，成见作为理解的条件也是真理产生的条件。

（2）视域融合。历史的间距无法消除，自身的成见也无法消除，那么理解怎么可能呢？伽达默尔从海德格尔"此在"的历史性和时间性思想出发，提出了"时间间距"概念。他认为我们与历史之间的时间间距并不是正确理解文本的障碍，相反地，时间间距为积极地和富于建设性地理解提供了可能，时间间距是我们不断产生新理解、新真理的意义的源泉。这是因为处在不同时间的人与人之间存在着视域上的差异。视域（horizon），也译为视野、视界，指"看"的区域，在解释学中指人从某个立足点出发所能看到的一切，是由"成见"构成的我们进行理解的前提条件。视界不是固定不变的，因为人不具有任何绝对的立足点的限制，因而他从不会具有一种真正封闭的视界，当这一视界与其他视界相遇、交融时，便形成了新的理解，这就是视界融合。在视界融合的过程中，过去和现在、主体和客体、自我与他者都融为一体，构成了一个无限的、开放的、统一的整体，历史在视界的不断运动和相互融合中成为"效果历史"。

（3）效果历史。"效果历史"是伽达默尔解释学的核心概念。在《真理与方法》中伽达默尔说过："真正的历史对象根本就不是对象，而是自己与他者的统一体，或一种关系，在这种关系中同时存在着历史的实在以及历史理解的实在。一种名副其实的解释学表现在理解本身中显示历史的实在性。因此我就把所需要的这样一种东西称之为'效果历史'。理解按其本性乃是一种效果历史事件。"① 对这段话，有学者这样解读：我们都从属于传统，我们自始就被抛入传统之中，所以只能在传统中进行理解。传统影响着我们、形成着我们，成为我们存在的一部分，而历史就是通过传统的效果对我们发挥作用的。理解必须具有历史的有效性。理解离开了历史（传统、成见）是不可能的，历史离开了理解也无法产生效果，因而历史性的理解或理解的历史性就是效果历史。② 我以为这里主要解读了"理解"这种效果历史事件，而没有说清楚"效果历史"。另有学者对这段话这样解读：历史是主体与客体的相互统一体，在这个统一体中同时存在着历史的实在性和历史理解的实在性，这种非主观非客观的历史，就是"效果历史"。③ 这就把"效果历史"说清楚了。

至此，我们简述了形而上学、实证主义、建构主义、解释学四种哲学理论基础，这并不意味着研究教育知识的形成只有这四种哲学基础。事实上，几乎所有的哲学动向都会在教育认识方法上有所反映，因而我们只能是择其要者，而且难免带有一定的主观性。不过，对于业已存在的教育认识活动，其存在的状态基本上可以用我们所说的四种哲学理论基础加以解释。可以说，有些教育认识的方法与某种哲学理论是直接对应的，也有些教育认识的方法并无自觉、直接的哲学基础。因而，我们对于形而上学、实证主义、建构主义、解释学四种哲学理论基础的简述，更主要的意义在于表达一种事实，即哲学理论对于教育认识活动及其研究具有理论基础作用。

第二节　教育认识的基本路径

人类究竟通过什么样的路径认识教育呢？换言之，人类关于教育的认识成果是通过怎样的渠道取得的？在教育认识领域，研究者要么不关心这种问

---

① 张志伟、欧阳谦主编：《西方哲学智慧》，北京：中国人民大学出版社，2000年版，第168页。
② 张志伟、欧阳谦主编：《西方哲学智慧》，北京：中国人民大学出版社，2000年版，第168页。
③ 任厚奎等：《西方哲学概论》，成都：四川大学出版社，1988年版，第535页。

题，要么就是几乎本能地把它交给了哲学，同时习惯于把方法论问题直接转换为方法问题。也可以说，教育认识的路径问题，在教育领域并没有被人们自觉地提出来，即使教育哲学研究者，他们也很少关心教育认识的方法论问题，并与其他研究者一样，基本上默认了"教育研究方法"或"教育科学研究方法"可以解决教育认识的方法问题。实际上，教育认识和教育研究固然有联系，但又不是简单的一回事情。教育认识指向"真"和"新"的教育知识；教育研究一般而言都有一个或两个目的：知识的拓展、问题的解决。[①] 这意味着有一些教育研究并不以形成教育知识为目的，而是为了解决实际存在的应用性的问题。关于教育认识的基本路径，我们的思路是这样的：教育知识是教育认识活动的产物；在教育认识活动中，客观上存在着认识者和认识对象两个方面；由于认识对象的不同，认识者和认识对象之间的中介活动是不同的；只要认识活动的结果是教育知识的形成，以中介活动为实质的认识方式其实就是教育知识形成的路径。根据文献分析和专业化的体验可以发现，教育认识活动中的认识对象包括客体化的教育现象、主体身在其中的教育活动、超越经验的教育本体、负载教育认识性信息的教育知识文本，以及可以用问句表达的各种问题。教育认识者与客体化的教育现象以反映为中介，与身在其中的教育活动以体验和反思为中介，与教育本体以思辨为中介，与教育知识文本以解释和批判为中介，从而构成各种具体的认识关系。教育认识的具体运动就是在各种具体的教育认识关系中具体展开的。

一、对客体化的教育现象的能动性反映

打开各种教育学的教科书，可以看到大多数编著者会把教育学描述为研究教育现象及其规律的一门科学。至少在形式上，人们会承认教育现象是教育认识的当然对象，但对什么是教育现象这一问题并没有具体的回答，好像这不能成为一个问题。针对这种情况，我国学者陈桂生对"教育现象"作了一番思考。他举了一个例子：一位教师，闻铃声，上课堂，握一卷，对莘莘

---

① ［美］威廉·维尔斯曼：《教育研究方法导论》，袁振国主译，北京：教育科学出版社，1997年版，第29页。

学子，侃侃如也。教育学家可以说这是一种教育现象，但社会学家也可以说这是一种"社会现象"。陈桂生认为，"'现象'本身不过是嵌入种种复杂现象网络中的一个'结'。这个'结'是由多种社会关系、心理状态、文化成果的经纬编结而成的。把它称为'教育现象'，其实只认可这种现象的一部分"①。胡德海也注意到人们对"教育现象"的疏于思考，他在"本质-现象"关系中，认为教育现象，也就是教育形态，即可以被人们感知到的教育的外在形态。② 结合两位学者的认识，我们可以把教育现象规定为可以被人们感知到的教育的外在形态，它是用教育认识的眼光感知到的教育的外在形态。具体说来，教育现象一方面指符合教育最基本界定的客观现象，另一方面指发生在教育场所和教育过程，并与教育的目的直接或间接相关的种种客观现象。教育有教育事业、教育活动、教育思想三种形态，那么，教育现象也自然包括这三大类，进而，发生在教育三种形态中尤其是发生在教育活动形态中的、符合教育基本界定的现象，以及与教育的目的直接或间接相关的现象，都属于教育现象。具体如：教师的角色活动、学生的角色活动以及师生间的互动，对教材知识的教育学处理、学习以及服务于深化理解的练习，学校的管理活动和德育、智育、体育、美育活动，等等，这些都是教育现象。

当我们意识到具体的"教育现象"存在的时候，"教育现象"就有可能成为我们认识的对象，因为一种客观存在已经被我们意识到了。很显然，仅仅意识到教育现象的存在并不必然导致指向新知的教育认识活动，因为对于教育现象的认识活动是从能动的反映开始的。

反映，是一个哲学概念。我们所说的"反映"，是作为马克思主义认识论之核心的唯物反映论的"反映"，它是由列宁系统论述的。列宁在说明"物质"时说："物质是标志客观实在的哲学范畴，这种客观实在是人通过感觉感知的，它不依赖于我们的感觉而存在，为我们的感觉所复写、摄影、反映。"③在这里，列宁还没有说反映是什么，但有一点是明确的，即反映是人和客观

---

① 陈桂生：《"教育学"辨——"元教育学"的探索》，福州：福建教育出版社，1998年版，第38页。
② 胡德海：《教育学原理》，兰州：甘肃教育出版社，1998年版，第244页。
③ 《列宁选集》（第2卷），北京：人民出版社，1995年版，第89页。

实在之间的一种中介机制。关于列宁的"反映"概念，有研究者认为存在着两个层次[①]：一是感性阶段的反映。人的感觉、直觉、表象，都是外部世界的映像。更准确地说，反映，作为结果，即我们感觉到的、知觉到的我们意识中的事物表象；作为过程，就是我们的感觉和知觉活动。这就是感性阶段的反映。二是理性阶段的反映。列宁说过，承认理论是摹写，是客观实在的近似的摹写，这就是唯物主义。"理论是摹写"这一说法，说明了反映不只限于感性阶段有感觉层次的具体的反映，也有思维层次的抽象的形式。

当论及思维层次的抽象的反映时，我们需要指出反映的能动性质。能动的反映，不仅折射出人进行反映活动的积极性和自觉性，还说明人对外部世界的反映具有一定的创造性。这种创造性表现为反映和建构在人认识外部世界过程中的有机统一。在康德哲学以前，人们只把思维理解为简单的二维结构，而且在二维结构中只存在着决定和被决定的关系，哲学家们要么用自然界说明思想，要么用思想说明自然界，前者就是机械唯物主义，后者就是唯心主义。在心理学上，早期的行为主义者，比如华生，把思维解释为简单的刺激-反应（S-R）格式，具有明显的机械主义性质。现代认知心理学在重视主体的基础上，提出了 S-O-R 格式，揭示了主体及其思维结构在自在客体和观念客体之间的中介转换作用，建构的思想就是在这个格式基础上逐渐出现的。由于思维建构论的出现，许多人认为认识论的反映论就被摧毁了，这是一种简单的看法。思维的建构论实际上发展了反映论而不是代替了反映论。有学者就认识到了思维建构理论揭示了反映的双重决定性。[②] 首先，反映要受到自在客体的决定，没有自在客体就不会有观念客体，这是反映的客观前提；其次，反映要受到主体的决定，没有主体的理解、创造过程，没有概念结构对自在客体的分解过程，也不会有观念客体。观念客体是主体对自在客体特殊地理解和把握的结果，是思维构造的产物，在此基础上，反映才不是照相机式的反映，才不是简单的直观，而是人对自在客体能动的、创造性的、在

---

① 王玉琼：《列宁"反映"概念的三种界定和真实意义》，《理论学习月刊》，1997 年第 1 期，第 1—5 页。

② 陈志良、杨耕：《建构、反思、反映：关于马克思主义认识论的再思考》，《天津社会科学》，2000 年第 3 期，第 4—11 页。

感性认识基础上的构造。进一步讲，反映的本质是以自在客体为前提的观念客体在人脑中的形成，而观念客体的形成，实质上是一种以感性认识为前提的思维构造。这正是我们把人对客体化的教育对象的能动反映作为教育知识形成路径之一的理论基础。

在上述思考的基础上，我们认为，对客体化的教育现象的能动性反映是教育知识形成的基本路径之一。这一路径的原理是：人们利用感知能力，获得了客体化教育现象基本的感性信息，从而使大脑意识到教育现象的存在；大脑中的认知结构对获得的教育现象基本信息进行能动的思维处理和转换，使教育现象的观念客体在大脑中形成；观念客体的教育现象，其初级的形式可以是人对教育的主观印象，其高级的形式则是教育现象的概念化、原理化成果。为了便于理解，我们可以把人对客体化的教育现象的能动性反映过程，划分为三个步骤。

（一）对教育现象的感性直观

感觉系统是一切客体性信息到达人自身的第一道关口。我们的眼睛、耳朵、鼻子、舌头、身体，分别感受客体性的光线、声音、气味、味道以及各种施予人体的物理刺激。任何一种感觉器官的损坏都会影响我们对外部世界的感觉，如果感觉系统整体失去功能，思维也就不复存在了。因此，我们必须认识到感觉系统在人的认识中的重要作用。

人通过感觉可以获得什么呢？当然是对各种刺激的直接体验，但经过知觉整合，人就可以获得自在客体的感性轮廓。我们假设有一位从没有上过学，也从不思考教育问题的村里的大爷，我们能否说他对教育"一无所知"？一定不能这样说。他在自己的生活世界里，会感受到与教育有关的各种信息，比如：他的孩子、孙子上学了，毕业了；学校要收学费了；某个老师打学生了；谁家的孩子上大学，后来做官了；村里要盖新学校了；学校发新书了；老师表扬他的孩子或孙子了；他为孩子不好好学习生气了；等等。这些事情总在发生，村里的大爷即便没有上过学，即便没有思考过教育，他的头脑中也必然有一个对教育的感性轮廓，他所具有的对教育的感性轮廓，正是他可以偶尔和他人谈论教育的基本前提。

然而，如果我们要通过对客体化教育现象的能动性反映获得教育知识，那么，对教育现象的感性认识就不是一件顺其自然的事情，而是要有所计划和设计，否则，我们对于教育现象的感受，原则上就无法超越村里的大爷。什么是有计划、有设计的对教育现象的感知呢？教育科学研究方法中的观察和调查就是这方面的典型。

观察，指人们对外部事物的现象和过程的认识，它是一种有目的、有意识的感性认识活动。所谓观察法，是指人们有目的、有计划地通过感官和辅助仪器，对处于自然状态下的客观事物进行系统考察，从而获得经验事实的一种科学研究方法。在教育认识中，通过观察，可以获得对教育现象的直接认识，可以获得教育事业、教育活动以及教育思想的显在的静态或动态的信息，为思维对教育现象的深刻反映提供第一手的材料。

调查，应视为观察的继续，是人对感觉局限性的积极超越。我们使用感觉器官以及辅助仪器只能获得显在的教育现象信息，而有些信息是潜在的，这就需要新的获得信息的方法。教育认识中的调查，是在一定的教育理论指导下，运用观察、列表、问卷、访谈、测验等手段和方法，搜集有关教育现象的客观事实材料，从而获得具体教育现象的基本情况。调查研究是一种描述研究，调查就是一种描述。调查很显然比观察更容易获得教育现象更深层的信息，为人们深刻地反映教育现象提供了更丰富的材料。我们走到一个学校，发现有两个学生在打架，这是我们能够看到的，如果采取自然主义的态度，我们可以获得他们打架的全过程信息。但是，他们是哪个班级的学生？他们为什么打架呢？仅仅靠观察就不够了，而通过简单的访谈，就可以获得两个学生的身份信息以及打架的原因信息，我们对于这个现象的反映就要深刻多了。在实际的教育认识活动中，观察和调查要根据实际的需求灵活使用。

（二）对教育现象基本信息的思维处理和转换

通过观察和调查获得教育现象的基本信息，只是教育知识形成的开始。从教育知识形成的全过程看，所获得的教育现象的基本信息还必须经过思维的处理和转换才能成为观念化的教育现象。事实上，对于一个认识者来说，纯粹的观察和调查几乎是不存在的。由于观察和调查都渗透着理论，所以，认识者在获得教育现象基本的感性信息的同时就可能对信息进行初步的处理和转换。这种处理和转换，从道理上说来简单，无非是人的认知结构对教育现象信息的"符号化"和"秩序化",通过符号化,教育信息转换为主观的形式;通过秩序化,教育现象的感性轮廓就转换为理性的形式了。总起来说,这是一个思维通过语言构造客观实在的过程。

要完成这一过程,教育认识者必须具备一定的条件,最主要的是要掌握已经存在的教育知识,尤其是教育理论,此外还要具备创新知识的能力。在学习教育理论的过程中,我们掌握了许多的教育理论术语,并把它们和具体的教育现象对应了起来,由此,当我们面对教育客观实在的时候,会带着理论的眼光,教育现象在我们的意识中就不再是赤裸裸的感性信息。进一步说,教育现象被我们用理论的方式掌握了。我们知道,客体化的教育现象转化为观念化的教育现象,其中介是认知结构对教育现象信息的"符号化"和"秩序化",那么,认知结构何以具有如此的功能呢?原因很简单,认知结构并不是抽象的先天的图式,而是建立在知识结构基础上的思维方式。假如没有先在的教育知识,人对教育现象的整体的符号化和秩序化是无法实现的。或许有人会提出这样的问题,即先在的教育知识从哪里来呢?这是历史积累的结果,就其根源来说,是人赋予了现象以名,最初的词、术语就出现了,这其中运用了人创造新知识的能力。随着人们对教育现象的深入了解,会发现教育现象世界要比教育语言世界丰富得多,必须不断创造新的词语、术语才能更充分地反映教育现象,于是,新的教育概念就会产生,人们会用加入了新元素的教育语言重新构造教育现象,这就是人对教育现象的建构性的反映,亦即创造性的反映。这个创造性的建构过程如果展开,一般会表现为现实的教育思考和研究过程。

(三)作为概念和原理的教育现象观念客体的形成

在认知结构的中介处理和转换过程中,假如给了具体的教育现象以名,并加以逻辑地界定,实现名实相符,那么作为概念的教育现象观念客体就产生了;假如表达了教育现象内部的联系,以及教育现象与相关的其他现象的关系,那么作为原理的教育现象观念客体就形成了。需要指出,经过理性处理的教育现象的感性材料,就不再是感性材料了,更不再是自在的教育现象,而成为教育现象的观念,这种观念获得了逻辑的形式,就是教育知识了。以"教""育"为例,现实中存在着施和效的行为,这是教育现象,一旦人赋予施效行为以"教"之名,并说"教,上所施下所效也",这就是教育概念。如果人经过理性思考,意识到在"教"中,施和效是相互依存的,这就是教育原理。

列宁说过,理论是摹写。这一论断的核心在于理论所表达的内涵是客观实在本就具有的,在此意义上,理论是客观实在的反映。但很显然,不是所有的人都能完成这样的摹写,这就说明摹写不是一个简单的物理性复写问题。由于视界的存在,我们看到的是我们能看到的,我们想到的是我们能想到的,能从教育现象摹写出教育理论的人,必然具有摹写的能力,而这种摹写的能力则来自具有这种功能的认知结构。这一段话很像是"同语反复"(tautology),但事实就是这样。在现时代,教育认识活动已经成为专业化的活动,教育知识的形成虽然从理论上讲必然从感性的反映开始,但从类的意义上看,参与教育知识形成的人应该是职业的教育认识劳动者,他们对于客体化教育现象的能动反映,越来越成为内在心理过程和外在方法、技术相结合的活动。因此,如果说在过去,"反映"只是对认识活动的解释,那么在今天,"对客体性教育现象的能动反映"已近于教育知识形成的方法论了。

二、对身在其中的教育活动的体验与反思

在对客体化的教育现象的能动性反映中,认识者怀有明确的认识意识和研究意识,他们通常是站在教育过程之外的,无论他们对教育现象的反映有多少主观的能动性,采取的总是客观主义的认识立场。这当然只是我们获得教育知识的一条道路,而且这条道路的出现是在人类教育认识进入专门化阶段以后。在此之前已经存在,在此之后继续存在着的,还有一种方式,即人对身在其中的教育活动的体验与反思。所谓"实践出真知",在这种方式上可以得到最贴切的说明。应该说,原创性的教育知识主要是通过人们对身在其中的教育活动的体验与反思而形成的。哲学家休谟在论观念的起源时说:"人心所具有的全部创造力,只不过是把感官和经验供给于我们的材料混合、调

换，增加或减少罢了，它并不是什么奇特的官能。"① 这段话主要是说观念的源头在感觉和经验之中，我们提及它，是因为"感觉和经验"对于教育认识来说，其最佳方式莫过于"体验与反思"。如果不能成为教育活动的有机构成，一个教育认识者只能依靠活动者的内省材料和自己对教育活动的有限感觉，这对于教育或能识其大概，但总会隔着一层。值得注意的是，随着教育认识专业化程度的提高，教育认识越来越成为专业的"教育研究者"的事情了。在我国，虽然近年来教育领域积极提倡行动研究、反思性教学，但立意在于促进教师的专业化发展，并不是为了教育知识的形成。这当然无可指摘，只是提醒人们不可忘却身在教育活动中的人可以创造教育知识，其机制就是人对身在其中的教育活动的体验与反思。

(一) 体验与教育活动的观念化

体验，顾名思义，指在实践中认识事物和亲身经历生活。比如作家、艺术家要体验生活，就是要亲身经历所要表现的场景和人物，而通过对生活的体验，他们会在头脑中形成关于特定场景和人物的观念，这种观念会进一步支配他们的写作或表演。更多的体验并不像作家和艺术家那样具有较强的目的性，而是自在的，普遍地存在于所有人的所有实践活动中，因而体验是具有普遍性的。

关于体验的理论研究，我们要说说体验哲学。这是一种较新的哲学理论，在西方哲学、认知科学、语言学等领域具有较大的影响，到目前为止属于对体验的最高层次和最为系统的研究。1999 年，美国的两位教授雷可夫和约翰逊②出版了《体验哲学——基于体验的心智及对西方思想的挑战》一书，书中提出"体验哲学"（Embodied Philosophy，Philosophy in the Flesh）理论，对客观主义进行了严厉的批评。他们不仅把经验主义和理性主义的主要观点称为"客观主义"加以批评，也反对与客观主义对应的主观主义，确立了"非客观主义"的哲学观点。我国语言学学者王寅把这种"非客观主义"的哲

---

① ［英］休谟：《人类理解研究》，关文运译，北京：商务印书馆，1957 年版，第 20 页。

② 雷可夫（Lakoff）是美国加州大学伯克利分校的语言学教授；约翰逊（Johnson）是美国俄勒冈大学的哲学教授。

学观点概括为以下五个方面:[①]

(1) 世界范畴的主客观性。现实世界中的范畴、关系是通过人的主观作用认识的,客观外界不可能独立于人的意识,必须充分考虑到进行范畴化的人的因素。

(2) 人类思维的体验性和互动性。人们的思维、心智、概念都是基于现实世界、感知体验、身体运动,不可能与生理、神经无关,具有体验性。客观世界中的范畴、特征、关系对它们的形成有基础性的始源影响,但不可能像客观主义所认为的那样是镜像般的映射,它们是身体与客观外界互动的产物。

(3) 心智结构的隐喻性和完形性。心智结构在体验的基础上,使用隐喻、换喻等方式,使得人类不断形成抽象概念,发展出抽象思维能力。心智结构具有完形性,不可分解为"建造构块"。

(4) 概念结构的非符号性和建构性。概念结构不是符号结构,不与外界完全直接对应。概念结构是在人的身体和大脑与客观外界互动的基础上建构起来的。同时,思维的完形特征使得概念具有整体性。

(5) 意义系统的模糊性和整合性。意义是基于体验的心智现象,是主客互动的结果,具有动态性、相对性、模糊性,不能用简单组合和形式主义的方法通过运算获得,要用整合方式对其加以描写。

上述思想被雷可夫和约翰逊概括为体验哲学的三条原则:

(1) 心智的体验性原则。我们的概念、范畴、推理和心智,不是外部现实客观的、镜像的反映,而是由我们的身体经验形成的,特别是由感觉系统形成的。人们在经验和行为中形成了概念和范畴,语义和概念范畴同时形成。反映在语言中的现实结构是心智的产物,而心智又是身体经验的产物。人们生活在世界中,无法与其分离,使认知、心智、知识、科学成为可能的只能是我们的体验和我们的想象力。

(2) 认知的无意识性原则。这是指对我们心智中的所思所想没有直接的

---

① 王寅:《体验哲学:一种新的哲学理论》,《哲学动态》,2003年第7期,第24—30页。

知觉。即使理解一个简单的话语也需要涉及许多的认知运作程序，而这些程序运作太快，以至于即使集中注意也不能被觉察，也不需要花费什么努力就能进行自动化的运作。大部分的认知、推理是无意识的。

（3）思维的隐喻性原则。雷可夫和约翰逊认为，隐喻的基本作用是从始源域把推理类型映射到目的域。隐喻不是伟大诗人的创新，是人类正常认知世界的方式，普遍地存在于各种文化和语言之中。隐喻具有体验性；隐喻是自动的、无意识的思维模式；隐喻使得大部分抽象思维成为可能。人们要用感觉现象来表达精神现象，就产生了隐喻。

体验哲学的理论，可以启示我们进一步理解体验在教育知识形成中的作用。从历史的角度看，最初的教育知识与体验有着不可分割的联系。试想，在教育认识尚未专门化的时代，人们关于教育的言说，尤其是关于教育活动的言说，不就是言说者的主体性体验吗？这样的言说在中国古代教育思想文献中是屡见不鲜的，譬如："虽有嘉肴，弗食不知其旨也；虽有至道，弗学不知其善也""善歌者，使人继其声；善教者，使人继其志"等等。这些言论不只是形式上具有隐喻特征，究其发生，也是体验的。

体验在教育知识形成中的作用，根据体验哲学的理论，主要在于教育活动的概念化和观念化。使教育活动概念化和观念化的机制就是体验的核心方式——隐喻。隐喻，以已知喻未知，以熟悉喻不熟悉，以简单喻繁复，以具体喻抽象，是人类重要的思维方式。只要人们具有认识上的一定的积累，就具有了通过隐喻的方式把握对象的条件和能力。隐喻不是人们简单的对事物的复写，若能复写，就不需隐喻。换言之，之所以使用隐喻的方式，是因为无法复写对象，只能"打个比方"，用已知的、熟悉的、简单的、具体的 A，来说明未知的、不熟悉的、繁复的、抽象的 B。如果使用隐喻的方式发生在认识的初始阶段，而非为了知识传播的效果，那么，隐喻实际上就成为人们在认识上把握对象的一种方法和途径，其结果是应被视为知识的。

对教育活动的体验过程是高度个人化的，因为它是人的身心和意识与身在其中的教育活动的全方位接触，所以，我们很难去描述他人的体验过程。对于发生在自身的体验，虽然可以通过内省进行描述，但因大多数的认知是无意识的，我们实际上也很难完整地描述出自己的体验过程。这就给我们分析体验在教育知识形成中的作用、阐明体验与教育活动的观念化增加了难度。不过，另有一条道路是向我们敞开的，那就是人们对教育活动体验的结果——隐喻式的教育言说。只要科学地分析这些言说，就会发现它们并不是一种修辞的技巧或美的表达，而是一种特殊的认识成果，所以通过对这种认识成果的分析，我们同样可以理解体验与教育活动的观念化。

为了方便阐述，我们举一则通过对教育活动的体验而得到的隐喻式的教育知识，对其加以分析解释，以揭示体验与教育活动观念化的基本原理。

《学记》曰："善问者如攻坚木，先其易者，后其节目，及其久也，相说以解；不善问者反此。善待问者如撞钟，叩之以小者则小鸣，叩之以大者则大鸣，待其从容，然后尽其声；不善答问者反此。此皆进学之道也。"此段讲教学之道，属于为知识的言说，而非为文学的言说，因而其中的隐喻固然是修辞的手段，更是认识的方法。这段讲教学之道的隐喻式言说，可以作如下分解（见表 5-1）：

表 5-1　教学之道隐喻式言说分解表

A（用来说明的）	B（要说明的）
攻坚木者（匠人）	善问者（教师）
攻坚木	提问
先其易者，后其节目	先易后难
钟	教师（善待问者）
叩之以小者则小鸣，叩之以大者则大鸣，待其从容，然后尽其声	钟之为体，必待其击。答问之道，在于因问而答

我们不能把 A 简单地视为 B 的通俗表达。在认识的意义上，A 是已知的、熟悉的、简单的、具体的，B 是未知的、不熟悉的、繁复的、抽象的。我们可以想象一个人在追寻问答之道，他自然地搜寻、联想与问答相似的活动，在高速的认知运作后，他选择了攻坚木和撞钟活动；他是熟悉攻坚木和撞钟的，并懂得攻坚木和撞钟之道；但是，他并非先行发现了问答之道，而是先行懂得了攻坚木和撞钟之道，并认为问应该像善攻坚木者那样进行，待问应该像钟那样不叩不鸣，小叩小鸣，大叩大鸣。可以说，问答活动，因人有攻坚木和撞钟的直接或间接经验，而获得了一种观念化的说明。换句话说，问

答活动本无道，隐喻这种思维方式使它观念化了。观念化了的教育活动是经由人的思维处理过的，它不是教育活动的一种映像，而是人对教育活动的能动的建构，因而应该更恰当地称之为关于教育活动的观念。这显然是一种知识，不仅可以让人们知道教育活动"像"（是）什么，而且可以作为人们操作教育活动的一种标准。隐喻符合原型启发，是一种认识的路径。把隐喻式教育言说中的"原型"删除，留下来的就是"是"而非"像"了。如此，《学记》的这段话可以转化为"善问者，先易后难；善待问者，因问而答"。这不就是我们可以接受的规范性知识表达形式吗？

（二）反思与教育活动观念的修正和确证

一谈及反思，人们就会想到它是哲学的存在方式，是在人类生活中普遍存在的一种认识现象。那么，反思和教育知识的形成有什么联系呢？有学者根据黑格尔的论述并参考马克思的观点，总结出作为一种思维方式的反思具有四个基本特征[①]：(1)反思是一种事后思维。也就是说反思是事后对既有的经验和现实对象的思考。(2)反思是一种本质性的思维。(3)反思是一种批判性思维。反思内含"反省""内省"的意思，是贯穿和体现批判精神的。(4)反思是一种纯粹的思维。这是说反思是以思想本身为对象和内容的思考，是对既有思想成果的思考，是关于思想的思想。这四个特征，实际上展示了反思在黑格尔哲学论述中的各种不同的含义，经过专业人员的总结，也就成为人们关于反思的普遍认识了。至少，在哲学专业人员那里，反思就是一种事后的、本质性的、批判的和纯粹的思维。反思与教育知识形成的联系，主要表现在它对于经由体验而获得的教育活动的观念具有修正和确证作用。

首先，反思对体验得来的教育活动的观念具有修正作用。修正，意为修改使正确，是一种求真的过程。既然是修，当然要先有"原本"，并会对"原本"有所改变；既然是以修求正，其"修"必然有一定的原则，其"正"必然有一定的标准。如此说来，修正的过程就近乎反思了。通过对教育活动的体验，人们可以获得关于教育活动的观念，我们说过，这种观念就是一种教育知识。但是，这样的教育知识显然还很粗糙，因为对于揭示教育活动本质

---

① 侯才：《论反思思维》，《长白学刊》，2002年第1期，第33—38页。

的目的来说，再精致的隐喻也是蹩脚的，"像"和"是"即意味着无法逾越。当然，对于人文事物的认识，难免陷入"解释学的循环"，正因此，不断的反思就成为降低体验和隐喻局限性的绝佳选择。反思具有批判的品格，反思者会依据理性或效果原则，对隐喻式的教育知识进行检查。应该说，隐喻虽然是自然的、机巧的，但也是认识的"权宜之计"。以前述《学记》中的论述为例，虽然我们会由衷地赞叹其隐喻的巧妙，但反思起来，又会有以下困惑：既有的隐喻恰当吗？既有的隐喻在多大程度上说明了教学中的问答之道呢？这是反思的开始。具体考察起来，会发现既有的隐喻真的需要修正。"待问者"如"钟"，这是以物喻人。物是无灵的，人是有灵的，教育活动中的教师，以教书育人为己任，若如金"钟"，不叩不鸣、小叩小鸣、大叩大鸣，未免被动了些。实际上，古代的许多关于教育活动的言说至今仍是适用的，但由于未经反思批判，仍然流于表面，虽然也属于教育知识，但毕竟是较为粗糙和初级的教育知识。同样是"提问要先易后难"，现代教育学理论会以具体年龄阶段人的心理发展特点为依据而提出，显然要比古代最高明的隐喻还要高明。两者之间的形式上的差别在于依据的不同，究其实质，现代教育学对许多古代的教育活动观念，以相关科学为基础进行了理性的反思。我们经常讲教育认识的继承和发展，继承是一种选择，发展则是以反思为中介的，通过反思，我们可以对既有的优秀的教育活动观念，从形式到内容进行修正和完善，教育知识就在这样的机制中不断向前发展。

其次，反思对体验得来的教育活动的观念具有确证作用。所谓确证，就是证明，按其方式可以分为经验的证明和理论的证明。实证主义者崇尚经验的证明，思辨主义者则重视理论的证明。反思，不是简单的破旧立新，破要有破的武器，立要有立的根据，这才是理性的反思。反思对体验得来的教育活动的观念不是具有修正的作用吗？那么，为什么要修"原本"呢？一定是因为"原本"有不足或有误。凭什么说"原本"有不足或有误呢？应该拿出证据或者理由。我们知道，修是为了正，那么，如何证明修之后就是正的呢？如果一次回答了这些问题，分明就是对教育活动的观念进行了一次确证。我们注意到，反思既有的教育活动观念，不仅有正向的证真，也有反向的证伪，这都属于确证的范畴。实际上，修正本身就蕴含着双重含义，一修伪，二求真，修伪需要证伪，求真需要证真。体验得来的教育活动的观念，经过人的反思确证，一方面获得了存在的更充分的根据，另一方面也就自然地获得了理性知识的资格。

总之，对身在其中的教育活动的体验与反思，的确是教育知识形成的有效路径。关于这一点，教育认识的历史已经作了证明，我们的论述只是阐述了一些内在的根据。近年来，体验与反思，不只在教育领域，在社会的各个领域中都受到了人们的重视。在教育实践领域，体验学习理论已有人在介绍，[①] 反思性教学的思想已经普及到了几乎所有城市的中小学。然而在教育认识领域，尽管谁也无法离开体验与反思进行教育的思考和研究，但能承认和确立体验与反思在教育知识形成中的地位的几乎没有。质的研究方法在国内的宣传和使用，一定程度上使人们感觉到了体验与反思的价值，但还没有把体验与反思的价值提升到教育知识形成路径的高度。所以，我们的主张也许是一种冒险，但肯定是一种尝试，它也必将成为反思的对象。

三、对超越经验的教育本体的思辨

在实证主义者看来，研究的对象必须是具体的，只有这样，研究的结论才能够被证实或证伪。形而上学因以超验的本体为对象而遭到实证主义的批判和拒斥，以致在今天，即使人们难免有形而上学的情怀，但基本上不会把形而上学作为一种认识世界的方法。有学者说过："谁要是寻求的是知识，那么，它应当感谢经验科学，并到其中去求得满足。至于形而上学，则不向人许诺关于任何东西的知识，它给人的报酬是信念和智慧。"[②] 这实际上也是人们对于形而上学的普遍的认识。照此看来，以超经验的本体为对象的形而上学并不许诺关于任何东西的知识，那么，我们把对超越经验的教育本体的思辨作为教育知识形成的一种路径还有什么意义呢？这是不是一个虚妄的问题呢？实际上，这里最关键的是关于本体的认识到底是不是知识的问题。

在我看来，关于本体的认识是一种特殊的知识，其特殊性表现在它所反

---

① 王嘉毅、李志厚：《论体验学习》，《教育理论与实践》，2004年第12期，第44—47页。

② 王德峰：《哲学导论》，上海：上海人民出版社，2000年版，第142页。

映的对象是一个整体，它所揭示的内容是关于这个整体的本质。由于本质总隐藏在现象的背后，无法被人用感觉的方式获得，所以往往被视为超越经验的。其实，本质只是无法直接进入人的感觉，它只能通过人的思维与现象世界相通。人的认识，包括对于本体的认识，根本无法脱开感性的根源，如果没有对现象的充分感知，对于本体的思考是无法想象的。所以，我们应该给"超经验"加上引号，用以提示它是超越经验的，但源头和基础仍然是对经验的认识。如果说对经验和现象的认识是对具体的认识，那么对本体的认识就是对抽象的认识。对具体的认识结果可以是知识，对抽象的认识结果同样可以是知识，比如说"世界是物质的"这一论断是不是知识呢？当然是，它是关于世界总体和本体的知识。

教育认识领域总要受到哲学从观点到方法的影响，因而也存在着对超越经验的教育本体的认识。教育本体论是传统教育哲学的一个重要组成部分。在我国教育学中，教育本体论常常以关于"教育的本质"和"教育的意义"的思考和讨论而展开。即使在较为具体的教学领域，教学本体论也没有缺席。不过，从总体上讲，对于超越经验的教育本体的认识是较为萧条的，专业的教育研究人员中，已经很少有人具有本体论的兴趣了，这其中有教育现实对教育科学与技术研究的需要更加紧迫的原因，也与教育本体认识的局限性有很大的关系，同时，教育本体认识的方法比较隐晦也是一个原因。原则上讲，关于超经验的教育本体的认识方法是思辨，但思辨具体怎样进行，清楚的人就很少了。

思辨是一个西方哲学术语，而在汉语中思辨意为"慎思明辨"，显然与西方哲学中的思辨具有不同的旨趣。在西方的非哲学语言中，思辨的主要意思是"揣测""悬想""猜测""推测""思索""沉思"等。[①] 在哲学语言中，思辨原指对超出经验、不能证明的东西进行推论，思辨活动则指通过思想上对一主题或材料的再三考察，而且通常不经实验证明或引入新资料而引申出概念和理论。有学者对思辨进行了较深入的研究，指出"所谓思辨，实际上就

---

① 思辨：德语为 spekulation，英语为 speculation，法语为 spéculation，主要的意思是"揣测""悬想""猜测""推测""思索""沉思"等。

是一种超越性的理性认识活动。它是一种特殊的'推测',一种站在高处的'眺望'"。①"真正的思辨不是不顾事实的任意构造,不是世界之外的遐想,而是对世界的超越性认识。"② 思辨可能不是最佳的认识方式,但它是人类认识不可缺少的一种方式,对于不可感知的对象,人就不得不去思辨。

如果我们对思辨的认识到此为止,恐怕它仍然是隐晦的,而要自觉地应用思辨的方法,我们就必须在思辨的机制和程序上有所言说,这样做极可能会出力不讨好,但不这样做又永远无法揭开它神秘的面纱。我们认为,思辨在操作层面可以理解为两个相继的过程:一是对对象的抽象规定和某种信念的确立过程;二是对"规定"和"信念"的阐释和论证过程。

(一)对对象的抽象规定和某种信念的确立

对对象的抽象规定和某种信念的确立是思辨的第一过程。人们掌握世界,是从对世界的规定开始的。规定有两个阶段:

一是给对象以名,从而使对象符号化。如此,客观对象除了自身自在之外,还以符号的形式存在于人的大脑中,这是人们对世界进行抽象思维的基本前提。"给对象以名",有时是约定俗成的结果,有时是人根据理解对对象进行命名的结果。前者是集体经验水到渠成,后者则会是个体对对象的主观规定,当后者出现时,思辨这种高级思维方式就初见端倪了。对对象根据理解进行命名本身,已经包含了思辨的方式。完全意义上的思辨中,命名,是人对对象的一种能动的和创造性的反映,其中有理解的参与。比如,把教育规定为"成人",就是一种能动、创造的反映,其中有人对教育的理解,而不是对教育的简单摹写。

二是给对象之名以定义。名首先是词,是一种符号,如果到此为止,名虽有其意义,但对于人们进一步把握对象并无更大的价值。要使名有益于人把握对象,就需要对名(词)进行规定。通过规定,名就由词转化为概念了。须知,词是符号,概念是思维的单位,两者是有区分的。对名(词)的规定,

---

① 王天思:《理性之翼——人类认识的哲学方式》,北京:人民出版社,2002年版,第103页。

② 王天思:《理性之翼——人类认识的哲学方式》,北京:人民出版社,2002年版,第105页。

就是给名（词）以内涵，就是通过定义的方式，在名与实、人与对象之间建立实质性的联系。下定义是一种逻辑学方法，但下定义并不是对"属加种差"格式进行填充，对于感觉世界的名下定义，人们还可以较轻易地按照"属加种差"格式对对象进行描述；对于理论世界的名，尤其是"基本理论问题"中的名下定义，实际上是在思维世界中对其进行抽象的、思辨的规定。如果让你回答教育是什么，你除了思辨地定义教育，还有什么更好的方法呢？

信念的确立，也在思辨的第一过程。它与对对象的规定不同，是人在与对象的互动中所生出的主观想望。成熟的教育者，一般都拥有一些教育的信念，那些信念从何而来呢？是从教育者对教育的体验和理解中来的。具体说来，一个教育者长期从事教育实践，在不断的反思中，他终于发现教育的实质或成功的秘密，他将这种发现进行总结和概括，教育的信念也就产生了。而其中的关键应是"反思"，反思是思辨第一过程的必然元素。

(二) 对"规定"和"信念"的阐释和论证

对"规定"和"信念"的阐释和论证是思辨的第二过程。哲学，从某种意义上说，就是阐释和论证的艺术。思辨的魅力正是在对"规定"和"信念"的阐释和论证中得以充分展现的。思辨在对"规定"的阐释中，表现为概念的运动，运动的法则就是逻辑。所以，在形式上，思辨的确表现为演绎的推理。只要在逻辑规则的范围内，思辨者就是自由的，他可以不受经验世界的细节的羁绊，只是在驾驭概念之车，在逻辑的规则内信马由缰。当然，思辨的局限也因此而产生，毕竟，逻辑的真不等于经验的真。思辨对"规定"的阐释，就是对所下定义作进一步说明，并为之寻找恰当的理由，而说明和寻找理由，实质上是在处理概念之间的关系。

思辨在对"信念"的论证中，表现为思想的运动，也就是说，论证是在思想与思想之间搭建桥梁。这里需要说明，思辨方式的本质是摆脱经验世界的羁绊，在形而上的世界中自由思维，所以，对信念的论证也是在思辨。相对于概念的运动，思想的运动是粗放的，这使得思辨在严谨之外又多了一层浪漫。当人游弋于思想之间，会有很多感受，甚至会感动，思辨的魅力也在于此。

总之，思辨是形而上的思维方式。从源头上讲，思辨不可能没有感知成果作为原始基础，但思辨又远离实践，具有超验性质；从形式上看，思辨在概念中运行，不可能没有逻辑作为运行的规则，但思辨又不等于纯粹的逻辑推演，而是具有自由的品格。思辨在科学主义研究范式占统治地位的今天，人们虽然无法摒弃它，却对它缺少关注的兴趣，这样，思辨方式的批评者对思辨不甚了了，被批评的思辨者往往也难以述说思辨的究竟，以致思辨始终披着神秘的面纱，让人难以捉摸。人们不应该批评方法本身，只要有特殊的目标需求一种方法，一种方法就有它存在的理由和价值。不过，作为认识方法的一种，思辨是有其局限性的，而且走向极端的思辨非常容易成为一种概念的游戏，这也是思辨最容易受到人们攻击的地方。思辨无疑是教育本体研究及教育基本理论研究的基本方法，若要让思辨发挥更大的作用，我们需要在教育本体思考和教育基本理论研究中把思辨和别的方法结合起来。我想，这也是使此类研究不断走出困境的有效思路。

四、对教育知识文本的理解和批判

如果说最初的认识阶段，人必须和认识的对象直接面对，那么，当知识积累到一定程度的时候，"站在前人肩膀上"的认识工作就有条件出现和合理存在了。中国古代的"六经注我，我注六经"常常被人们批评，殊不知中国古代的思想正是以这样的方式不断地向前发展。说起注经，要提到宋明理学。宋明理学家以孔孟传人自居，对汉代以来的训诂考证、字句解释很有看法，主张注经应以阐发义理为主。所谓"我注六经"，就是通过注六经而阐发自己的思想，因此就出现这样的情况：每个人对于六经的解释都有不同，分明是在表达自己个人的见解，至于六经的原意已在其次了。周敦颐、程颢、程颐、张载、邵雍以及朱熹等，对六经的注释都是在阐发自己的思想。这实际上就是对既有知识文本的理解和批判，同时也是人类知识生产的重要路径。

教育认识的历史很像是接力赛，每一代人都会有自己原创性的工作，每一代人也都会在他们前人创造的基础上继续创造。可是，在前人的基础上继续创造意味着什么呢？这既可以表现为后来者继续前人未竟的事业，也可以表现为把前人的创造成果进行系统化，但最为重要的应是后来者接受前人的启示，创造出新的东西。"我注六经"的方式就是这样。"六经"实为原型，启发后人阐发新义。"注",或者更规范地说,对于知识文本的个性化理解,是创造新知的重要方法。在教育认识领域,认识者面对的主要是教育知识文本,他们会在理解既有文本的过程中,生发出自己的思想。此外,面对教育知识文本,教育认识者不仅仅理解,也会对文本所包含的内容进行分析和批判。站在前人认识的对立面,本身就具有认识论的意义,这样的事情在教育认识的历史上是不鲜见的。

(一)对教育知识文本的理解

对教育知识文本的理解,我们主张一种语言学理解与理论分析相结合的方法。所谓语言学理解,就是对教育知识文本进行不脱离文本语词、语句情境的自然、直接的说明;所谓理论分析,是指以教育知识文本所包含的概念为基础,进行合理联想,综合运用各种理论对教育知识文本进行深度阐释。教育知识文本,尤其是教育理论知识文本,其中的语词多为公共知识系统的概念,这些概念在原初的知识领域中都有其特定的意义。这就使得对于教育知识文本的语言学理解不可能在纯粹的语言学范围进行,与理论分析相结合实际上成为一种必然的结局。当然,也只有把二者有机地结合起来,我们才能够通过对教育知识文本的语言学理解,实现教育知识的创造。语言是理解文化遗产的密码。一种语言的词汇可以反映前人将其经验、梦想和才智加以总结和解释并进行编码的基本概况。语言中的词汇、习语和句法能够帮助我们进行思维、感觉和判断。通过语言,我们可以接触其所处文化中所包含的环境的基本定义。理论,尤其是人文、社会科学理论都是以语言文字的形式存在的,这正是我们可以通过对教育知识文本的理解实现新的教育知识创造的学理上的基础。

1. 语词理解和理论分析相结合

我们以"目的"这一语词(概念)为例,说明语词理解和理论分析相结合。

第一步:"目的",内含"目"和"的"两个要素;"目"的字面义是"眼睛","的"的字面义是"靶子";"目"和"的"都不是目的,只有两者结合起来才成目的;"目"和"的"结合的方式是"目"注意到了"的"。

第二步:在"目的"这一概念中,"目"不再单指眼睛,可以扩展到指代所有的感觉器官；而且可以不单指感觉器官，还可以扩展到指代人的整个心理系统，进而可以指代认识和实践活动中的"主体"；"的"不再特指"靶子"，相对于"主体"，它可以扩展到指代认识和实践活动中的"客体"。

第三步："目"和"的"结合，实为认识和实践活动中的"主体"和"客体"的结合。我们可以说，目的概念蕴含着主体和客体的关系。

第四步："目的"是行动前确立的，也就是说它在行动的始端，但是，它却在行动的末端才能实现。事实上"目的"存在着两种状态，一种是未实现的，属于观念状态；另一种是实现了的，属于现实状态。

第五步：从观念状态到现实状态必然要经历一个过程；因而，如果我们把"目的"理解为观念状态和现实状态的统一体，那么，在"目的"概念中就一定内含一个过程。

第六步：综上，"目的"是一种关系，是一个过程。

我们对于"目的"概念的理解是从语言的解释开始的，但并没有以语言的解释结束。在语言解释的基础上，我们融进了理论的分析，因而使得对"目的"概念的解释基于语言但明显超越了语言。我们无疑进行的是一种理解，实际发生的是一个对语词文本的理解过程，可是理解的结果不只是在语义的层次上说明了"目的"，而是在此基础上还得出了"目的是一种关系，是一个过程"的结论。有必要指出，我们关于目的的这一结论，在一般哲学上是没有明言的，所以，它应该被视为一种"新知"。为什么要给"新知"加上引号呢？原因是我们的结论既新又不新。说新，是因为人们没有这样的言说；说不新，是因为我们的结论事实上已经蕴含在"目的"概念中了。这里值得我们思考的是：为什么已经蕴含在"目的"概念中的意义没有被人们说出来呢？在我看来当然是因为以往没有对"目的"概念作充分的理解。可见，对知识文本的理解的确具有发掘新知识的独到功能。这样我们也就能够理解"我注六经"的内在韵味了。实际上，通过对知识文本的理解而阐发新知，客观地存在于各个人文、社会科学领域，即便一个人表明了"述而不作"的态度，也无法摆脱"既述且作"的行为。但不是所有的"述"都有"作"的功效，必须循着一定的方法才能够如愿。

2. 语句理解和理论分析相结合

我们以邓小平提出的"教育要面向现代化,面向世界,面向未来"为例,说明语句理解和理论分析相结合。

第一步:先检查语句文本的语言表达结构。此文本的语言表达结构为"教育—要面向—现代化、世界、未来"。

第二步:"要面向",说明面向者(教育)和被面向者(现代化、世界、未来)之间存在着距离,因为没有距离,"面向"无法发生。因而,邓小平表达了这样的意思:我们的教育与现代化、与世界、与未来,存有差距。

第三步:"现代化",实为现代化状态;"世界",实为国际视野;"未来",实为"未来要求"。

第四步:从"现代化"可以联想到"近代化""古代化";从"世界"可以联想到中国之外的各个国家;从"未来"可以联想到"现在""过去"。

第五步:尚未现代化,说明我们的教育很可能还处在近代甚至古代的水平,总之是落后的;尚未有国际视野,说明我们的教育还处于与世界隔绝的封闭状态;不能适应未来的要求,说明我们的教育系统还是僵死的。

第六步:面向现代化,就是要变落后的教育为先进的教育;面向世界就是要变封闭的眼光为国际的视野;面向未来,就是要变僵死的教育为灵活的教育。

第七步:要变落后的教育为先进的教育,必须改革;要变封闭的眼光为国际的视野,必须开放;要变僵死的教育为灵活的教育,必须搞活。

第八步:综上,"教育要面向现代化,面向世界,面向未来",可以转换为"教育要改革,要开放,要搞活"。改革、开放、搞活,不正是邓小平社会改革思想的核心和灵魂吗?所以,"三个面向"是邓小平的社会改革思想在教育领域的表达形式。

我们对"三个面向"的理解,也是从语言学的理解开始的,但同样超越了语言学的理解,所以阐发出了文本字面没有的意义,但又是文本的题中应有之义;对文本的解释并无牵强附会的痕迹,完全是在语言理解基础上合理联想的结果。为什么能够达到这样的效果呢?最重要的前提是知识文本的语句表达,不是一种语法规则下的词语组合,而是人借助了语句的形式表达思维的内容。而思维是一定主体的思维,思维的主体是活动在具体的社会、文化环境中的。只要理解了文本的作者及其所处的环境，理解了人的思维的基本规律，理解了语词和语句的语言学意义，我们完全可以发现文本之外的文本内涵。尽管如此说，对于教育知识文本的理解，也不是简单地提取已有的内容。理解是一个创造的过程，新的教育知识在此过程中可以形成。

(二) 对教育知识文本的批判

批判，在我们的语言中有两种意义：其一是发生在敌我之间的行为上的斗争方式；其二是指一种貌似辩证的分析，比如人们常说应该一分为二地看问题，说一个人既有优点又有缺点，等等，这实际上是最肤浅的未经反思的人云亦云。而我们所说的批判与以上两种意义上的批判几乎没有关联，是一种知识论意义上的批判。具体地讲，我们所谓的批判，是指一种通过不断地追问使既有知识的局限性暴露出来，使原先自明的前提问题化，从而推动知识进步的一种方法，本质上是一种反思。从动态的观点看，批判是一个永无休止的过程。

批判的追问特征，决定了它的进行必然以既有知识文本的存在为前提。而且，批判还建立在人对于既有知识文本充分理解的基础之上，否则追问也无从发生。不过，批判与理解的旨趣是不同的。如果说理解使得既有知识文本所包含的思想内容锦上添花，那么，批判则可能使得既有知识文本所包含的思想内容体无完肤，有时候还会出现釜底抽薪的结果。由于教育知识具有多元的存在形式，教育知识文本也是多种多样的。我们从理性程度上可以把它简单地区分为非理论的教育知识文本和理论的教育知识文本。前者以未加证明的教育思想、言论为代表，后者以教育理论为代表。对于这两种教育知识文本的批判，其追问的精神是一致的，但追问的具体情形就有所不同了。

1. 对未加证明的教育思想、言论的批判

未加证明的教育思想、言论有很多的表现形式，流传于大众中间的教育俗语，古代教育思想家关于教育的简短的议论，都属于这一类。应该说，包含在教育俗语和教育思想家关于教育的简短议论中的思想内容，大多是有效的，也大多符合普遍的经验，但因未经理性批判，只能是一种粗糙的教育知识。虽然符合普遍的经验，但很可能其中隐藏着错误，因为这种教育知识一般是经验的总结，而且它的发生很可能依赖于具体个人的视野，难免带有价值观上的局限，一旦被理性地追问，常常会暴露出它的局限性。这种局限性可能是一种片面性，也可能是一种个别性。比如"棍棒底下出孝子"这一俗语，在传统社会很是流行，但很显然是片面的，也是个别的，如果应用波普尔的证伪原则，只要有一例棍棒底下没出孝子甚至出了忤逆之子，这一俗语所包含的思想就不攻自破了。

实际也存在着一些未加证明的教育言论，比如教育家的一些言论，通过不断地追问，我们会发现它是经得起批判的，经得起理性检验的，这是不是说我们对这种教育知识文本的批判就毫无意义了呢？当然不是。这种情况下的批判，最大的意义就是完善了既有教育知识的证明程序。这种完善不仅具有形式上的意义，它对于教育知识的发展更发挥着实质性的作用。由于完善了证明程序，教育常识转变成了教育理论。这种转变的意义在于增强了既有知识的可靠性和普遍性，在一定意义上是把教育经验上升到了教育理论的高度。知识在今天越来越成为一个专用的名词，它似乎专指那些附有严密证明过程的认识结论。从这个角度讲，我们对于未加证明的教育思想、言论的批判，不只是一种完善行为，实际上参与到教育知识创造的历史过程中去了。

2. 对教育理论的批判

凡能称得上教育理论的，都是经过了严密的论证过程，对这种教育知识文本的批判，主要集中在对其前提的批判上。这里，我们有必要提到基础主义。我们知道，完善的理论内含逻辑的推论，而推论是一种信念之间的关系。具体地讲，信念 A 通过援引信念 B 来获得确证。在此关系中，信念 A 是以某种可能被接受的方式从信念 B 中推论出来的，信念 B 由此也能够将此方式作为接受信念 A 的理由。但是这样一来，信念 B 本身又必须以某种方式得到确证……如此反复进行，就使确证陷入一个无限的回溯系列，因此，人类将永远无法获得可靠的推理结论。为了解决"回溯论证"问题，基础主义主张：第一，某些确证的信念是基础的，基础信念的确证独立于任何其他信念的支持；第二，所有其他获得确证的信念都是导出的，导出的信念经由某个或某些基础信念的直接或间接的支持才得到确证。[①] 很显然,我们对于教育理论的前提的批判,实质上是对具体教育理论的某个或某些基础信念进行反思和追问。

我们以重视环境、教育在人的发展中的作用为例,具体说明对于教育理论的前提进行批判的知识论意义。对于这一思想,如果进行前提批判,会发现一个有趣的现象,即相同的结论却具有不同的理由说明。也就是说,导出重视环境、教育作用的不是同一个基础信念。以中国古代的两位思想家孟子和荀子来说,他们都很重视环境、教育对人的发展的作用,但是各自的推论就不同了。孟子说,"人性之善也,犹水之就下也"[②],"若夫为不善,非才之罪也"[③],所以,要重视环境的质量,以免让污染影响了善良的本性。荀子说,"人之性恶,其善者伪也","今人之性恶,必将待圣王之治,礼义之化,然后皆出于治,合于善也"。[④] 可以看出,人性善是孟子的基础信念,人性恶是荀子的基础信念,观点截然相反,结论却出奇一致。其实,说奇也不奇,因为在逻辑上就有一果多因的情形,再者,思辨的推论具有合理化特征,亦即具有自圆其说的特征。今天的人们也重视环境、教育的作用,但是并没有把结论建立在某一种人性论基础之上,而是从人的可塑性角度进行推论的。这些暂且不论。就前提的批判来说,对一种理论的基础信念的批判,最彻底的方式就是否定这种基础信念背后的世界观,否则批判就没有什么实质的价值。站在既有认识的对立面本身就具有认识论的价值,因而,只要能够通过批判颠覆了某种既有的基础信念,就有可能在教育知识的创造上有所作为。

第三节 教育实证研究

如果要从根源上讲,实证研究是人类认识世界的唯一途径,其他各种认

[①] 陈嘉明:《知识与确证——当代知识论引论》,上海:上海人民出版社,2003年版,第185页。
[②] 宋元人注:《四书五经(上)》,北京:中国书店,1985年版,第84页。
[③] 宋元人注:《四书五经(上)》,北京:中国书店,1985年版,第86页。
[④] 顾树森:《中国古代教育家语录类编(上册)》,上海:上海教育出版社,1983年版,第187页。

识的途径虽然各有其功能，但必须建立在实证研究所取得的基本知识基础上，这也是实证的研究方法被现代科学主义者所推崇的重要原因。现代教育认识活动的基本范式是科学主义的，实证研究方法因之也成为教育科学研究方法的最高典型。教育研究方法教育的内容，基本上也是实证研究的方法。但是，人们并未因此而对实证研究有很清晰的认识，相反地，在这方面的认识是有些模糊的。之所以如此，是因为在我们的教育研究方法教育中几乎没有非实证研究方法的一席之地，没有对比，自然也就难以认清教育实证研究的清晰面目了。实际上，英美科学主义的"教育研究"和"教育实证研究"基本上是一回事情。威廉·维尔斯曼认为，教育研究是以典型的经验主义方法为特征的。所谓经验主义是这样一个概念：指所有的知识是从感觉经验中获得的。这种经验的结果必然具有某种信息的形式以便于知识的概括。信息具有资料的形式，资料的形式多种多样。研究者们根据这些资料进行工作，这种工作包括组织资料，从资料中产生假设、验证假设，等等。① 这里说的实际上就是教育实证研究。

实证研究从性质上讲是一种描述性研究，可以分为两种类型：探索性研究（exploratory research）和验证性研究（confirmatory research）。前者的具体方法包括观察（observation）、访谈（interview）、焦点小组法（focus groups）、文献法（documentary）等；后者的具体方法包括调查（survey）、内容分析（content analysis）、实验（experiment）、模拟（simulation）等。探索性研究的结果，通过验证性研究得以确认。

实证研究从方法论角度可以划分为定性研究和定量研究。定性研究基于描述性分析，旨在理解社会想象，注重研究的过程。它既可以是一个归纳的过程即从特殊情境中归纳出一般性的结论，也可以是一个演绎的过程即从一般的原理推广到特殊的情境中去。在研究范式上，定性研究属于自然主义的范式，即研究应在自然的情境中进行，研究所获得的意义也只适应于特殊的情境和条件；定量研究根源于实证主义，它强调标准的研究程序和预先的设

---

① ［美］威廉·维尔斯曼：《教育研究方法导论》，袁振国主译，北京：教育科学出版社，1997年版，第3—4页。

计，旨在确定关系、影响和原因，注重研究的结果。威廉·维尔斯曼认为，定性研究和定量研究虽然具有不同的基础假设和程序，但在方法论上应被视为一个连续体。他用下面的图示表达了教育实证研究中定性与定量研究的连续性特征。①

定性研究（历史的、人种学的）←……→定量研究（调查、准实验的、实验的）
归纳研究←……→演绎研究
理解社会现象←……→关系、影响、原因
没有理论或实在的理论←……→理论-基础
整体研究←……→针对个别变量
背景具体←……→背景自由［普遍性］
观察-参与←……→研究者不介入
描述性分析←……→统计性分析

总起来讲，教育实证研究是运用各种科学的方法，通过系统地收集和分析事实资料，进而得出研究结论的过程。虽然在具体的研究中可采取不同的研究方法，但就研究的过程来说，教育实证研究一般要经历以下过程：（1）选择研究课题；（2）设计研究方案；（3）实施研究并收集资料；（4）分析研究资料；（5）形成研究结论；（6）撰写研究报告。

应该说，教育实证研究是最基本的教育认识方式，其他认识方式必须以此为基础才能成为现实。关于教育的最基础的资料不可能凭空而来，所以，教育实证研究是人类教育认识的第一步，它可以为认识者提供最可靠的教育事实资料，可以提供教育事实中的基本的因果关系和概率关系。在此基础上，认识者才能够对教育进行本体论的思考；教育的思考有了文本，方能对文本进行理解和批判。威廉·维尔斯曼指出，有的研究是拓展知识的，有的研究是解决问题的，也就是说并非所有的教育研究都以形成教育知识为目的。然而，即使是为了解决问题的教育研究，难道不也是在积累教育实践的知识吗？教育知识概念的内涵在今天可以说是空前的丰富。在我看来，一切关于教育

---

① ［美］威廉·维尔斯曼：《教育研究方法导论》，袁振国主译，北京：教育科学出版社，1997年版，第17页。

的直接和间接的认识,都可在广义上被视为教育认识的路径,客观而言,教育认识有史以来正是通过多元的路径,才创造了各种类型的教育知识。

一、教育实证研究的有限合理性

对于还有教育学学科价值和尊严意识的学者来说,回顾和审视既有的教育学研究基本上属于一种下意识,如果他们恰好在认识论上对经验实证、在价值论上对实践应用钟爱有加,那么,科学化的教育学应是他们坚定的理想。而有趣的是,教育学在中国,不论什么样的原因,客观上并不以科学化为其特征,甚至非科学的教育学研究仍占据绝对的优势,这便容易引发科学主义者的批评。这种批评有时候是比较激烈的,其中教育学研究的非实证方法则成为主要的对象。思辨虽然永远不可能缺席我们的认识,但它常常被人们与形而上学的武断联系起来;分析与解释虽然是一切研究者的必要手段,但很少在具体的研究中被提升到研究方法的层面;遭遇最差的是对理想事物的思想构造,它很自然地被人们看作主观的畅想。自然也有较为理性的认识,比如把实证研究视为"教育学走向科学的必要途径",其理性主要表现在它只是把实证研究视为必要而非充分的途径,这就意味着客观上存在着教育学走向科学的非实证研究。不过,这一认识中潜藏的、把教育学定位为"科学学科"的观念有可商榷之处。袁振国教授在《实证研究是教育学走向科学的必要途径》[①]一文中虽然认识到了"科学并不是思考和解决人类问题的唯一方法,哲学、文学、艺术、宗教等对人类的发展都具有不可替代的重要作用",但这并不影响他把教育学视为"科学学科"。紧接着前文,他说道:"但作为科学学科的建设来说,科学化程度是衡量学科成熟的唯一标准,实证研究是教育学走向科学的必要途径。"教育学既然是科学学科,那在教育学研究中加强实证研究和促进研究范式的转型也就顺理成章。仅仅说"加强实证研究",在任何时期都是教育学学科建设和发展的必要选择,但附加上"促进研究范式的转型",就需要我们认真对待了。范式作为科学哲学的概念始于库恩,由于这一

---

① 袁振国:《实证研究是教育学走向科学的必要途径》,《华东师范大学学报(教育科学版)》,2017年第3期,第4—17页。

概念在库恩的著作中一则多义，二则变化，因而对于"研究范式"我们不做知识的考古。就学术界对范式的理解看，主要集中在范例、研究认识论和价值论共识之上，由此可推知通过加强实证研究而实现的研究范式转型，其目的地必然是可以跻身于科学学科之列的教育学。有了这样的终极追求，在教育学的研究上倡导实证的精神、原则和方法，并同时贬抑一些非实证的方法实属必然。面对近来人们对教育实证研究的积极倡导和围绕它展开的相关讨论，我想表达的是，至少有两方面的问题又一次摆到了教育学者面前，一个是教育学研究的范式问题，另一个是教育学及其研究的性质和追求问题。只有在这样的层面认识实证研究与教育学的方向，才能够获得更有意义的结果。

二、实证研究与非实证研究方法的纠缠

此处不对实证研究及实证主义哲学的历史做习惯性的回顾，而是要从具体的实证研究过程切入，在较微观的意义上审视实证研究及与此相关的实证主义。除非是专门介绍一种具体研究方法，一般主张实证研究的文献要么强调经验方法的操作优势，要么强调经验方法在知识的确证与增益上的独特价值。有的主张者属于实证主义者，就会在强调实证研究的同时对非实证研究的价值做出误判，这就成为研究范式争论的缘起。有一种现象值得思考，即大多数非实证研究者不会否定实证研究的价值，但只有少数的实证研究者不会怀疑非实证研究的价值。这种怪象或可借助对实证研究的微观分析得以在观念中消除。

（一）一次具体的实证研究的开始

实证研究者一次次熟练地展开他们的研究，一定能形象而准确地陈述他们研究的基本流程，而那些陈述通常是可以从研究方法的工具书中得到的。我们关注一次具体的实证研究如何开始，并不是要获得一种知识性的告知，而是要追问具体研究开始之前研究者先行工作的实质。实证研究的方法多样，每一种方法类型的研究，其先行工作既会具有整个实证研究的共性，也会具有自身的个性。

研究问题的确定无疑是实证研究甚而一切研究展开之前的共性工作。那研究的问题又是如何确定的呢？客观的情形是可以研究的问题繁多，但每一

个问题的研究价值相异,因而,研究问题的确定即使没有程序性的显现,其背后必然隐藏着或明或暗的选择过程。之所以要选择,是因为不是教育中所有的问题都值得研究,即使有的问题值得研究,也不意味着具体的研究过程必然展开,资源条件、伦理道德因素等都可能会阻碍研究的实现。这样看来,研究问题的选择的确如威廉·维尔斯曼所说,"涉及到阅读、讨论和构思等活动。它是一个与问题相关的因素被考虑时不断迫近问题的过程"[①]。这里存在着两个有意义的因素,其一是研究者对"值得研究"的判断属于价值认识范畴,这样的判断不可能没有经验的基础,但显然不是纯粹的经验判断。若考虑到牵涉事实与价值的"休谟问题",那么研究者对问题的价值判断虽是科学研究之必需,在方法论的意义上却非"科学"的判断。其二是研究问题选择中的"阅读、讨论和构思"以及对问题相关因素的"考虑",同样服务于未来要展开的研究过程,但就其性质而言,显然是在操作非实证的方法和过程。

在类似调查、实验等典型的实证研究中,研究假设的提出必不可少,否则,具体的研究便无从开始。按照威廉·维尔斯曼的说法,一般意义上的假设是一种推测或对问题答案及情况状态的一种猜测。在实证研究中,假设则是对问题的结果、两个或多个变量之间的关系或某些现象的性质做出推测或提议。[②] 现在的问题是,研究的假设是如何产生的。对于这一问题,简略地说,既可以从研究问题的陈述中产生,也可以从对文献资料、田野性事例的分析中产生,甚至可以像定性研究那样在研究的进程中产生。但无论如何,问题陈述、文献资料、田野性事例自身无法自显出研究的假设,正因此,研究假设提出的核心过程是一种"推测或提议"。尽管没有人会否定任何推测或提议都会有研究者不同性质的经验的作用,但推测和提议本身在心理机制上都是非实证的。人类知识历史上的重大事件,都会与天才研究者的天才假设相联系,而那些天才假设提出的内在过程恐非实证的方法可以涵盖和解释。这也就可以理解威廉·维尔斯曼所讲的"假设具有理论的某些特征,它通常

---

① [美]威廉·维尔斯曼:《教育研究方法导论》,袁振国主译,北京:教育科学出版社,1997年版,第36页。
② [美]威廉·维尔斯曼:《教育研究方法导论》,袁振国主译,北京:教育科学出版社,1997年版,第47—49页。

被认为是关于某一现象的一大堆概括"①。

(二) 一次完整的实证研究的终结

一次具体的实证研究是有目的的,或者确证知识,或者解决问题,实证研究的各种方法就是服务于这些目的。笼统而言,一次具体的实证研究就是以知识的确证与否和问题的解决与否为终结。很显然,这样的言说对于实际的研究过程终结来说如同隔靴搔痒,要真正说清楚这一问题,需要从实证研究的基本理解开始。从科学实在论上看,实证研究者预设了一个既存的客观世界,在这一点上他与第一哲学即形而上学也无二致,区别在于形而上学家的客观世界不可感觉和经验,而实证研究者的客观世界在终极意义上是可感觉和经验的,进而认为实证研究就是不断逼近这个客观世界的过程。在认识论上,由于实证研究者遵循客观性与普遍性的原则,并强调知识必须是基于观察、实验得来的经验事实,且重视知识结论在相同条件下的可重复证明,因而,在方法的意义上,所谓实证研究是对研究对象进行观察、实验和调查以获取直接经验,以便归纳出研究对象的真相。顺此思路,一次完整的实证研究应以研究对象的真相获得为其终结。

且不论是否任何研究对象真相的获得均可借助实证研究的方法实现,单说作为有效方法存在的实证研究方法,究竟如何完成从直接经验向事物真相的跨越,这恐怕是实证研究者较少思考的问题,而这恰恰是我们最为关注的。我们的关注意图并不在于从技术上完善实证研究的方法,而是要提醒人们,有一个涉及一次具体的实证研究能否完整、目的能否实现的关键过程被实证研究者在方法论的意义上轻忽了。这个过程就是常常被轻描淡写为"归纳""总结""抽象""概括"的、从经验世界走向知识世界的实证研究"终结"过程。实际上,存在于实证研究终结阶段的一系列思维概念,在哲学及心理学中均有操作性的定义,也可以推知成熟的实证研究者不仅实践着那一系列思维概念,而且也能认知那些概念的内涵,但在他们的研究哲学中,那一系列概念是处于缄默状态的。这倒不是因为他们存有轻忽的主观故意,而是他们

---

① [美]威廉·维尔斯曼:《教育研究方法导论》,袁振国主译,北京:教育科学出版社,1997年版,第47页。

的实证主义的思维导致的一种特殊现象,即实证研究者可以毫不费力地用一种合理性遮蔽另一种合理性,具体而言,就是用实证研究方法的合理性遮蔽了非实证研究方法的合理性。在我看来,获得经验材料和数据的过程或可视为实证研究方法的标识,但"归纳""总结""抽象""概括"等内隐的研究终结方法,才是实证研究方法的实质。

总结以上两个方面,关于研究问题选择和研究假设提出的原理,对于研究者来说应是没有争议的共识,而基于经验材料和数据的"归纳""总结""抽象""概括",则可说是不同实证研究方法运用过程中的个性化问题。我们搁置实证过程,对它之前和之后的、不可或缺的成分的关注,意在说明一次具体而完整的实证研究过程从来就没有把非实证的研究方法排斥在外。然而,有趣的是具有实证主义倾向的研究者往往会忽略其中存在的非实证方法的价值,也许他们会认为实证研究的精髓在于突出经验,强调可检验的实证过程,至于过程之前及之后的工作相对次要,可问题恰恰就出在这里。如果能认识到实证过程的手段和工具性质,他们也许会重新审视实证过程之前、之后工作的价值,果真如此,他们的实证主义信念会不会发生动摇呢?实际上,成熟的实证研究者并不会否认理论、思想、价值的作用,只是对理论、思想、价值的产生机制缺少兴趣,这可能是他们中间的一部分成员拥有把人文社会领域的学科推向科学学科的坚定理想的认识论源头。既然科学只是人类认识和把握世界的一种方式,怎么能判定教育学只有走向科学才算是成熟呢?客观而言,走向科学自然是有意义的教育学追求,但它只能是教育学整体发展的一种策略。

三、教育是经验世界的文化现象

走出实证研究,我们看教育,它是教育学的研究对象,但这样的认识实在过于笼统,在学科研究的意义上并无实质的价值。对作为教育研究对象的"教育",我们至少能够罗列出"教育现象""教育事实""教育问题"等具体的说法。美国教育研究的主流传统是把关于教育的研究视为领域而非学科,进而"教育问题"成为教育研究的真正对象,由此,在大学的教育学院中,专业人员的学科学术背景多元,他们的研究直指理论的或实践的"教育问题"，实际上是把教育问题置入具体生动的社会结构之中。如此研究的成果对推动教育领域的进步和发展来说是具有直接功效的。中国教育学研究在目前正处于研究价值上的分裂时期，适应教育变革的应对性研究势头猛劲，具有学科情结的纯学术研究正逐日被新价值共同体置于边缘且承受着各种类型的揶揄。与此相连的则是研究范式的结构性变化，在应对变革、聚焦问题的舆论中，教育学越来越走向教育科学或科学化的教育学，面向实践的实证研究的地位提升几为必然，而基于传统认识论的教育现象和教育事实的教育学研究则越来越因声音微弱而在外相上表现出难有作为。

应该说，在没有教育学学科的时代，对教育问题的研究也从未缺席；而在要抛弃教育学的时代，对教育问题的研究显然会被认为更能大显身手。然而，这一切并不能成为消解教育学纯粹求知运思的前提。如果没有学科架构内的教育知识逻辑整合和教育思想生成转换，在具体的教育问题研究中，研究者关于教育的认识是难以超越常识的。所以，以更广的视野和更高的境界来统观教育系统，把教育学研究视为理性追索而非问题解决自有其独特的价值，反观教育事实和教育现象也就成为必要。在以上的思考中，教育研究和教育学研究的区分已浮出表面。教育研究当然要以教育问题为对象，此种研究的性质是针对教育问题的跨学科研究，其逻辑的前提是，现实的教育问题并不纯粹，教育中的人的社会背景与解决教育问题的权力、资源等关涉，决定了人的教育问题和人在其中的教育问题解决必然会使纯粹的教育学结论显得单纯。但谁又能轻易否认来自教育学的单纯结论具有基础性的价值呢？以获得纯粹教育知识为目标的教育学研究自然有必要把教育从情境性和历史性的存在中抽象出来，当然也有必要从现实的教育问题中发现教育学问题。在此基础上，教育学者用非经验的方式审视教育，以非问题解决的过程研究教育，才能获得不同于经验信息和实用方案的教育知识和思想。这里提到"知识和思想"，无疑默认了教育学生产过程的复合特征，即客观的教育知识和内含主观的教育思想均为教育学生产的合理结果，根底上是因为作为教育学研究对象的教育与自然科学研究的诸多对象不完全相同。

教育的确是一种事实和现象，它在具体的个体精神之外，能与群体的精神观念系统水乳交融，因而可以说教育是经验世界里的文化现象。

教育事实和现象处于经验世界之中。什么是经验世界呢？在哲学上，经验世界是与先验世界相对而言的。当然对于人来说，经验世界和先验世界都处在自身之外，从而有可能成为不以自我意志转移的客观存在。对于具体的个体而言，当他对教育的意识历史展开时，教育已经作为在先和在外的事实和现象存在，我相信这也是主张教育学可以走向科学的重要前提。既然可以走向科学，教育学研究就可以遵循科学领域的统一规范，也就是实证研究的规范。对此，任何人都很难提出异议，本文也认可这一研究逻辑。但需要注意的是，我们对于经验世界的研究，并不会满足于对可感觉的经验信息的获取。且不说信息的传导速度使得感觉中的世界成为延迟性的事实，即便延迟的时间可以忽略不计，感觉中的世界也不是真实的世界，否则，透过现象发现本质和规律的认识追求就是一种多余。教育的历史过程发生在研究者对教育的审视之前，研究者审视到的教育是一种历史过程的暂停画面，而暂停之前和之后的教育永远是暂停此刻的教育的构成，这就与自然的事物有了区别。自然事物的本相不受人文的点滴影响，从而史前的水和今天的水都是 H_2O，但史前的教育和今天的教育就性质不同了。教育显然不能说是一种自然事物，只是因为自然界是包括了人在内的自然界，才使我们可以说教育处于经验世界之中，但教育是经验世界的文化现象。

作为经验世界的一种存在，教育是可以感觉的，研究者可以带着被观念、理论塑造过的眼光去观察教育，在此意义上，实证研究的方法与技术应有用武之地。教育过程中的人的状态、行为，都可以在理论分析和观察技术的作用下显现出自己感觉层面的秩序，不过这种秩序一方面是外在的，另一方面是基于先在理论分析和观察技术的，自然不能是教育内在秩序的简单外化。那么，实证研究首先不会到此为止，其次，紧接着的研究过程必然是以"到此为止的实证研究"为前件的。如果实证研究者觉得教育外在秩序的获得和基于这种获得的后续研究共同构成实证研究的整体，那就需要承认经验的方法只是实证研究的标识；如果他们觉得教育实证研究以教育外在秩序的获得为其终结，则需要承认实证研究对于教育学研究来说是必要的而非充分的。把教育作为客观的外在物对待，教育呈现给我们的只是研究者可感觉的外在刺激，而如果要追究我们感觉到的教育为什么不同于过去或不同于异域，就会进一步意识到可以经验和感觉的教育大概只是在场的行为、状态及其在感觉层面的组合，而我们意识中的教育整体实际上是在场的和不在场的统一。对于不在场的那一部分，实证的方法可能会力不从心，即使新实证研究并不执着于量化，越来越重视质性的研究，恐怕也难以从田野中获得不在场的全部。

因而，我们需要把教育作为经验世界的文化现象郑重对待。文化是教育存在方式和个性品格的深层原因，教育整体中不在场的那一部分，亦即有别于感觉存在的意义存在，正是文化的寓所，它包含的是具有解释和启示功能的信念。如果没有了信念，先不论这信念到底是什么，教育就完全变得子虚乌有。今天我们理解教育，我以为过分受限于语言和词汇，很多时候局限在"教"和"育"两个单字上，甚至执着于"教"和"育"的分别，无形中忽略了两个基本的事实：其一，教育作为语言中的词语和作为思维中的概念不可等同。作为语言中的词语，教，就是"上所施下所效"的行为；作为思维中的概念，教，只是帮助个体成长、发展的行为代表，在它的身后还有训、诲、化等等。其二，育，并非与教相并列或相对应的行为，它只是一种表达价值倾向和生命关怀意识的意义"后缀"。也就是说，没有价值倾向和生命关怀意识的教、训、诲、化也是存在的，但算不上教育，因为育所表达的价值倾向和生命关怀意识，恰恰就是让教、训、诲、化等基本行为转化为教育的文化依据。

现在我关心的是，面对一种经验世界的文化现象，我们需要用什么样的方法才能够对它有全面和深入的把握。由于教育处在经验世界，尽管它具有历史生成和价值关怀特征，毕竟会在人的感觉中显现，因而，属于实证研究范围的种种方法是可以派上用场的。实证研究的方法能够对教育整体中在场的那一部分进行定量与定性描述，并依此分析和归纳出关于教育的有意义信息。不过可以肯定，用实证研究方法得来的有意义教育信息虽然更形象和真切，但之于教育整体则是次要的。具体而言，形象而真切的现状，只是教育历史存在的暂时状态，基于大数据的相关关系，它也只是让一种常识变得底气更足；而感觉上机巧的操作程序，一旦离开具体的条件也不过是蹩脚的教条。教育之所以是教育，并不取决于在场的操作，而是取决于不在场的信念。

那么，对于信念，实证研究的方法又能有什么发挥呢？不用说，我们需要寻求实证研究以外的方法才可能真正地走进教育。当然，实证研究的方法无疑不能舍弃，原因是教育的真谛固然不在场，我们却只能通过在场的现象接近真谛，因而，实证研究的方法不仅是必需的，而且在教育研究的道路上还一定走在最前面。哲学家对教育本体的思辨离不开对教育现象的审视，阐释者对经典文本的理解离不开来自教育现象的启迪，教育工程师对理想教育的建构也离不开对教育现象的批判。"离不开"，说明教育现象的重要，那么，以教育现象为对象的实证研究自然也重要。但重要不等于唯一，对于教育的真谛，透过现象的本体思辨，借助文本的主观阐释，以及指向未来的教育想象，都是有效的研究方法。实证研究不无合理，但在教育学的研究中，它的合理性是有范围的，是有限的。

四、教育学兼有认识追求和实践情怀

教育作为经验世界的文化现象决定了教育学虽然不可能成为文学、艺术，却也不可能成为经验科学，加上教育事实和现象背后的历史连续性和价值依据，可经验的部分既不是教育的全部，甚至也不是教育整体中最重要的。其实，任何一种偏执都有必要放下，既然科学只是人类认识和把握世界的一种方式，为什么就不能抛掉"科学主义"中的"主义"呢？对于"主义"，我意识到它是人们把某种知识视为信仰的结果，换言之，当人们把一种知识作信仰看待时，该种知识就成为人们概念中的主义了。比如科学，作为结果是实证的知识，作为过程是实证的方法，如果让科学在自己的合理范围内运动，就不会出现科学主义。但由于科学尤其是基于科学的技术威力巨大，不断改变着人类的生活，就有人错觉到科学无所不能，以至于生出对科学功能的崇拜和夸大，最严重的结果是导致科学思维和方法的习惯性僭越，从而，科学不再仅仅是它自身，还成为其他认识领域的楷模。这种现象在教育学的历史上和现实中从来就没有绝迹，有时候还会风起云涌。

19世纪末20世纪初的实验教育学运动，可以说是一次典型的科学思维与方法的僭越。在那一时期，教育学渴望成为一门独立的社会科学，恰逢实证主义思潮盛行，实验方法应用到了所有的自然科学之中。更重要的是，19世纪上半叶以来开始成为教育研究基础的心理学，到了 19 世纪末在冯特的推动下也开始运用实验的方法，这可以说是实验教育学兴起的直接诱因。梅伊曼和拉伊是德国实验教育学的代表人物，他们共同的兴趣是把实验方法引进教育学中，在教育学科学化的进程中起到了划时代的作用。实验教育学家的基本立场是要把教育学从哲学思辨和逻辑推理中解放出来，占据绝对优势的追求是要把教育学改造成物理学、化学、生物学那样的科学学科，客观上参与了科学思维和方法的僭越行动。作为一种思潮的教育学科学化运动，并没有实现教育学科学化的理想，其有意义的成果是改变了以往教育学"思辨＋例证"的简单、单调样式，为实证研究方法在教育研究中的合理运用开辟了道路，这才使得教育学的成果能够丰富和多元。使教育学完全科学化的理想未能实现，原因只有一个，即教育在实证研究者的眼光中被自然化和简单化了。教育学不会只是发现事实，比所发现的事实更重要的是主宰事实变化的意义流变。除此之外，由于教育是文化现象，其中的人的行为需要一定文化背景下的规范，教育学必然会履行为教育立法的职能。实际上，梅伊曼就意识到实验教育学永远不能涵盖教育学的整个领域，有违实验教育学原则的观念和规范的教育学，与实验教育学可以是两个分开的领域。[①] 这又一次有力地说明教育学不可能成为完全的科学学科，把实证研究方法引入教育学研究只是教育学发展的一种策略。

如果我们对教育本体的思辨确有顾虑，也许可以把教育学描述为事实研究和人文畅想的统一。

像其他任何学科一样，教育学有义务揭示其对象——教育事实，给出"教育是什么"的答案。具有文化内涵的教育毕竟也是一种事实和现象，教育学家同样可以拒绝某种固定不变的教育本体，却不能拒绝对支配教育运动变化的教育精神和意义的陈述，其陈述的基础当然是作为历史过程暂停状态的、迄今为止的教育事实。面对教育事实，教育学会展开多维度的把握，其基本的维度有三个：一是经验的维度。在这一维度，教育学既要表达观察到的非

---

① ［德］W. A. 拉伊：《实验教育学》，沈剑平、瞿葆奎译，北京：人民教育出版社，1996 年版，第 8 页。

连续现象和连续现象、个别现象和整体事实，还要表达现象与现象之间的多类型关系，这就是科学取向的教育学。二是思辨的维度。在这一维度，教育学要表达研究者借助现象及其联系对教育本体的思辨结果，类似教育的本质亦即对"教育是什么"的根本性回答，就属于这种结果，这就是哲学取向的教育学。三是实践的维度。在这一维度，教育学要表达研究者在经验和思辨结果基础上对教育行动目的和手段的构想，在其中，价值、规范会成为核心概念，这就是实践取向的教育学。三种取向的教育学很像是对教育事实整体的分工把握，那么，把三种把握的结果综合起来才有望得到一个完整的教育观念。

当教育学在经验和思辨的基础上对教育行动进行目的和手段的构想时，它实际上已经离开了对教育事实的把握。此种构想关心的不是"教育是什么"，而是"什么样的教育符合人的需要"。也可以说，实践取向的教育学不只是一个教育行为的规范及其论证和例证体系，还包含着教育思想者对理想教育或好教育的人文畅想。在这里，教育思想者显然是与教育研究者并列的，两者均为对教育的把握者，不同的是人文畅想者只把既存的教育视为思考的基础和批判的对象，其旨趣在于对未来更好教育的预先把握。

人首先立足于当下，需要正视已成事实的教育历史整体，求知的欲望会催生"教育是什么"的发问，对于这一问题的释解，人的第一选择当然是借助经验。人自然要使用自己的感官直接感知当下面对的教育，带着理性去观察、去调查、去实验，就是人对教育事实的直接经验；如果教育事实中存在着直接感知无法释解的疑惑，人就会把眼光投向教育历史以理清当下教育的来路，为此，人会借助历史文献分析从教育事实获取间接的经验。历史思维能够帮助人联通古今，在意识中形成迄今为止的教育整体表象，依于这种表象，人才能在理论上求索"教育是什么"的答案，并最终完成对教育事实的研究任务。假如教育学的研究到此为止，它虽然不像物理学、化学、生物学那样科学，但一定不会招致多少诟病。假如教育学再进一步把形而上学的思辨果断舍弃，它至少在人文社会科学中不会自惭形秽。然而，这样的教育学虽然也有价值，却不可能满足相关群体对教育学的需要。只回答"教育是什么"的教育学，无异于在人类知识考场上做了一份试卷，只有面向现实和未来进行教育实践性思考的教育学，才是实践者所需求的。采取整体的思维，既求索"教育是什么"又充分考虑实践者所需的教育学，才是全面发展的教育学。

实际的情况是绝大多数的教育学研究是指向理想教育的，这在很大程度上折射出教育学无需努力便具有实践基因。先搁置学科的思维，人类对教育的思考，从一开始就是以"教育实践"甚至是"教育行为"为对象的。与日常生活难以剥离的教育自然以生活的要素为存在方式，它不可能进入形而上学家的视野。至近代，夸美纽斯的《大教学论》虽被后世誉为教育学的开端，客观而言，更像是一幅理想教育的蓝图。康德被认为是第一个在大学开设教育学讲座的，但作为哲学家的康德并没有追寻教育本体，而是展开了他的教育实践理性。其后的赫尔巴特、杜威，虽然也都是哲学家，但其思想的精华却都在实践的范畴中。从历史现象中，我们能否感悟到教育学的独特个性呢？说到实践，就需要说明，它绝不仅是日常思维中的行动和操作，从古希腊时代起，实践就是一个与善相联系的概念，只要称得上实践的行动，一定是道德的，并指向人的幸福。教育学能够无视和摆脱道德、幸福的观念吗？自然不能。这就意味着教育学必然具有人文的底蕴，并必然以理论的方式参与到人的文明化和幸福追求之中。而当"教育是什么"的答案有了共识，基于此的教育人文构想岂非教育学的主题？就教育人文构想来说，应有两种相互作用的成分，即关于教育事实的知识和基于教育知识的畅想，前者主要是科学的，后者则主要是人文的。科学的部分有赖于经验的实证研究，人文的部分则有赖于基于科学的价值辩证。教育学中的价值辩证并非在对立面中进行选择，其实质是在善的范围内对群体意志和个人意志进行权衡，这种权衡无疑是重要的，不仅会指向目的的确定，还会指向手段的构思。这样的教育学研究当然离不开科学思维和教育知识，但仅有它们也不充分，否则教育的诗意与深刻必成虚妄。科学思维与知识让教育学脚踏实地，人文畅想则让教育学永远保持面向美好和未来的张力。

由于教育学是事实研究和人文畅想的统一，因而可以说教育学兼有认识追求和实践情怀。教育学首先不能不提供关于教育的知识，为此，需要面对迄今为止的教育事实。需要指出的是，即便外在于研究者的教育事实，就其内涵来说，也是价值支持的事实，它是客观的，但又是历史上人们的主观转化而来的客观。其次，教育学不能不为理想的教育用理论的方式绘制蓝图，为此，需要运思出"理想人"的特征，比如"和谐发展""全面发展""爱智统一"等等，而且要构想出使"理想人"成为现实的操作思路。应该说，绘制理想教育蓝图的教育学具有自由的品格，正是自由的品格使得"绘制"可以借助人文畅想。但教育学中的人文畅想绝非无拘无束，从教育事实中发现的本质与规律和来自公共生活世界的积极价值共识，共同构成了教育人文畅想的边界。总之，教育学一方面和其他任何学科一样存在着求知取向，要对教育的整体和细节进行探究，另一方面不会丢失历史形成的实践关怀，要表达对教育世界和行为的改良愿望。

对于教育学这个学科的存在和发展，教育学研究者的种种思考均有价值，但真正有利于学科健康发展的思考最好遵循整体思维的原则。低水平的思辨和畅想的确需要纠正，实证研究也的确需要倡导，然而，更重要的是健康的学科理性和思维的确需要确立。历史走到了今天，各种角度的有限合理性已经呈现出来，元教育理论层面的统整迫在眉睫。通过对实证研究的微观分析，我们觉知到实证的和非实证的方法本非对立，所谓的对立最多是两个人群的各执己见。在通向教育真理的道路上，从来就是、永远也是"兵来将挡，水来土掩"，需要实证则实证，需要思辨则思辨，需要畅想则畅想，各司其职，各显其能。有了整体的思维格局，争执就没了意义，对立不过是错觉。而通过对教育和教育学的分析，我们意识到，教育本质和规律的发现需要基于迄今为止的教育事实，理想教育蓝图的绘制则必然朝向从今往后的教育改良。教育学科的未来发展需要健康的学科理性和整体的学科思维，实证的和非实证的研究方法显然不可偏废。有使命感的研究者针对我国教育学界的实证研究不兴和低水平思辨及畅想泛滥而倡导和鼓励教育实证研究，一定有振聋发聩的功效，但须知任何单个的研究范式都有其应用的限度。教育学的成熟需要实证研究，也需要非实证研究。或有研究者认为只有实证研究才能让教育学走向科学，那么，另外一个判断就显得十分关键了，此即走向科学也只是教育学的一种策略。

第四节　教育非实证研究

　　如果人类只存在于自己可感觉的世界中,恐怕任何的研究都没有可能产生。即便我们假设存在着研究活动,也一定是纯粹的经验研究,所使用的方法当然就是不同种类的实证研究方法了。但问题是人类是有高级思维能力的存在者,他们一方面不满足于对可感觉的世界的认识,另一方面也有能力把认识的触角伸向想象的空间。仅就既往的认识历史来看,人类认识的对象,不仅包括理论上可以感知但技术上难以实现感知的事物,而且包括超越经验世界的本体。加上后人有条件通过既有的认识文本接续前人的认识而不必重复前人的认识历程,以及数学、逻辑学等形式科学的发展,使得实证研究无疑是人类第一的却不是唯一的研究类型,而是与后起的非实证研究一起构成了人类认识的全景图。回顾人类的认识历史,不管后来的实证主义者是否愿意接受,人类使用非实证方法取得的认识成果客观上完全可以与使用实证方法取得的认识成果平分秋色。实证主义者当然可以基于对知识的崇尚指出非实证研究的成果不尽是知识,却很难否认类似"德性""智慧""价值"等深刻而系统的信息之于人类存在的意义。

　　回到教育领域,我们可以做一个简单的计算,姑且以并未在其面世的时代就对教育实践产生普遍影响的《大教学论》作为准实证教育认识的开端,迄今也不过390年,那么,在390年之前的几千年的人类教育历史上,支持和引领人类教育行动的认识岂不是基于经验却非来自实证程序的原则与规矩?而现当代的前卫教育实践者,恐怕多数是遵循了某种内含"德性""智慧""价值"的教育思想的。我们进一步探究那些教育思想的产生过程,就会发现它们的创造者虽然必以有意义的经验作为基础,但他们思想的精神主旨通常是与某种价值哲学或伦理原则联系在一起的。总之一句话,也许教育非实证研究的成果并不具有严格意义上的实证研究的知识品格,但这种成果的认识性质却不能被无视,更重要的是这种成果对教育实践的影响至今仍是所谓科学的教育知识所无法企及的。假如我们无法否定今日中国教育学领域研究者的认识者和研究者的角色，就能够意识到教育非实证研究在教育学发展中的地位。而且非常有必要指出，众多的教育学研究者没有选择实证研究的类型，表面看来好像是他们缺乏实证研究的训练，实际上更是教育学对非实证研究的选择。要知道教育非实证研究，若就其研究方法上的方便程度来说，远不及教育实证研究，这是因为大多数非实证研究的方法属于可意会而难以言传，以致很有经验的学术前辈们也只能告诫后学者多阅读、多思考、多体悟、多练笔，而牵涉高阶思维的非实证研究，人们好像只能寄希望于自然的造化亦即个人的天赋了。

在"教育认识的基本路径"论述中，我们对"超越经验的教育本体的思辨"和"对教育知识文本的理解和批判"进行过专门的考察，实际上已经展开了对教育非实证研究的讨论。在这一部分，我们着重于结合教育认识的实际，解读目前影响较大的两种非实证哲学方法论，即现象学和解释学，以期获得教育非实证研究认识上的灵感。

一、现象学与教育本质的发现

提到现象学，它的吸引力和神秘性实际上让大多数欲接近它的人从始至终都保持着恒定的距离。在教育学研究领域，那些以现象学为名义的研究者，地位实际是比较尴尬的。一般同行会觉得他们的研究虽然洋溢着热情却过于肤浅，而现象学的教育研究者似乎掌握着什么不可与外人道的秘密，对于同行的质疑基本上不予理会，这便使现象学很可能在研究者的一知半解中，甚至在想当然中在教育学研究中发挥着作用。但整体上看这也是正常的好现象，毕竟一种新的哲学方法论只有被研究者尝试着运用，才能够转化为教育认识领域的生产力。何况像现象学这样的哲学即使在专门的研究者那里也未取得共识。比如倪梁康就认为现象学可被视为处在实证主义与形而上学之间的学科，并推断胡塞尔"会同意孔德将一门科学的成熟期定义为'实证科学'时期的做法"[①]。而张祥龙则不同意这样的认识，在他看来，胡塞尔固然是"面

---

① 倪梁康主编：《面对实事本身——现象学经典文选》，北京：东方出版社，2000年版，第12页。

向事情本身"的,但这与实证主义"面向观察事实"的旨趣完全不同。现象学的"接地气"工作,不仅不执着于细小事实的分析,而且也不感兴趣于逻辑实证主义的那种细密琐碎。张祥龙说:"现象学的特点是通过直观分析来突破传统的个别与一般的那种硬性区别,实现出一个更活泼、更带有生活本身的思想性的研究方式和思维天地来。"[1] 现象学研究当然要描述事实或事态,但其目的在于暴露事实或事态原本的构成和建构。换句话说,现象学研究并未放弃建构,我们只能说它建构的方法不同于传统的形而上学,而是"按照事情本身的、意向性本身的冲动来建构"[2]。这样的建构"能在新的深度上让个别与普遍在直观中相互穿透"[3],这样看来,形式上很像实证科学分析的现象学考古,其实只是对现象学的直观伴随,实证并不是现象学方法的实质。这也是我们把现象学与教育非实证研究联系起来的原因。

今天的现象学很显然是一个哲学思想的家族,与此具有直接或间接联系的人物有胡塞尔、海德格尔、舍勒、伽达默尔、萨特、梅洛-庞蒂等,他们各自的现象学思想都有自己的独特之处,但其根源却是胡塞尔的现象学。而胡塞尔的现象学,就其实质性的贡献来说,是用面向事情本身的直观分析突破了个别与一般、现象与本质的坚硬壁垒。从方法论上讲,源自胡塞尔的现象学主要贡献了本质直观的思想,而面向事情本身和现象学的还原等都是与此无法分离的,它们之于教育学的非实证研究均有深刻的启示。

什么是本质直观?直截了当地说,就是对本质的直观或说是直观本质。既然是直观,就意味着无需反思;既然无需反思,便无须关于事情的成见。既然本质可以直观,就说明本质不在现象背后,就在现象里面,它自身就是一种现象。实际上,正是在这样的直观中,人实现了面向事情本身;反过来,人只有面向事情本身,也才能实现对本质的直观。"本质直观也可以说是本质还原,即还原到 Eidos。在本质还原中,被排除的是相对于本质而言的事实性

---

[1] 张祥龙:《现象学导论七讲》,北京:中国人民大学出版社,2011年版,第22页。
[2] 张祥龙:《现象学导论七讲》,北京:中国人民大学出版社,2011年版,第23页。
[3] 张祥龙:《现象学导论七讲》,北京:中国人民大学出版社,2011年版,第23页。

东西，相对于可能性而言的现实性。"[1] 这与波亨斯基的说法基本一致，他说："现象学的本质排除两类因素，存在（Existenz），即Dasein（具体存在）和每一偶然的东西（Zufaellige），我们可以把这个本质称作对象的基本结构。"[2] 对于本质的直观，自然是使用心灵的眼睛，它"本身是一个简单的过程，它不需要什么规则，为了正确地观看对象，只要睁开心灵的眼睛就够了"[3]。那怎样就算睁开心灵的眼睛了呢？简单地说，就是当面向事情的时候，已有的理论、传统的观点需要悬搁起来，个人主观的兴趣等因素也要被排除，换言之就是祛除一切的遮蔽和执着，使意识处于纯粹状态，以便事情本身能够显现出其原本的、自在的样子。对于这种显现，我们需要以显现它的同样的方式对它进行无理论的纯粹描述，继而对这种描述进行分析，这应是作为认识方法论的现象学的精髓。

我以为现象学是不能作为一种研究方法使用的，它最恰当的角色就是作为一种研究的方法论，为研究者指出一种可能性的认识方式。之所以如此说，是因为本质直观在操作的意义上，其实就是纯粹意识与自在之物的直接照面，其关键则在于纯粹意识的能否出现，自在之物的显现是以人的纯粹意识的出现为前提的。而纯粹意识，仅在理论上可以持续存在，对于实际的研究者来说，悬置成见和消除主观是很难持久的。在此意义上，具有现象学体验的研究者寥寥无几，这也意味纯粹意识的持续存在并非没有可能，只是难以具有普遍性，因而作为一种研究的方法没有多少意义。更何况极少数具有持续现象学体验的研究者，基本上属于不学自通，根本不需要外来的方法提示，就连他们自己也无法对自己的体验做出纯粹的描述。所以现象学只能作为一种认识的方法论，一方面强化极少数人的不学而能的现象学体验，另一方面启迪那些拘泥于传统认识论思维的研究者向往认识的自由境界。

---

[1] 洪汉鼎：《重新回到现象学的原点——现象学十四讲》，北京：人民出版社，2008年版，第72页。

[2] 洪汉鼎：《重新回到现象学的原点——现象学十四讲》，北京：人民出版社，2008年版，第59页。

[3] 洪汉鼎：《重新回到现象学的原点——现象学十四讲》，北京：人民出版社，2008年版，第144-145页。

在教育认识领域运用现象学，目前首先需要避免两种误解：一是把教育作为一种支架进行一种玄思。这样的作品偶尔可以见到，研究者在其中更注重展现自己对现象学的精通，虽然不可排除他们确有特殊的现象学心得，但他们所展现的很少有或者几乎没有关于教育的新意。二是把现象学的方法狭隘化为接近于实证主义范围的质性的描述，这等于只是获得了现象学方法论的片面外相，无形中把现象学与实证主义及传统的经验主义混为一谈，最多只是研究者的意识中多了一种现象学的说法。这样的研究者实际上忘记了现象学虽然要在描述的基础上做细微的分析，但更重要的是从细微的分析中提出大问题。马克斯·范梅南是现象学教育学的开创者之一，他的著作对中小学教师的影响越来越大，但教师们多为他贴近实际且有温度的教育思想所吸引，通常不会关心他的现象学教育研究。而教育学学术领域的一些追随范梅南的研究者，最突出的问题是缺乏像范梅南一样的现象学态度和立场，以致最终呈现出的研究作品更接近于具有实用主义旨趣的教育叙事探究。

也许我们需要从现象学的思维中寻求教育理论研究的质量提升策略，直觉上，面向事情本身的本质直观，对于扭转目前似乎已经积重难返的"学术作文"现象应有助益。这里所谓的"学术作文"现象，是指众多的研究者事实上没有进行研究，他们只是选定一个题目然后进行文章的写作，渐渐地，所谓的教育研究者不仅远离了教育，而且远离了研究。究其根由，并不是研究者纯粹主观的敷衍，而是他们真的不知道怎样才能与教育的事情直接照面。现象学至少可以从以下几方面给教育的非实证研究者以启示：

第一，心灵的眼睛具有特殊的教育认识功能。这并不是要提示研究者对教育上心，而是提示研究者我们心灵的眼睛具有特殊的功用却很少有机会睁开，以致我们的心灵与教育很难建立认识的关系。然而，值得注意的是，不睁开心灵的眼睛而仅是使用感觉意义上的看，研究者是看不到教育事情本身的。依据现象学思维，自在的教育亦即纯粹的教育现象只在人的纯粹意识中显现它原本的样子，但任何个人的心理局限和后天习得的观念、理论、思维方式等，都在阻碍纯粹意识的形成，这就需要研究者经受相关的认识训练，以便有机会体验意识的纯粹状态。

第二，面向教育本身是教育学术研究者的必要态度。这是因为学术研究的显在特征是以承载既有认识成果信息的掌握为其前提的。从理论上讲，既有的研究成果可以使研究者在不重复以往认识劳动的同时汲取以往认识的经验和教训，但数量不断增长的相关研究成果也在后来的研究者和教育本身之间立起一道屏障，最终的效果很可能是研究者在研究中主要面对了既有的成果文献，至于教育本身却成为时隐时现的远方背景。由于教育领域的认识迥然不同于数学、逻辑学那样的纯粹的形式科学，进一步讲，由于教育认识的发展与生活世界的变化息息相关，研究者只有真切地理解教育当事人不断变化的真实体验，甚至亲自去真实地体验教育，才能够在教育认识发展的意义上有所创新。

第三，本质直观之后的教育之思是教育认识进步的重要过程。不用说，本质直观的本质是现象学意义上的本质，而非传统认识论中的本质。两者的区别在于：传统认识论中本质，不论其以什么样的方式存在，都是一类事物所共享的某个超验的和先验的观念；而现象学意义上本质，更重视具体情境中的教育事情的本质，这就是教育事情的内在本质而非超验的本质。用胡塞尔的话说，这种内在的本质是指"一切那些完全在意识流的个别事件中，在任何一种流逝的单个体验中被单一化的东西"[①]。对于教育研究者来说，运用现象学的方法，重点不在于去把握形式逻辑意义上的教育的本质，而是要把握具体情境的教育事情中"被单一化的东西"。严格地讲，如果现象学的本质直观对象是类似于"共相""理念"等教育集合要素的共同形式，那么一次性的有效而彻底的本质直观就可以完成发现教育本质的任务，其余的本质直观工作也就不再有实质的意义。然而，教育学中最具有生动性和启发性的研究，恰恰是对具体情境中的具体教育事情的认识。

第四，教育认识的实质是对教育的意义建构。这也是现象学认识论的核心任务。应该说，任何认识活动的结果都必须以判断的形式加以表达，而判断的过程就是赋予对象以意义的过程，进而判断的形式表现就是认识者合理附加在纯粹现象之上的有意义内容。如果我们的思考到此为止，那么现象学

[①] ［德］胡塞尔：《纯粹现象学通论》，李幼蒸译，北京：商务印书馆，1992年版，第156页。

关于意义建构的思想是无法在教育学研究中落地的,也无法释解已经存在的一些困惑。比如,人们的确对教育做出了不同的判断:教育是科学,教育是艺术,我们的确能够从不同的判断中受到不同的启示,但如果有人就想知道教育究竟是什么,研究者又该怎么办呢?很显然,"科学"和"艺术"正是教育认识者向"教育"投射去的不同意义,这相当于伽达默尔所说的理解。既然是理解,其结果就可以是许多,认识者只要能讲出众人认可的道理,他的判断就是一种合理的存在。但面对"教育究竟是什么"这样的追问,难道我们可以在"科学"和"艺术"之间做出选择吗?假如真的这样做了,那必然会导致无休止的争论,现象学因此则立显局限,其可贵的创新也会被这种局限逐渐遮蔽。但胡塞尔作为后来者怎么可能陷入这样境地呢?这就需要补充说明胡塞尔关于"本质"的认识,此即:胡塞尔区别了内在的本质与超验的本质,其中的超验的本质与传统哲学中的共相、理念、形式等没有什么区别,只是他不太强调超验的本质而已。这便启示教育学研究者在自觉把意义投射给"教育"的同时,也不必放弃对"教育"之普遍的必然性的思辨。

二、解释学与教育意义的创造

尽管现象学的本质直观已经揭示了认识是一种意义的投射和建构,但就教育意义的创造来说,还是解释学更具有契合性和可操作性。虽然解释学在不同的历史阶段和在不同的哲学家那里各有其个性化的内容,但对于使用解释学方法的研究者来说,他们实际上总在不同的意识强度上借助解释实现对事物意义的把握和创造。在把握和创造之间,创造显然与研究相通,而把握,如果不是属于纯粹的学习,它实际上不过是借助解释实现创造的一种通俗的说法。对于教育这样的人文实践,它的历史性注定了与它相关的创造必然发生和存在于意义的流动之中,完成创造的研究者正是在各种内涵的解释之中进行着自己的研究,解释学自然也就成为教育非实证研究的一种重要样式。然而,解释学却是一个既富有魅力同时也较为复杂的问题。从历史的顺序上看,它至少有四种不可等同却有一定联系的内涵,依次为:施莱尔马赫关于理解和阐释的一般学说,狄尔泰的人文科学方法论,海德格尔的存在论解释学,以及伽达默尔的哲学解释学。具体的研究者当然可以根据自己的学术旨趣从中择取一种作为自己的研究工具,但对于教育认识者整体来说,立足于我们今天的时代,解释学无疑应是一个涌入历史流动"横截面"的整体。如果我们不只是想下一番哲学史家的功夫,实际上就很有必要借助思想组织和会通的过程,获得一个单数意义上的解释学方法。应该说,这并非没有可能。即使不同阶段和性质的解释学代表人物具有自己的执着,但既然他们均使用了"解释"一词,从理性上讲就不该有关于"解释"的水火不容的见解。愿意行使思想组织和会通职能的今人,实际上拥有任何自立门派的哲学家个体所难具有的优势,从而可以从解释学的谱系中整合出一个具有内在相容性的解释学方法系统。而且我相信,对解释学方法情有独钟的教育认识者一定会悦纳这样的成果。

(一) 不同意义上的解释学

按照惯常的逻辑,我们首先必须走进各种不同意义上的解释学。这是一项无法回避的工作,主要是因为不同的解释学理论虽然共享了"解释学"的名称,而且客观上形成了思想的谱系,但各自的旨趣又有明显的差异。通过领会不同意义上的解释学理论,并萃取其精神内涵,才能够进一步言及解释学之于教育意义创造的独特价值,也才能够发现解释学整体之于教育意义创造的边界。

1. 施莱尔马赫的普遍解释学

施莱尔马赫在西方被称为解释学之父,这是因为他不仅把解释的对象从圣经和法律条文拓展到一般文本,更因为他从特殊的文本解释的技术规则转向关于理解和阐释的一般性研究。因而,在他之前如果只存在具体文本的具体解释规则,那么从他开始就有了解释学,解释也从此开始不再是对文本文字的意义解释,而成为一般意义上的认识论和方法论了。虽然施莱尔马赫的解释学被他自己定位为避免误解的艺术,显然还是指向文本,但其避免误解的路径已经超越了文本的文字解释。他解释文本的基本方法是语法解释和心理解释,其操作的意义是从具体的文字文本扩展到了语言,从文本本身延及了文本的作者,而其理论发展上的意义则是使解释成为更为高级的认识活动。有研究者指出:"他的语法解释第一次把语言问题引入哲学,……他的心理解释第一次把心理学引入释义学,竭力创造性地重建原文作者当初的思想创造过程。"①用学者江怡的话说,"施莱尔马赫清楚地认识到,对历史上的文本（圣经）的理解绝不能是文字上的刻板诠释,而必须是一种创造性的重新阐释"②。但由于这种创造性的阐释是基于文本的,是与文本的作者相通的,因而其创造性的内涵最能有效地说明人文思想的历史性渐变。

对于施莱尔马赫的语法解释,我们不可以想当然地将其意会为纯粹的语言学技术,须知其真实的含义更是一种语境论的实践。"在施莱尔马赫看来,所谓语法解释,就是把语言本身作为关注的中心,个体的作者只不过是探索语言性质和条件的案例研究,解释者千方百计复制作者和听众所共同理解的语言圈（sphere of language）。"③中国学问有悠久的训诂传统,在很长的时期内就属于服务于经学的手段,但到了近现代也发生了微妙的变化。如黄侃就说道:"训诂者用语言解释语言之谓。若以此地之语释彼地之语,或以今时之语释昔时之语,虽属训诂之所有事,而非构成之原理。真正之训诂学,即以语言解释语言。初无时地之限域,且论其法式,明其义例,以求语言文字之系统与根源是也。"④若只限于文本的语言解释,黄侃与施莱尔马赫是可以媲美的,但后者所主张的语法解释与心理解释的相互依赖,则使他比黄侃在解释学上更胜一筹。中国传统学问重视对经典文本的理解和阐释,实际上也使理解基于文本的理解和阐释成为学术发展和思想创造的重要方式。这种方式在今日的教育认识领域也以新的姿态复苏,它不仅体现在类似中国教育思想历史的研究之中,同样也体现在对国外教育经典的研究之中。作为一类必要的学术实践,研究者客观上已经实现了语法解释与心理解释的综合运用,而且可以认为他们并不见得是在实践施莱尔马赫的解释学,这应是解释学自身传播所形成的弥漫效应。我想说的是,此类学术研究在引领思想研究回归经典的同时,很容易淡化通过解释实现思想发展的追求,果真如此,那它的认

---

① 邓安庆：《试论施莱尔马赫思想的现代意义和对后世的影响》,《湖南社会科学》,2000年第5期,第4—8页。

② 江怡：《论施莱尔马赫的解释学及其浪漫精神》,《中国社会科学院研究生院学报》,1990年第1期,第63—68页。

③ 蔡熙：《论施莱尔马赫的普遍方法论解释学》,《中南大学学报（社会科学版）》,2010年第3期,第28—31页。

④ 黄侃、黄焯：《黄侃国学讲义录》,北京：中华书局,2006年版,第231页。

识论价值则会极其有限，在学术的境界上恐怕尚不及前人。且看 18 世纪的戴震所说："经之至者，道也；所以明道者，其词也；所以成词者，字也。由字以通其词，由词以通其道，必有渐。"① 此论之最高明处在于以"明道"为鹄的，须知"道"乃文本最大的意义。戴震对于学问的境界有如下认识，即"凡学始乎离词，中乎辨言，终乎闻道"②，不过，戴震所言之"道"是儒家圣人之道，自然不可与真知、真理等同，但因"道"既在六经之中又在言语之外，因而其关于学问境界的区分还是折射出了以解释的方法获得认识成果的趣味。这种思路应被今日钟情于教育经典阐释的学者借鉴。

相较于语法解释，施莱尔马赫的心理解释在认识论上更具有开创性的意义。心理解释指向文本的作者，"其目标在于把握作者通过言语所要表达的内在思想以及作者独特的个性"③。更具体地说，心理解释关注的是表述思想的语言文本如何创生，通过心理解释发现思想作为一种心理的事实究竟如何发生。要做到这一点，解释者就需要走进作者的心理世界和思想，这既是必要的，也是可能的。言其必要，是说仅仅对思想的语言文本进行解释并无法实现对思想文本的完全理解；言其可能，则是因为人所具有的移情或共情能力，可以让人即使与他人没有相同的感受，也可以设身处地地理解他人的感受。文本解释者借助这种共情能力，通过了解作者的人生、时代及其影响下的独特思维风格和语言风格，就可以揭示出作者创造文本时的意图和构想。这一过程在施莱尔马赫那里就是一个文本解释者通过创造性的联想"重建"文本无法直接呈现的作者心理的过程。那么，心理解释会具有怎样的认识论价值呢？我以为，这一方面表现为心理解释对语法解释的补充，并在两者的互动中使解释者达到对思想文本的完全理解；更重要的另一方面是，语法解释和心理解释的联合作用，可使人类认识的历史在更加立体和生动的同时成为认

---

① 〔清〕戴震撰，张岱年主编：《戴震全书》（第 6 册），合肥：黄山书社，1995 年版，第 370 页。
② 〔清〕戴震撰，张岱年主编：《戴震全书》（第 6 册），合肥：黄山书社，1995 年版，第 393 页。
③ 黄毅、习勇生：《论施莱尔马赫普遍解释学与教义学之间的张力》，《基督教研究》，2014 年第 2 期，第 63—79 页。

识者的认识历史而非认识结果的简单连续。而实际看来，如果不能揭示出文本与作者之间的内在联系，所谓认识历史的连续也很难经得起追究。应该承认一种现象，即一种思想的产生根底上是具有必然性的，这仅仅在思想产生必有其现实过程的意义上而言。而如果隐藏在文本背后的作者的个人心理过程被隐匿，那么在人类认识的整体意义上，这种思想的产生就很可能被误解为偶然。

2. 狄尔泰的人文科学方法论

狄尔泰受到施莱尔马赫的深刻影响，他曾经以出版《施莱尔马赫传》而出名，因而说他把施莱尔马赫的解释学发展为在人文科学研究中普遍适用的解释学方法论是顺理成章的。狄尔泰的理想之一就是要确立人文科学的方法论，并以此释解他自己提出的"精神（人文）科学何以可能"。这一方法论上的诉求无疑直接反映了他对人文科学特殊性的明确认知，同时也折射出他在具体的时代背景下对思辨哲学和追求实验知识为目的的自然科学方法的拒绝。在他之前，历史学家德罗伊森指出过，"自然科学的方法是'说明的'，而历史研究方法则是'理解的'"[1]。狄尔泰显然认可这种区分，并建构了以"理解"为灵魂的人文科学方法论。在解释学的谱系中，由于狄尔泰对"理解"有新的认识，并自觉而完整地论述了理解的历史性、解释学循环、理解的时间意识等观念，从而开启了现代意义上的解释学。

"理解"是狄尔泰解释学的标志性概念，这便意味着解释学在他那里就是一种关于"理解"的理论，进而，其解释学无论多么复杂，都会以"理解"为核心而展开。如果要快捷地把握狄尔泰的解释学，我们可以关注以下两个方面：一是狄尔泰是如何认识理解的？二是作为方法论的理解意味着什么？

事实上，施莱尔马赫已经把解释学界定为理解的艺术，而且在心理解释环节明确针对的是文本作者的内在心理，其关键在于把文本（作品）视为作者的生命事实，并借此理解作者的思想，这对于狄尔泰的"理解"观应是有直接影响的。虽然"解释学概念的扩大，超出了文本的情境，但是狄尔泰仍

---

[1] 陈嘉明：《现代西方哲学方法论讲演录》，桂林：广西师范大学出版社，2009年版，第163页。

然依靠施莱尔马赫的文本解释学规则"①。"正是狄尔泰，我们有了文本主义，把文本范式用作一种普遍解释学的模式。文本主义意味着把所有形式的解释简化为一种形式：阅读。"② 这里的阅读是说读者通过文本与作者的对话，其实就是一个理解的过程。狄尔泰把理解划分为两个层面：基本形式和高级形式。理解的基本形式体现在日常生活中，其对象是人的个别性的生命表现，包括具体的姿态、表情、目的性活动以及由这些要素构成的行为整体；其目的是要通过对个别性生命表现的解释，理解出它所蕴含的精神性的东西。从逻辑形式上看，这种基本的理解属于类比推理，即由特殊到特殊，自然不会获得普遍性的知识。这一层面的理解之所以可能，是因为人与人相互之间共享了某种共同性的客观精神，根底上是因为相互之间具有共同的生活环境。理解的高级形式是理解对象的复杂促成的。换言之，当理解的对象复杂到让人无法轻易把握到它所蕴含的精神性的东西的时候，理解的水平就必须提升，因为高级形式的理解需要把握对象的整体关系——人的生命表现的多样及其机制以及与此相关的、不断变化的外部环境。从逻辑形式上看，高级形式的理解运用归纳推理，也就是从个别性的对象出发，推出超越具体对象的意义。这种意义可能不是普遍的规律，而是某种结构或顺序系统。

作为方法论的理解，是狄尔泰为应对"人文科学如何可能"而进行的解释学理论建构，主要涉及理解的基础、理解的目的和理解的形式。从对理解层面的认识中可知，"理解乃是一个通过生命的外部表现进入到其中所蕴含的精神性的东西的过程，而这一过程，狄尔泰把它解释为是一个'体验'的过程"③。体验是理解的基础，也是理解的手段，人正是通过体验而实现对精神创造物的理解。由于人文（精神）科学的对象是人的精神产物而非自然之物，因而不必也不能寻求认知者的认识与对象的完全符合，通过体验以理解各种

---

① ［美］肖恩·加拉格尔：《解释学与教育》，张光陆译，上海：华东师范大学出版社，2009年版，第6页。
② ［美］肖恩·加拉格尔：《解释学与教育》，张光陆译，上海：华东师范大学出版社，2009年版，第266页。
③ 陈嘉明等：《科学解释与人文理解》，上海：上海人民出版社，2010年版，第285页。

人的精神性产物才最具有适切性。有研究者对狄尔泰关于体验的认知进行了论述①,我们可以概括如下:(1)体验是一种内知觉;在体验中,体验的行为和所体验的内容合而为一;体验具有自明性和确定性,是一切理解和解释的基础。(2)体验是私有的,每个人只能直接察知自己的体验,但因人与人之间可以共享"世界图式",理解和解释的普遍有效性仍然可以实现。

那理解的目的是什么呢?当然是获得生命表现所蕴含的精神性的东西。这种精神性的东西,本质上是某种"意义",因而也可以简洁地说,狄尔泰的理解是为了把握对象的"意义"。但狄尔泰的"意义"概念比较复杂,这倒不是因为他对"意义"有了新的语义规定,只是从学术史的角度看,还会与胡塞尔的现象学有关联。对于这种学术历史的细节我们不去关心,至少应该知道,"在狄尔泰那里,意义决不再是某种囿于文本理解畛域内的纯理论化行为的结果,而是生命具体实施、展开的根本性环节"②,也可以说"意义"在狄尔泰那里是与生命的和对生命的体验纠缠在一起的。在较为具体的层面,对狄尔泰的"意义"可以在两个层次上进行界定:一是可以把它界定为人们所说的或所写的东西中的"语义"的内容;二是可以把它界定为广义的"文本"中所蕴含的价值性的"意义"。③ 显而易见,后者才是典型的解释学范畴的"意义","它或者是由生活中有价值的东西所引起的,或者是通过我们的寻求达到某种目的的活动而产生的"④。因而,对于这种"意义"的把握,人必须通过理解,透过"有价值的东西"和"有目的的活动"表象而实现。对于"意义",狄尔泰本人曾就生命各部分与生命整体的关系指出:"意义这个范畴所指的,是各个组成部分所具有的、植根于生命本身之中的与这种整体的关

---

① 张庆熊:《狄尔泰的问题意识和新哲学途径的开拓》,《复旦学报(社会科学版)》,2007年第3期,第43—50页。
② 高桦:《狄尔泰的意义感念》,《社会科学》,2018年第2期,第132—141页。
③ 陈嘉明:《现代西方哲学方法论讲演录》,桂林:广西师范大学出版社,2009年版,第166页。
④ 陈嘉明等:《科学解释与人文理解》,上海:上海人民出版社,2010年版,第288页。

系。"① 这段话对实际的"理解"无疑更具有操作上的启发作用。

关于"理解",由于狄尔泰虽然怀疑自然科学方法的普遍适用但仍然追求知识的客观性和必然性,因而还是像康德一样借助于思想的范畴,并把它作为理解事物的方式和构造意义的形式。与康德不同的是,狄尔泰视范畴为具有时间性、历史性的经验普遍化的产物,而非单纯的思维形式,进而在康德的四组十二个范畴之外,又增加了"内在-外在""手段-目的""价值""意义""部分-整体""时间性"等内容。"内在-外在"范畴可以引导认识者从外在的语言符号与行为走向对人内在精神的理解。"手段-目的"范畴可以引导认识者通过外在行为探寻其背后的动机与意向。"价值"和"意义"范畴是人文精神世界的重要标志,也是人文(精神)科学区别于自然科学的基础,人在生活世界的情感和利益正是在这样的范畴中得以体现。"部分-整体"范畴,从方法论角度讲,是认识者通过理解把握对象意义的最有效且可操作的路径。更深入地讲,"在狄尔泰看来,人们必须认真面对的基本问题就是:存在于各个具体主体中的精神世界的建构和他们的创造精神,究竟如何可能通过历史整体中持续累积的人类丰富经验,连接成具有不断再生产的人类文明"②,这中间内含的就是部分与整体的关系,狄尔泰正是为了寻求这个有关个体精神创造与人类历史整体和谐进步的合理关系,才创造性地构建了作为人文科学方法论的生命解释学。"时间性"范畴是狄尔泰对人文事物本性的深刻把握,他以此确立了人是历史性存在的观点,除此之外还有更丰富的哲学内涵,不再赘述。

3. 海德格尔和伽达默尔的哲学解释学

历史地看,解释学可谓生命力旺盛,并一脉相承地逐步发展。施莱尔马赫使解释走出了具体的圣经和法律经典等特殊文本扩展到所有文本,并试图发现适用于一切文本解释的普遍规则;狄尔泰则把解释学的规则用于人文(精神)科学领域,这等于使解释超出了以往文本的范围,但总的来说是可以

---

① [德]威廉·狄尔泰:《历史中的意义》,艾彦、逸飞译,北京:中国城市出版社,2002年版,第58页。
② 高宣扬、闫文娟:《论狄尔泰的精神科学诠释学》,《世界哲学》,2019年第4期,第108—117页。

归入认识论和方法论范畴的。不过,解释学并没有到此为止。受到狄尔泰的启发,海德格尔认为解释学应当关注所有类型的解释,在他看来解释是人的经验的一个普遍特征。对于解释学的核心概念——"理解",海德格尔既不在方法论,也不在认识论意义上给予关注,而是在本体论意义上加以关注,从而将其视为人的存在方式,因而他的解释学也被称为存在论的解释学,解释学也因此实现了本体论转向。伽达默尔和海德格尔一样并不钟情于以往解释学的追求,解释的技艺或是作为认识方法论的解释,在他看来都不很哲学,他关心的是关于理解的最基础性的问题,此即"先于主体性的一切理解行为的问题,也是一个先于理解科学的方法论规范和规则的问题"。海德格尔在审视作为人的存在方式的"理解",伽达默尔则把"理解"作为人的世界经验进行审视。伽达默尔也以德国哲学的惯常的提问方式提出"理解何以可能",目的是要探寻一切理解方式的共同依据,这就使他的解释学不可能是具体的解释学,而是哲学解释学。在较具体的层面讲,伽达默尔的解释学面对的是普遍的解释学经验意义上的"理解",尤其关注在历史因素造成的"传统"影响下的理解者与理解对象之间的关系。尽管如上两位哲学家均以提供认识的方法论作为解释学的目的,但他们关于"理解"的哲学洞见却对人类认识产生了认识论的和方法论的影响。

不过,海德格尔的哲学解释学通常并不为一般的人文(精神)科学研究者关心,他在认识论和方法论上的贡献,实际上是通过伽达默尔在解释学上的哲学建构间接体现的。这是因为伽达默尔虽与海德格尔对"理解"的关注不同,却合理继承和发展了后者对于"理解"的现象学和存在论的把握。海德格尔的解释学也可称作现象学和存在论的解释学,这里面的"现象学"是"存在论"的方法,是对"存在"进行哲学处理的方法;"存在论"意义上的"存在"则是哲学处理的对象;那"解释学"的"解释"又是什么?这种"解释"是现象学把握现象的方法,其更原始的称谓是"描述"。为什么是"描述"呢?这是因为现象是"就其自身显示自身者,公开者"[1],要对它进行把

---

[1] [德]海德格尔:《存在与时间》,陈嘉映等译,北京:生活·读书·新知三联书店,1987年版,第36页。

握，当然只需要"描述"。然而，海德格尔并不像胡塞尔那样觉得现象可以"直观"，而是认为现象通常会处于一种遮蔽状态，因而它的意义需要借助"解释"得以彰显。"这就意味着海德格尔的'描述'方法，实际上是解释学的方法。"① 海德格尔关注的是人的生存现象，或说是人在生活世界中显现的状态，从而他的解释追求，一是生存现象的结构，二是生存现象的意义。我们由此也可以推知海德格尔的解释学对于生存现象的事实和价值认识均有方法论的意义。海德格尔的解释学还说明了解释与理解的内在关联，认为解释是理解的进一步发展，两者的相互依赖、互为前提构成不同于"部分与整体"的解释学循环。尤其是他对人的存在之历史性的认识，对于伽达默尔的解释学具有直接的影响作用。

伽达默尔是哲学解释学的集大成者，他关注的核心问题是"理解何以可能"，他给予这一问题的答案，也就是理解可以实现的条件，具体有"语言""前理解""解释学循环""效果历史"。"而作为属于自己的思想的部分，则主要是有关语言在理解中的作用以及'效果历史原则'的思想。"② 关于语言在理解中的作用，伽达默尔的基础性认识是指有关世界的经验都是用语言表达出来的，理解在语言中才能成为现实。做进一步的引申，我们可以说，"文本"具有语言性，因而理解的对象在形式上就是语言。伽达默尔还指出了语言形式与所表达内容的统一以及语言之于理解、解释者的先行先在特征，实际上揭示出了语言对理解和解释的制约作用。我们从中还能进一步推知，语言的先行先在使文本事实上内含了与"前理解"相联系的视域，对文本的"理解"因此成为"对话"的过程，解释学所说的"视域融合"继而成为事实。关于"效果历史原则"，这是伽达默尔的创造性认识，这一认识是"对话"和"视域融合"的进一步说明。它首先意味着构成"前理解"的传统、成见等历史因素直接决定理解者当下的视域，其次意味着理解者通过视域融合机制事实上在理解中重构了传统文本和传统，正是这种重构式的理解具有

---

① 陈嘉明：《现代西方哲学方法论讲演录》，桂林：广西师范大学出版社，2009年版，第174页。
② 陈嘉明等：《科学解释与人文理解》，上海：上海人民出版社，2010年版，第314页。

了认识论意义上的创造性质。

(二) 解释学方法在教育意义创造中的应用

从施莱尔马赫到狄尔泰,再到海德格尔和伽达默尔,我们一方面领会到他们各自的思想创造,另一方面也能领会到人类对于理解和解释的不断深入和完善的认识过程。在此基础上,我们能否归结出关于理解和解释的纯粹结构化的思想系统呢?应该说,在提出这一问题的同时,我们心中就有了肯定性的答案。这种乐观的第一基础是任何趋于成熟的认识领域,其认识的结果在得到确证与认同之后必然会淡去发现、创造者的个人特征,即便为认识的结果标注上发现者或创造者的名字,就认识结果本身来说,它的价值最终呈现为知识的和思想的纯粹性。这种乐观的第二基础是与创造者个人相联系的不同的解释学理论,流动到今天实际呈现出一个历史性的"横截面",其中必然具有能使解释学成为认识方法论整体的一个思想结构,总结出这一个思想结构,我们就可以排除创造者个人的个性和学术研究技术上的顾虑,以更有效地挖掘解释学对教育认识尤其是对教育非实证研究的方法论价值。略去难以规范表达的内在思维过程,我们暂且把整体的解释学方法论归结如下:(1) 无论是面对广义的文本还是狭义的文本,认识者均须具有认识的立场,并明确"理解"的目的是获取事情本身的结构和事情在各种关系中所产生的意义。(2) 对文本的"理解"是一个认识者与文本作者基于视域融合的对话过程,认识者须厘清双方的视域并模拟出对话的维度和逻辑。(3) 由于文本总是人的创造,因而完整的"理解"对象应是"作者的文本"和"文本的作者",认识者须至少下语言学和心理学解释的功夫。(4) 解释学循环是客观存在的,认识者须把这种客观性转化为主观上的自觉,以求得认识的真诚与严谨。

1. 语言解释与教育意义内涵的挖掘

进入本题之前,必须先面对一些基础性的问题,如:教育学研究者究竟如何进行自己的研究?在什么意义上,他们可以算作教育认识者?之所以提出这些问题,是因为作为教育学研究对象的教育,在这里只能是一个抽象的概念。在具体的层面,作为研究对象的教育,要么是"教育"概念指称范围内的局部教育事件或"部件",要么就是隐含在传统中的一个真实存在却难以述说的观念化的"教育"。这种观念化的"教育"与各种文本中的教育意义同在，但因难以述说而只能隐约地成为教育非实证研究者的所谓研究对象。因此，对于把教育学视为人文（精神）科学的研究者来说，他们实际上更是一个思想者，能够作为他们思想之"脚手架"的并非经验世界中的教育事件或部件，而是流动在各种文本中的教育意义以及与其同在的观念化的"教育"。也正是在此意义上，具有文本主义倾向的解释学才会成为一种与教育学研究较为适切的方法论。

而所谓观念化的"教育"，我们既可以说它在教育研究者的意识中，也可以说在承载教育意义的文本中，而归根到底是在文本之中的，且与隐藏在文本中的教育意义相互纠缠在一起。从这个角度讲，"教育"的积极变化必然会体现为教育意义的积极变化，而教育意义的积极变化自然要借助于教育认识者的专业性挖掘。单就挖掘而言，最终被挖掘出的意义似乎是既有的存在，但这显然不完全符合实际，否则观念化的"教育"仍然会停留在原始的水平和状态。其实，从第一代承载教育意义的文本产生起，它就成为教育认识的一个关键的脚手架，后来的认识者在很大的程度上属于解释者，通过解释他们表面上在挖掘既有的教育意义，实际上在挖掘中实现了教育意义的增值。回顾性地审视这种挖掘就会发现，教育认识者最核心的劳动正是借助于对文本的语言解释，实现了自己视域与文本作者视域的融合，进而在对话中生成了既超越文本意义又超越己见的新意义，此新意义无疑是既有意义的延续，同时又新添了认识者的创造。我们知道中国传统学问自古重视言中之义和言外之意，事实上已经具有了解释学的色彩，尤其是宋代以后，学者们不再拘泥于经书的训诂和考证，转向义理的挖掘，其内在的过程渐具沉潜涵泳的品质。当然，从学问的角度讲，宋儒的义理阐发最终流于空谈性义理而疏于章句的考证，以致"我注六经"变换为"六经注我"，但从新意和新思想创生的角度讲，又不失为一种有效的方法。语言文本是学者思想进展的依托，因而，无论他们抱着什么样的目的，其解释之功也无法省去。对于今日教育学研究者来说，其认识活动的场域只能是语言解释的场域，其认识活动的过程也只能是语言解释的过程。要知道对文本的解释学理解而非训诂学的说明，必是对文本所含意义的重构，由此推绎，教育意义的增益，进而教育思想的发展，不正是在这样的重构中不断实现的吗？施莱尔马赫曾把解释学的任务规定为:"理解文本起初和作者一样好,然后比作者理解得更好。因为我们不能直接了解作者之所想,我们必须千方百计意识到作者本人没有意识到的东西,除非作者反思了自己的作品并成为自己的读者。"[1] 如果研究者能够通过对文本的语言解释"意识到作者本人没有意识到的东西",便相当于完成了冯友兰说过的在"照着讲"基础上的"接着讲",他实际上就实现了语言解释的思想创造功能。

2. 心理解释与教育意义创生的领悟

相对于语法解释,心理解释具有辅助作用,其功用主要在于使解释者对文本所负载的思想的形成有所了解。这一方面有助于解释者对文本思想的理解更具有历史性和深刻性,另一方面则能帮助解释者理解主体因素对思想建构的制约,并因此具有认识论和方法论上的价值。试想解释者为什么要理解作者呢?第一位的原因当然是辅助于文本的理解,但具有认识论和方法论意义的则是对教育意义创生的领悟。正如有研究者所说,施莱尔马赫的"这种'心理学解释',实质上是解释者基于自身的'前理解'而作出的一种积极的、但未必是确定的主观性建构"[2]。对于哲学和人文社会科学研究来说,最为短缺的认识论资源正是作为认识者的研究者的主观思维过程。由于此类研究的对象实际上是观念性的或是准观念性的事实,无法到位地运用自然科学的方法,这就使得研究的过程更加内在化和非标准程序化,最终使后来的研究者无法获得明确的遵循。但是,如果能够借助基于具体思想文本的心理解释,走进作者的心理世界和生活世界,或能归纳出较具有普遍性的认识和创造规律。

在心理学的意义上重构文本作者的认识和创造过程,其关键在于寻找主体因素对思想建构的制约,但最具有价值的应是对作者创造过程的重构。这样的重构由作者自己来进行无疑更为便利,但能做这种工作的作者几乎可以忽略不计,客观上就只能由对具体作者感兴趣的解释者去承担。这当然是一

---

[1] 蔡熙:《论施莱尔马赫的普遍方法论解释学》,《中南大学学报(社会科学版)》,2010年第3期,第28—31页。

[2] 崔金涛、李丽群:《黄侃训诂学与施莱尔马赫解释学之比较》,《广西师范大学学报(哲学社会科学版)》,2017年第5期,第80—86页。

件艰难的事情，因为解释者并非作者自己，无论对文本做怎样精细的分析，也很难获得作者的创造过程。进一步说，文本作为作者的创造物，一定会折射出作者创造过程的部分信息，但因文本作为一种表达物受到语言、逻辑、学术表达范式等的规限，且不说真实与否，实际上连整体的或连续的创造过程的线索都无法显现。站在读者的一侧，通常感受到的是，一个高品质的思想文本很像是作者一气呵成的结果，而实际的情形远非如此。我们读一个万字的思想文本也许只需要花费一小时，但作者创作文本的时间很可能要花费几小时甚至几十小时，而支持文本创作的思想创造过程更不知道会断断续续地花费多长的时间。在这种情况下，解释者如果想挖掘作者的思想创造过程，就只能走进作者的世界，需要他们解释的对象就不只是作为规范表达物的文本，还有作者的世界；从而，解释者通过解释所获的当然就不只是存在于文本中的思想的意义，还有思想的创造过程；只不过这个思想的创造过程是一种解释者的重构，但这并不影响其所具有的认识论和方法论的价值。

解释者的这种重构就其性质而言也是一个创造过程，能够支持其创造的材料一方面来自文本所呈现的逻辑和作者偶尔透露的过程性信息，另一方面则是来自各种信息源的关于作者的认识论背景、学术传承、研究自述和札记，以及他们的世界观、人生观和价值观。解释者的核心工作是把文本和作者两方面的有效信息进行思维整合以形成一个背景整体，在此基础上尽可能建构文本作者真实、客观的创造过程。解释者重构出的这一作品应该包含两种信息：一种是具有内在连续性的思想形成逻辑，换一个角度，就是作者思想整体的创造机制；另一种是思想形成逻辑中每一个环节和元素是其所是的依据，此类依据来自作者方面的相关信息。如前所言，这样的重构由作者自己进行更为便利，实际上也更为可靠，遗憾的是，创造者并不普遍具有反思自己创造过程的习惯。但从其反面却能给我们以启示，此即有必要建议思想文本的作者对自己典型的思想创造过程做深入的反思与重构，其直接的效用是可以为长于认识论的哲学家提供个性化的样本。探究普遍的认识论和方法论形成的机制，自然不能排除天才的直觉表达，但更具有说服力的一定是哲学家从众多有意义的个性化样本中归纳总结出的具有共通性的结论。我们应该相信，尽管个体的作者均会有自己思维上的个性，但思想创造的基本原理必定客观存在。有了这种共通性的结论,非实证研究尤其是思想创造性的研究,也有望拥有可与实证研究的规范方法相媲美的、可供认识者依循的章法。

我曾经就教育概念的研究做过类似的反思和重构工作,最终意识到"我对教育概念的认识经历了由接受共识、成见到生发出个性化认识的过程,这个过程的实质是对教育进行了从外部形象到内在依据的谨慎认知。在这一认知过程中,我无法否认本质主义的思维方式深深地影响着我,并有力地控制着我去追寻教育之为教育的根本依据"[①]。可以看出,我并未对自己的创造过程进行重构,但应能为哲学家的进一步归纳总结提供具体的材料。然而有趣的是,我基于个人的反思,竟然为与教育概念相关的认识者提出了建议,即"明智的教育概念界定者绝不能以本体论的思维为个人的兴趣,而应该把这样的思维视为整个教育认识必要而有限的环节;明智的教育意义阐释者也不能满足于零散的生动,而应该尽可能把自己的教育理解与教育本体联系起来"[②]。长于认识论的哲学家可以在这样的建议基础上,把一种底气不足的原则性建议转化为具有较充分理性的规则性规定。必须承认,我们的教育非实证研究所缺乏的正是系统性的规则性规定,以致给人留下在认识论和方法论上不成熟的印象。客观而言,即使是坚定的实证主义研究者也会接受各种教育非实证研究的结论,但他们并未因此而在认识论和方法论上肯定教育非实证研究的成熟。我想他们中的多数人并不会极端到否认教育非实证研究的价值,他们所诟病的对象主要还是集中在认识论和方法论上。所以,从事教育非实证研究的人们没有必要为自己做无力的辩护,而应当使自己的创造过程逐步规范起来。施莱尔马赫的心理解释,无疑可以为此目标的实现发挥其有效的作用。

3. 视域融合与教育意义的实质

若问教育意义是什么,最基础性的回答应是"教育"一词的词义。在汉语语境中,"教育"一词在古代仅有一例,就是孟子所说的"得天下英才而教

---

① 刘庆昌:《教育概念的个人认识史》,《当代教育与文化》,2020年第3期,第1—9页。

② 刘庆昌:《教育概念的个人认识史》,《当代教育与文化》,2020年第3期,第1—9页。

育之"中的"教育",其词义几近于今日之"教育"。具体一点说,我们还可以想到《说文解字》中所释的"教,上所施,下所效也;育,养子使作善也"。只要汉语文化圈的人们领受了"教育"的词义不就万事大吉了吗?果真如此,那么人类的教育之思就完全可以指向广义上的教育方法领域。但历史的事实并非如此,尤其是自近代西学东渐以来,不仅"教"和"育"不再分立,"教育"一词的含义也不再是原初具有自足性和独立性的词义,而成为不同立场和思维的人对"教育"的理解。而且,各种各样对"教育"的理解好像具有一个共性,即是普遍摆脱了《说文解字》那种在动词的意义上解释教育的拘谨,越来越成为一种关于人的发展的价值观表达,动词意义上的"教育"则成为具体价值观实现的手段。进而,人类的教育之思至少在实践取向上可分两途——价值与方法,前者为教育哲学关注,后者为教育科学关注。也因此,承担教育认识职能的教育学研究必然存在非实证的和实证的两种研究类型。不用说,我们所讨论的教育意义问题在思维性质上属于教育哲学,在研究类型上则属于非实证研究。

由于对"教育"的理解已经不是一个语言学的问题,与其说教育意义是对教育思想文本理解的结果,不如说是思想者立足于人的价值对教育的观念性建构,进而一种具体的"教育意义"其实就是一种具体的"教育理念"及与之匹配的一定品质的行为或行为结构。客观而言,正是这样的教育之思,使教育学与自然科学的范式格格不入,但也正是因此,教育学才具有了人文的厚重与灵动。对于教育认识者来说,需要特别明确"教育"的最初词义是唯一的和不变的,而教育意义则既可以是最初词义的合理演绎,也可以是人对"教育"词义的合理附加。无论是哪一种情况,一旦发生,都会使"教育"的内涵在原初词义的基础上有所变化。这种变化中的一部分会被我们视为积极的发展,其依据一方面是新的变化可以从原初词义中合理绎出,如同原初词义自然生长的结果,另一方面则可能是附加给"教育"的新义可以与原初词义契合。但是,这种变化中也有一部分会被我们视为消极的干扰,其依据必然是新的变化也许只是对"教育"原初词义的曲解和误解,当然也可能是不问"教育"的原初词义进而对"教育"实行了不合理的意义强加。

应该说,对"教育"原初词义的积极发展,原理上是认识者视域与原初词义背后的作者视域的融合，因而，其中的意义演绎是理性的，其中的意义附加是有机的。反过来，对"教育"原初词义的消极干扰，则是认识者和作者两种视域的背离和错位，作为结果，其中的解释必是反逻辑的，其中的意义附加必是非理性的。由此可知，教育意义固然以认识者的理解为前提，却只有具备充分理性的认识者的理解才配成为这一前提。不难发现我们对理性的强调，这意味着我们在接受"意义"生产自由性的同时，并不放弃对理性的执着。这一点在今天的教育认识领域具有一定的现实意义，因为解释和理解的自由性很容易使不习惯于深入思考的个人以懒惰者的心态与认识上的相对主义合流。这一类认识者的思维缺陷在于不能理智地看待解释和理解的自由性，通常把它与日常生活世界中"公说公有理，婆说婆有理"简单等同。他们自然是未能清楚真理相对性的核心意涵正是真理的有限性亦即有条件，然而这一点莫说是在人文社会科学领域，即便是在自然科学领域也是成立的。针对此种情况，我们完全有必要建议：无论认识者要在原初词义的基础上对"教育"进行新释，还是要把自己中意的价值附加在"教育"之上，均需意识到在自己的视域之外还存在着被自己忽略的、"教育"原初词义背后的作者的视域。此外，认识者还需要清楚，自原初词义出现后，任何"教育"的新义都不可能从天而降，而只能是认识者的视域与原初词义作者的视域的融合。细思深虑，狄尔泰把解释学作为人文科学的方法论的确是一种认识论的和方法论的智慧。

最后需要说明，教育非实证研究当然不只有现象学的和解释学的研究，只要不具有直接经验的特征，只要不是完全基于教育经验事实和证据的研究，都属于教育非实证研究。这样看来，恐怕只有逻辑演绎的和思想阐释的两种类型的研究属于非实证研究了，除此之外的研究，无论是定量的还是定性的，都要从经验世界获得数据（资料），进而得出结论并接受检验。与此不同，逻辑演绎的研究结论来自某个已成为研究者信念的前提，思想阐释的研究结论则来自某个思想原型的启发。有趣的是，这两种非实证研究具有内在的共同性，即它们都是研究者基于文本而展开的思维运动，这里的文本也就是已成为研究者信念的前提和启发了研究者的思想原型。从这个角度讲，对思想文本的理解和为了理解的研读应是教育非实证研究的基本功夫，研究者可以从思想文本中寻找到进行推理的前提和具有启发性的思想原型。为此，我们有必要就教育思想文本的研读做专门的探讨，以促进教育非实证研究领域在原有基础上取得进步。

第五节　教育思想文本研读的方法
——借助于"必仁且智"的教育学阐释

中国传统思想博大精深，且因其形成与表达不同于西方知识论的范式，少有指向具体领域的专论，一方面难见其逻辑或实证确证理路，另一方面也为后人留下了不断阐释的余地。盖因此，中国学问虽然自有其丰富性，但对文本的注解和阐释实际上成为主体内容。从功能的角度看，对文本的注解，主要解决因时过境迁而形成的文本原始环境消退以及语文变迁所导致的理解障碍问题，其直接的效果是文本原义的复现，从而使后来的阅读者在新的时空中仍然可以领会古人的情感与思想，这实际上也是注解者所要追求的结果；而对文本的阐释，则是把承载意义的文本作为基础，进一步阐明文本意义的来由、边界及可能性的发散、延伸，其直接的效果是使文本中的意义不再孤立，同时可显现其历史的品格和被隐匿的联系，并使文本意义的扩张可能性得以呈现，这恰恰就是阐释者所要追求的结果。如果可以把对文本的注解理解为对前人创造尽可能准确地继承，那么对文本的阐释就可以被理解为在继承前人思想的基础上对其进行合理性发展。或可说，对文本的注解是为了继承前人的创造，而对文本的阐释则是为了合理发展前人的创造。假如把对文本的注解和阐释与解释学勾连起来，我们会发现前者与施莱尔马赫的古典解释学较为接近，后者则与狄尔泰的生命哲学解释学较为接近。客观而言，中国学问的方法中本就蕴含着解释学的方法，而且我们也完全可以想象中国传统意义上的学问家毫不走样地实践了以上两种解释学的全部细节，但中国学者的缺欠在于他们既没有在语言学上，也没有在一般哲学意义上对自己实际实践过的解释过程做超越解释活动的反思和总结，这才使得今日中国人文学者在阐释思想经典之时仍然需要从西方解释学中寻求系统的启示。

就中国教育思想文本的学术性处理来说，由于历来学者在文本的准确理解上费思颇多，对文本重新做注解虽不能说毫无意义，但整体上无需做专门的工作。相对而言，更有挑战性的是对文本做合理的创造性阐释。这种阐释自然可以接续前人说出他们没有说尽的话语，写出他们未能写完的文字，更重要的是能够借助阐释者的阐释活动本身，把阐释者在当下时代决定下的精神体验与作者在过去时代决定下的精神体验融合起来，从而，一方面使阐释者的阐释具有历史的品格，另一方面也使得思想历史中的对话机制成为现实。应该说，这一继承与发展的过程因之不再是正确而虚空的说法，同时思想创造的原理也因之而不再隐晦和神秘。在此，我并没有忽略思想的创造与形而上的冥思及直面对象的思索之间的联系，只是明确地意识到，当人类思想进入较为成熟的历史阶段后，对思想文本的阐释基本上成为思想创造的第一方式。在今天，无论一个人怎样喜好思想的创造，如果不首先理解已有的思想文本，甚至试图回到原点进行思考，那他最大的可能性必是重复了前人，而且这种重复还有一个前提，那就是他的心智不亚于那些思想文本的作者；否则的话，如果他的心智庸常，很可能会一无所获，因为他远不具备重复前人的能力。既然如此，何不虔诚地面对经过历史选择进而得以流传的经典思想文本呢？实际上，理性的思想者也不会莽撞地回到思想的原点，研读经典思想文本已被普遍视为思想创造活动的第一步骤和基础功夫。现在的问题并不在对经典思想文本的价值认知上，而在面对文本缺乏可以遵循的有效阐释方法，进而自我束缚了对于思想创造来说至关重要的想象力。现在，我们直觉到了狄尔泰的解释学方法论之于中国教育思想文本的意义，而且意会到我对文本阐释的定位与狄尔泰解释学方法论的相通与差异，相信如上的直觉和意会可以使具体的文本阐释过程和表达形式在积极的方向上不同于以往。显而易见，我将带着这种直觉和意会而非带着具体可操作的程序去阐释文本，这无疑使文本阐释及表达缺乏应有的形式预设，但好的一面是给了我与具体文本对话的最大自由。这种自由当然是有限度的，其限度也将以缄默之态存在于阐释过程之中，却能保证文本阐释过程通向思想的合理发散和延伸，并以缄默的方式促逼中国教育思想文本的研读方法演进。狄尔泰在方法论上的重要贡献在于他客观上认知到人类经验在文本阐释中的作用，仅这一点便超越了施莱尔马赫语法学阐释的局限，使阐释者有可能借助于思想文本作者所使用的语言走进文本作者的内在生命世界，进而使文本作者内心世界的可能性在新的时空中绽放出来。狄尔泰式的文本阐释在古典解释学的标准下自然具有主观甚至神秘的倾向，但其对基于生命体验相似性的思想文化和人类精神逻辑连贯性的揭示，无疑开启了合理联想和想象在经典思想文本阐释中发挥作用的渠道。

我们把董仲舒《春秋繁露》中的"必仁且智"篇作为阐释对象，原因有三：一是"必仁且智"的思想内涵与孔子、孟子的仁、智思想相较具有明显的进步意义；二是"必仁且智"在思想史上尤其在教育思想史上并未获得足够的重视；三是我个人在当代社会文化背景下直觉到教育生活中的"爱智统一"似与董仲舒存在一定程度上的"不约而同"。我反复阅读"必仁且智"篇，体会到其思辨的形式水平可能远不及古希腊哲人，但其思想内涵的深刻却不亚于古希腊哲人。更需说明的是，"必仁且智"篇尽管通篇并无"教育"的字眼，但其字里行间却无处没有"教喻"的意念，所以，这一文本值得阐释。我们对"必仁且智"的阐释将立足于教育学的立场，这意味着我会带着今日教育学的视域观照"必仁且智"，或可再现董仲舒的教育思维，也可能发现"必仁且智"与今日教育学的精神历史联系。进一步讲，所谓对思想文本的"教育学阐释"在教育思想的发现和提取上是一种必要的策略，这一策略对于中国教育思想的挖掘来说尤为重要，皆因中国古代虽然也有如《学记》《师说》这样的教育专论，但更有教育的思想和智慧蕴含在非教育专论的文献中。即使是教育的专论，因中国文化思维的独特个性与作用，微言大义较为普遍，文本作者并不注重自己的个人生命体验，而更愿意把自己的思虑与圣言、公道相联系，因此其精神过程的活力与丰富性仍然被较大程度地遮蔽。在这里，我想特别指出，我们对于历史上的思想遗产，多注重其中的结果性内涵，却习惯性地忽略了过程性内涵，这样的忽略实际上并非阐释者的刻意，因为他们直接接收的就是结果性的思想文本。如果在阐释的方法论上因循了古典解释学的传统，那么文本作者的内在精神结构和过程甚至他们的生活历史和环境，与结果性的思想文本是可以合理分离的。但这不正是狄尔泰式的文本阐释方法论具有价值的原因吗？阐释是基于思想文本的，但阐释又是阐释者创造性的精神实践。阐释者首先会在价值判断的基础上选择文本,这将牵涉阐释者的学术旨趣和欲有作为的领域。然而,一旦具体的文本被选择,它在方法论上主要发挥的就是支架或拐杖的作用,阐释者将借助文本使自己步入发展思想的轨道,其机制是把自己与文本作者的精神连续起来,以"是自己又是文本作者"的姿态完成文本作者未竟的言说。或者说,之于静态的文本,阐释者只是阐释者;之于思想的历史,阐释者又是与被阐释文本的作者协同思索的、新思想文本的制造者。具体而言,"必仁且智"篇就是静态的文本,而我面对它时将首先具有了阐释者的身份,但我必然会受到此文本的激发从而产生既未远离文本、又未简单重复文本的新思。在此过程中,我难免要走进董仲舒的生命世界,并以今日教育学人的姿态与之对视,如此,我一方面能够更加理解他的"必仁且智"思想,另一方面或可与他的片段的教育思维状态照面。那么,几乎必然的,我将获得"必仁且智"的当代意义和价值,并可意会到董仲舒与两千多年后的我都不孤独,还会意会到教育思想发展中的变与不变。

一、"必仁且智"的文本阐释

(一)思想家与政治家的教育性关系

为政一事,所依甚多,天下、国家的观念与人世的伦理纲常无不必要,但落实到操作的层面,又无外乎人际人事。在董仲舒那里,宏大的观念是"大一统"的理想,世间的秩序来自三纲五常,而最为基础的则是个人的素养。对于个人的素养,董仲舒以"仁、义"为体,以"仁、智"为用。具体说来,辨明仁、义可形成素养的根本,和谐仁、智可形成素养的实力。这并不是我的主观想象,清人苏舆在"必仁且智"篇的题解中即有"前篇以仁配义,以体言。此篇以仁配智,以用言"之说。这里的"前篇"是指"必仁且智第三十"之前的"仁义法第二十九"。在"仁义法"中,董仲舒一方面厘清了仁与义的内涵,即"仁之法在爱人,不在爱我。义之法在正我,不在正人"。另一方面把仁义法与治人、治身联系了起来。我理解,紧随"仁义法"之后的"必仁且智"可谓董仲舒的治身之方。也正是在这里,我们触摸到了董仲舒的教育意念和思维。

董仲舒被誉为"汉代孔子",在儒学发展史上的地位不容忽视。但董仲舒的儒学思想显然没有先秦儒学的纯醇特征,一则黄老之学被杂糅其中,二则把儒学思想依据大一统的政治理想做了教条化的处理,终使儒学转为儒教,结构化了当时及后来政治实践和社会教化的明确准则。这在历史发展的意义上虽可说是一种创造和进步,却也是董仲舒不被后世儒学人物普遍肯定的重要原因。我以为对董仲舒及与他类似的思想家的评价,应该以对他们的历史学理解作为前提。古代儒家人物博学经史,但其学问的主体还是政治思想与实践,就身份而言,他们首先是思想家,要想让自己的学问发挥效用,最直接的方式就是与政治家合作,但这种合作不可能是人格对等、人际平等的合作,而是思想家为政治家选择和重用。即使被选择和重用,他们真正发挥作用的方式,也只能是为政治家提供思考和解决问题的策略。然而思想家所提供的策略,总是以思想见长的,就其实质而言,应属于较弱意志的"教育"。试想那些为臣的思想家,如果他们的策略被政治家认可,实际上约等于完成了一次有效的传授;如果他们的策略未被认可,从而目睹不理想的存在仍然延续,是不是就得采取"谏"的方式呢? 谏的本义是臣子向君王提供多种可能的策略并明示其中最可取者,而在实践中则被引申理解为对君王选择错误的直言规劝。何为规劝? 其操作性的内涵是规过劝善,除此之外还附带着一种郑重的态度,通俗而言就是奉谏者以郑重的姿态表达自己的规过劝善是认真的。就其实质而言,对策与奉谏也就是教育,只是君在臣上,而在下者不能取得教育的资格,只能以对策与奉谏的姿态出现,但其中的呈递良策和规过劝善却又无外乎"使作善"的教育意愿。就以董仲舒的"天人三策"为例,且不说其天人感应、独尊儒术、春秋一统、倡立太学的具体内容,单就其立意与思路来说,实为是古非今,"即根据古代的标准来抨击现实社会政治。它作为线索贯穿了整个'天人三策'"[①]。这是历来儒生的习气,他们实际上是以卑微之态和忠诚之心,冒着风险去做了教育家所要做的事情。

　　(二)"必仁且智"的教喻意蕴

　　"必仁且智"是董仲舒《春秋繁露》一书的第三十篇,不足千字,其内容

---

① 余全介:《董仲舒的真实遭遇》,《江淮论坛》,2006年第3期,第133—137页。

可分为两个部分,其一为仁、智及"必仁且智"的论述,其二为具有天人感应色彩的灾异与为政的关系之理。这是一种既定的和客观的存在,但不同的审视者所把握和关心的重心是有差异的。同样的仁、智,有研究者视之为"道德、理智的人待人处世、正当合理地处理人际关系和天人关系所应有的品质和能力"①,可用于"缓解当前的关系危机,使人与人、人与自然界的关系能够真正成为'人的关系',并走上和谐发展的道路"②;也有研究者视之为"对汉代人才的培养与选拔起到了关键作用,而且对后世封建社会的人才观也产生了重要影响"③的德才观。两种理解看似差异明显,倒也非平行或背离,均可归于政治哲学,都是从"必仁且智"中品味为政者的德性,而这里的德性不只是仁与义,智也是从属于道德范畴的。视智为德,在中国古代并不鲜见。如《周礼》中就有"知、仁、圣、义、忠、和"六德之说;而三纲五常之五常"仁、义、礼、智、信",作为行为的依据,就是准则,备于人的内心,仍然是德性。应知中国传统政治乃贤人政治,儒家思想更讲为政以德,因而论述"必仁且智"的董仲舒自有谈论为政要领的志趣,而研读这一文本的人也难免从中获取自己时代和生活情境中的为政启示。《春秋繁露》本就是一部政治哲学著作,虽然人们普遍认为它在编排体例上凌乱、混杂、冗重以至于很不纯醇,但并没有因此而否定它作为董仲舒新儒学思想主要载体的重要地位。

"必仁且智"篇,若删除具有天人感应色彩的灾异与为政的关系之理,几近关于仁、智及其相辅相成的道德哲学专论,但如果完整地审察,就会发现它仍属于奉劝君王的慢条斯理和苦口婆心。当然任何的思想一旦诉诸文字便可惠及众人,进而凡可阅读思想文本的个人,均能从中受益。就此而言,"必仁且智"篇客观上也成为教喻众人的文案,仁与智的协同作用毕竟适用于政

---

① 夏甄陶:《必仁且智》,《湖南文理学院学报(社会科学版)》,2004年第3期,第10—13页。

② 夏甄陶:《必仁且智》,《湖南文理学院学报(社会科学版)》,2004年第3期,第10—13页。

③ 康喆清:《从"必仁且智"到"又红又专"》,《毛泽东思想研究》,2011年第5期,第30—34页。

治实践之外的其他许多领域。但凡关涉他人的人文实践,"必仁且智"均可作为实践者的行动准则,更可以作为任何个人涵养德性的理论依据。政治家志在治世,有政治兴趣的思想家志在辅助政治家治世。而思想家辅助政治家治世的方式,既可以分担政务,也可以甘为智囊,若是走了后一种路子,那他们就不可避免地要以特殊的方式履行相当于教育家的职能。作为思想家的董仲舒,虽有满腹才学,但并不被汉武帝重用。两任"王国官吏"的经历在当时不仅难以让他实现自己的政治抱负,甚至还让他有性命之危,因而除了做一个特殊的"教育家"对君王行对策与奉谏之事,好像也没有其他更好的选择。思想家是要表达自己思想的。董仲舒善治《春秋公羊传》,因此而成为今文经学大师,这一事实也说明他对政治实践和"微言大义"有浓厚的兴趣,他的《春秋繁露》就是对《春秋公羊传》微言大义的发挥,同时吸收了先秦诸子思想及阴阳五行学说,建立了自己的社会政治哲学体系。

董仲舒在《春秋繁露》中并没有专论教育,但其中却包含着一定的教育思想,已有学者对此做过专门的研究。涉及"必仁且智"篇时,有学者认为,"董仲舒在道德教化中还强调'必仁且智',主张教育过程中必须做到'仁'和'智'两者的统一"[①]。我以为这样的理解对应到教育生活中,客观上也应是正确的,但真的不能说这就是董仲舒的伦理教育思想元素。这是因为"必仁且智"篇并不是在论述教育问题,它的教育学价值是需要经过思维转换才能够演绎出来的。我注意到董仲舒在"必仁且智"的前一篇即"仁义法"篇中言及"治身"与"治人",后又把"自治"与"治人"相对举。在其中,"治人"与"治民"一致,"治身"与"自治"一致。他引孔子谓冉子曰"治民者先富之,而后加教",显然是示于君王治民的道理;而"治身"或说"自治",显然是示于众人的道理。再进一步说,对于言说道理的董仲舒来说,无论是言说"治人""治民"还是言说"治身""自治",其实都是在变换着姿态教喻他人。换言之,我们要面对的"必仁且智"篇完全可以说是董仲舒以教育家的姿态向不同角色的人宣讲仁智统一的道理。

---

① 唐家祥、蒋红:《董仲舒伦理教育思想探析》,《重庆师范大学学报(哲学社会科学版)》,2017年第4期,第32—36页。

(三)"必仁且智"中的教育学理

必先明确,董仲舒言说"必仁且智"无疑是教育之事,但关于"必仁且智"的论述却不是教育论述。那我们又如何能从非教育的论述中提取出教育学理呢?道理很简单:仁与智在这里均为个人内在的素养。既然董仲舒认为"必仁且智"才能有理想的实践效果,那么他自然会认为"必仁且智"的人才是德性完满的人。但是这样的人实际上又不可能生来如此,因而治身亦即自我教育、被人治亦即受教育便是获得理想人的必然路径。统而言之,教育之事也就成为必然的社会选择。

首先,董仲舒论述了理想的人格应是"必仁且智"。他说:

> 莫近于仁,莫急于智。不仁而有勇力材能,则狂而操利兵也;不智而辩慧狷给,则迷而乘良马也。故不仁不智而有材能,将以其材能,以辅其邪狂之心,而赞其僻违之行,适足以大其非,而甚其恶耳。其强足以覆过,其御足以犯诈,其慧足以惑愚,其辩足以饰非,其坚足以断辟,其严足以拒谏,此非无材能也,其施之不当,而处之不义也。有否心者,不可借便执,其质愚者,不与利器,论之所谓不知人也者,恐不知别此等也。仁而不智,则爱而不别也;智而不仁,则知而不为也。故仁者所爱人类也,智者所以除其害也。

在他看来,没有什么东西能比仁更值得我们亲近,也没有什么东西比智更值得我们急切地追求的。一个人若有"勇力材能"却没有仁心,则如狂人手操利器,不知道要闹出什么乱子;一个人聪明灵敏却无慧心,就像是糊涂人骑乘骏马,不知道会掉到什么坑里。所以,一个人没有仁智而有才能,就会用他的才能助长自己的邪恶狂妄之心,支持他的乖僻不合之行,进而会使自己的不好放大,使自己的不善达到极致。这样的人,他的有力足以掩盖过失,他的退缩足以化为狡诈,他的狡黠足以迷惑愚钝的人,他的善辩足以修饰自己的过错,他的坚定足以使他触犯法律,他的强势足以使他拒绝别人的建议。这样的人显然不是没有才能,只是因不仁不智而掌握不好分寸和尺度,故而常常让自己处于不义之境。因而,对于那些不仁而有邪恶之心的人,切不可委以重任；对于那些愚钝而少有理性的人，万不能给予利器。《论语》中所说的"不知人"，恐怕就是不知人与人的这些差异。概而言之，有仁心而不智慧的人，会不加分别地去施爱；有智慧而不仁心的人，虽能分别是非、善恶，却不见得去有所作为。所以，仁的本质是爱人，智的关键是在分清善恶的基础上消除祸害。

从这一段论述中可以感悟到：仁与智皆为君子之质，乃天赋与修习合成，内含人格与尺度，不可不有且缺一不美。由此至道，或可引出修己、育人之理。董仲舒在这里并没有谈及修己、育人，但他运用实践逻辑为我们描画了不仁、不智者的形象，进而总结了仁而不智和智而不仁的后果，虽未言，却道出了欲成事者"必仁且智"的道理。站在当今时代，如果让他设计理想人的核心素养，他一定会说是"必仁且智"，若非如此，后人也不会把它与人才标准联系起来。有研究者论述了从"必仁且智"到"又红又专"，比较了董仲舒和毛泽东的德才观。这种具体的联想本身其实并不重要，但研究者意识到了"虽然在具体内容上已经发生了变化，但德才兼备是不变的"[1] 却是可取的收获。人的基本素养的确不外德才两维，这已经是经过历史检验的结果，但董仲舒能在两千多年前就对"仁"与"智"进行朴素而理性的辩证论述，应是可圈可点的。

其次，董仲舒对作为理想人格核心要素的"仁"与"智"进行了郑重的阐释。他说：

> 何谓仁？仁者憯怛爱人，谨翕不争，好恶敦伦，无伤恶之心，无隐忌之志，无嫉妒之气，无感愁之欲，无险诐之事，无辟违之行，故其心舒，其志平，其气和，其欲节，其事易，其行道，故能平易和理而无争也。如此者谓之仁。何谓之智？先言而后当。凡人欲舍行为，皆以其智先规而后为之，其规是者，其所为得，其所事当，其行遂，其名荣，其身故利而无患，福及子孙，德加万民，汤武是也。其规非者，其所为不

---

[1] 康喆清：《从"必仁且智"到"又红又专"》，《毛泽东思想研究》，2011年第5期，第30—34页。

得，其所事不当，其行不遂，其名辱，害及其身，绝世无复，残类灭宗亡国是也。故曰莫急于智。智者见祸福远，其知利害蚤，物动而知其化，事兴而知其归，见始而知其终，言之而无敢哗，立之而不可废，取之而不可舍，前后不相悖，终始有类，思之而有复，及之而不可厌。其言寡而足，约而喻，简而达，省而具，少而不可益，多而不可损。其动中伦，其言当务。如是者谓之智。①

在他看来，什么是仁呢？所谓仁者，能诚恳待人，能恭谨和谐、不与人争，能把好恶与为人之本分结合。无害人之意向，无不可告人的心志，无嫉妒他人的毛病，无放不下的感觉欲望，无阴险不义的行径，无违法乱纪的行为。正因此，真正的仁者，他的心情是舒展的，他的心境是平和的，他的性情是温润的，他的欲望是节制的，他做什么事情都不那么费力，他作为的原则是符合正道的，概括起来就是平和、简易、和谐、理性并与人无争，像这样的人，就是仁的化身。什么是智呢？本质上是说人有预见力，先前说过的，后来均能得验证。一般人对于行为的取舍，也能开动脑筋，先做规划，然后实行。如果他们的规划是对的，那么，他们的作为就是合于德的，他们的行为就是正当的，他们的事业就是顺意的，他们的名声就是光荣的。这样的人，他自己有利益而无后患，还能把福祉延及子孙，又能以德惠及百姓。商汤、周武就是这样的人。如果他们的规划是错的，那么，他们的作为便不合于德，他们的行为便不正当，他们的事业便不会顺意，他们的名声一定是耻辱的。这样的人，自取其害，自己断子绝孙不说，还会残害同类、灭绝同宗、丢掉国家。所以说，没有什么比智更值得追求。智者的心得见长远的祸福，因而能及早知道什么是利、什么是害。物只要运动，他们就知道物的变化；事只要启动，他们就知道事的结局；见到开始，他们就知道结果。他们言说了什么，就不敢哗众取宠；他们确立了什么，就不能够废除；他们选择了什么，就不能舍弃。他们或言或行，均能前后一致、有始有终。他们思考问题会翻

---

① 〔清〕苏舆撰，钟哲点校：《春秋繁露义证》，北京：中华书局，2015年版，第252—253页。

来覆去，实现了什么也不会自我满足。他们的语言虽然不多，但不失充分、明白、顺畅、形象，因而既不可增加、也不能减少。他们的行动中规中矩，他们的言说恰当适宜。像这样的人，就是智者。

　　对于这一部分的论述，我们需要重视董仲舒在认识论上的一种自觉，此即他的朴素的概念界定意识。由于中国古代没有系统和专门的逻辑学研究，所以没有总结出"属加种差"的概念界定模式，但思维的条理和无法回避的逻辑自恰也逼迫思想者对概念进行必要的界定。董仲舒"必仁且智"篇中的"何谓仁""何谓智"，从语言特征上看，已经折射出了他欲界定"仁"与"智"的意向，但缺乏逻辑学的历史环境，使得他只能采用说理的方式进行界定。其结果当然达不到逻辑学上的严谨，但这种意向本身已经是中国人理性思维进步的一个重要标志。不过，我更关心的是董仲舒关于"仁""智"阐述的教育学意义，在这一点上，"必仁且智"篇也没有让我们失望，我们至少可以从此文本中获得直接的和间接的教育意蕴。其一是直接的，即董仲舒在字里行间渗入的教喻意识。他告喻君王或众人得仁、得智，不可不仁、不可不智，必仁且智，只有这样才能避免"爱而不别"和"知而不为"，反过来才能够爱而有别、知而愿为。这表达的分明就是一种劝善意图。其二是间接的，即仁与智就其性质而言属于人的素养成分，而必仁且智则是一种理想的素养结构，因而他等于间接地表达了自己"理想人"的规格。我们可以合理地推断，如果他要通过教育培养人，一定是要培养必仁且智的人。仔细品味董仲舒对仁者、智者、不仁者、不智者的表现及后果的陈述，我们似乎能够在意识中形成他晓之以理、动之以情的教诲之态，这岂不是他的教育意念的文字外化？

　　对于"必仁且智"篇中天人感应的陈述，我们自然不能认同作为人格神的"天"具有对人君"谴告""惊骇""咎罚"的威力这种神秘唯心的观念，但对这种相当于教育的委婉规劝意图却不能忽视。站在现代的立场上，或可说思想家乃天下人之师，但在君为臣纲的规矩之下，臣子因居处下位，又抱有愿人君从善的动机，恐怕也只能借助于上天的威力，更何况董仲舒创造了"君权神授"的思想前提呢？总起来说，"必仁且智"篇亦如《春秋繁露》其他篇目一样皆在阐发政治的哲学，而其潜在的告喻对象便是人君，因而可以视其为一种特殊的教育文本。关于这一点，一直以来并没有引起人们的注意，无非是我们把臣子的言谏行为始终置入既定的君臣伦理视域之下，从而无法意会到臣与君之间客观上存在的教育性关系。有研究者在论述君臣关系中的纳谏行为时指出："不管臣下采取何种途径向国君进言，其目的主要是使自己的建议、主张让国君听得进去，起到辅政的作用。"[①] 为了达到自己的目的，臣子们也是挖空心思，在直谏和曲谏两条路径上讲求策略和艺术，这一则表明了臣子对君王的忠诚，二则表明了臣子诲君不倦的心地。臣子进谏行为的第一意义无疑是忠心辅政，第二意义实为君臣关系中的特殊教育行为。

二、文本阐释后的思考

我们对"必仁且智"篇的阐释明显不同于通常意义上的语言学理解，所追求的也不是对文本自身的精确领会，而是把文本作为既具有产生的时代性、又具有超越时代的独立性的理解对象。尊重它的时代性，是因为它是人文的，具有过去时代的生活实践内容，并蕴含着文本作者的主观意志；重视它的独立性，是因为只有这样，才能使作为文本创造者的董仲舒与作为文本阐释者的我们可以无所牵挂地对视。把这两种态度整合起来，我们实际上把董仲舒从曾经真实的社会关系中解放了出来，让他在当下与我们照面。董仲舒有自己的运命与遭遇。虽然他的"天人三策"和《春秋繁露》使他成为儒学历史上的一座丰碑，但在当时，他并非多么显赫的人物。且不说他并未被重用于君王之侧，就其任诸侯王官吏能够善始善终，便知其并不得志且明哲保身，某种意义上近于边缘化的看客。在我们的阐释中，他就像是被邀请穿越到作为阐释者的我们的当下，这样的运思应是对古代教育思想文本阐释的基础，在此基础上，我们才有更大的空间在古典解释方法之外寻求阐释文本的新思路和新途径。在"必仁且智"篇的阐释中，发现了思想家与政治家之间的教育性关系，意识到非教育论述的文本实为教育文本，应具有一定的学术价值。同时，我们意识到必须通过合理的转换，才能把非指向教育的论述转换为教

---

① 黄谷秀：《论君臣关系中的纳谏行为》，《船山学刊》，2001 年第 3 期，第 79—82 页。

育论述，这对于以往无原则地将此类论述教育化的现象应是一种必要的提醒。基于对"必仁且智"篇的阐释并由此出发思考，我以为面对中国古代教育思想文本的阐释，应在以下方面有所考虑。

（一）整体与部分的互参

整体与部分的关系是理论思维中的基本关系之一，这种关系在系统论思想中已经得到彻底的揭示，它不仅明示了要素与结构的关系，还明示了系统与环境的关系。中国古代的教育专论并不多见，这就意味着无论多么精到与深刻的教育思想，都可能寄居于教育之外各种主题的文本中。先秦诸子的教育思想存在方式是这样，董仲舒的"必仁且智"篇也是这样。不过，这里必须说明，"必仁且智"篇通常并不被视为教育思想文本，但经过我们确定思想家与政治家之间的教育关系，通过挖掘董仲舒的特殊的教喻意图，它也就自然成为教育思想文本。面对"必仁且智"篇，我们无需努力就会下一点解释学的功夫，力图在语言学的意义上理解文本的精确含义，这无疑是必要的和基础的，但很容易陷入纯粹的语言学理解。加之《春秋繁露》编排体例上的凌乱、混杂、冗重，我们更容易把"必仁且智"篇从其中孤立出来，一经孤立，阐释者阐释文本的余地就变得极其有限，很难阐发出超越文本的意义。我想这大概也是学者们极少专门研究董仲舒"必仁且智"思想的主要原因。我们通过中国知网的检索，发现论题涉及"必仁且智"的论文仅有两篇，而且均非深度触及教育的内容，推测其原由，应是对文本的孤立阐释实在难有空间。要知道单就董仲舒"必仁且智"的论述来说，显然超越了孔子和孟子，尤其是对"仁而不智""智而不仁"的分析，在思想方法上也具有明显的进步意义。难道是研究者不通晓整体与部分互参的道理吗？显然不是。

客观上，即使思想文本的阐释者不具有系统论的知识，他们在阐释中也会无意识地实践"解释学的循环"，亦即依据文本整体理解文本的部分，反过来又依据文本的部分理解文本的整体。所以，孤立对待"必仁且智"篇的现象应该另有原因。有一种可能是，《春秋繁露》并非系统的理论著作，而是董仲舒在公羊高对《春秋》注解基础上的继续发挥，从而使阐释者难以把握"必仁且智"与《春秋繁露》整体的有机关系；另有一种可能是，董仲舒虽然言简意赅，但对"仁""智"及"必仁且智"论述透彻，阐释者除了充当翻译式的转述者，好像也难有作为。这样说来，在思想文本的阐释中，接受整体与部分互参的原则比较容易，但能够实际地操作并非易事。面对同样的难题，阐释者实际上并没有理由止步，这一方面是因为"必仁且智"篇既有"仁义法"篇在其前，又有"身之养重于义"篇在其后，我们能由此发现董仲舒的意识里存在着一个"仁与义""仁与智""义与利"的思维链条；另一方面是因为董仲舒关于"仁""智"及"仁与智"的认识承接了先秦儒家思想的传统。也就是说，"必仁且智"作为一个部分，与之对应的整体其实是文字的和学统的两种文本。如果能认识到这一点，古代教育思想文本中的部分也完全可以不孤立。

（二）历史与理论的结合

对于古代的教育思想文本，我们把它作为曾经的存在物，就很容易去下类似经学家的功夫。这种功夫当然是必要的，但仅有这样的功夫，研究者的贡献将主要表现为对教育人文传承的参与，对于今天的教育生活和教育思考都不会有很大的助益。实事求是地讲，后人不断地温习古代的思想经典，很大程度上并不在于获得经典中的思想本身，更像是一种对思想先贤的郑重参拜。就那些经典的思想本身来说，基本上已经渗透在无形的"集体无意识"之中了。就说董仲舒的"必仁且智"，若取其德性的意义，与我所讲的"爱智统一"就具有跨越时空的不谋而合；若取其人才标准的意义，不是有研究者联想到了"又红又专"吗？我要说的是，至少我讲"爱和智在教育中的统一"与董仲舒没有丝毫的关系，但我又无法否认在"爱智统一"提出之前，头脑中一定储存了来自过去的相关观念。既然存在着今人与古人的不约而同，我们为什么不能在意识中把古人邀请到我们的对面呢？当这种听起来很浪漫的邀请在意识中实现之后，我们对具体教育思想文本的阐释就有望从纯粹历史的视野跨越到理论的视野。即便如此，历史的人物仍然属于历史，历史的思想也仍然属于历史，但历史与理论的结合却不再是一种虚无。

在说明历史和理论的结合之前，我们有必要弄清这里的历史和理论究竟意味着什么。历史在这里是指历史的存在者，精确而言就是具体的存在及其环境构成的整体，具体到思想文本的阐释上，历史就是指思想文本本身（比如"必仁且智"篇）及其环境（汉代社会）。而理论则是指整体意义上的理论思维。因而，在思想文本的阐释中，历史和理论结合的实质是阐释者把理论思维作为武器，超越所谓客观主义的史学态度和狭隘的语言学立场，让产生于过去时空中的思想文本在今天生发出新的意义。我们都知道史学研究的古为今用原则，我以为这也只能是一个原则，如果我们总是抱着这样的目的去接近古代的思想文本，就会发现再经典的文本也无需永远研究。在此意义上，那些专注于思想家及其思想研究的学者，只要他们是为了寻找可供今日人类实践使用的优秀思想，其研究工作的价值就立即打了折扣，其原因是那些的确优秀的思想被研究者找到并表达出来之后，文本研究的价值也就自然消失。或因此，此类研究的深刻者通常不会只满足于对思想文本中思想的转述，而是想获取超越转述的价值。当然，他们通常并没有什么收获，那是因为他们走向思想文本的时候仅仅带着传统史学的客观主义态度，这同时也说明他们极有可能是未做好理论思维上的准备。很自然，如果思想文本的阐释者做好了理论思维的准备，那么我们也可以把古为今用理解为把思想文本自身派做今日实现思想创造的用场。

（三）理解与创造的融汇

接续历史与理论的结合，我们可以走进理解与创造的融汇。秉持客观主义的历史学态度，对思想文本的阐释基调是语言学的，我们因此对文本中的思想能有一个基本的理解。假如在此基础上走进文本作者的思维世界，我们还能够使自己的理解更为通透，让思想的内在逻辑在我们的意识中得以显现，但这并不是我们采取狄尔泰式的尝试方法所要追求的。那狄尔泰式的阐释究竟在追求什么呢？简单地说就是创造。但这个创造不是抽象的个人使用现实的材料所进行的组合工作，而是文本阐释者借助历史性的思想文本，他自己则作为人类的代表，与历史性文本的作者统一为一个既虚拟又实际的新主体，并以此姿态审视旧有的文本，阐释出新的意义。新主体所阐发出来的新意义，既不完全属于旧文本的作者，也不完全属于阐释者，而是属于从旧文本中生长出来的、带着旧文本气息的新思想。事实上，我已经意会到任何作者独立署名的思想文本，它们的作者理论上都不是一个单个的人，署名作者只是贡献了具有个性的思维方式，而他运思的方法和材料均与他的先辈们有关。再说通俗一点，就如今天的学者为文时必有参考文献的标注。我们就此可以提出两个问题：（1）我们标注的内容是参考了他人的，那我们未标注的内容难道完全是我们自己的吗？（2）如果我们未标注的内容并不完全是我们自己的，那又为什么不标注呢？只要对以上两个问题做出郑重回答，就会发现形式上由"我"独著的思想文本，其实并不完全属于"我"，而是属于"我们"。这里的"我们"也不是各自独立的合作者，而是继承了先辈思想进而作为人类代表的"我"。当我阐释"必仁且智"篇时，施莱尔马赫是参与的，狄尔泰也是参与的，但最为重要的是，我通过了解董仲舒和他的生活环境走进他的世界，他则在我的阐释过程中从文本的字里行间苏醒，从而成为作为阐释者的"我"的构成。"我"实际上让自己的外在经验和内在体验与董仲舒的无法更改但仍然灵动的表达做了自由的碰撞，结果是"我"既在最大的程度上理解了从"他"到"我"的成长，又在碰撞中捕捉到了一些意外但有价值的信息。如果要补充一点，我想说，在阐释教育思想文本的过程中，逻辑与想象的平衡始终存在。想象的运用使历史的文本不再是静死的古董，逻辑的运用使想象不至于滑向漫无边际。

  应该说，"必仁且智"篇在过去未被人们重视也不是什么不能理解的事情，其中的奥秘在于人文的传承从来就不是人文整体的传承。先秦诸子的思想在当时可谓百花齐放，但自"罢黜百家，独尊儒术"之后，儒家之外的思想便再没有曾经的风光。而就儒家思想来说，"孔、墨之后，儒分为八"，被视为正统的也只是思、孟之儒。董仲舒固然也受到时人和后人的推崇，但其对各家思想的杂糅也使他难入儒家正统且饱受诟病。如此，即便他的思想中明摆着珠玉，也少有人过问。对于"必仁且智"篇，我一方面禁不住赞叹其中关于仁、智的实践哲学论述就清晰与辩证来说，明显超越了孔、孟；另一方面也意识到了其论述透彻而导致的阐释无趣，这大概也是研究者很少涉足的重要原因。我选择"必仁且智"篇进行阐释，主要是因为"必仁且智"与我的"爱智统一"的思想暗合进而欲表达一种学术的敬意，但实际的收益却不是一篇礼赞的文字。由于对"必仁且智"篇的阐释在出发点上就有思索中国古代教育思想文本研读方法的意图，因而文本自身的论述通透并没有让我感到无趣，反而促生了些许额外的思考。

第六章　教育知识组织学

　　目前并不存在一个"教育知识组织学"，但教育知识组织现象却是一个客观的存在。那何为知识组织现象呢？通俗而言，就是在学科建设和发展过程中，由于需要处理个体研究者的认识成果与一个学科的公共知识体系之间的关系而进行的知识整理工作。教育认识领域的个体认识者应该是此种工作的直接受益者，但任何个体的教育认识者似乎又都不大关注这一工作，结果是每一个认识者必须面对巨量的个体研究文献并从中披沙拣金，但问题是他们自己的认识成果命运如何却连他们自己也无法把握。尽管如此，却很少有认识者横下心来对本领域既有的成果进行逻辑地组织，于是随着时间的推移，知识组织的难度愈来愈大，使得后来的认识者把握既有研究成果的负担也愈来愈重。实际进行的并具有制度化色彩的知识组织工作，在现实中主要表现为大学教科书的编制，其目的自然是为了能让相关的学习者能够获得人类在一个认识领域所取得的成果总体。换言之，如果不存在人类认识成果的有效传承意图，那么各个认识领域的知识组织就很可能成为人人需要却人人不愿承担的工作。就教育认识领域来说，我们恐怕必须感激像《学记》《大教学论》《普通教育学》《民主主义与教育》这样的著作，而我们事实上感激的是隐藏在这些著作背后的乐正克、夸美纽斯、赫尔巴特及杜威，正是他们通过自己的著述，在各自所处的时代，抱着解决"当下"理论或实践问题的态度和立场，主观地或客观地进行了对既有教育知识的组织。否则，我们又如何能够心安理得地只需借助于这些教育名著，把握人类教育认识成果的总体情况呢？应该相信，一本著作之所以成为教育名著，不仅因为它的作者在教育认识上站在了自己时代的前沿，而且因为它的作者能够在自己的时代承前启后，能够在自己的时代不同范围和不同程度地集教育认识之大成。时至今日，教育认识成果的数量巨大足以让任何想做全体教育知识组织的个人退避三舍，因而"一本书"的教育学时代一则过时，二则断无可能，那就只能在默认教育知识组织价值的前提下做教育认识具体领域的知识组织，并为更高水平上的"一本书"教育学奠定基础。为了能在未来实现这样的理想，现在就应该做一些一定不成熟但又必须进行的专业性工作，最起码要让越来越多的教育认识者看到某种希望。基于这种思考，我们拟在教育知识分类、教育知识组织的思路上做初步的尝试，并愿通过对《学记》和《大教学论》这一中一西的教育知识组织范例的分析，领悟教育知识组织的一些认识论信息。

第一节 教育知识分类学

教育的人文性和实践性，决定了教育学研究不仅指向对教育世界的认识，而且指向对教育世界的改造；而教育的相对独立性和现实性，又决定了教育学研究不仅指向教育自身，而且指向教育自身与其环境的关系。这种客观的事实使得教育知识既不可能具有任何一种理性的纯粹，也不可能具有任何一种教育的纯粹。暂且统观教育知识的现实存在，也会发现纯粹理性、实践理性和技术理性的平行与混合，而且我们几乎找不到不牵涉教育之外因素的纯粹教育知识，即便是对教育的界定，通常也得牵涉社会的需要和期望，甚至像"教育是一种善意的干预"这种至简的界定，其中的善意也来自社会文化系统。根据我们对教育世界的把握，一定观念和制度规限下的教育行动是其实质，时间和空间的交织是其存在的形式，这个教育世界就是教育认识和改造的对象，就是教育知识的客观来源，无论迄今为止的教育认识成果有多么丰富，都是来自和关于这个教育世界的。这样说来，教育知识似乎应是一种清晰的存在，至少不会混杂无序。我想这种感觉只有在面对具体的教育认识成果时才能成立，毕竟具体的教育认识成果是由具体的个人生产的，他们必然会遵循认识的和表达的规则，进而由他们生产的成果一定具有感觉的和逻辑的秩序。但如果面对浩如烟海的总体教育认识成果，就会发现教育知识在我们的意识中不再那么清晰，这种不清晰所导致的消极作用不只影响到教育知识的学习和传递，实际上已经波及我们对教育世界的认知。仅就教育知识的学习和传递而言，我们客观上需要一种整合性的工作，以使繁乱多元的教育认识成果能够变得秩序井然。从历史的经验看，要实现这样的效果，对教育知识进行分类应该是一个无法回避的开端，因为知识分类可以"使纷繁复杂的知识得以依类分理，各有归属，从而建立起次序化、规范化、系统化的知识世界"[①]。

然而，知识分类是比较特殊的认识活动。任何一次性的知识分类，因只采用一个标准，都不可能满足所有实践对知识分类的要求，而如果采用复合性的标准，虽然能够在逻辑上获得一系列类别项目，却也只能呈现出知识存在的可能性，而这种可能性的类别项目系列与知识的实际并不能完全对应。或因此，被人们关注和重视的知识分类成果，通常是某一种标准作用的结果。但问题是，一种标准作用下的知识分类只能对我们产生有强度的启发意义，却无法反映知识整体实际的复杂性。比如，认知心理学家安德森把人的知识分为陈述性知识和程序性知识，就是按照知识获得的心理加工过程的性质与特点提出的。这一分类显然能使教学策略的制定者受益，但对人类教育认识成果的组织者来说又不充分，因为他们主要关心的是两类知识的性质。我们知道，陈述性知识是指以命题为基本形式的、关于事实"是什么"的知识，而程序性知识则是以类似"如果……那么……"这种程序语言为基本形式的、关于具体活动"怎么做"的知识。现在，我们带着这样的知识分类去应对人类教育认识成果的组织，是不是立刻就能发现它的局限性呢？答案是肯定的。不过，我们并没有任何的理由去指摘安德森等人，因为他们的知识分类并不以服务于人类认识成果的组织为目的。回过头来再说复合标准作用下的知识分类，则会发现分类的结果在逻辑上也许无可指摘，但同样不能适用于认识成果的组织。比如有研究者针对知识管理领域研究与实践脱节的现状，深入分析了组织中知识的内涵和特性，提出了基于显性/隐性、个人/组织、专门/

---

① 陈洪澜：《论知识分类的十大方式》，《科学学研究》，2007年第1期，第26—31页。

综合三个维度的八种知识类型。[①] 从分类方法上讲，自然比单一标准的分类要复杂和高级，那么，在不考虑分类目的追求的前提下，我们能否借鉴这种思路对教育知识进行分类呢？原则上是可行的，但深入思考就会意识到这样的知识分类结果，更有益于对具体的认识成果进行性质判定，而对认识成果总体进行显性的秩序化则少有助益。思考至此，很有必要指出，我们对教育知识进行分类并不以分类自身为目的，而是为教育认识成果的组织提供参照，以此认识为前提，在今天谈论教育知识分类，与教育学科分类是紧密相连的。顺便说明，我们对人类教育认识成果组织的兴趣，正是直接来源于对"教育学"学科分类的消极感受。说白了，目前教育学的内在构成以至教育学研究领域的习惯性划分是缺乏逻辑品格的，这在一定程度上制约着教育学的学术教育和教育认识的有序前行。

一、教育知识分类的基本维度

我国教育学术领域对于教育知识分类并无浓厚的兴趣，与此问题相关的探讨主要是在"教育基本理论"范围内对教育学的性质进行争论，而且又主要集中在教育学是人文科学还是社会科学抑或兼具两种属性这些问题上。这种争论在西方世界也是存在的，之所以会产生这种争论，依照布雷岑卡的认识，是因为人们相信只有一种教育学。"在他看来，把教育学中的科学的、哲学的和实践的理论类型毫无批判地杂糅在一起，从科学的标准看，是混乱的；而从实践的标准看，也是多余和没有必要的。"[②] 布雷岑卡是一位科学主义者，他的理想是要把教育学建设成为一门经验科学，只是他并不否认经验的教育学之外的教育哲学和实践教育学客观存在，并不认为经验的教育学或说教育科学可以垄断教育知识，因而他实际上把教育知识划分为教育科学、教育哲学和实践教育学三种平行的存在。换言之，在他看来，教育学是一个复数名词，意味着多种教育学的集合。仔细思考，这样的认识仅仅是一种形式上的

---

① 张钢、倪旭东：《从知识分类到地图：一个面向组织现实的分析》，《自然辩证法通讯》，2005年第1期，第59—68页。
② 彭正梅：《德国教育学概观：从启蒙运动到当代》，北京：北京大学出版社，2011年版，第219页。

学术宽容，因为他一则把教育哲学视为教育科学的补充，二则认为实践教育学是一种教育行为，只为教育者制定教育政策和计划，并提供实现政策和计划的合理手段。站在经验科学的立场上，布雷岑卡认为直到20世纪，教育学很少超出一种未加检验的日常知识和哲学思辨，而这些东西并无助于教育科学知识的扩展。从知识分类的角度判定，布雷岑卡的教育学理论划分只是对既有的教育学存在做了性质上的区别，并在比较宽容的学术心态下表达了自己的教育科学理想，这当然是有价值的，但因他不主张只有一种教育学，所以他的教育学理论分类对于教育认识成果的组织并无意义。

显而易见，我们期望的教育知识分类，需要在只有一种教育学的前提下进行，这无疑是一项艰巨的任务，而首要又无法回避的问题是对知识与学科两者的辨析。实际的情况是，"中世纪以后，随着自然科学从哲学中分离出来，逐渐被学科分类取代"[①]，所以，在今天对教育知识进行分类，必然会与教育学学科的内在分类问题交织在一起，而必要的前提是必须在思维中把教育学与教育知识的关系理顺。摆脱仍然占主导地位的经验科学知识论，我们很容易意识到教育知识在教育学学科未有之前已经存在并浩如烟海，即使在教育知识学科化之后，不受学科规训节制的教育认识成果同样林林总总，但这些成果又客观上寄居于教育学研究之中。由此可见，辨明教育学与教育知识，进而做教育学之内的知识分类实在是一项必需的工作。教育知识，即关于教育的知识，是需要借助有效的认知过程才能获得的关于教育的有效信息，它包括既有认识论思维下的教育"真"和教育"善"两方面的认识成果。因只存在着一个教育世界即现实教育世界，而传统教育和未来教育只不过是具有生命有限性的个人进行思维划分的结果，所以关于教育"真"和教育"善"的认识成果实际上是有机统一的。人文世界的突出特点是其中的一切真都来自人所选择的善，此善的构成要素为对己有利和使己愉悦，实际上包含了通常所说的美。一旦人根据经验和内心感受对善的事物进行了认定，必有使善变为现实的意念，待到时机成熟或说条件具备时，便会把转善为真的意念付

---

① 嵇宏、吕乃基：《从知识分类看当前我国研究型大学学科制度建设》，《自然辩证法研究》，2013年第2期，第65—70页。

诸行动，从而当下的真即是曾经是善的意念的实在化。自然也存在着一种情况，即当下世界中的恶也是真，但要知道这种情况的出现，一定是当下世界中不只存活着群体公义作用下的意念实在化，同样存活着部分个体出于一己之私的意念实在化。站在那些个体私人的立场上，他所选择的事物之于他个人而言也是善的，因为那些经他选择和实现的事物符合对他有利和使他愉悦的标准。转而言之，对于群体来说，当下的真却是符合积极公共价值标准的善的意念的实在化。我实际上想说明的是，教育知识不仅指代人从已成事实的教育世界中发现的所谓客观真相，同样合理地指代人对更善的教育世界的设想和建构。对于后者，我们习惯上将其定位为规范的教育哲学思考，并根据其显示人内心的希望这一特征而不视其为知识。如果我们继续坚持这一立场，就会发现20世纪以前的教育思考整体上只能算是具有规范性却不具有系统性的教育哲学言说，可以誉其为教育思想却无法视其为教育知识。至于深处当下教育世界的人们所陈述的应然的教育，在性质上与20世纪之前的那些教育哲学思考并无二致。在做出如上的判断时，我们很明显仍然没有摆脱经验主义知识论的偏执，也可以说我们尚未真正全面地认知到人文世界的特殊性质，即它是借助转善为真的机制不断生成的。进而言之，人文世界的真实，从来就是由善的意念转变而来的真实，我们正在感觉的真实，正是过往的人们观念中的规范性教育哲学思考；同理，我们正在建构的教育的应然，也正是可供未来人们进行感觉的他们所在的当下教育世界。

在知识论上解放了自己，我们就容易认同以下的陈述，即可供我们学习和需要我们分类的教育知识是一切来自对教育进行有效认知的成果。无论一种教育认识成果在过去被我们称为教育思想，还是称为教育规范、规则、方法、方式，只要被纳入有效的语言陈述系统，就和经验科学所揭示的教育过程中的因果关系陈述一样，都属于教育知识。一种局促的教育知识论，一定会让我们在不尽理性的自信中，遗漏巨量且有效的教育认识成果。相反的，在充分认知人文世界特殊性的基础上再来审视人类的教育认识成果，则会发现历来的教育认识者是在时空二维浑然一体的教育世界中对教育世界做真诚的认知，这种认知的成果注定难以纯粹，但恰恰就是教育知识的真实存在情形。不用说，面对这样的教育知识总体，对其进行分类的复杂程度可想而知，至少需要我们做多维度的审视，并需要我们在众多的维度中确定最基本的维度，只有这样，才能够建构出教育知识相对完整和明晰的图像。

一个明晰的教育知识图像应是一个具有结构性的建构物，这就意味着对教育知识整体在具体的维度可以进行内在的解析。首先要说明这种建构活动绝不是建构者纯粹主观的形式创造，既然是建构，就必然内含建构者的理性与教育知识实际的相互作用，这种作用通常也被理解为特殊的对话。因而，最终建构出的教育知识图像只能是建构者与教育知识实际对话生成的结果。我所说的教育知识实际，一方面是已经成为事实的教育认识成果存在，另一方面是教育认识者共同体习惯运用的思维方式，具体表现为教育认识者的提问习惯，就像我们要对教育知识进行分类，必先提问教育知识是一种什么样的存在。如果不满足于一种接近形而上学的界定，就需要从教育知识出发继续提出问题。我们至少可以提出以下四个问题：（1）产出教育知识的教育认识是以什么为对象的？（2）隐藏在教育认识背后的动机和目的是什么？（3）经过教育认识所创生的教育知识究竟是什么性质的认知产品？（4）不同性质的具体教育知识是否具有同等的重要性？我相信还有更多的问题可以提出来，但以上四个问题应是具有基础性质的。那么，为什么只提出了以上四个问题呢？这里面一定存在着来自当下教育认识者共同体的提问习惯，这种习惯的背后则是教育认识的历史所积淀下来的理论理性逻辑。同时我也要指出，这些问题的提出与教育知识实际存在状况在意识中的闪回密切相关，甚至可以说，每一个问题的提出都促进了教育知识整体在意识中的秩序化趋势。上升到一般认识论的高度，我们面对事物的每一次发问都会使事物不再那么任性和自在，由此可说明提问本身对于对象是具有组织作用的。

对教育知识进行分类自然需要确立具体的维度，但很少有人言明我们所需要的维度从何而来。各个认识领域的分类者给予我们的信息，基本上相当于他们关于自己分类成果的发布和告知，对于自己确定和使用的分类维度基本上不做论证。如果这是一种普遍的现象，我们就不能视之为分类者的武断，而是应该认同一个事实，即我们在认识过程中的一些环节，所依靠的不完全是清晰的逻辑，还在依靠一种理性的直觉。我的直觉是：我们从教育知识出发提出的四个问题，将会启发我们寻找到教育知识分类的基本维度，但作为必要的中介，我们需要从对每一个问题的回答入手，并在回答中有意识地接近分类维度这一目标。

问题一：产出教育知识的教育认识是以什么为对象的？教育认识的对象就是教育，这是最为正确却也是最没有操作价值的答案。当我们在形而上学的层次发现教育的本体其实只是一种意念的时候，更会觉得这一答案根本就是平庸的。不过，谁也无法否认教育认识的确是在认识教育，而且的确存在着一种教育认识活动就是以教育为对象的，我们熟悉的"教育基本理论研究"就属于这种类型。仔细分析这种类型的教育认识活动，就会发现作为认识对象的"教育"在其中要么意指教育本体，要么意指教育整体。前者存在于教育本体论的思辨中，教育在其中只是一种意念；后者存在于关于教育的社会性思考和言说中，教育在其中基本上是一种事业领域的称谓。无论是前者还是后者，教育都是作为整体被认知的，不同在于前者中的教育是本体意义上的观念整体，后者中的教育则是社会学意义上的现象整体。除了关于教育的本体论思考和广义社会学言说，其余的教育认识基本都指向教育世界的具体或局部问题，总的来说属于现象世界的问题。这些问题，可以是不同历史时期的，也可以是不同空间场域的；可以是观念的，也可以是制度的，还可以是行动的；即使每一个问题的思考者未与共同体内的他人协商，把他们的视域组织起来，也是一个完整的教育世界。反过来，与那些具体、局部的问题相对应的是教育世界的部分，对它的认识所获得的当然就是关于教育世界的部分知识。

问题二：隐藏在教育认识背后的动机和目的是什么？这是一个需要谨慎回答的问题，原因是教育作为认识的对象，不仅不同于纯粹的自然物，也不同于其他社会实践活动。作为认识的对象，教育与其他社会实践活动的最大不同，在于它的操作形式简明和内含的人际关系简单。这一特点注定了适于说明其他认识活动的好奇心和求知欲很难派上用场，要知道当人被抛进教育的时候，教育最基本的意义是毫无遮蔽的，以致人无需发现而只需顺应，认知的动力基本上无从产生。出现这种现象也不足为奇，因为人文实践本就源自实际生活的需要，一旦产生就能显示其存在的必要，很难自然成为人的认识对象。所以，我们可以注意到无论在哪一种文化环境中，早期的教育思考和研究均非出自好奇和求知的欲望，其有意义的成果大致是价值引领和技术建议混杂的实践智慧。即便到了 19 世纪，教育认识者开始学习和借鉴哲学和自然科学的经验，力图增强教育认识及其成果的逻辑性和科学性，也没有、实际上也不可能改变教育学的性格。因而有学者认为，"迄今为止，教育学的框架充其量只是教育实践逻辑的模拟"[①]。但这是不是教育学落后的表征呢？我并不以为然。教育本就是一种实践活动，它是自带着历史传承而来的逻辑闯入我们的认识范围的，也可以说教育的现实本质就是一种被外在形式包裹的实践逻辑结构。那么，教育学的框架对教育实践逻辑的模拟不正是对教育事实的客观反映吗？但这种反映从一开始就不是对教育实践逻辑实际的摹写，而是选择性地模拟了符合公义的那一部分，也可能是在批判现实的基础上，在实际的反面建构了一种符合公义的教育实践逻辑结构。我揣度人们对这种模拟式的教育学框架的不满意，应该暗含着对教育认识中的经验主义和功利主义的批评，同时也折射出人们忽视了教育认识以求用为第一追求的历史和现实。即使以求知为目的，教育的实践性也决定了教育认知的成果在终极意义上必为有用之知。客观上也存在着纯粹求知的教育认识，这方面的典型就是我国教育学术领域的"教育基本理论研究"。当我们追寻教育的本原和本质的时候，显然不是为了制造某种标准和规范，而是力图发现教育这种历史性存在的真相。这里所说的真相，既指它作为独立存在的纯粹结构及其性质，也指它因具有相对独立的性质而与社会环境结成的现实关系。求知的加上求用的教育认识成果，在动机与目的的意义上构成了教育知识存在的全部。

问题三：经过教育认识所创生的教育知识究竟是什么性质的认知产品？上述两个问题的回答，一则揭示了教育认识以教育整体或部分为其对象，二则揭示了教育认识以求用和求知为其动机和目的。那么，教育认识者经过教育认识过程究竟获得了什么？假如我们暂且把教育认识成果较为粗放地称作教育知识，那么教育知识存在着怎样的内在分化呢？简单地说，作为教育认识成果的教育知识应包含两个部分：一是利于人们"知教育"的教育知识，二是利于人们

---

① 陈桂生：《教育学的建构》（增订版），上海：华东师范大学出版社，2009 年版，第 47 页。

"做教育"的教育知识。这样的分析原则上没有瑕疵，但明显缺乏深度，好在这一缺憾可以由更为专业和具体的相关研究成果加以弥补。布卢姆在其《教育目标分类学》中就谈及知识的类型，指出知识从具体到抽象的三个层次，分别是具体的知识、处理具体事物的方式方法的知识以及学科领域中的普遍原理和抽象概念的知识[①]。其中，具体的知识、普遍原理和抽象概念的知识显然与"知"有关，而处理具体事物的方式方法的知识显然与"行"有关。陈桂生则把教育理论分为四种，一是教育科学理论，以反映教育规律的原理为形式，指向"教育是什么"的问题。二是教育价值理论，以教育理念的原理、原则为形式，指向"教育应当是什么"的问题。把这两种教育理论综合起来，就是利于人们"知教育"的知识。三是教育规范理论，以教育规范的形式，指向教育者应当做什么和应当怎样做的问题。四是教育技术理论，以教育规则的形式，指向教育者做什么和怎样做的问题。把这两种教育理论综合起来，也就是利于人们"做教育"的知识。相对而言，反映教育规律的和表达教育理念的原理、原则是偏于抽象的；表达教育规范和规则的理论则是偏于具体的。

问题四：不同性质的具体教育知识是否具有同等的重要性？对于这一问题的回答，需要我们具有客观的态度和系统的思维。之所以要言明这一前提，是因为不同的具体教育知识之间好像不应该存在高低之别，但在具体的情境中，人们总会依据个人的兴趣和立场对不同的具体教育知识自然地分出等级。非常容易理解的是，人们总会认为符合自己兴趣和立场的教育知识更为重要，其余的则相对次要。现在我们讲求客观的态度，并不是说人们因能客观就可以使知识与知识在意识中完全平等，而是要在排除个人兴趣和立场影响之后，把握不同的具体教育知识的相对地位。应该说，具备这种客观的态度，不仅需要个人的意志努力，还需要系统的思维发挥作用才能实现。系统思维被一般系统论表现得淋漓尽致，该理论由理论生物学家 L. V. 贝塔朗菲（Ludwig Von Bertalanffy）创立，以系统、要素、结构、功能为基本概念，阐明了要素与要素、要素与系统、系统与环境三方面的关系。具体来说，系统内各要

---

① [美] B. S. 布卢姆等编：《教育目标分类学》（第一分册：认知领域），罗黎辉等译，上海：华东师范大学出版社，1986年版，第59—71页。

素并非孤立的存在，每个要素在系统中都处于一定的位置，发挥着特定的作用，要素与要素之间相互关联，从而构成一个不可分割的整体。借鉴系统论的观点，我们把教育知识整体视为一个系统，那么系统内各种不同的具体教育知识就是要素。作为要素，不同的具体教育知识必处于一定的位置，发挥着特定的作用。由于要素与要素不可分割，我们当然必须承认任何具体的教育知识缺位，都会使教育知识系统走向残缺甚至不复存在，但也不能因此而认为每一种的具体教育知识的重要性是全等的，它们相互之间必有主要与次要、核心与边缘等维度的分化。这种现象客观地存在于所有的系统之中，否则，我们就难以理解教育中的"核心素养""关键能力""核心课程"等概念的意义。

在回答以上四个问题的过程中，我们实际上已经触及教育知识分类的维度。虽然难以穷尽，但基于教育认识共同体的思维习惯和教育知识存在的实际，可以认为教育知识的分类存在着四个基本的维度。此即：整体与部分维度；求知与求用维度；抽象与具体维度；中心与边缘维度。在整体与部分的维度，教育知识可分为关于教育本体和教育系统的知识，及关于教育现象和教育要素的知识；在求知与求用的维度，教育知识可分为利于"知教育"的知识和利于"做教育"的知识；在抽象与具体维度，教育知识可分为概念、原理和规范、规则的知识；在中心和边缘维度，教育知识可分为基础性的和辅助性的知识。这样的描述只是提供了教育知识的大致轮廓，具体的细节还需要我们继续追索。需要补充说明，无论采取多少维度，教育知识分类的对象都是同一个教育知识整体，分类主要是为了让教育知识整体的结构内涵得以显现，使性质和称谓不同的具体教育知识在我们的意识中得以统合，进而使教育知识系统的内在秩序外在化为一个理性的框架。我相信这种框架的获得，对于正在和将要进行的教育认识活动可以发挥定位与导向作用，并能直接加速教育认识者的成熟。

二、不同维度的教育知识分类细节

理论上讲，知识分类是知识发展到一定的阶段，在量上有了相当的积累，并在一定程度上让人们对知识的秩序感有了需求，进而把知识作为认识对象的结果。人们之所以对知识的秩序感有所需求，则是基于整理、学习和传承的需要，这便与文献和学科联系了起来。应该说，文献及学科的分类与知识分类是交织在一起的。若做简单的区别，中国古代的"四部"分类法就属于与知识分类关联的文献分类，虽有"四部之学"亦即经、史、子、集之说，但其"学"并非指作为学术门类的学科之学，而是指以经、史、子、集为框架的百科全书，严格地讲应被称为文献系统。这种分类起于秦汉，成于隋唐，最终以《四库全书总目》流传后世。西方的情形则大不相同，从亚里士多德开始，就把知识分类与人类的理性活动类型结合起来，并基于此把知识分为与沉思的理论认识对应的科学知识、与创制活动对应的技艺以及与实践活动对应的实践智慧。这种具有哲学认识论品格的知识分类，为后来的学科分类奠定了坚实的基础。"学科"概念就是亚里士多德首先提出来的，他把包罗万象的哲学划分为不同的学问领域，他所说的科学知识也就是理论科学，具体包括物理学、数学和形而上学；他所说的技艺和实践智慧可称为实践科学，具体包括伦理学、政治学、经济学和诗的科学。尽管这样的知识分类并不能应对后世学科发展的不断分化，但其分类的高度理性，使得后来西方各学科在分析的方向获得了健康发展。教育知识的分类属于整个知识分类的次级分类，自然无法复制中国古代和西方的任何知识分类结构，但中西不同的分类方法对我们应有启示作用，这种启示的效果实际上已经反映在我们关于教育知识分类维度的思考中。我们紧接着要进行的，实际上是让已经确立的分类基本维度与教育知识的当代实际在意识中做相互碰撞，以使现实存在的教育知识（在今天基本上是学科体制下的认识成果）能够在每一个维度上显现出其性质及其在教育知识整体中的位置。

（一）整体与部分维度的教育知识分类

以教育整体为对象的教育知识，分布在教育本体思辨和把教育作为社会性事业研究的两个领域。首先说教育本体，它被一切可称为教育的活动分有的意念，自身当然是不可拆分的基本结构。对于教育本体的把握只能采取思辨的方式，通常所说的"透过现象看本质"只能说是一种形象的比喻，其中的"看"从来就不可能是感知意义上的看，最多可以理解为思维的"透视"，也就是直觉。但对教育本体的把握并不会到直觉的成功而止，思考者还会把自己直觉到的教育本体与教育现象进行互参，并在此基础上阐明直觉结果的合理性。最典型的教育本体知识是关于教育本质的认识，通常以对教育概念的界定方式呈现，这在某种意义上可以说是教育学的第一知识。由于认识者个体的视域和思维方式各异，因而会出现各种各样的教育概念界定，这种情况至少能说明理论上只能是"一"的教育本体，客观上对应着"多"种人对它的直觉，这也应是经验主义认识论否定其知识资格的最好理由。对于教育本体认识的实际，我们倒是可以稍做辩护。如果可以接受本体作为一种思维中的客观存在这一事实，那么人对它的直觉，如同人对经验事物的感知可以有偏差一样，也是可以有偏差的，所以我们不能仅因为关于教育本体的认识至今仍然众说纷纭就否认此种认识的意义。当然，对于怀疑和否定教育本体知识的更重要的理由是本体自身的虚构性质，我以为这一认识还是存在着视域上的局限，具体表现为未能有形而上学的思维经验，从而忽视了一个更具有基础性的思维能动性发挥的空间。要说本体，无疑是超验的，却是一种依托于思维的客观存在。我们可能不必怀疑知识能否来自对本体的认识，但有必要对认识的途径保持谨慎。实际上，严谨如维特根斯坦，在其前期哲学中也只是认为"本体是不可言说的，只能体验"[①]。体验到的信息有时候只能处于体验之中，但这不意味着它不可以转换为可言说的语言。如果真做了这样的转换，可能就属于后期维特根斯坦所认为的"哲学本体、形而上学等问题来源于哲学家们对语言表达的误用与偏见"[②]。在我看来，本体虽超验但不神秘，它只能存在于思维之中，但人不去认知就无法知其究竟，若知道了，就是知识。

其次，我们说作为社会性事业的教育整体，俗称为教育事业。它是社会有机体的组成部分，对于它之外的人们来说，就是一个灰箱式的、承担着特定社会性功能的整体。这个灰箱式的整体有其显在的层面，即是教育行政部门及其领导和管理下的各类教育机构共同构成的工作系统。在这个系统中，存在着各种角色的人，主要是教育行政人员、教育机构内的管理人员、教师

---

① 沈湘平：《哲学导论》，北京：中国社会科学出版社，2008年版，第178页。
② 沈湘平：《哲学导论》，北京：中国社会科学出版社，2008年版，第178页。

和学生。与这个工作系统相关的学科知识领域有三种情况：其一是以教育世界整体为直接认识对象的教育哲学、教育史学、教育人类学等；其二是教育系统与社会有机体其他组成部分之间关系的知识，主要有教育政治学、教育经济学、教育社会学等；其三是以教育系统为作用对象的知识，主要有教育诊断学、教育测量学、教育评价学、教育管理学等。表面看来，三种情况的学科称谓中均有"教育"的字样，自然意指教育整体，但深入到每一个学科知识领域内部，则会发现大多数学科知识的具体内容都会具体到教育结构或教育过程的细节。这倒给了我们一个重要的启示，纯粹的关于教育整体的知识客观上的确是一个种类，但因整体并非虚无的整体，关于教育整体或关涉教育整体的学科知识领域其实是知识组织的一个层面，相当于"通论"或"总论"；在其下，则是"专论"或"分论"，自然相当于教育整体中的部分知识。

为了方便起见，我们采用具有空间性质的结构和具有时间性质的构成两个角度，来说明教育整体中的部分知识的情况。

从结构角度讲，在教育通论或总论之下，存在着不同视角的部分的教育知识，我们只能以举例的方式加以说明。比如：从教育与人的素质的链接上讲，在教育总论之下就可以有德育论、智育论、体育论、美育论、劳动教育论；从教育与实施场所的链接上讲，在教育总论之下就可以有家庭教育论、学校教育论和社会教育论；从教育与人的受教育阶段的链接上讲，就可以有学前教育论、小学教育论、中学教育论、大学教育论及终身教育论；从教育与课程门类的链接上讲，就可以有语文教育论、数学教育论等各学科的课程教育论；从教育与其优秀载体的链接上讲，就可以有教学论、训育论；从教育的实践逻辑上讲，就有教育目的论和教育手段论；等等。这样的陈述自然还有余地，但其作为教育通论或总论之下的部分的教育知识是其共有的特点。

从过程角度讲，教育总论或通论下的部分的教育知识，指向教育活动过程的各个环节。这一方面最具有典型性的莫过于关于教学过程的认识成果。基于教学活动的一般流程，人们习惯上把教学活动分解为课前、课中、课后三个环节，与此对应，就存在着三个部分的知识：关于备课的知识，在今天已经发展为严谨而有效的教学设计知识系统；关于上课的知识，在今天已经发展为课堂组织知识、基于知识学习的认知和人格发展的知识；支持考试科学化的学业成绩测量和评价的知识。这方面的其余情形恕不赘述，总之是要说明客观上存在着教育活动运行环节的知识，就其性质而言属于过程角度的部分的教育知识。

（二）求知与求用维度的教育知识分类

阐明求知与求用维度的教育知识分类，有必要引入思考和研究所面对的两种问题类型：需要解答的问题和需要解决的问题，它们分别对应着英语中的 question 和 problem。需要解答的问题所引发的是"问题-解答"式的求知认识活动；需要解决的问题所引发的是"问题-解决"式的求用认识活动。在教育认识领域，最为典型的认识活动是指向求用的，目的是要把教育这件事情做得更好，至于人们关于教育的所知，基本来自社会文化的影响，因而以教育为认识对象的纯粹求知活动，通常不会进行，即便进行了，不仅处于教育认识领域的边缘，而且很容易转瞬即逝。或因此，迄今为止的教育学仍然更具有实践的品格，最常见的教育知识主要是在历史过程中形成的原则和规则，还有服务于教育的目的却属于非教育领域创造的方法和技术。实际上，为求知而进行的教育认识活动是客观存在的，它的起源我们难做考证，但可以肯定它与本质主义的教育哲学思考及经验主义的教育科学研究有关。这是因为本质主义者默认了本质的客观存在，而科学主义者感兴趣于事物运动中的因果关系，而这两种情况均能引发认识者对某种客观存在进行探察。但这两种情况的认识者还有一个共同的缺陷，是他们均未能彻底领悟教育的历史生成特征和人文生活特征。教育的历史生成特征，决定了在教育自身没有成熟之前，任何关于它的本质主义思考都不可能成功；而教育的人文生活特征，决定了任何想从教育中寻找纯粹因果关系的科学研究都会沦为东施效颦。无论如何，哲学的深刻和科学的实在，并没有改变教育认识以求用为主的总体性格。

实际上，但凡先在于认识者的对象，均可视为一种类似于自然物的存在。就说教育，当我们准备认识它的时候，理论上讲它仍然处于变化之中，但这并不影响我们使之在意识中定格于当下。我们最多需要谨慎地把"教育的本质"表述为"迄今为止的教育的本质"，继而去直觉教育的本质生成至当下呈现出什么样的结构。换句话说，站在任何一个当下，我们都不必宣称自己找到了或正在寻找教育的终极本质，这样的姿态便自然化解了本质主义在教育认识中的尴尬。我们总不能因教育本质论的些许武断就忽视了本质分析的认识论价值。认真审视我国教育基本理论领域关于教育内部结构分析和教育与外部事物的关系分析，我们基本可以视之为教育本质认识的延续或是前奏，其性质应属于求知的认识活动。至于教育科学研究，我以为其精神可嘉，但很难有所建树，原因是教育过程中不仅运行着人的纯粹理性，而且运行着人的实践理性。就此而言，不管人们怎样强调教育实证研究，也无法改变教育知识的基本面貌。联系教育学科发展的实际，有一个现象值得我们注意，即利于"知教育"的知识和利于"做教育"的知识，无论在教育通论和总论的层面还是在教育专论和分论的层面，都没有实现有序的分化。具体而言，"是什么""应该是什么""怎么做""应该怎么做"等方面的教育知识是混合在一起的，与科学、工程、技术的分层相比较，教育知识的混合性似乎是一种不足，但反过来思考，这何尝不是教育知识的个性呢？虽然不同层面的教育知识体系都是不同性质知识的混合，但我们还是可以分清哪些是来自求知的教育认识活动，哪些是来自求用的教育认识活动。

（三）抽象与具体维度的教育知识分类

无论在哪个学科中，都会有一些知识是抽象的，有一些知识是具体的。一般来说，越是抽象的知识，越是远离人的感觉经验；越是具体的知识，越是贴近人的感觉经验。知识的抽象或具体，并不是人的表达兴趣和习惯所致，根底上取决于认识者所选择的认识对象的性质和认识者为自己设定的认识目标。如果认识者选择的是教育本体，那他通过思辨获得的结论就注定是抽象的，而且是顶级抽象的；如果认识者选择的是教育现象，除非他要对此现象做理论的分析，否则他就不可能使自己获得的认识结论抽象到什么程度。而如果认识者选择的是教育的思想，那他就此展开的阐释和评论一定也具有思想的色彩，自然更偏于抽象；如果认识者选择的是教育的操作，那他就此展开的只能是技术取向的思维，自然更偏于具体。从历史的角度看，教育认识是从与操作关联的具体问题开始并逐渐发展到对抽象问题的关注，我们把这一过程简化为"术—理—道"的教育学历史发展逻辑，实际上也是依照发生的历史顺序明示了教育知识的三种形态①。其中的第一形态是教育之术，它是认识者为了更好的教育效果、更高的教育效率和教育中人的积极心理体验，通过总结经验或创造性的探索所获得的教育认识成果；第二形态是教育之理，它是认识者为寻求有效教育之术的理性依据而获得的教育认识成果；第三形态是教育之道，它是认识者为众教育之理寻找到的终极基础。三种形态的教育知识依次出现，呈现出教育知识从具体到抽象的历史过程。而当教育之道出现的时候，教育知识实际上成为内含术、理、道三种元素的完整系统。前文已述，迄今为止的教育知识体系仍然是各种性质的知识的混合物，因而现实的教育学之下的各个次级知识领域，并无法与"教育之术""教育之理""教育之道"完全对应。但我们依据具体知识的性质，还是可以从抽象到具体区分出哪些是教育之道、哪些是教育之理、哪些是教育之术。如果做一个简单的比附，倒是可以把教育之道与教育哲学尤其是教育本体论对应起来，把教育之理与教育本体论之外的教育哲学思考以及整个的教育科学认识成果对应起来，把教育之术与关于教育技术和艺术的认识成果对应起来。

（四）中心与边缘维度的教育知识分类

这一分类维度在学校课程的民间分类中是存在的，即所谓的"主课"与"副课"或"必修课"与"选修课"，以此区别出不同课程的主次地位。在具体学科内的知识分类中是不存在这种情况的，尽管学科人员也会有默认的基本与非基本的划分，但没有人强调哪些知识处于中心、哪些知识处于边缘。实际上，知识与知识之间的地位差异只能在具体的系统中谈论才有意义，因为任何一种知识被独立对待时，是不存在重要程度问题的。我们从中心与边缘维度对教育知识进行分类，并不是在比较具体教育知识的重要程度，而是立足于教育世界的结构、教育知识的性质等标准，对具体教育知识的位置和作用进行说明。分析教育世界，我们不难意识到，相对于历史构成和场域构成来说，实质构成这一部分无疑应处于中心位置，也就是说，教育观念、教育制度与教育行动所构成的结构才是教育世界的核心，关于这个结构的知识

---

① 刘庆昌：《寻找教育学的历史逻辑——兼及"教育学史"的研究》，《西北师大学报（社会科学版）》，2018年第1期，第66—81页。

自然才是处于中心位置的教育知识。而在这个核心结构内，关于教育行动的知识又是处于结构中心的，原因是教育观念和制度是因它和为它而有的规限性因素，没有了教育行动，规限性因素也就没有了存在的依据。教育知识体系中关于教育行动的知识，以教学论、训育论最为典型，这两种知识内一般就含有观念和制度这些规限性因素的内容，但在它们自身的精细、深入发展过程中，也会分离出教育本体论、教育认识论、教育伦理学等偏重观念的知识，以及教育管理学、教育评价学等偏重标准和制度的知识。教育世界的历史构成和场域构成，主要揭示了实质构成运行的现实性框架并使教育世界的完整意义得以呈现，它们并不改变教育世界的实质。

相较于教育世界的结构，具体教育知识自身的性质更有利于我们从中心与边缘的维度把握教育知识的类型。我们仅从知识的内容和形式两个角度，以中心与边缘为维度，对教育知识进行类别区分。就知识内容而言，我们或可借用胡德海教授的教育形态分类加以说明。他把复杂的教育现象划分为三类，即教育活动、教育事业和教育思想，进而认为，教育活动是人类最基本的教育形态；教育事业是一种层次较高的人类教育形态；教育思想是教育活动和教育事业的理论形式。[1] 如果这一认识可以借鉴，那么从内容上讲，教育知识自然应有关于教育活动的知识、关于教育事业的知识和关于教育思想的知识。在这三方面的教育知识中，关于教育活动的知识处于教育知识系统的中心，关于教育事业和教育思想的知识则处于边缘。其中的道理比较简明，即教育事业的意义是从教育活动的社会现实运动中生发出来的，而教育思想则是从教育活动中来又要回到教育活动中去的观念。如果我们更准确地把关于教育思想的知识定位在元教育理论的范畴，那它原则上已经不属于教育知识了。

就知识形式而言，我们要说的是知识的呈现方式，而非一般意义上的存在形式，但关于知识存在形式的认识可以帮助我们更好地说明知识的呈现方式。"人类的知识有三种存在形式：意识形式、符号形式和物化形式"[2]，其意

---

[1] 胡德海：《教育学原理》，兰州：甘肃教育出版社，1998年版，第244—259页。
[2] 孙金年：《知识的存在形式》，《南京大学学报（哲学·人文科学·社会科学）》，2003年第1期，第89—97页。

识形式指存在于人脑中的知识；其符号形式指以言语、图画和文字呈现的知识；其物化形式指凝结在对象化的物品中的知识。我们要分类的教育知识当然是指符号形式的，尤其是以文字呈现的教育知识，因为只有这种形式的知识才与现实的学科知识相一致。问题是文字形式的教育知识究竟有哪些种类呢？综合各种信息，可以归结为事实陈述、概念与原理、方法与技术。由于学科之"学"必为知识的体系，内含理性的逻辑，概念与原理形式的知识应在教育知识体系的中心，而事实陈述、方法与技术相对而言则在边缘。实际上，人们对事实的理解并不统一，理论上也可以把教育的本体视为一种客观的事实，但在我们这里，事实陈述意欲特指教育历史事实，其中自然包括教育观念、教育制度和教育行动等各个方面的历史事实信息。教育方法与技术，无疑可以来自教育实践，但在现当代教育背景下，必然会受到教育科学和教育哲学的影响，某种意义上也是教育概念和原理知识的实践应用。

客观而言，教育知识分类是一项基础的却也艰难的工作，它的分类结果的价值可以指向很多方面，但最重要的价值应是为具体教育知识的内容和形式判定，以及教育知识的体系架构提供参照和依据。但因教育知识分类要采用多个维度，而对象其实就是一个，由此出发进行的教育知识体系建构必然会呈现出各种风格。尽管如此，合理的教育知识分类，对于教育认识成果的组织仍然具有不可替代的作用。我们已经充分认知到，迄今为止的教育认识成果数量丰富、种类繁杂，的确急需梳理与整合，以利于学术教育的继续进步和学科建设发展的水平提升。我们已经进行的思考应该说还是初步的和粗放的，但必须走出这重要的一步，才能引发更多和更好的后续思考。可以预见的是，如果能够对历史上已经存在的教育知识组织范例进行深入分析，应能反过来对教育知识分类工作提供更多可汲取的营养。

第二节　教育知识组织的两个维度

一个宏大论题的设定，往往会与各种外在的需求牵引有关，从而使该论题展开的必要性显得较为充分，至于论题告终后是否能够满足那些外在的需求，一则难以被普遍认可，二则对论述者而言好像也并非多么的重视。就人类教育认识这一论题来说，我们当然也可以列举出一系列的外在需求，诸如：学术教育者和专业学习者渴望获得清晰的认知框架，学科建设者和学术研究者需要可靠的坐标体系，学科内各个方位的人员需要一个能够确立自信的坚实基础，等等。这些需求，理论上都需要我们对人类教育认识做全面、深刻的审视，并希望像其他已经成熟的许多学科一样拥有自己的知识图谱。客观地讲，有愿望审视人类教育认识的个人，无不自觉或不自觉地有过这样的思虑，也正是这样的思虑使其思虑本身隐含或显露出某种与学术进步或学科发展关联的责任心和使命意识。我当然也无法排除这样的思虑，作为学术的研究者和教育学的教育者，自然也会为了自己的研究有序和教学有法而渴求教育认识的图谱。但随着与这一论题的心理关系走向深入，许多外在于论题的需求又的确逐渐从意识中淡出，实际占据意识的是使人类教育认识这一语词所对应的事实整体有条有理的意欲。实际上，也无需隐讳此种意欲所内含的个人抱负，毕竟业已存在的众多研究者个人的认识成果令人欣喜也使人眼花缭乱，而相应的对人类教育认识进行整合的学术工作却没有使人的认识世界获得理想的过程和结构的安置。

  从学术教育切入，我们可以触碰到许多具体的知识体系，其中当然有涉及人类教育认识整体的知识体系，但更多的则是从教育认识整体中分解出来的，或是指向教育实践具体操作领域的知识体系。然而，教育者和学习者并未因此而最终在头脑中建立起逻辑清晰并可自信言说的知识结构，这不仅制约了他们的学习效率和效果，更影响到其中有研究理想的个人对教育知识进步的判断和对个人教育理性探索的学术定位，最终教育认识领域的个人研究呈现出繁星密布，但由各个"天体"组成的星系整体的内在秩序仍然隐藏于繁星背后。学术教育中，涉及人类教育认识整体的知识体系，主要体现在教育思想史和教育学原理两个家族之中。前者在过程的维度整合不同历史时期的教育思想创造，可称之为教育思想组织的历史维度；后者则在结构的维度整合各自独立而又相互联系的教育思想创造，可称之为教育思想组织的理论维度。需要解释此处使用的"家族"和"思想"两个概念。之所以使用"家族"概念，并非基于严格的认识论立场，而是对现实存在的各种"教育学原理"体系结构的隐喻式说明；之所以使用"思想"概念，几乎完全是因为只有"思想"一词才能较好地涵盖不同类型的教育认识成果。或许也因此，我们很少见到以"教育知识史""教育理论史"冠名的著作。以"教育学史"冠名的专著和编著倒不鲜见，但真正能言明教育之"学"的历史实质的却极为罕见。更何况，教育学作为学科化阶段的教育知识组织形式并不能涵括人类教育认识整体，所以我们有足够的理由对教育思想史和教育学原理做专门的认识论考察。

一、教育思想组织的历史维度

如果不加以专门的限定，"教育思想史"当然就是"人类教育思想史"，但审视具体的"教育思想史"著作，则会发现它们只是"部分人类"的教育思想史。不仅如此，即便我们不追究"部分人类"的局限，只关注教育思想的历史本身，还会发现"历史"在其中的意义不过是"过去的"和个别思想的类历史机械排列。不能不承认，这是一个至今仍然十分艰难的领域，在此领域中确立的学术理想很是诱人，但实现理想的过程却让最优秀的大脑也感到头疼。必须指出，这一现象存在于一切思想史研究的领域，并不独属于教育思想史的研究者。黑格尔当年就指出，"全部哲学史这样就成了一个战场，堆满着死人的骨骼。它是一个死人的王国，这王国不仅充满着肉体死亡了的个人，而且充满着已经推翻了的和精神上死亡了的系统"[①]。黑格尔在这里实际上是在批评之前哲学史的内在统一性不足，他是要用哲学来理解哲学史，反过来则用哲学史来理解哲学。不过，黑格尔的思路虽然独特却也有明显的局限，即他实际上是在用绝对理念的展开来解释思想的历史，后来的哲学史书写并未因为他的独特思路而有所改观。包括教育思想史在内的思想史书写，不同程度上混淆了"历史"与"历史的"，最终呈现给读者的多是历史的思想而非思想的历史。这种结果并不是思想史家的投机所致，完全是因为"思想的历史"之书写与实际存在过的、作为事实的"思想的历史"的关系绝非

[①] [德]黑格尔：《哲学史讲演录》（第1卷），贺麟、王太庆译，北京：商务印书馆，1959年版，第21—22页。

"能动的反映"这一说法可以说明。用葛兆光的话说,"历史上真正存在的思想,在其出现的时候,并没有特意的安排或事先的设计,……可是,历史学家却不可能让思想史成为这样的'原生状态',更不可能让《思想史》的读者在这个丛林中迷途,因为他们无法把思想的历史连锅带盘一起端上来,历史学不能允许历史的杂乱无序"[①]。这也就意味着思想史的书写者为了使思想的历史有条有理,必然要对原生状态的思想历史进行某种归置与组织。在此意义上,包括我们不满意的各种思想史的书写方式,事实上都内含书写者对"历史的思想"进行归置与组织的逻辑。

对过往的思想进行归置与组织,现在看来可易可难,但总体上是一件艰难的差事,而且当归置与组织的结果公共化以后,几乎无法逃避人们的指摘。这归根结底是因为思想的第一存在方式只能与具体的个人相联系,而思想的整体并非个人思想的汇编,思想的历史也不是把具体的思想按照出世的时间先后加以排列。我过去把这样的汇编和排列叫作博物馆式的思想史,其实是在说明许多思想史的书写并没有呈现出思想历史运动的逻辑。如果我们不可轻易怀疑前辈们的心智水平,其实也包括不可轻易怀疑现时代人们的心智水平,那么,就需要思考一个问题,即为什么那种博物馆式的汇编与排列难以突破?面对这一问题,容易被我们意识到的是具体思想之间的连续性虽然客观地存在于思想生活的世界,却必须借助我们的意识功能才能把握住伴随着思想互动前行并能融入此种前行中的绵延。绵延自然不是纯粹的物理时间事态,其实质是过去与当下在我们意识中的统一。由于历史是每一个曾经真实的当下的连续,因而历史的书写势必要求书写者把自己投入到每一个曾经真实的当下之中,进而要求书写者不能携带着自己的立场与每一个具体的思想生产者实现暂时的同一。可问题是这里所谓的同一,理论上需要思想历史的书写者与具体思想的创造者具有同等的心智,整体上这恐怕是完全不可能的事情。或因此,世间多有具体思想家以及具体思想道统、流派的研究行家,而少有贯通思想历史的思想史家。职业的思想史家固然很难却相对容易设想

[①] 葛兆光:《思想史的写法——中国思想史导论》,上海:复旦大学出版社,2004年版,第56页。

出理想的思想史书写，但回望悠久且厚重的思想历史事实，也只能望洋兴叹，自感一己之力的弱小。即便像颇有洞见并确有建树的葛兆光，也在言明"我只是在给以后的写作者提供一个不很成熟的思路和一些经过归纳的资料"[①]。他一方面希望自己理想中的思想史书写能够真的出现，另一方面又略有疑虑地自问："我的希望能实现吗？"[②]

我理解的思想史家工作的实质，是在时间的维度直面思想运动的整体。具体到教育思想史，一个通史的书写者实际上是从时间的维度以迄今为止的教育思想运动整体为对象，着力于对教育思想运动整体内的绵延和连续的揭示。这当然是我基于个人期望的认知，即使不排除有同种识见者，但客观上不具有普遍性。聪明一点的研究者，更愿意选择自己心仪的思想家，继而对他们的教育思想进行深刻和充满想象力的阐释，顺便在其中表现自己的教育理想以及思维上的深刻和丰富，究其策略，显然有借力发力的倾向。我们无疑需要这一类优异的阐释，以便轻松地感知一座座教育思想的丰碑，但我们也需要甚至更需要教育思想的历史逻辑能因那些研究者的创造性工作而逐渐呈现。切莫以为后一种需要仅仅是源于一种对思想历史逻辑的癖好，更重要的动机是为了确定处于过去与未来之间的我们所在的位置和走向未来的有效方向。除此之外，对教育思想历史逻辑的认知也是我们立足当下进行思想创造的基础和前提。尽管教育自身属于人文实践，从而关于教育的思考同样具有人文特征，但教育实践的方略需求决定了关于教育的思考不会只是对于历史馈赠的经典问题的螺旋式阐释，毕竟，每一个时代总会有不同于过去的新异问题，而新的问题也绝非从天而降，它必然隐藏在过去，只是在具体的时代才破土而出。假如可以把教育思想者界定为自己时代特有问题的解释者和解决者，那他也必须把自己与历史连接起来，以此明确自己的使命，并高效率地汲取历史的智慧。应该说，我们已经意识到，现时代的人们在教育思想领域炒历史的冷饭时，通常并不是因为他们熟知教育思想的历史及其逻辑，

---

① 葛兆光：《思想史的写法——中国思想史导论》，上海：复旦大学出版社，2004年版，第26页。
② 葛兆光：《思想史的写法——中国思想史导论》，上海：复旦大学出版社，2004年版，第26页。

相反，恰恰说明他们自己与历史之间存在着客观上的割裂。作为结果，我们固然用自己的精神生命制造了时间，却没有用自己的精神能量创造新的教育思想和实践，也可以说，我们制造了时间却没有为未来创造出新的历史。

对于未来时代的人们，我们的教育尊严只能来自我们自己超越历史的创造，而我们要想有所创造，只能从教育思想的创造开始。进而言之，我们要想在教育思想上有所创造，实际上没有第二种选择，只能在历史中寻找弹跳的基础，而且必须借助于教育思想史的书写盘点清楚我们的祖产。需要指出，进入我们意识的我们的祖产最好不是一堆各自独立的无机堆砌，而是一个哪怕是具有浓厚主观色彩的思想逻辑图谱。实际上，这样的图谱注定是主观的，但这样的主观却也有意义。仔细想来，除非是所谓整全，任何作为认识对象的事物，无一不是人运用意识的功能使其从整全中分离出来的。对于这一判断，如果需要补充说明，那就是整全不只是最宏大意义上的，而是具有相对性，这就如同大系统中的子系统，实际上是次于最宏大整全的次一级整全。在这里，我要强调的是，教育思想与其创造者的其他思想在现实的存在中不可分离，而教育思想的历史与整个人文思想的历史同样不可分离。我们所接受的"教育思想史"实际上并不存在，我们几乎未加怀疑的"教育思想史"，实际上只是教育思想史家能动创造的结果。他们通过对一般思想文本的深刻领会，把关于教育的成分解析和演绎出来，然后按照一定的原则加以组织，这才使我们误以为教育思想的历史运动很有章法。现在，我们意识到了这一点，却不会因此而低估教育思想史家的贡献，反而会因而体味到他们认识劳动的独特价值。至少，我们在认为历史学家不创造历史的同时，会郑重地认为历史学家在创作一种利于我们领略过去、创造未来的认知背景。

可以想象，在思想历史的时间数轴上按先后顺序站立着一个个思想者，他们中有分量较重的时代代言人，也有贡献了重要思想的一般思想者，但如果我们没有条件通读浩如烟海的文献，而是仅依凭思想史著作给予我们的信息，思想的历史在我们的意识中基本无异于那些作为时代代言人的关键思想家的思想故事集。这样的故事集，正好可以用来概括迄今为止教育思想史的主流，它实际上已经为我们提供了相当有意义的历史资讯，却无法让我们成功地界定当下的我们与那些关键思想家之间的认识传承关系。因而，教育思想的故事实际上并没有被已很努力的教育思想史家讲好。究其原由,应在于他们因受各种条件的制约未能言明教育思想历史的内在连续性,根底上是因为他们对历史哲学少有见闻或没有兴趣。什么是历史哲学呢?简单地说,就是人关于历史本体的认知,是存在于人的意识中的、超越具体事实的历史整体观念。有没有历史哲学,决定着历史研究者能否成为历史学家;有什么样的历史哲学,决定着历史研究者能成为什么样的历史学家。赵汀阳有过与此相关的论述。他说:"没有历史哲学的历史只是故事,只是表达了生活片段的史实。如果故事不被安置在某种意义框架或问题线索内,本身并无意义。历史的意义在于思想,不是信息登记簿。历史哲学试图揭示历史的历史性(historicity),即赋予时间以意义从而化时间为历史的时间组织方式,同时也意味着一种文明的生长方式,也就是历史之道。"[①]

赵汀阳在这里提到了历史哲学作为"化时间为历史的时间组织方式",这不仅是对历史哲学的一种操作性理解,而且是具有历史研究方法论价值的。具体到教育思想史的领域,研究者显然需要有这样的历史哲学思考,否则就只能在孤立的思想家及其思想文本的理解和阐释上有所建树,并无希望介入"化时间为历史"的创造性劳动之中。我曾期望教育史的研究具有教育学的价值,对此也有专论,而其真实的背景是,我发现名义上的教育史研究者并没有把"历史"作为自己的研究对象,他们研究的实际对象一般是曾经存在的思想或制度事实。很自然,他们的研究成果原则上为教育史的书写准备了素材,但成果本身并非教育史的书写。在《教育史研究的教育学内涵》中,我的看法是,作为学科的教育史固然是史,但作为教育学分支的教育史学科却应是教育学取向的教育史学,而"发现教育历史的逻辑是教育史研究具有教育学取向、成为教育学有机构成的唯一途径"[②]。历史的逻辑不是先验的存在,因为每一个历史事件在时间整体意义上并非预先的安排和设计,那么它就只能是后来者对过往事实的整体运动进行理性审视之后的一种意会,这便注定了历史的逻辑是研究者主观思维的结果,是对历史运动的解释,而非自然科

[①] 赵汀阳:《历史之道:意义链和问题链》,《哲学研究》,2019年第1期,第116页。
[②] 刘庆昌:《教育史研究的教育学内涵》,《教育科学》,2012年第2期,第92页。

学意义上的发现。不幸的是，我恰恰使用了"发现"一词，这一方面暴露了心理深处的客观主义认识论倾向，另一方面权作是我当下的辩解，即群体的历史并无法摆脱人性的作用，从而并非预先设计之展演的群体历史，庶几近乎个体由幼稚到完美的发展过程。换言之，历史整体虽无法计划，但每一个历史事件却必然是具体计划的实际实施。由个体推及群体，教育史研究者有权利自主地带着自己对历史的哲学理解，在意会中发现教育历史的逻辑。我们把思维聚焦到教育思想史这一问题上，我会认为真正的教育思想史的书写者，在操作意义上必须是对他之前的整个教育思想历史的组织者。此处所谓组织，绝不是哪怕只带有一丝机械性的拼装，而是把源自思想家个人的教育思想有机地安置到我们意会到的教育思想历史的逻辑运动之中。

不可否认人对于进入自己意识的繁复现象具有组织的本能，这样的话当然是在人类整体意义上讲的，具体的个人极可能陷入心智不足的不幸。也可以说，理性强盛的人很难容忍对象的繁杂无序，继而会采取自认为适宜的方式对繁复的现象进行思维的组织。我们可以假定感觉上繁复的现象具有内在的秩序，同时放弃我们很可能具有的理性狂妄，那么，在较为保守的意义上说，我们对繁复现象的思维组织其实是把我们意会到的而非感知到的秩序投射到了繁复现象之上。其结果显而易见，原先繁复的现象在我们的意识中开始有了自己的结构、脉络等体现秩序的具体模样。可惜的是，这种秩序，在教育思想史的著述中，虽不能说完全没有，但其清晰程度并不理想。这在很大程度上制约了非时间维度的、对教育思想的思维组织，最为典型的是教育思想研究者对具体教育思想家思想的组织，不加怀疑地采取了当时流行的教育学知识的基本结构，给人的感觉就是用一种流行的主观对过往的教育思想进行了机械安置，在方法上近于削足适履。更令人困惑的是，当我们分别面对不同的思想家及其教育思想的时候，明显地感觉到过往的思想家好像都是成熟的当代教育学家，他们各自独立地建构了自己的教育思想，但他们相互之间似乎没有什么必然的联系。简言之，很多的教育思想史书不过是今人遵循自己习惯的规则，把历史的教育思想在时间的维度实施了列举。反观共时的"教育学知识"构建，虽必然基于历史的教育思想创造，却没有体现"教育学知识"的历史性，进而每一个时代的"教育学"几乎都成为建构者基于对教育思想历史的模糊认知，在自己时代的自言自语。有意义的是，理性的研究者根底上无法接受柏拉图、康德等这些巨擘只存在于他们自己的或他们追随者的言说中，反过来希望从自己时代的"教育学"中感知到柏拉图、康德们的存在。要满足这种看似温和的需求，实际上是一件艰难的和必定需要创造性的事情。

这便涉及人类教育认识整体的知识体系之"教育学原理"。与"教育思想史"相比较，"教育学原理"的组织显然具有共时特征，本质上是教育思想的绵延在具体时段的文本化，只是此本质或许顺利地进入了组织者的意志，但没有成功地嵌入组织者的思维。否则，我们为什么无法感受到"教育学原理"的历史厚度亦即历史性呢？也许我们有理由怪怨教育学的知识性较弱，并有理由进一步怪怨作为人文实践的教育过于世俗。要知道世俗的事件完全可以是日常生活的构成要素，因其为人熟知而被熟视无睹，难以激发起人的好奇和探索欲望。即使像教育这样的关键事件在历史的推进中逐渐专门化和制度化，我们会发现围绕它进行的，一方面有认知的因素，但更核心的因素则是根据集体生活的需要对它的意义赋予和规则创制。盖因此，无论研究者如何做科学化的努力，规范性迄今仍然是教育学的最显著特征。如果有必要继续说明，那么，科学化的努力之最重要的贡献，应是为教育的规范提供了越来越多的知识基础，同时也使一部分教育的规范转化为教育的技术。而需要指出的是，科学化努力所贡献的、作为教育规范基础的知识，若论其归属，基本上是教育学之外的其他学科的发现和创造，教育学自己在这一部分的贡献恐怕还是非知识的价值观念。我始终认为，这并不是教育学的缺陷，而应视之为教育学的特点。也正是基于这一事实，在我的意识中，教育学更是思想者的学科，属于自己独特贡献的成分是思想而非知识，从而教育学家如果没有自己独特而系统的教育思想，他自身的存在是不能成立的。现在看来，这一判断基本符合教育学实际，而教育学的这种客观实际，显然就是"教育学原理"知识的构建难以具有历史性的重要原因。不过，一种工作的困难首先意味着我们在方法上的不得要领，并非该种工作的理想根本无法实现。如果我们不能满足于仅仅依靠"教育思想史"来组织迄今为止的人类教育认识，就必须在"教育学原理"的组织方式上加强思考。

二、教育思想组织的理论维度

从对"共时"的理解切入,我们或许能够获得意外的收获。实际上,我已经在意识中设想了一幅不同历史时期的教育思想家共在当下的奇妙图景。在其中,孔子、苏格拉底、昆体良、夸美纽斯、康德、赫尔巴特、杜威、苏霍姆林斯基、范梅南等人,他们与我共在一个圆桌会议室。我注意到他们年龄悬殊:孔子2571岁,苏格拉底2489岁,昆体良1985岁,夸美纽斯428岁,康德296岁,赫尔巴特244岁,杜威161岁,苏霍姆林斯基102岁,范梅南78岁。会议室里当然不止他们几位,还有来自不同时间和空间的其他人物。会议室里的每一个人物均有自己关于教育的见解,他们相互之间同中有异,异中有同,但几乎个个都傲然独立。他们中的每一个都不能代表整体的"教育思想",但整体的"教育思想"也不是他们每个人教育思想的相加。他们各自的教育思想之间,共同之处可以合并,不同之处既可能平行存在也可能势不两立。如此陈述,绝不是危言耸听。且不说作为思考对象的教育必然已经被思考者所在的共同体界定,教育思想究其本性而言也无疑要归属于思想家族。因此,一般科学发展中的"知识"积累原理是无法解释教育思想发展的。我们很容易注意到,教育思想领域的后来者固然可以接受前辈们的启发,但他们必须和他们的前辈们一样,一次次地对自己视域中的"教育"进行重新的思考,而无法只思考他们的前辈们没有涉足或未有完善思考的部分。换句话说,教育思想作为一个一般概念,天然地具有历史性格,更关键的是它所内含的历史如果不能用特别的逻辑学加以处理,注定只能是一盘散沙。应该说,迄今为止的教育学原理构建之所以难以兼顾历史和逻辑,正是因为教育思想以至一切人文思想的发展,具有不同于科学知识发展的历史逻辑。这种特殊性也导致教育思想的体系化几乎无法使思想家个人仅仅拥有创造者的荣誉,而是必须把思想家连同他的时代一起带进体系。不用说,教育思想的体系很难成为纯粹的概念和命题结构,从而具体的教育思想体系化成果,要么会具有时代的局限,要么会具有学派的局限。

现在我们面对圆桌会议室里年龄悬殊的思想巨人,等于让不同历史时期的思想家不仅共享了时间而且共享了空间。在这个会议室里,每一个人都可以表达自己的教育思想，但互动与对话不可能发生；每一个人都可以回顾在他之前的思想并有可能进行评论，但回顾的范围和评论的武器各不相同。某种意义上，只有处于历史末端的我们才最具有优势，这一方面是因为我们在理论上有条件把所有历史的教育思想尽收眼底，另一方面是因为所有已经存在的评论的武器都可以供我们使用。会议室里的前辈们见不到后来者，而我们却可以把他们悉数请进圆桌会议室。但这又能说明什么问题呢？每一个当下的人们事实上都具有我们所具有的优势，问题是到目前为止，我们并没有见识过能够摆脱时代和学派局限的教育思想体系。也许我们有必要把"教育思想体系"立即替换为"教育学原理"，这样做并没有什么特别的理由，唯一可以自信说明的是，这样的替换有利于当下的人们顺利走进我们的思考，因为还没有另外的存在能比"教育学原理"更能承载有史以来的人类教育思想。如果今天的年轻学习者对教育思想的历史缺乏兴趣，那么他们承接教育思想历史的最佳文本，当然就是"教育学原理"了。不过，这就需要对教育学原理做特别说明：它并不是指教育学一级学科之下的一个二级学科，更不是指具体的《教育学原理》著作，而是指可能至今仍没有出现的、能够反映人类教育思想历史整体状况的、具有逻辑结构的教育思想体系。教育学原理建构的材料和教育思想史书写的材料是一致的，但两者在处理材料的方法论上却迥然不同。前者旨在揭示出自不同创造者的教育思想之逻辑结构以及它们相互之间的逻辑联系，并最终建构起超越具体个人和具体时代的一般教育思想体系；后者则旨在揭示出自不同历史阶段的教育思想之间的思维绵延，并最终书写出具有历时、内在运动规律的教育思想历史文本。所以，与教育思想史的书写不同，教育学原理的建构必然要借助思辨的过程，从历史的教育思想中选取有效的资源，并使之有机地存在于一定的思想逻辑结构之中。

客观地讲，教育思想的组织问题是令人挠头的，加之这方面的元思考少而又少，注定难有结果。然而，这又是一个无法回避的问题，任其被搁置一定会影响整个教育认识活动的进步。就目前来看，教育学的研究者对于自己领域的前沿、难题等概念已经难有感觉，历史的遗产对于他们来说可谓局部清晰但整体模糊，从而所谓"巨人的肩膀"只成为一种说法。他们实际具有的创造潜力失去了有意义的发挥方向，必然地，教育学中真正的研究者越来越少，而文人则越来越多。即便是那些较少的真正的研究者，其中一部分是问题取向的研究者，另一部分是具有个性主义和自由主义倾向的理论建构者，从全局意义上看，唯独缺少了人类教育思想的当代组织者。我不相信人类教育思想的当代组织是一个无人问津的领域，但我相信这样的问津者一方面可遇而不可求，另一方面，即使偶尔出现了，一旦意识到此领域的艰难也会悄然隐退。在今天，一本书的教育学时代已经成为历史，这种观念即使未成共识，至少也是一种大范围众识。分析这一众识背后的思维实际，大致可以归结为两点：一是人们基本认定"一本书"已经不可能容纳和承载人类教育思想创造的丰富性；二是人们对多元并存的教育思想之间的内在相通和一致性持怀疑态度。深入思考又会发现，这两点之间实际上是有内在联系的，其关键之处在于人们对教育思想一元化的可能性和必要性均持消极的态度。我揣度这中间很可能还存在着人们对某种教育学历史记忆的回避，当然也可能存在着人们在哲学知识论方面的学养欠厚和能力欠佳情况。无论怎样，客观的现实就是人们对人类教育思想的当代组织因缺乏兴趣和能力而少有建树。

那么，一本书的教育学，真的是既无可能也无必要吗？换一种问法，多元并存的教育思想，真的是既无统一的可能也无统一的必要吗？直截了当地说，首先其必要性是显而易见的。从实用主义的立场出发，我们时代的教育者如果想使自己的教育实践活动不偏离教育的本质和规律，就需要关于教育本质和规律的确定性认识，否则，他们的教育实践要么会在不同的教育思想引领之间徘徊，要么会执着于某种个性化的教育思想，从而只见树木、不见森林。实事求是地说，这样的执着在今天的教育实践领域可谓让人眼花缭乱，稍有不慎就会误以为教育思想的创造迎来了阳光明媚的春天，而且优秀的教育实践者的创造力足以让所有的教育学研究者自惭形秽。各种名目的教育、教学流派纷呈，流派的出色创建者颇有明星风范，其追随者也络绎不绝，但冷静审视，那些具体的教育、教学流派，究其核心思想来说，无不是在言说的层面放大了某种合理性，而在操作的层面固然不乏机智，却也无异于一般意义上的卓越。我已谨慎地意会到，真正成功的教育一定是整体成功的教育，因而每一种放大了某种合理性的教育思想流派人物，都可以认为整体成功的教育体现了自己流派的教育思想。也许我们可以说，关于教育的多元思想结论，其最大的贡献是让有关教育的主要合理性要素得以醒目地呈现，除非不同的思想者从开端处就对教育的理解大相径庭，否则他们所创造的教育思想很难真正地相互冲突，因此，他们各自的教育思想个性实际上可以被辩证的思维整合到更具有普遍性的教育思想体系之中。

更值得说明的是，许多人会认为我们过去显然过度强调了人文学科认识成果的不确定性和非统一性，进而觉得当认识成果总量足够丰硕的时候，知识学意义上的组织几无可能，各种认识成果的最终命运则取决于现实生活的选择。乍一听，这样的认识合情合理，但实在经不起理性的深刻拷问。教育思想的不确定性只是在全局的意义上具有合理性，具体到某一个教育思想家那里，他的教育思想对于他自己来说一定是确定的。正如面对教育的本质是什么这一问题，不同的思想者可以有不同的认识，作为旁观者的我们自然可以说关于教育的本质众说纷纭、莫衷一是，但对于具体的思想者个人来说，一定会认为他自己关于教育本质的认识是确定的，甚至是终结性的，并不会认为自己的认识只是贡献了一家之言。也就是说，具体的思想家个人根底上是在追求教育认识上的确定性，此种确定性在逻辑上是通向他自己认识的统一性的。就对教育本质的认识而言，不同的认识结论原则上都是一种思想流派的种子，只要具体思想者的言说具有逻辑自洽特征，那么他基于教育本质的、对教育的系统思考就具有当然的内在一致性。虽然如此，他关于教育本质的认识，如果客观上并非完全的真理，也只是放大了教育的某种特征。在此，我们可以假设教育具有 A、B 两种特征，那么，对 A 的放大可以促生教育思想的 A 流派，对 B 的放大可以促生教育思想的 B 流派，这种情形在历来的教育认识领域中是普遍存在的。我们需要注意的是，由于一事物的本质只有一个，那么 A 和 B 两种流派关于教育本质的认识一定是不相容的；但如果分立在两种流派中的思想者并不强调他们的认识是关于教育本质的，仅就对教育的认识来说，他们相互之间尽管相异却不存在相互的冲突。进一步讲，两种流派关于教育的认识事实上分别深化和突出了对教育本体某一侧面的理解，如果把他们各自对于教育"本质"的认识整合起来，就可以获得教育本质的完整图像。这样说来，所谓多元的教育思想是完全有可能统一于某种合理的思想结构的。

有研究者敏锐地指出了一种现象,即:"'教育学'从'一'到'多'的演变,达到一定程度,又自然地发生统合教育知识的必要,于是,在久已不存在单一'教育学'陈述体系的国度,产生关于'教理学'的酝酿,显示出教育学从'多'到'一'演变的征兆。"[1] 我们从中可以意会到教育学从"多"到"一"的可能性,而研究者实际上已经明示了这种演变实为"统合教育知识的必要"所致。也就是说,统合教育知识是必要的。其必要性,在我看来,首先关涉当下教育认识者前行的起点,其次关涉教育实践者的理性简明程度。仅说"教育学原理"这一统合教育知识的方式,其认识论的实质当是集众家思想,做必要的同类项合并和逻辑勾连,为今日的教育认识者和实践者提供富有逻辑理性的概念结构和命题体系。这是一项事关教育认识和实践的全局性的工作,但它的实际操作必然由个体的认识者承担,可以想象这项工作的展开过程中也必将出现指向"一"的"多"。这里的"一"是指具体建构者建构的优先属于个人的"教育学原理",其建构者有理由认为自己的作品是对教育知识进行统合的最佳文本;这里的"多"是指因各种个性化的"教育学原理"共在而呈现出的多个"一"共存的认识局面。在最终的"一"没有出现之前,教育认识者既可能崇信多种"教育学原理"中的一个,也可能在不同的"教育学原理"之间无所适从,对于他们的认识进步来说都会产生消极的限制作用。如果这种情况发生在教育实践者身上,就会影响他们的教育行动决策进而影响受教育者的认知和人格发展。所以,作为教育认识者的研究工作者总力图在不同的层面和不同的范围内生产确定性的教育知识,其中有大理想者很可能会努力用理论逻辑的方式对迄今为止的教育认识成果进行统合和组织。

原则上,任何个人的教育学思考和研究均建基于他自己所在的文化传统之中,进而在较宽泛的意义上可以说个人有效的思考和研究均含有对以往相关认识的统合和组织成分。接受正规学术教育的个人,比如大学里的研究生,他们的学位论文必须对以往相关研究的文献进行分析和评论,现实的意义无

---

[1] 陈桂生:《教育学的建构》(增订版),上海:华东师范大学出版社,2009年版,第169—170页。

疑是寻找自己可以继续思考和研究的空间，并把自己的思考纳入学术的发展之中。若论其认识论的实质，正是对自己课题范围内的历史成果进行统合和组织。把研究生的这种课题范围内的文献综述工作加以扩张，延展到整个的教育认识领域，我们也可以不太严谨地把"教育学原理"式的统合和组织视为一种文献综述。在此过程中，教育认识者对知识的统合与组织，也和研究生们一样，需要对历史的教育思想做必要的选择，继而使之呈现出一定的逻辑秩序，很像是用不同认识者捐献的建筑材料建造起教育思想的体系。但需要指出的是，他们建造起的教育思想体系必须具有公共的属性，而不能成为一定文化传统中的个人教育思想的表达。这种期望无疑是比较苛刻的，原因是有能力统合和组织历史的认识成果并建造公共性教育思想体系的个人必然具有强大的思想力，要他们在此过程中不掺入个人的思想几乎没有可能。但如果连这样的期望都省去，那公共性的教育思想体系，亦即作为"一"的"教育学原理"也就不能成立了。就目前来看，相对少有个人教育思想痕迹的文本当属作为教科书的《教育学原理》。这是因为教科书是制度化背景下的教学工作概念，从价值的角度讲，它要体现主流且积极的观念；从知识的角度讲，它要体现认识共同体完全认可或基本认可的成果——正因此，教科书才能具有相当的确定性和稳定性。大学的教科书通常能体现具体学科和领域的发展状态，因其用于学科认识历史成果的有效传承，是需要严谨的体系建构的。教科书所呈现的知识体系自然不可能出自一人之创造，却也不是不同研究者认识创造的集萃，因而必然是编制者把来自个人创造的成果结构化为一个学科知识的整体。借用相关研究者的话说，"教科书是由不同的文本构成的，这就要求把单个的多由他人创作的作品（一度创作品）内化为整体的教科书体系，但教科书绝不仅仅是一个个作品的总和，它们是一个整体。那些单独存在的文本，一旦进入教科书，就不再是原来的单独生命的材料，而是同化于一个新的结构之中"[①]。显而易见，教科书的编写其实是对历史的、个人创造的认识成果的统合与组织，因统合与组织需要编写者对具体学科、领域等认识成果的全视域把握以及操作意义上的统合与组织智慧，就其性质来

---

① 石鸥、石玉：《论教科书的基本特征》，《教育研究》，2012年第4期，第95页。

说是一种再创造或说再生产。

尽管道理明确，但教科书的实际编写并不容易。面对教育认识领域的历史遗产，"一本书的教育学"教科书的编写者具有可以想象得到的郁闷与纠结。不同时代、不同取向、不同领域的教育认识成果，在长期的发展中感觉上越来越专门和独立，以至于编写者好像不得不采取分类组合的策略，结果是"原理"一词越来越淡出人们的意识。客观地说，"教育学原理"相较于"教育思想史"逐渐成为人们不敢轻易涉足的领地，不过，也正是这一状况使元教育学的研究得以扩展和深入，颇具启发性的成果也林林总总。元教育学的旨趣是对教育学的知识性质和体系，尤其是对教育学的基本概念做逻辑学和语言学的分析，它一方面在发挥清思的作用，另一方面也在为"教育学原理"取向的知识统合和组织提供有效的标准。布雷岑卡无疑是这方面的代表人物，他关于教育学的知识性质的阐明和基本类型的划分，已经从个人创见演化为较为普遍的教育学学科标准，无疑会推进一本书"教育学原理"取向的知识统合与组织。布雷岑卡是一个科学主义的教育理论家，但他并没有回避教育学的历史和现实，在坚持科学主义立场的前提下，他默认继而明示了三种教育学的命题体系，此即：作为教育科学的描述性命题体系；作为教育哲学的规范性命题体系；作为实践教育学的规范性-描述性命题体系。我理解布雷岑卡实际上认为存在着三种"教育学"，它们共同构成了一个教育学家族。这当然是一种具有建设性的认识，至少在教育学领域进一步强化了事实与价值的两分，在分析的维度廓清了认识者的思路，但其局限性也是显而易见的。具体而言，尽管布雷岑卡不可能没有认识到教育的特性，但在理论上的确轻视了教育作为价值实践的事实，否则就不会产生三种教育学分立的构想。我实际上要表达的是，教育学只有一个，并不会因它具有多面性而成为多个教育学，正如一个人具有多面性，但他仍然是一个人，他的各种表现均统一于他的人格整体之中。顺便指出，教育学会有内在的组成部分，并不会因此而成为多个教育学，正如一个人有多种器官，但他仍然是一个人。归根结底，"一本书"意义上的教育学，包括"教育学原理"的"一"，理论上是成立的。

在对教育学发展的历史逻辑的思考中，我寻找到了教育之"术"、教育之

"理"、教育之"道"依次出现的现象。① 其要义是说，人对教育的最初思考是对教育方法的思考，也就是对具体的做法之于教育目的实现的有效性的思考。依循理性的逻辑，到了一定的阶段，人又会思考一种方法之所以有效的原因，这就相当于在追寻教育之"术"之上的教育之"理"，此处的教育之理实为隐藏在术背后的理性依据。因教育之术并非只有一个，随着经验的积累，必然会出现多个教育之术，它们的具体情形各不相同，但无疑都属于教育之术。那么顺理成章的问题就是：为什么它们各不相同却同属于教育之术？回答这一问题的过程即是追寻教育之理的过程，有了答案也就获得了教育之理。再随着理性自身的发展，又会发现教育之理也不是单一的存在。换而言之，人们意识到客观上存在着多个不同的教育之理，它们的具体情形各不相同，但又同属于教育之理。顺次的问题则是：为什么它们各不相同却同属于教育之理呢？当人们有能力和兴趣对这个问题进行思辨时，最终会获得可以统摄诸教育之理的、更高层次的教育之道。至此，人类教育认识的基本层次就得以完整，之后的教育思考无论怎样扩张与深入，理论上讲都不会超越"术""理""道"的范围。如果可以做简单比照，教育之道的思辨属于"教育哲学"，教育之理的探寻属于"教育哲学＋教育科学"，教育之术的开发属于"教育技术＋教育艺术"。在教育学历史逻辑把握的基础上，我们再考虑人类教育知识统合和组织的"教育学原理"取向，就会发现，立足于理论建构，"教育学原理"的建构逻辑应是从教育之道出发，到教育之理，再到教育之术。这是一个与教育学历史逻辑顺序正好相反的共时结构，是从抽象到具体的思维过程，显然不同于从具体到抽象的历史进程。这当然只是一种思辨的结果，但基本可以服务于"教育学原理"取向的教育思想统合与组织。

第三节 对《学记》的知识组织学分析

众所周知，《学记》是《礼记》中的一篇，至于《礼记》的具体情形，教

---

① 刘庆昌：《寻找教育学的历史逻辑——兼及"教育学史"的研究》，《西北师大学报（社会科学版）》，2018年第1期，第66—81页。

育学研究者就不甚关心了,这实际上也不足为奇,最根本的原因在于《礼记》属于编辑而成的书籍,内容有道德规范和典章制度,但以典章制度为主。《学记》则是《礼记》即《小戴礼记》中的一篇,专讲教育制度、教学原则与方法。《礼记》成书于西汉,为《大戴礼记》编纂者戴德之侄戴圣缩编,所收录的作品"时代不同,作者不同,驳杂不伦,次序凌乱"[①],其地位在南宋之前并无特殊,流传的注释乃汉代经学家郑玄所为,且因他只注了《小戴礼记》而未注《大戴礼记》,以致后世所说的《礼记》成为《小戴礼记》的专称,当然,《礼记》的地位也因郑玄注释的流传而得到提升。至南宋,朱熹把《礼记》中的《大学》《中庸》与《论语》《孟子》并列为四书,《礼记》的价值则达到历史新高,但客观而言宋代的理学家对《礼记》全书并无多少兴趣,仅重《大学》《中庸》两篇的哲学思想。像《学记》一篇虽为后来的教育学者重视,却不在宋理学家的关注范围。这里所说的后来,远不过清末民初,近则到了新中国成立以后。清末民初时期,出现了关于《学记》的专著,但文本注释居多,义理研究较少。在较少的义理研究中,其深刻性也不能高估。直至新中国成立以后,"在挖掘中国古代教育遗产的号召下,《学记》作为独立的课题研究受到教育理论界的重视"[②],其教育学的意义才逐渐被人们阐释了出来。就此而言,我们基本上可以做出判断,即我们中国人虽然专论教育较早,但教育的思想并没有以学术的方式得以传承,这便反过来使《学记》的价值大打折扣。虽然《学记》中所包含的教育思想尤其是教学思想和方法不可能不对后人发生影响,但《学记》的横空出世并没有刺激后来者以此为蓝本或在此基础上继续发展。既成事实,便无所谓遗憾,但这一历史现象还是很值得我们深入思考的。转向《学记》本身,我们的学术兴趣既不在文本的注释,也不在义理的阐发,而是要从知识组织学的角度分析《学记》作者的文本组织逻辑。不过,我们的思考并不完全拘泥于文本自身,实际上也无法做到这一点,因为《学记》作为我国先秦时期教育经验的全面、系统的总结和概括,它的作者的视野和思绪,必然运动在文本之外的思想和实践的环境

---

① 陈元晖:《中国教育学史遗稿》,北京:北京师范大学出版社,2001年版,第101页。

② 高时良译注:《学记》,北京:人民教育出版社,2016年版,第212页。

结构和历史脉络之中。不过，这只是一种方法论意义上的自我提醒，既然要对《学记》文本做知识组织学的分析，走进并理解文本仍然是达到其他任何研究目的的必由之路。

一、《学记》文本的内容结构

严格地看，《学记》并不是一篇论文，而是一篇编辑而成的文章。编辑虽然也属于广义的组织，但只算得上一种简单的组织。按照康德的话说，"简单的知识需要章法，而科学则需要方法"[①]，那么，内含丰富思想的《学记》既然能自成一体，说明它的形成自有其章法。这个章法到底是怎样的？要我说，它首先会承载一种思维的习惯，即作者的前辈们谈论事情的思维习惯，比如先大后小、先目的后手段等，而在这种习惯的背后则隐藏着某种理解和表达的图式。从当时（无论是战国时期还是汉武帝时期）比物丑类、类推类比仍为重要的获知方法来看，说《学记》具有严谨的逻辑结构显然有些拔高，实际的情况更像是有朴素的结构论和辩证法作为基础。结构论的作用体现在《学记》对教育、教学的方方面面均能言及，几乎没有缺漏；辩证法的作用则体现在《学记》对一些问题的论说能自觉地关照事物的两端，并能以中和为其理想的状态，其实就接近于西方哲学中的"正反合"之"合"。

对《学记》，后人做了分章处理，其依据显而易见是意义的独立性。这里仅以高时良的划分为例具体呈列如下：第一章化民成俗；第二章教学为先；第三章教学相长；第四章古之教者；第五章比年入学，中年考校；第六章教之大伦；第七章正业居学；第八章兴业乐学；第九章安学亲师，乐友信道；第十章使人由诚，教人尽材；第十一章教之所由兴；第十二章教之所由废；第十三章君子之教喻也；第十四章长善而救其失；第十五章善教者使人继其志；第十六章择师不可不慎；第十七章师严然后道尊；第十八章善待问者如撞钟；第十九章必也其听语乎；第二十章可以有志于学；第二十一章古之学者比物丑类；第二十二章此之谓务本。对照《学记》文本，高时良的分章与

[①] [德]康德：《康德三大批判合集（下）》，邓晓芒译，北京：人民出版社，2009年版，第161页。

文本的分段是完全一致的，如此，积极的一面是原汁原味、未有主观加工，但在另一面也说明他专注于章句训义的学术工作，于《学记》文本的逻辑理路探索尚无关联。

相对而言，日本学者谷口武的《学记》日译文的文本分章就有了主观的思虑，实际上是依据意义单元对文本进行了分章。为方便起见，我们选择谷口武的分章结果呈现《学记》全文，至少从视觉上可以让我们向文本的知识组织接近一步。

第一章　国民教化与兴学

（1）教化与兴学

发虑宪，求善良，足以謏闻，不足以动众；就贤体远，足以动众，未足以化民。君子如欲化民成俗，其必由学乎！

（2）治国与教学

玉不琢，不成器；人不学，不知道。是故古之王者建国君民，教学为先。《兑命》曰："念终始典于学。"其此之谓乎！

（3）教学相长

虽有嘉肴，弗食不知其旨也；虽有至道，弗学不知其善也。是故学然后知不足，教然后知困。知不足然后能自反也，知困然后能自强也。故曰：教学相长也。《兑命》曰："学学半。"其此之谓乎！

（4）教学的制度及次序

古之教者，家有塾，党有庠，术有序，国有学。

比年入学，中年考校。一年视离经辨志；三年视敬业乐群；五年视博习亲师；七年视论学取友，谓之小成。九年知类通达，强立而不反，谓之大成。夫然后足以化民易俗，近者说服而远者怀之，此大学之道也。《记》曰："蛾子时术之。"其此之谓乎！

第二章　教育方针及教授法

（5）教之大伦

大学始教，皮弁祭菜，示敬道也。《宵雅》肄三，官其始也。入学鼓箧，孙其业也。夏楚二物，收其威也。未卜禘不视学，游其志也。时观而弗语，存其心也。幼者听而弗问，学不躐等也。此七者，教之大伦也。《记》曰："凡学，官先事，士先志。"其此之谓乎！

（6）学艺的涵养

大学之教也，时教必有正业，退息必有居学。不学操缦，不能安弦；不学博依，不能安诗；不学杂服，不能安礼。不兴其艺，不能乐学。故君子之于学也，藏焉修焉，息焉游焉。夫然，故安其学而亲其师，乐其友而信其道，是以虽离师辅而不反也。《兑命》曰："敬孙务时敏，厥修乃来。"其此之谓乎！

（7）教无成效的原因

今之教者，呻其占毕，多其讯言，及于数进而不顾其安，使人不由其诚，教人不尽其材，其施之也悖，其求之也佛。夫然，故隐其学而疾其师，苦其难而不知其益也。虽终其业，其去之必速，教之不刑，其此之由乎！

（8）教之所由兴

大学之法：禁于未发之谓豫；当其可之谓时；不陵节而施之谓孙；相观而善之谓摩。此四者，教之所由兴也。

（9）教之所由废

发然后禁，则扞格而不胜；时过然后学，则勤苦而难成；杂施而不孙，则坏乱而不修；独学而无友，则孤陋而寡闻；燕朋逆其师，燕辟废其学。此六者，教之所由废也。

第三章　师法及修学法

（10）修学指导要领

君子既知教之所由兴，又知教之所由废，然后可以为人师也。故君子之教，喻也。道而弗牵，强而弗抑，开而弗达。道而弗牵则和，强而弗抑则易，开而弗达则思。和易以思，可谓善喻矣。

（11）学生的个人性

学者有四失，教者必知之。人之学也，或失则多，或失则寡，或失则易，或失则止。此四者，心之莫同也。知其心然后能救其失也。教也者，长善而救其失者也。

（12）教师的志念

善歌者，使人继其声；善教者，使人继其志。其言也，约而达，微而臧，罕譬而喻，可谓继志矣。

（13）师法的重要性

君子知至学之难易，而知其美恶，然后能博喻，能博喻然后能为师，能为师然后能为长，能为长然后能为君。故师也者，所以学为君也，是故择师不可不慎也。《记》曰："三王四代唯其师。"其此之谓乎！

（14）尊师之礼

凡学之道，严师为难。师严然后道尊，道尊然后民知敬学。是故君之所不臣于其臣者二：当其为尸，则弗臣也；当其为师，则弗臣也。大学之礼，虽诏于天子无北面，所以尊师也。

（15）进学之道

善学者，师逸而功倍，又从而庸之。不善学者，师勤而功半，又从而怨之。善问者如攻坚木，先其易者，后其节目，及其久也，相说以解。不善问者反此。善待问者如撞钟，叩之以小者则小鸣，叩之以大者则大鸣，待其从容，然后尽其声。不善答问者反此。此皆进学之道也。

（16）记问之学

记问之学，不足以为人师，必也其听语乎！力不能问，然后语之，语之而不知，虽舍之可也。

（17）自学体得

良冶之子，必学为裘；良弓之子，必学为箕；始驾马者反之，车在马前。君子察于此三者，可以有志于学矣。

（18）比较系统

古之学者，比物丑类。

（19）师道的本源

鼓无当于五声，五声弗得不和；水无当于五色，五色弗得不章；学无当于五官，五官弗得不治；师无当于五服，五服弗得不亲。

第四章　结论

（20）学众事之本源

君子曰：大德不官，大道不器，大信不约，大时不齐。察于此四者，可以有志于学矣。三王之祭川也，皆先河而后海，或源也，或委也，此之谓务本！

显而易见，谷口武的分章指向了文本的意义结构，而且使用现代教育学术语对各章的内涵进行了概括，客观上有利于我们进一步探寻《学记》文本背后的知识组织逻辑。话虽如此说，实际上这样的分章并未超出中国古代文章学的思维水平。进一步说，即使通过意义结构的划分明晰了文章的意义连接和文气脉络，仍然无法解决《学记》作者之外人们的思想如何被"总结和概括"的知识组织问题，最多可以让我们借鉴刘勰根据"道""圣""经"的关系确立的"道-人-文"的写作模式①对《学记》文本做文章学的理解，但这对于《学记》的知识组织意蕴并无揭示的功效。要知道《学记》既然是我国先秦时期儒家教育教学经验的概括和总结，便不是纯粹的认识主体（人）把自己悟到的道（认识客体）以文章（文）的形式表现出来，而是带有了某种选择、凝练和编辑色彩。研读《学记》，就其关于教育教学的高明认识，绝非文本作者一人之功，但就其文本内在意义的贯通而言，又非通常意义上的他人认识之编制，足可谓中国教育思想史上的一个奇迹和谜团。进一步说，《学记》中的教育教学认识几乎都可以从圣人的言说中找到依据，而且其文字之理性与优美足可为范，它的这种"总结和概括"之力或许正是其令人惊奇和困惑之处。

这里的"总结和概括"应非刻意为之。换言之，无论是乐正克抑或董仲舒，都不可能是为了总结先秦儒家的教育教学经验而创作了《学记》，何况《学记》乃《礼记》中的一篇，论其性质则属于"礼之记"。既然"礼"的基本内容是作为上层建筑的道德规范和典章制度，那《礼记》自然也是记述这两项内容。今日所说的《礼记》乃戴圣删减《大戴礼记》编辑的49篇，梁启超将其划分为五类：一为对礼仪和学术思想的通论；二为对《仪礼》17篇的解释；三为对孔子言行或孔门及时人杂事的记载；四为对古代制度礼节带有

---

① 沈金耀：《"道""圣""经"与中国文章的写作模式》，《福建论坛（人文社会科学版）》，2005年第6期，第92—95页。

考证性的记述；五为选自《曲礼》《少仪》《儒行》等篇的格言。《学记》与《礼运》《经解》《乐记》《大学》《中庸》《儒行》《坊记》《表记》《缁衣》等，属于第一类即礼仪和学术思想类。应该说，经划分之后可见《礼记》虽为"礼之记"，但其内容却不纯是礼的成分，作为今人，我猜测这一方面是因为对于礼的记述如果略带阐释必然会超越礼的范围，另一方面则因为中国先秦以至整个古代，知识学的传统未能形成，所谓分类只能是表层化的文献分类而非知识分类。从文章学的角度讲，虽然说先秦散文发展蓬勃、影响深远，但先秦散文只是与韵文相对而言的一种文体，即便内容牵涉哲学、政治、历史、伦理等，仍属于文学性较强的记叙文和论说文，缺乏内在的逻辑与认识论内涵。《学记》文本尽管整体质量较高，但其思想性远远大于学术性。至于《礼记》本身，孔颖达认为："出自孔氏。但正礼残阙，无复能明……至孔子殁后，七十二之徒共撰所闻，以此为记。或录旧礼之义，或录变礼所由，或兼记体履，或杂序得失，故编而录之，以为《记》也。"[①] 就此推测，《学记》无疑近于梁启超所言之学术思想，但若在"旧礼之义""变礼所由""体履""得失"之中选择，应与"旧礼之义"和"得失"有关。为何这样说呢？因为《学记》既有旧礼之义的成分，又有得失之论述。前者有"大学始教，皮弁祭菜，示敬道也"一节为例，后者有"教之所由兴""教之所由废"等节为例。当然，这里有一个值得思考的问题，即教育史家一般认为《学记》专讲教育体制、教学内容与方法，但也离不开"礼"，即礼仪和典章制度，他们显然认为教育体制、教学内容与方法不属于"礼"的范畴，对于这一判断，人们通常无异议。然而，如果我们承认《中庸》是《学记》的哲学方法论基础，即可知其中所述的教学法则，均符合中庸的标准。《中庸》说："喜怒哀乐之未发谓之中，发而皆中节谓之和。中也者天下之大本也，和也者天下之达道也。致中和，天地位焉，万物育焉。"那么，符合中和的教学法则岂非教学之大本与达道？而"礼"，在形式的感觉上固然更容易以道德规范和典章制度显现，但符合中和的教学法则难道不是更深层次的教育之礼吗？联想到苏格拉底的

[①] 〔汉〕郑玄注，〔唐〕孔颖达正义：《礼记正义》，上海：上海古籍出版社，2011年版，序文。

"德性即知识",虽然"在苏格拉底看来,德性知识的本质就是有关人的善和恶的伦理知识、有关人如何活得好或做得好的道德知识、关于人如何获得幸福的知识"[①],而非他那个时代的技艺性的知识或数学、几何等方面的知识,但是,在中国文化思维中,正确地做事情却是有道德意义的。如《学记》中说,"今之教者,呻其占毕,多其讯言,及于数进而不顾其安,使人不由其诚,教人不尽其材,其施之也悖,其求之也佛。夫然,故隐其学而疾其师,苦其难而不知其益也",表面看来是在说教师教不得法因而效果不佳,深究起来则是庸师误人子弟,这里的"误人子弟"就不只是教学不专业的技术性后果,而属于道德性的后果了。在此意义上,《学记》中的教学法则实际上也成为教学道德的规范。有研究者理解《老子》中的道与德,认为"'道'与'德'是两个中质概念。'道'为体,'德'为用,'道'之为用则有'德','德'之本则为'道'。'道'与'德',就质言,同也。就体与用的外部结构言,异也"[②]。由此出发思考,如果中和乃天下之大本、达道,那么符合中和标准的教学之法自然就是教育的道德规范,从属于礼也是顺理成章的。在中国文化思维中,循道而为,既是一种智,也是一种德,似乎是与苏格拉底"德性即知识"相呼应的"明智即德性"。

二、《学记》的知识组织方式

现在我们来探究《学记》的知识组织学秘密。由于中国古代基本没有形成知识学的传统,因而很难用西方科学哲学的理论进行衡量。教育作为人文世界的实践活动本是历史生成之事物,纵然在古希腊哲人那里也未作求知性的探究,无非也是在阐发教育的人文道理和合用之法。中国文化思维本就看重人文事物的道理,承载教育教学道理和法则的《学记》文本自然不会有现今意义上的知识组织,其客观上存在的组织行为也只具有道理的或说思想的组织意蕴。从这个角度讲,我们今人倒是有了更宽阔的视野,进而能使意识

---

① 田书峰:《苏格拉底论德性即知识》,《云南大学学报(社会科学版)》,2021年第3期,第5—18页。
② 韩晖:《〈老子〉中的"道"与"德"》,《右江民族师专学报》,1995年第2期,第13—20页。

游弋在《学记》文本内外,至少可以捕捉到四个层面的知识组织信息。

第一层面,治乱兴亡的政治思维方式影响下的成败论知识组织方式。这一信息的获得受启发于史学家的言论。有研究者论述陈寅恪的史学思想时指出"中国传统史学的核心议题,在于探究国家治乱兴衰之故"[①],紧接着提到陈寅恪"一再批评,传统史家在解释兴亡嬗变之时,往往把原因归结为个别人物的用心、道德和能力"[②],"殊未尽史实之真相也"[③]。陈寅恪论的是历史研究,但对我们的思考却有启迪意义,具体而言是启发我们由此延伸到古代思想者论述政治之外的事情的内在逻辑,进而有理由认为《学记》的作者在论述教育教学时同样具有类似"治乱兴衰"的思想逻辑。实际上,在古人那里,教育教学固然必先是教育教学自身,却也从属于政治之事,仅"建国君民,教学为先"便足以说明教育教学实为满足政治需要的必要选择,因而《学记》的作者把政治思维的方式运用到教育教学问题的论述上也是合情合理的。我们把这种政治思维转换为中性的逻辑,其实就是怎样做就能成事和怎样做则会废事的朴素思维格式。具体到教者之教,若能做到"豫""时""孙""摩",教则可兴;反之,教者如果做不到"豫""时""孙""摩",再加上学者平日有"燕朋""燕辟"的恶习,教必废败。《学记》作者在这里显然是在讲教者之教的兴废之理,而此理之细微与所具有的较强操作性,绝非作者依靠直觉或所谓天启能够获得,完全可视之为以往教学经验的概括和总结。值得我们重视的是,这种概括和总结所具有的创造性,不仅不亚于具体经验的创造者,而且远远超越了他们。我们至少在已有的文献中没有发现《学记》之前有关于教学的如此结构性明显的论述,这说明《学记》作者已经具备了较高水平的理性思维能力。从《学记》文本中即可透析出正反两方面思维及其在实践范畴的辩证智慧。中国文化思维基本聚焦于人文实践领域,思想者

---

① 江湄:《人心与世局:陈寅恪的"新史学"》,《读书》,2021年第5期,第15—22页。
② 江湄:《人心与世局:陈寅恪的"新史学"》,《读书》,2021年第5期,第15—22页。
③ 陈寅恪:《书世说新语文学类钟会撰四本论始毕条后》,《中山大学学报》,1956年第3期,第70—73页。

的纯粹理性未能得以彰显，但由于求善重用的认识取向鲜明，其实践的智慧不仅蓬勃而生，而且极为精致，这应是中国智慧形成的基础原因。今天我们讲理性思维，主要的内涵是逻辑意识和证据意识，就此而言，《学记》作者的理性思维可谓风格独特，总体而言是不同于形式逻辑的、对教学至道的直觉性把握。这种直觉性把握是中国古人思维方式的基本特征，也可称之为经验综合性的整体思维，"它的特点是对感性经验的直接超越，却又同经验保持着直接联系，缺乏必要的中间环节和中介"[①]，因而在形式上《学记》多有断言式的告诫。作者的意图本非要给读者做严密的推理和证据提供，而读者也没有想要质疑作者告诫的真理性，这中间一方面有读者对圣人之言的真诚信任，另一方面则是中国古人思维的特殊风格影响所致。客观而言，在相对古朴的先秦时代，在行动的成败而非认识的真假这一问题上，前人的经验、圣人的告诫远比严谨的推理和充足的证据重要，何况那时的思想者还没有具备西方式理性思维的习惯。《学记》作者是在言说教学之成败，主要呈现的是先秦时期诸圣人的经验和教训，同时也把那些经验和教训与某种意义上的公理联系了起来。当读到"教之所由废"的六种情形时，我们应该相信作者的脑海里一定闪现过现实中或传说中的具体人物和事件。而《学记》对善学者和善教者的形象塑造，我们甚至可以认为，其原型很可能就是作者自己尊敬的老师和欣赏的同学，当然也可能是自我反省之后的"去我化"陈述。这应该就是《学记》呈现教育教学经验的内在机制。至于说它是对先秦儒家教育教学经验的总结和概括，我们只能理解为《学记》作者所受之教可溯源至孔子，其师尊教人之法亦效法了圣人。对于《学记》作者来说，教学的经验世界首先是他自己亲身经历、耳闻目睹的当下现实，其次还有历史上关于教学成败的典型故事。然而，《学记》整体上属于思想性的著述，从故事中总要讲出些道理来，这便有了结构性的整体构建和征圣宗经、道法自然的告诫策略。有了这一番思虑，便有了《学记》的精彩，若有人遵其告诫，则其教学能兴；若有人不遵其告诫，则其教学必废。

---

① 江东：《对中国思维方式的哲学反思》，《天津师大学报》，1998年第2期，第8—12页。

第二层面，正反呼应的对立思维方式影响下的辩证法知识组织方式。这一信息的获得得益于哲学领域的相关研究。有研究者较系统地论述了中国古代思维对于对立现象的关注，并把这种思维称作对立思维。对立思维的产生时间无法考证，但人们通常把《易经》中的"▬"（阳爻）"▬ ▬"（阴爻）符号视为其产生标志。就其发展过程来说，中国古代的对立思维经历了从现象到观念，再从观念到概念的过程。不仅如此，中国古代对立思维的真正确立，还存在一个重要的追加条件，即对立思维的抽象或概括化形式，这种概括化形式可以划分为图形化、符号化和概念化三个阶段。① 对于我们来说，非常重要的信息是这三个阶段至先秦时期全部完成，因而直接影响《学记》作者的思维是完全合理的。中国文章正是受到这种思维风格的影响，即使在先秦散文中也具有形式上的对偶，这不仅制造了一种形式上的美学效应，而且使得作者要表达的思想具有了辩证的深刻性和形式上的冲击力。《学记》文本这样的表达方式沿袭了前代文章的思维，包含着成序列的对立思维表达。如："学然后知不足""教然后知困"，呈现了教与学的对立思维；"时教必有正业，退息必有居学"，呈现了"时教"与"退息"的对立思维；"教之所由兴也""教之所由废也"，呈现了"兴"与"废"的对立思维；"道而弗牵，强而弗抑，开而弗达"，呈现了"不牵"与"牵"、"不抑"与"抑"、"不达"与"达"的对立思维；"或失则多，或失则寡，或失则易，或失则止"，呈现了"多"与"寡"、"易"与"止"的对立思维；"君子知至学之难易，而知其美恶"，呈现了"难"与"易"、"美"与"恶"的对立思维；"善学者，师逸而功倍，又从而庸之。不善学者，师勤而功半，又从而怨之"，呈现了"善学者"和"不善学者"、"逸"与"勤"、"功倍"与"功半"、"从而庸之"与"从而怨之"的对立思维。从这种风格的文本中，我们一方面能够感悟到《学记》作者对他自己时代及传说中的先前时代正反两方面教学经验的熟知，另一方面则能够品味出作者使用对立思维的方式并以外化思维的语言把教学的经验和教训凝结为具有一般性质的判断。这当然是一种知识组织的方式，通过这样的组织，

---

① 吾敬东：《古代中国思维对对立现象的关注与思考》，《中国哲学史》，1997年第2期，第27—34页。

出自教者、学者个人的经验被转换为脱离主体和情境的普遍思想，那些思想在接受者几乎没有质疑的遵循中，实际上被提升到了知识的层面。换言之，遵从《学记》的古代教师并不会把其中的告诫视为任何流派思想家的一种观点，而是奉之为教学之圭臬的。

第三层面，环环相扣的逼近思维方式影响下的递进式知识组织方式。《学记》开篇就讲"发虑宪，求善良，足以谀闻，不足以动众；就贤体远，足以动众，未足以化民。君子如欲化民成俗，其必由学乎"。此段要旨无疑是"如欲化民成俗，其必由学乎"，意在主张教育的教化价值，若说其内涵，无非是必须通过教育才能够化民成俗，但经由作者层层递进式的言说，这一道理变得顺理成章，会让读者有本就如此、就该这样的心理感受。我们自然可以把这种递进式的思维方式看作是一种论说技巧，因为它的确使文本散发出雄辩的气息，但其中的知识组织意蕴也是客观存在的。就内容来说，"这一章是《学记》的总纲，它开宗明义揭示了新兴地主阶级掌握政权后的政治路线、组织路线和教育路线及其相互关系"[①]，而从知识组织的角度来说，则可判定作者用递进思维方式把"如欲化民成俗，其必由学乎"这一教育功能的信息组织到了国家治理的思想体系之中。再比如"玉不琢，不成器；人不学，不知道。是故古之王者建国君民，教学为先"一段，显然也是一种层层递进的论说，且不论其推论中的不合理跨越，从知识组织的角度讲，作者实际上把"建国君民，教学为先"的主张组织到了日常生活的智慧之中。顺便提及《学记》中的类推式思维，人们通常也视之为论说的技巧，其实它同样具有知识组织的意蕴。具体而言，《学记》作者通过"以物推人的简单演绎，而衍化为以事论人"[②]。以"虽有嘉肴，弗食不知其旨也；虽有至道，弗学不知其善也。是故学然后知不足，教然后知困。知不足然后能自反也，知困然后能自强也"为例，其中"虽有嘉肴，弗食不知其旨也；虽有至道，弗学不知其善也"显然是类推式思维的论说，但就整体这一段来论却是递进式的思维表达，这也是我们顺便提及而不做专论的原因。就其认识论的实质而言，类推仍然是把

[①] 高时良译注：《学记》，北京：人民教育出版社，2016年版，第52页。
[②] 陆明玉：《〈学记〉教学思想探究——基于方法论的视角》，《郑州师范教育》，2013年第1期，第24—28页。

教学经验组织到了日常生活的智慧之中。或可说类推式思维的语言表达只是一种论说策略,但就《学记》文本整体来说,它是从属于递进式思维的知识组织的。

第四层面,征圣宗经的继承思维方式影响下的附会式知识组织方式。这里的附会,既有通常所说的把不相干的事情联系在一起之义,也有后世刘勰《文心雕龙》中所说的文章章法之义。先说前者,显然具有贬义色彩,即所谓穿凿附会、牵强附会之义。这种现象在《学记》文本中基本上可以忽略不计,但在先秦时期的文章中是客观存在的。《荀子·非十二子篇》有云:"案往旧造说,谓之五行,甚僻违而无类,幽隐而无说,闭约而无解。案饰其辞,而祗敬之,曰:此真先君子之言也,子思唱之,孟轲和之。世俗之沟犹瞀儒,嚾嚾然不知其所非也,遂受而传之,以为仲尼子弓为兹厚于后世,是则子思孟轲之罪也。"有研究者认为,这是荀子批评子思、孟子一派儒家以木、金、火、水、土"五行"附会仁、义、礼、智、信"五常"。[1]虽然这种附会并非子思和孟子亲为,而是此一派后学所为,但也足以说明这种现象的实际存在。站在今天的时代,这种附会自然显得牵强,但在知识无多的古代,则不失为一种思想建构的策略。把人文性的五常与自然性的五行相联系,也是天人合一思维的具体应用。附会作为文章的章法,见于《文心雕龙》,曰:"何谓附会?谓总文理,统首尾,定与夺,合涯际,弥纶一篇,使杂而不越者也。"[2]"作家、艺术家运用'附会之术'来化解各组成因素间的矛盾和隔膜,发展其相通相融对立统一的一面,维护和强化作品的整体性、系统性和协调性。"[3]可以说,附会之术,既是文章的构筑之术,也是知识的组织之术。《学记》作者的附会意识是显而易见的,这里的附会并无牵强,但这一策略的使用,除遵循了儒家先贤的方法之外,应有把自己的论说与圣人圣言融为一脉的企图。《学记》文本中的附会主要体现在六处"其此之谓乎"的"宗经"引用之中。特呈列如下:

---

[1] 杨宽:《战国史》,上海:上海人民出版社,2019年版,第636页。
[2] 〔南朝梁〕刘勰:《文心雕龙导读》,李平、桑农导读,合肥:安徽师范大学出版社,2018年版,第218页。
[3] 袁平夫:《释"附会"》,《求实》,2006年第1期,第296—297页。

（1）玉不琢，不成器；人不学，不知道。是故古之王者建国君民，教学为先。《兑命》曰："念终始典于学。"其此之谓乎！

（2）虽有嘉肴，弗食不知其旨也；虽有至道，弗学不知其善也。是故学然后知不足，教然后知困。知不足然后能自反也，知困然后能自强也。故曰：教学相长也。《兑命》曰："学学半。"其此之谓乎！

（3）……九年知类通达，强立而不反，谓之大成。夫然后足以化民易俗，近者说服而远者怀之，此大学之道也。《记》曰："蛾子时术之。"其此之谓乎！

（4）……幼者听而弗问，学不躐等也。此七者，教之大伦也。《记》曰："凡学，官先事，士先志。"其此之谓乎！

（5）故君子之于学也，藏焉修焉，息焉游焉。夫然，故安其学而亲其师，乐其友而信其道，是以虽离师辅而不反也。《兑命》曰："敬孙务时敏，厥修乃来。"其此之谓乎！

（6）君子知至学之难易，而知其美恶，然后能博喻，能博喻然后能为师，能为师然后能为长，能为长然后能为君。故师也者，所以学为君也，是故择师不可不慎也。《记》曰："三王四代唯其师。"其此之谓乎！

理性地审视，《学记》作者所引用的各种先贤言论，与他所论说的教育、教学道理之间并无有机联系，之所以引用，无非是想表明自己所主张的或是所总结的并非空穴来风，不仅有先贤和时人的实践作为基础，而且与经典中的言论也是一脉相承。然而，作者所引之文，无一切合他自己所论之主旨。进一步讲，《学记》所包含的思想实为既有实践之总结，并非从古书中的思想演绎而来，更不是对古书中有关言论的注解，因而不属于思想上的继承。因而，《学记》作者的征圣宗经，言其本质，当是以古人之言附会自己所论，主观上是要把自己的论说统合到自己所认可的思想历史脉络之中，故可视之为知识组织的意图和行为。

我们是对《学记》文本进行知识学的分析，但对其中的知识学并未进行说明，这是因为"知识学"一词在这里的使用具有直觉判断的性质。哲学史上,知识学几乎是费希特哲学的专称,他把自己的哲学叫作知识学,实际上源于康德的认识论,只是在康德那里,认识论是哲学的中心问题,而在费希特那里,认识论就是哲学本身。再考虑到西方近代认识论也可泛称为知识论,那么知识学基本可以被理解为与认识论近似的概念。我们之所以使用了知识学的称谓,是因为无论是一般意义上的知识论,还是费希特的知识学,均感兴趣于知识或认识的可能性条件,而不涉及知识或认识成果的组织问题。应该说知识组织问题只能由知识论哲学来做进一步的研究。费希特的"知识学探讨的是知识的一般发生问题,是要弄清楚知识是怎样发生的,知识成立需有什么先决条件,知识有哪些基本要素,它们是怎么来的,它们彼此之间有什么样的联系等等"[1]。我们注意到费希特的知识学并未关注个体研究成果如何被组织为知识体系的问题。我国学者齐良骥则注意到康德哲学并不关切事实问题,而考虑的是知识本身的问题,故而建构了为康德哲学进行辩护的"康德的知识学",在他看来,"知识学就是对知识本身进行基本的、原理方面的考察"[2]。总的来看,已有的、在知识学名义下的哲学工作,并没有关切我们所重视的知识组织问题,但我以为这一问题作为知识学的关切对象是顺理成章的,否则巨量的个体研究成果汇成有意义的知识体系将持续缺乏坚实的知识学基础。

三、《学记》知识组织方式的哲学阐释

我们通过对《学记》文本的知识组织学透视,初步发现了成败论的、辩证法的、递进式的和附会式的知识组织方式,应能反映《学记》作者组织先秦儒家教育教学经验的真实状况,这四种方式如果在知识学意义上能够成立,便可以成为"总结、概括"的操作形式。且不论我们的认识是否到位,就研究的旨趣来说是属于知识学的知识组织范畴的。《学记》作者自然没有关于知识组织的哲学思考,但真实的知识组织客观地发生在他的意识之中。需要重视的是,他的知识组织尽管具有《论语》《大学》《中庸》《孟子》等思想的背

---

[1] [德]费希特:《全部知识学的基础》,王玖兴译,北京:商务印书馆,1986年版,译者导言。

[2] 齐良骥:《康德的知识学》,北京:商务印书馆,2017年版,第44页。

景，甚至可以说有那些经典作为指导思想，但《学记》文本显然具有独立的创造特征。换言之，今天的研究者完全可以为《学记》中所记述和主张的每一个事实和思想寻找到合理的历史源头和依据，却几乎无法认为《学记》作者简单编辑了既有的事实和思想。即使是说明教学制度和次序的"古之教者，家有塾，党有庠，术有序，国有学。比年入学，中年考校"一段，看似记述，实为托言立制，因而也可以说《学记》实际上是"设计"了一个从中央到地方，从城市到农村，从初级学校到高级学校，为中央集权的封建制政治经济服务的统一的教育体制。这样看来，其中关于教育教学的精辟之论，无疑内含了作者相当卓越的知识组织主观行动。《学记》作者博闻强记，对于历史的思想和现实的经验均有深刻把握，更关键的是他实际上发挥了知识组织的能动性、自觉性和创造性。

现在我们专注于《学记》中的四种知识组织方式并阐发其知识学的意义如下：

其一，成败论的知识组织方式是典型的实践理性表现形式，其深层基础是人们在社会实践中的求成避败意图，更为基础的说法即是趋利避害心理，进而，凡是人主观判断利于成功的事情便是应该做的，而不利于成功或可能导致失败的事情就是不应该做的。思想者回观历史和现实，必能发现一部分具体的做法总是与成功大概率地相连，而一部分具体的做法则总是与失败大概率地相连。当这两种性质不同的联结积累达到一定的数量级时，思想者的意识中就会形成强度较大的表象，他们借助纯粹理性把这种表象用语言的形式做结构性的表达，各种超越了具体情境和主体的道理就自然形成。但由于这样的道理背后是大概率事件，因而无论我们觉得它如何的精辟，终了还是一种经验。也正因此，《学记》中的教育教学道理虽能够给人以认识上的震撼与冲击，却仍被人们定位在经验总结的范畴之中。可以说，成败论的知识组织方式是具有基础性和普遍性的，甚至我们今天的教学论，除去其中形而上学层面的思考，其主导性的思维仍然是目的或结果导向下的"有效-无效""高效-低效""良效-劣效"格式。对于研究者和知识组织者来说，他们要寻觅的和主张的，必是自己发现或自己认为有利于教学有效、高效和产生良效的思路和方法。

其二，与成败论的知识组织方式相比，辩证法的知识组织方式更加远离具体的情境和主体，因而其思维形式更具有纯粹性，但究其实质，尤其在社会实践的思考范围内，辩证法的知识组织方式与成败论是具有内在联系的。这主要是因为成与败本就是目的和结果意义上的对立两端，进而导致成功与失败的两个条件集合在纯粹思维的意义上也是性质相反的。把两个条件集合拆分后再整合为一个个具体的对应，也就是所谓的对立现象。面对这种现象，研究者只要能够将其完整地复制在语言结构之中，他的思维就开始通向辩证，只是在思维的行进中会出现路径的分化，这才出现了不同类型和不同强度的辩证思维。人们通常认为中国古代的辩证法是朴素的，主要表明古代辩证法的原始性，而且其运动的趋向还是黑格尔式的辩证法。但事实很可能并非如此，至少作为儒家思想方法论的中庸，一则不是黑格尔式的辩证法，二则它又确实是一种辩证法。我以为黑格尔式的辩证法是客体本然的结构和运动机制的表达，是一种客体存在的辩证法，而中庸则是人主体参与并承担的社会实践的当然结构和运动机制的表达，所以中庸的这种辩证法实际上是一种主体思维的辩证法。在较具操作性的层面，客体存在的辩证法是对立面的统一所促成的客观整体在人意识中的反映；主体思维的辩证法则是人主体在成败、利弊等结果的衡量中就对立面的整合所做的量度和策略抉择。我们品味《学记》中的"道而弗牵，强而弗抑，开而弗达"，人们很自然地认为"道"与"牵"、"强"与"抑"、"开"与"达"是对立的两端，其实不然。在中庸的方法论指导下，《学记》作者所主张的"道""强""开"实际上分别处在"不牵"与"牵"、"不抑"与"抑"、"不达"与"达"的中途。而从"人之学也，或失则多，或失则寡，或失则易，或失则止"中，我们也可推断出《学记》作者所主张的"无失"的学习一定处在"多"与"寡"和"易"与"止"的中途。考虑到这一些，我们便可以说中庸作为一种特殊的主体思维的辩证法，是《学记》作者组织和总结教学经验的有效方式。

其三，递进式的知识组织方式是使不同性质的社会实践经验事实得以有序呈现的语言学策略，它使得原本孤立存在的事实在人的意识中成为一种有序存在，实际上其中的序是知识组织者主观能动创造的结果。以"发虑宪，求善良，足以謏闻，不足以动众；就贤体远，足以动众，未足以化民。君子如欲化民成俗，其必由学乎！"为例，其中"足以謏闻"的"发虑宪，求善良"，"足以动众"的"就贤体远"和"足以化民"的"学"，是各自孤立的事件，每一个事件的效果，一方面是客观的存在，另一方面又是《学记》作者的判断，但经过思维的统合和语言的组织，给我们呈现出来的就是一个有序的存在。我们感觉到的有序其实正是知识组织的积极效果，自在、孤立的经验事实因此在我们的意识中成为一个系统。在此，我们还是需要说明，类似递进这样的言说方式，不只是论说的技巧，还是一种组织经验事实的策略，最主要的原因就是内含在递进序列中的经验事实实际上并没有内在的联系。从哲学的角度理解，"事实—表象—思维—语言"是一个完整的、从认识到表达的程序，最终呈现为文本的内容当然是关于事实的，但由于思维的能动作用，文本的内容又不是事实自在的样子，在此意义上，关于事实的文本其实是认识者兼表达者主观建构的成果。

其四，附会式的知识组织方式，既是一种学术现象，也是一种心理现象。作为一种学术现象，立论者会有意识地把自己的主张汇入共同体经验和思想的脉络中去。如果他的主张并非从共同体的经验或思想中演绎而来，就可能寻找自己的主张和共同体经验或思想之间的关联。作为一种心理现象，附会大致有两种情形：一种是遵从某种习惯，比如征圣宗经，它属于一种文化契约，这种契约在长期且普遍的应用中渐渐地会具有道德规范的意义。如果有立论者特立独行，哪怕他仅仅在形式上未能附会，也可能被视为离经叛道，这也就不难理解子曰诗云的技法为什么长盛不衰。另一种只是普通的从众，即大家均如此我亦如此，至于如此这般的实质意义，立论者既不理解也不深究。相对而言，第一种情形客观上会具有认识论的意义，因为浸润于具体的思想传统，立论者的主张与该传统中的既有思想总存在着千丝万缕的联系，因而，用于附会的经典言说即使对自己的主张并无直接的启发，也会因其对一种传统的奠基或促进而与立论者的主张不谋而合。《学记》中的附会现象基本没有瑕疵，其所发挥的效用的确也使我们感觉到作者的主张与经典中的言说血脉相连。

挖掘出了《学记》的知识组织方式，其最大的价值在于揭示了《学记》总结先秦儒家教育教学经验之"总结"的操作性内涵，这一类信息恰恰是

《学记》本身未能明示的，但从学术发展和思想进步的利益上考虑又比较重要。有一个疑问始终存在，即：在《学记》之后，中国古代为什么再也没有出现过类似的系统性教育专论？对于这一现象，我们当然可以解释为《学记》对教育教学的立论水平极高，以致后人难以在认识上超越，但是不是也因"总结"经验亦即知识组织的方式未能显在和形式化，从而使后人即便偶有"总结"的企图却不得其法呢？这当然只是一种猜测，更重要的原因应是教育的基本道理在古代没有变化，而教学这样的活动，其专业化的需求始终未能形成，而且在等级伦理原则作用下的教学也少有自身发展的动力。人们固然能自觉到善教者的价值，但不善教者的危害也仅仅是人们消极议论的谈资，社会一方并无意识在提升教者的专业水平上有所作为。秦汉以降，虽也有乱世的间断存在，但大方向是思想趋于集中，与之相随的权威-依从伦理原则越来越处于主导地位，因此，像先秦时期那种思想多元繁荣的局面未再出现。思想繁荣，教学才会昌盛，教学的事实经验才会丰富，《学记》的产生也才有了坚实的基础；相反，思想不繁荣，教学就难以昌盛，就难有超越前人的智慧，总结者便无可总结的事实经验，新的"学记"自然就不会再出现。不过，《学记》之后虽无系统的教育专论，也有《师说》这样的作品，只是不像《学记》那样具有丰富的知识组织学意蕴，便不是我们的关切对象了。

第四节　对《大教学论》的知识组织学分析

恩格斯谈到文艺复兴时说："这是一次人类从来没有经历过的最伟大的进步的变革，是一个需要巨人而且产生了巨人的——在思维能力、热情和性格方面，在多才多艺和学识渊博方面的巨人的时代。"[①] 那些巨人们，分布在古典文化研究（彼特拉克、薄伽丘等）、哲学（蒙田、培根等）、自然科学（伽利略、哥白尼等）、社会理论（莫尔、康帕内拉等）以及文学艺术（塞万提斯、莎士比亚、拉伯雷、达·芬奇、米开朗琪罗、拉斐尔等）领域，在欧洲

---

① ［德］恩格斯：《自然辩证法》，北京：人民出版社，1971年版，第7页。

由宗教和封建观念统治的中世纪走向新时代的过程中发挥了关键的作用，在历史的长河中掀起了耀眼而有质感的波澜，西方意义上的近代社会在巨人们的推动下逐渐生成，影响至今的新的文明标准在此过程中也得以萌芽和确立。

一、有关《大教学论》的预先考察

承接文艺复兴运动的精神遗产，并为新时代的教育立法，教育领域在近代开端出现了一位杰出人物——杨·阿姆斯·夸美纽斯（1592—1670），他生活在从封建主义向资本主义、从中世纪向近代社会发展的过渡时期。这一时期，旧的封建制度和天主教力量式微，但并未彻底退出历史的舞台，而新生的资本主义只是显示出自己强大的生命力，这便注定了光耀当下的巨人难以再生，但整理遗产、设计未来的杰出人物必然出现。夸美纽斯就是这样一位应运而生的人物，在极大的程度上，他"是旧传统的叛逆者、新思想的鼓吹者、放眼未来的预言家、新教育的设计师"[①]，他既是一位教育实践家，也是一位教育理论家。作为教育理论家，他完全算得上天才式的人物，不仅著有历史上第一部论述学前教育的《母育学校》（1628），而且著有近代第一部比较系统的教育学著作《大教学论》。对于《大教学论》，就其贡献来讲，"比较全面地论述了改革中世纪的旧教育、建立资本主义的新教育的主张，提出了一个比较完整的教育学体系"[②]；就其实质来说，一方面对文艺复兴后期新人文主义者表述零散的教育观"进行了创造性的综合和融汇"[③]，另一方面，"夸美纽斯第一次全面地、系统地把前人和他自己教育工作中积累起来的先进经验加以总结和概括，批判地检查了当代已经积累起来的教育遗产，并对一系列的教育问题给予理论上新颖的、正确的论证"[④]。从教育知识组织的角度看，

[①] 任钟印选编：《夸美纽斯教育论著选》，北京：人民教育出版社，2005年版，第3页。

[②] ［捷］夸美纽斯：《大教学论》，傅任敢译，北京：人民教育出版社，1984年版，第8页。

[③] 褚洪启：《论夸美纽斯教育理论的历史价值》，《北京师范大学学报（社会科学版）》，1995年第3期，第87—93页。

[④] 李文奎：《论伟大的捷克教育家杨·阿摩斯·夸美纽斯的著作"大教学论"》，《山东师范学院学报（人文科学）》，1957年第1期，第163—172页。

前一方面可以说是知识组织的结果，后一方面则是这一结果形成的认识论机制。就结果而言，《大教学论》很像中国的《学记》，它"总结了那个时代及其以前的进步的教育理论，更为重要的是结合了自己长期教学实践，创立了卓越的教育体系"[①]，这与《学记》作者总结了自己和先秦时期儒家教学经验的情形是基本一致的。

我们所说的《大教学论》与《学记》在知识组织意义上的情形基本一致并非随意而说，只要有机会走进两个经典文本，就会发现这两者虽然在时间、空间上均相距遥远，但在教育思考的思维路线上却具有内在的相通性。这种相通性有以下表现：（1）两者均将教育视为工具性或说手段性的存在。在《学记》中，教育是为了"化民成俗""建国君民"而被选择的；在《大教学论》中，教育是为人的永生服务的，此处所谓的永生并非在现世的长生不老，而是灵魂在来世的永恒存在。如夸美纽斯所说，"人的终极目标是与上帝共享永恒的幸福"[②]。（2）虽然教育的意蕴丰富，但在学校教育的背景下，两者均以教学活动为中心展开了较为系统的教育思考，而且均重视一般原则的价值。《学记》中自觉表达的教学原则即是"大学之法"——豫、时、孙、摩，具体而言，"禁于未发之谓豫；当其可之谓时；不陵节而施之谓孙；相观而善之谓摩"。教者根据这四个原则具体操作，教学就可以成功，即所谓"此四者。教之所由兴也"。《大教学论》中，夸美纽斯虽然从新教思想出发做了厚实的铺垫，但其思想核心实为教学的基本原则，具体有：精简科目，以使知识能够更快地获得；抓住机会，以使知识一定能被获得；开发心智，以使知识容易获得；使判断力变敏锐，以使知识容易获得。[③]但是，如果要对《学记》和《大教学论》在知识组织的理性水平上做出判断，那么后者是明显高于前者的。这并不简单地表现为文本论述得精细与否，而是表现在各自教学主张的

[①] 苑勘：《夸美纽斯及其〈大教学论〉》，《齐齐哈尔师范学院学报（哲学社会科学版）》，1979年第3期，第76—81页。

[②] ［捷］夸美纽斯：《大教学论》，傅任敢译，北京：人民教育出版社，1984年版，第24页。

[③] ［捷］夸美纽斯：《大教学论》，傅任敢译，北京：人民教育出版社，1984年版，第83页。

逻辑意识自觉上。《学记》在这一方面比较弱，其文本表征为断言式的表达，由此追溯其教学主张的认识论机制，只能说它是对以往教学经验和教训的总结与条理，告喻人们的是：照此法操作可成，反之则不成。我们再演绎下去，《学记》作者完全可以有如下的潜台词，即我所言之法，既合于圣人的观念，又经过了实践的检验，不会有问题的。此中有言说者的自信和负责，却没有形式上的严谨，固然在客观上基本为真，但只依据权威与经验而短缺了逻辑的前提，进而无法具有思维上的严谨和思想上的系统。《大教学论》则不同。仅说以上四个教学原则，实际上不无经验的基础，正如有学者说"如果有人看到他用自然现象来论证教育理论，就认为他在作品中阐述的理论是从观察自然现象而获得的，那就大错特错了。他的理论是总结自己实践的结晶，是批判地概括与改造了当时欧洲已经积累起来的教育经验的结果"。但在论述的理路上，夸美纽斯是具有逻辑自觉的。他的四个教学原则提出的前提正是攀登智慧高峰的五种障碍中的三种：心灵所应领会的事物太繁杂；缺乏获得艺术的机会或是机会消灭得太快；心智贫弱，缺乏健全的判断。[1] 由此可以看出夸美纽斯不仅是一位教育思想家，而且是一位具有逻辑自觉的教育理论家。

　　作为教育思想家的夸美纽斯，无疑与人文主义传统和宗教改革有关，这使他一方面保持了宗教的真诚，另一方面在思想和实践上为现实世界一切个人的发展尽心竭力。他继承了文艺复兴以来欧洲的人文主义传统，进而致力于把人从盲目顺从、各种禁忌及权威压迫中解放出来。他已经意识到"只有'意识-提高'的途径才会有效地促进为了每个人都能在一种仁爱、公正与和平的世界中根据他的需求对他自己的存在得以表达的民主社会和教育体系的需要创造条件"[2] 的思想。可以说夸美纽斯是一位伟大的人道主义者和具有民主思想的人，他忠诚于人类、热爱科学、重视理性，在欧洲由古代向近代转变的时期，"要求施行一种不分社会地位、财产和性别的大众教育，……特别

---

[1] ［捷］夸美纽斯：《大教学论》，傅任敢译，北京：人民教育出版社，1984年版，第81页。
[2] 居乌里安纳·里密提：《J. A. 夸美纽斯评传》，谢书林译，《云南教育学院学报》，1985年第1期，第42—53页。

愿意赤贫者也受到教育，教育普及与大众，并且是全部免费的"[1]，要知道这样的思想在他所处的时代是具有革命性的。当然，夸美纽斯又是一个虔诚的基督教信仰者。他具有宗教家庭背景，先后接受宗教学校或"摩拉维亚兄弟会"的教育资助，后来又先后担任牧师和主教，注定了对上帝信仰的真诚，并因此而努力履行宗教的使命。宗教神学的影响，不仅深入到他的人格心理之中，而且也促其形成了用信仰组织自己教育思想的特殊方式。这样的思想组织方式在纯粹认识的领域无疑显现出认识的不纯粹，但在一个虔诚的宗教信仰者那里又的确是顺理成章的。有效的教育思想客观上并未因此而失去光泽，反而在纯粹认识意义上的思想组织方法不尽成熟的历史时期，借着宗教家的理想具有了某种神圣价值。对于夸美纽斯来说，人文主义的思想和他的宗教信仰即便不是有机统一，也不存在相互对抗，从而使他的《大教学论》并未因有宗教信仰的因素而在思想上出现自相矛盾。或者可以说，正是特殊历史时期的个人精神复杂性与认识和设计新教育的抱负相结合，才使夸美纽斯成为兼容了理性与信仰、科学与人文的教育思想家。

此外，我们还不可忽视一个现象，即至少在形式上，夸美纽斯的教育思想存在着模仿和遵从自然的特点，应该说这是一种可贵的进步。对于一个厌恶中世纪旧教育的新时代教育家来说，对于自然的崇尚实际上折射出他对人自身自主、自由的渴望。夸美纽斯所说的自然是人类未有原罪之前的自然，具有美好、和谐的品质，这也是他想通过自己的思想和实践赋予新教育的。我们当然也注意到夸美纽斯论述教育时的宗教思维色彩，这与他是一个虔诚的基督教徒有直接的关系。那种具有宗教色彩的教育思维在我们今天看来的确有些局限，但基于唯物认识论的立场，便能清醒地认识到一切来自《圣经》的话语皆为人的创造。因而，夸美纽斯接受《圣经》的启迪，其实质则是对前人智慧的一种继承方式。

作为教育理论家的夸美纽斯，其显著的表现在于他的教育思想虽然既有对以往的继承，也有对自己经验的总结，但他并没有视自己的教育思想为理

---

[1] 雅·雅沃尔斯卡：《民主主义、爱国主义、人道主义教育家夸美纽斯》，《人民教育》，1957年第5期，第39—40页。

所当然，因而他的《大教学论》并不是一个教育思想断言集，而是有理有据的论说著作。不过，这一点对于夸美纽斯来说也不算是奇迹，毕竟古希腊的哲学家们，尤其是柏拉图和亚里士多德，已经为他的思辨打下了基础，更不用说中世纪的神学家虽然没有认识论的理想，但对于形式逻辑的运用足可谓登峰造极，这一切对于后来者夸美纽斯均是一种理论方法的遗产。这种遗产对于教育理论的形成与发展至关重要，试想《学记》作者如果也承接了这样的遗产，其价值就不止于为后人提供一系列有意义的教育思想和方法了。进而言之，《学记》之后的中国古代教育家，也应能在《学记》的基础上运用理论的方法创造出更加丰富的教育认识成果。仅从元教育理论思考的角度讲，夸美纽斯的可贵之处在于：

首先，他对教育进行了整体的和专门的论述。虽然也有教育史家认为柏拉图的《理想国》是最早的教育思想著作，卢梭甚至说"这本著作，并不像那些仅凭书名判断的人所想象的是一本讲政治的书籍；它是一篇最好的教育论文，像这样的教育论文，还从来没有人写过咧"①，但它说到底还是一部理想国家构建的政治学著作，并不是专门论述教育的著作。再说柏拉图所论的教育固然与个人、国家有牵连，但在操作意义上主要是哲学家的教育。至罗马时期，出现了昆体良，他的教育经典著作《雄辩术原理》从幼儿期设计雄辩家的教育，因而不只是一部修辞学著作，还可以算作是对教育的专门论述，但说到底也还是关于雄辩家的教育论述，而不是对人文社会中的教育整体的论述。相比较而言，夸美纽斯的《大教学论》所论的教育是"人的教育"整体，而不是"哲学家""雄辩家"或其他什么"家"的教育。这种对"人的教育"整体的专门思考，注定了《大教学论》无论其知识组织的水平如何，都会是关于教育的系统论述，在这一点上亦可与中国的《学记》相比。

其次，他具有自觉的教育理论及其实践实现的完整思路。"由思而行"应是一种人性运动的自然，但这一事实的存在并不意味着"由思而行"会自然成为人的理论自觉。显而易见，我们所说的理论自觉是事实性地出现了理论

---

① [法]卢梭：《爱弥儿——论教育》，李平沤译，北京：人民教育出版社，2001年版，第7页。

家这种人，他们把"由思而行"从自在的生活存在中剥离出来，并使之成为自己思考问题的模式。夸美纽斯在这一点上是值得书写的，因为他首先以对普遍思想和方法的追求成就了自己教育理论家的身份，其次毫无纠结地继续思考如何实现自己寻找到的普遍思想和方法，这等于说以理论家的姿态表演了"由思而行"的过程。以上所述的明确依据是《大教学论》第三十二章"论教导的普遍和完善的秩序"和第三十三章"论实行这种普遍方法的前提"。其中，前者是夸美纽斯关于"教学的艺术"或说"教学术"的所思成果，后者则是"教学的艺术"或说"教学术"的实现和运用。我们从《大教学论》中看不到夸美纽斯对"普遍和完善"的正面论述，这是由他的感觉认识论背景和教育改革家角色决定的。感觉的认识论会把他引向思辨的侧旁，从而使他既无兴趣也无使命去贡献关键概念的定义；教育改革家的实践情怀则让他能不假思索地把一切关于教育的思考与他不满意的教育现实改造联系起来。这种情况一方面使《大教学论》充满生动与具体的教育实践细节，另一方面也限制了它的纯粹理论品格。站在历史唯物主义的立场上，我们也可以说《大教学论》无疑是近代第一部系统的教育理论著作，同时也可以断定它作为教育理论著作在思想和知识组织逻辑上的某种粗放。

再次，他的论述具有鲜明的分析风格和构造论思想。理论的，一定是分析的。无论视分析为化整体为部分，还是视分析为对事物分门别类进而离析出本质及其内在联系，只要认识主体有此自觉的行为，均可判定其行为具有理论的倾向，至于他们的理论有多么成熟则另当别论。之所以如此说，是因为化整体为部分和对事物的分门别类，在逻辑学的意义上均意味着一个指代事物整体的概念借助解剖或划分被转化为指代事物部分的概念的复合。更重要的是，认识主体必然会对事物的部分与部分之间的关系做静态的或动态的阐明，并由此使我们知道事物的构造、结构以及存在于其中的相关以至因果联系。一旦认识主体把这些信息规范地表达出来，通常所说的"理论"也就显形了。实际上，当我们言说一个教育理论家的教育理论时，基本上只是在言说他的关于教育的某种思想，除非言说者具有分析哲学的兴趣，否则是很少关心教育思想生产的具体过程的。然而，我们显然又不会把一切关于教育的思想都称作理论，这就说明理论这一概念，不仅指代作为结论的教育思想，还指代教育思想结论背后的论述品质。像中国古代的《学记》就没有分析品质，虽然充满着精辟的思想，却算不得教育教学的理论文本。而《大教学论》的分析品质是显而易见的，这一则表现在其教育思想的逻辑推演上，二则表现在随处可见的构造论的痕迹。什么是构造论呢？我们不必对它做知识的考古，简单地说，在事物整体与部分的把握上，它的理性水平是不及结构论的，应该说是比结构论多了一些机械论的色彩。夸美纽斯所在的17世纪，自然科学正在由亚里士多德阶段向牛顿阶段发展，机械论的思想正处于活跃时期，这便使他自觉且自信地应用了构造论的分析方法。夸美纽斯钟情于"秩序"，并把秩序作为支配事物运动的力量。他说："力量发生于把一切有关的部件按照它们的数目、大小和重要程度组合起来，使每一个部件都能够尽它自己应尽的职分，能够与其他部件和谐地合作，并且帮助其他在产生应有的结果上不能不有的部件……一切事物都是有赖于它的各个部件的和谐工作的。……所以，教学艺术所需要的也不是别的，只不过是要把时间、科目和方法巧妙地加以安排而已。"① 这种内含和谐的构造论思想，在这里已经涉及夸美纽斯对教学艺术的理解，某种意义上也折射出他具有机械论色彩的教育知识组织学。在更为基础的问题上，夸美纽斯的认识路线同样如此。我们知道他心中的教育是人的教育，那么他心中的人又是怎样的呢？答案是："事实上，人不过是身心两方面的一种和谐而已。因为世界本身就像一座大钟，这座钟有许多转轮和铃子，并且组合得很巧妙，全钟的各部分互相依靠，使转动持续与和谐；人也是这样。"②

以上三个方面自然不是夸美纽斯教育理论思考的所有可贵之处，但就教育思想和知识的组织来说却是具有特殊意义的。把夸美纽斯以上三个方面的鲜明倾向连同他的人文主义思想和宗教信仰一并考虑，可以说，《大教学论》作为近代第一部系统的教育理论著作，在教育思想和知识的组织上是很值得深入挖掘的。由超越到世俗，由自然到人文，由理论到实践，由整体到部分，

---

① ［捷］夸美纽斯：《大教学论》，傅任敢译，北京：人民教育出版社，1984年版，第8页。第77—78页。
② ［捷］夸美纽斯：《大教学论》，傅任敢译，北京：人民教育出版社，1984年版，第8页。第34页。

应是夸美纽斯《大教学论》思想和知识组织的认识论和方法论基础。这样的认识论和方法论，既是他的教育知识组织哲学，也是理解《大教学论》内在思想和知识结构的重要依据。

二、《大教学论》中的道、理、术

在《寻找教育学的历史逻辑——兼及"教育学史"的研究》一文中，我通过思辨广义的教育学历史，"把握到了它现实变化背后的两种逻辑，及求索内容的逻辑和求索宗旨的逻辑"[①]，其中，求索内容的逻辑是指"术—理—道"的内在次序，求索宗旨的逻辑是指"为用—求知"的内在次序。现在想来，以上两种逻辑实际上反映出了人文实践者的自然思维，即对于具体实践活动的思考从源头上来讲一定是从切身的利益出发的。这样的出发点便注定了本体论家之外的人文实践思考者在骨子里都是实用主义的践行者，即使他们不断地述说出许多的道理，虽然有求知的效果，但更属于对自己所寻找、总结出的实践方略的合理化说明。至于现代人文研究者从某种思想前提中演绎出合理的方略，其"术"的和"为用"的基因已经蕴含在作为前提的思想之中。基于这种认识来审视《大教学论》，仅就其目的而言的确具有"术"的和"为用"的特征，正如夸美纽斯所说，"我们这本《大教学论》的主要目的在于：寻求并找出一种教学的方法，使教员因此可以少教，但是学生可以多学；使学校因此少些喧嚣、厌恶和无益的劳苦，多具闲暇、快乐和坚实的进步；并使基督教的社会因此可以减少黑暗、烦恼、倾轧，增加光明、整饬、和平与宁静"[②]。这段话时常被相关的研究者引用，多是为了说明夸美纽斯思考的现实意义。然而，我由此想到的是：夸美纽斯虽然"为用"而求索"教学方法"，但他的《大教学论》并非简单的教学方法及其操作说明的编辑；恰恰相反，尽管他的哲学认识论和方法论具有时代的局限，却做到了非常自觉且娴熟地为自己选择、总结或创造的教学方法提供了在他的时代算得上坚实的认

---

① 刘庆昌：《寻找教育学的历史逻辑——兼及"教育学史"的研究》，《西北师大学报（社会科学版）》，2018年第1期，第66—81页。
② [捷]夸美纽斯：《大教学论》，傅任敢译，北京：人民教育出版社，1984年版，第2页。

识论基础。换言之，夸美纽斯《大教学论》运思的认识论实质是为他所寻找出的教学方法提供合理化解释，在此过程中，事实上呈现出了教学方法之上的"理"以及"理"之上的"道"。这种解释无疑具有中国传统思维的特征，但也具有人类的普遍性，所谓"中国"特征，在这里主要表现为"道""理""术"这三个"中国"式范畴的相互纠缠。完全可以说，夸美纽斯正是因为具有为教学方法进行合理化证明的作为，才成就了自己划时代的教育理论家的地位。而我们要强调的是，这种对教学方法的合理化证明不只具有知识确证的认识论意义，而且具有知识组织学的意蕴。进而言之，作为一个成熟的教育理论家，夸美纽斯无法容许他的以及其他人的有效思考散落在理性的系统之外，因而会为那些有效的思考寻根问祖，并以这种方式把历史的、时代的、他人的、自己的思考和创造织造为一个系统。当我们说《大教学论》是近代第一部比较系统的教育学著作时，其要义并非言其巨大，也非言其具有教育思考的专门性，而是言其比较系统，这便意味着我们主要是在肯定其在教育知识组织学意义上的标志性。夸美纽斯显然没有使用道、理、术范畴的自觉，但我们可以从他的《大教学论》中离析出道、理、术的成分，并体会三者间内在的有机联系。

(一)《大教学论》中的"道"

道，是中国传统思想中的一个关键词，其语义丰富，在不同的语境中意义不同，若从文字学的角度考证，更是繁复。但简而言之，"道"有两类意义：一是在道家思想中指具有恒常性和不可言说性的形而上学之道，属于本体论意义上的存在和规律；二是指日常人文生活中具有多样性和可言说性的根本原则。究其认识论的功能而言，第一类意义上的"道"可做事物自然发生和人的思维逻辑演绎的前提，第二类意义上的"道"则可做人文实践者的行为依据。足见其在人的思维和实践中的重要价值。夸美纽斯在《大教学论》中当然不会使用"道"这一概念，但同样要为自己的思想、方法寻找前提和依据，他的这种自觉是显而易见的，并以此代言了人类教育认识在近代的理论自觉。夸美纽斯虔诚地祝祷"愿上帝怜悯我们，赐福与我们，用脸光照我们;好叫世界得知你的道路,万国得知你的救恩"①,我们从中能够读出他对上帝道路明示的渴望,他的目的当然是要让世人走在上帝指引的道路上。更值得注意的是,他所说的"就这里的每项建议而论,它的基本原则都是根据事情的基本性质提出的,它的真实性都是经过了几种技艺的证实的",几乎就是对《大教学论》理论品格的一种承诺。说白了,夸美纽斯不仅在客观上创造了具有自己时代先进水平的教育理论体系建构,也即一种教育知识或思想的组织,而且在主观上已经形成了对教育知识或思想进行逻辑组织的自觉。此处我们关注《大教学论》中的"道",无疑有利于对其知识组织方面的进一步思考,但重在呈现作为《大教学论》知识成分之一的"道",由此出发,或还可顺便获得《大教学论》知识体的形象。

夸美纽斯《大教学论》中的"道",直截了当地说就是"自然",此自然作为存在者,既指自然界的事物,也指人类自身,其核心的内涵则是自然界事物及人类自身的本性和运动的秩序,所以,说自然亦即事物及人类的普遍共同秩序也是符合夸美纽斯思想实际的。只是在他的思想中,自然观念具有更生动的时代意涵。作为虔诚的基督教徒,上帝不仅是他的信仰对象,而且也充当了他的认识原型。可以想象出,在夸美纽斯的意识中,自然界的事物及人类自身都属于具体的造物,上帝则是造物主,进而,隐藏在一切造物之中的普遍秩序理所当然也是上帝的创造。如果具体的造物完美,那它内在的秩序也就和造物主一样,是上帝具有并赐予的。作为受到当时自然科学成就影响的思想家,夸美纽斯的自然观念具有明显的机械论色彩。今天我们有条件评论机械论的局限,但在夸美纽斯的时代,机械论则是最先进的方法论,我们完全可以想象到当时的人们对自己能感悟到宇宙自然就是一个大机械而产生的激动,同时也能想象到夸美纽斯这样的基督教徒会因此更加坚信造物主的神奇。在《大教学论》中,夸美纽斯说"我们仰观苍天,就发现天是不断运行的,由于行星的种种旋转,就产生了可爱的季节变换。有人模仿这一点,设计了一种机械,可以表示穹苍按日旋转的状况。……这个机械必须由

---

① [捷]夸美纽斯:《大教学论》,傅任敢译,北京:人民教育出版社,1984年版,第2页。

能动的部件和不动的部件组成,就像宇宙本身的构造一样"[1]。我们从这样的言说中难道读不出夸美纽斯认知的激动和信仰的坚定吗?应该说,这样的思想使他在近代能较早对教学做构造性的理解,客观上为教学的科学分析打下了基础,但机械论的思维也使得他的教学思想和方法的高度大打折扣。当读到"知识可以印在心灵上面,和它的具体形式可以印在纸上是一样的"时,我一方面能意会到他认知的欣喜,另一方面我作为今人也的确感觉到了他认识的简单。夸美纽斯认为"我们简直可以采用'印刷术'这个术语,把新的教学的方法叫作'教学术'",进而还把教学和印刷做了比照:与纸张对应的是心灵尚未印上知识的学生;与活字对应的是教科书和其他教学工具;与墨水对应的是老师的声音;与印刷机对应的是学校的纪律。读到这样的对应,我们是不是能感受到夸美纽斯的某种可爱呢?进一步说,还会有人因为字面上的"艺术"一词就觉得夸美纽斯是教学艺术研究的先驱吗?事实上,我们深切感悟到的夸美纽斯是把教学作为一种技术看待的。然而很有趣的是,可以肯定地认为,夸美纽斯即使活到今天,也不会认为自己是我们认为的那种机械论者,原因是机械构造的部件及其和谐运动的状况是基于自然的秩序的,此自然的秩序其实就是他渴望得到的"上帝的道路",而"上帝的道路"不仅是自然的,也是完美的。反过来说,模仿了"上帝的道路"的任何物理的器械和教学这样的人文实践,又如何能被说成是机械论的呢?

我们注意到了夸美纽斯格外强调秩序,在他看来,"秩序是把一切事物教给一切人们的教学艺术的主导原则,这是应当、并且只能以自然的作用为借鉴的"[2],而且,"改良学校的基础应当是万物的严谨秩序"[3]。对于夸美纽斯来说,"秩序就叫作事物的灵魂。因为一切秩序良好的东西,只要它能保持它的秩序,它就可以保持它的地位和力量;到了不能保持它的秩序的时候,它

---

[1] [捷]夸美纽斯:《大教学论》,傅任敢译,北京:人民教育出版社,1984年版,第80页。
[2] [捷]夸美纽斯:《大教学论》,傅任敢译,北京:人民教育出版社,1984年版,第80页。
[3] [捷]夸美纽斯:《大教学论》,傅任敢译,北京:人民教育出版社,1984年版,第75页。

就变得脆弱，就倾跌和颠覆"[1]。这种被叫作事物灵魂的秩序，其实就是《大教学论》中的"道"。谈及"道"，在中国思想语境中自然会想到老子，我们知道他的哲学核心范畴就是"道"，所谓"人法地、地法天、天法道、道法自然"，说明了"道"也就是自然。那么，老子哲学中的自然和夸美纽斯所说的自然有什么区别呢？逻辑地分析，老子的自然，是道所法的对象，而道在他的哲学中实际上是事物的最终依据，所以道就是道本身的样子亦即自然，其内涵是事物运动的基本规律。夸美纽斯的自然，我们已经说过，最核心的意义就是事物运动的秩序，这里的秩序不等于规律，但和规律在功能意义上是具有一致性的。从实践的意义上讲，老子的自然是他皈依的对象，从而使他在治国理政、人格修炼上主张无为；夸美纽斯的自然则是他模仿和遵循的对象，是促使他在建构新教育方面有所作为的智慧源头。具体而言，自然亦即秩序不仅在教育思想的逻辑上居于"道"的层次，而且在教育知识组织的逻辑上处于基础地位。

（二）《大教学论》中的"理"

如果基本可以肯定自然的秩序是《大教学论》中的"道"，那么人文实践中的"理"就是根据实践自身的目的性对"道"的遵循，很显然这种遵循本身就是一种理性的体现，从而循道而行即是人文世界的合理。做如此的阐明事实上也使一种人文实践的原理得以显现，此即一切的"理"是以"道"为宗的，但并无法从"道"中直接演绎而来，只有让我们实践的目的与"道"进行对话，具体实践的"理"才能在我们的思维中生成。《大教学论》作为一部较为系统的教育理论著作，宣讲一系列的"理"应是其必有的特征，毕竟不存在无"理"的理论，而且理论所必有的"理"，即使相互之间可以并列，但因同宗于"道"这个"一"，它们不是亲兄弟也至少是堂兄弟，这大致就是"道"与"理"的实际关系。夸美纽斯的自然亦即秩序观念就是他在《大教学论》中的"道"，因此"道"与教育实践目的的对话究竟能够生成什么样的"理"，看来取决于夸美纽斯在教育实践的范围内要做哪些具体的教育事情。

---

[1] ［捷］夸美纽斯：《大教学论》，傅任敢译，北京：人民教育出版社，1984年版，第75页。

以此认识为前提，我们对《大教学论》中的"理"的搜寻，就可以从夸美纽斯主要关注的具体教育实践入手，应该说在这种搜寻之中，"道"的内涵也会在我们的意识中变得更为丰富和生动。

我们不妨对《大教学论》的内在逻辑加以梳理：（1）撇开类似"人的终极目标在今生之外"（第三章）这样的宗教性信念，可以说"假如要形成一个人，就必须由教育去形成"（第六章）才是夸美纽斯教育理论的逻辑起点。顺便说明，我们撇开他的宗教信念不仅必要，而且合理，这是因为夸美纽斯的著作有一个特点，即是"论述一般的抽象理论问题时，他较多地引证圣书；但一旦涉及教育工作的具体问题时，他的现实主义、感觉论、民主主义思想便立刻上升到主导地位，《圣经》几乎被束之高阁，被冷落了"[1]。教育，无疑是《大教学论》的第一概念，它指代了既抽象又具体的教育实践整体。（2）由于"青年人应该受到共同的教育，所以学校是必需的"（第八章），而且这个供青年人受到共同教育的"学校教育应该是周全的"（第十章）；可惜的是"在此以前没有一所完善的学校"（第十一章），所以需要对既有的学校实施改良。（3）那么，改良学校究竟要具体改良什么呢？实际的项目一定繁多，但最主要的则是教学的和灌输真正德行与虔信的两种艺术。需要指出，在《大教学论》中，"教导"是一个非常重要的概念，但夸美纽斯并没有对它进行专门的界定，综合其在各种语境中的意义呈现，基本可以把它理解为教学艺术在教师一方的动词性表达，具体的含义是教授和引（领）导。综上所云，在教育改良的意义上，夸美纽斯要做的事情，从抽象到具体、从宏观到微观，主要是对学校、对教学以及对灌输真正德行与虔信的道德教育进行改良，《大教学论》中的"理"实为实施各种改良所遵循的具体原则。这种具体的原则表层上会有差异，根本上却都是对自然秩序的尊崇。

整体而言，夸美纽斯是要改良教育，要变中世纪的旧教育为资本主义时代的新教育。教育在这一层面的新是全方位的，也是抽象的，其要害有三：一为教育的普及，在《大教学论》中就是"一切男女青年都应该进学校"。夸

---

[1] 任钟印选编：《夸美纽斯教育论著选》，北京：人民教育出版社，2005年版，第4页。

美纽斯对这一观念的论证当然是民主主义的，但同时也是他社会改造理想的必然选择。在他那里，通过普及"泛智"知识，可以促进一个公平、合理、和谐社会的建立。二为学校的改造，因为新的普及的教育必须通过学校才能实现。在夸美纽斯看来，"完全尽职的学校是一个真正锻炼人的地方；在那里，受教者的才智得到智慧的光辉的照耀，使它易于探究一切明显的和一切隐秘的事情，在那里，情绪和欲望与德行得到和谐，在那里，人心充满着并渗透着爱，使一切送进基督教学校去吸取真正智慧的人都能受到教导，去在世间过着一种天堂的生活；总而言之，在那里，人们都能彻底学会一起做事情。……这种学校是应当有的，可是从来没有出现过"①。我们按照夸美纽斯的思想推论，在这种学校中，应当实施不同于以往的新的教导方法。三为教导方法的改良，它既指向知识的教授，也指向真正德行与虔信的灌输，目的就是要实现新的学校教育的理想。无论在哪一个层面进行教育的改良，夸美纽斯均能从自然中寻求到借鉴，也就是均能从自然之道中获取启迪，从而他的教育思想整体上可被称为自然主义的教育思想。循道而行即为合理。夸美纽斯在《大教学论》中所阐述的各种具有内在一致性却各自相对独立的教育之理，实际上是将自然之道与具体的教育行为目的性进行思维统合的结果。这样的教育之理，可以归结为以下几个方面：

其一，教育要利用自然的禀赋。作为一个基督教徒，夸美纽斯为他的思想自觉地染上了宗教的色彩，但这并不影响他的思想的深刻。在他看来，今生只是永生的预备，人的终极目标是与上帝共享永恒的幸福。为此，人需要知道自己和万物，也就是要有学问；需要管束自己，也就是要有德行；需要使自己皈依上帝，也就是要有虔信。那么，人怎样就能够有学问、德行和虔信呢？夸美纽斯认为这三者的种子自然存在于人的内在，因而，"我们不必从外面拿什么东西给一个人，只需把那暗藏在身内的固有的东西揭开和揭露出来，并重视每个各别的因素就够了"②。对于一个基督教徒来说，人是上帝的

---

① [捷] 夸美纽斯：《大教学论》，傅任敢译，北京：人民教育出版社，1984年版，第60页。
② [捷] 夸美纽斯：《大教学论》，傅任敢译，北京：人民教育出版社，1984年版，第30页。

形象，人也要成为上帝的形象，须知上帝的主要特点是全知，他的全知形象应当反映在人身上。进而言之，学识、德行和虔信的种子已经由上帝撒播在人的心灵之中了，因而也可以说是一种自然的禀赋。夸美纽斯自己说道，"我们说的自然，不是指亚当作恶以后全人类所过的堕落生活，它指的是我们的最初的和原始的状况"①，并进一步引用辛尼加的话说，"回到自然，回到我们被共同的错误所驱使以前的状态就是智慧"②。这样的说法与柏拉图的理念回忆学说在一定程度上相似，不失为一种解释的策略，但显然不具有科学的理性。对于这种宗教式的解释，我们仅可作为一种历史的存在对待，却不可以作为今日立论的基础。实际上，连夸美纽斯自己在面对实际的教育事情时，也没有把自己的宗教性解释作为立论的基础。尽管他认为学识、德行和虔信的种子就存在于我们身上，但也清醒地认识到，"一个人可以自行长成一个人形，但是若非先把德行与虔信灌输到他的身上，他就不能长成一个理性的、聪明的、有德行和虔信的动物"。可以说，基督教的、近代科学的和近代哲学的多元思想影响，使夸美纽斯的教育理论难以完全自洽，但从他的认识实际看，已经认识到了人的自然禀赋是教育实施的前提，正是自然的禀赋使人具有了可教育性，从而教育者的教育应当充分利用人的自然禀赋。

其二，教育要遵守自然的时机。我们今天在教育中讲时机，至少有两重含义。一是较为宏观的教育的设计对个体心理发展关键期的充分考虑，这是一个基于个体心理成熟规律的教育科学问题。比如，我们之所以重视幼儿的语言教育，就是因为在正常的生活和教育条件下，3—4岁是口语发展的关键期，在这一时期实施语言教育自然是事半功倍。二是较为微观的教育的实施对个体心理发展特殊状态的充分考虑，这是一个基于个体心理发展节奏的教育艺术问题。应该说对这样的教育艺术问题是很难做操作性陈述的，它在教育过程中随时都可能发生，比较接近通常所说的教学机智。但相对抽象的道理也容易言明。有学者读禅悟教，就关注到了"啐啄同时"的时机的艺术。

---

① ［捷］夸美纽斯：《大教学论》，傅任敢译，北京：人民教育出版社，1984年版，第28页。
② ［捷］夸美纽斯：《大教学论》，傅任敢译，北京：人民教育出版社，1984年版，第28页。

具体而言,"鸡蛋孵化时,小鸡将出,即在壳内吮声,谓之'啐';母鸡为助其出而同时啄壳,称为'啄'。禅宗因以'啐啄同时'比喻机缘相投或两相吻合"①。夸美纽斯的时代,心理科学很不发达,但日常经验和有限的科学知识也使他在上述两重意义上清楚地意识到了教育的时机。在较为宏观的教育设计上,夸美纽斯认为,"假如要形成一个人,就必须由教育去形成"(第六章),而"人最容易在少年时期去形成,除了这种年龄就不能形成得合适"(第七章),因而教育的安排就要从婴儿期开始直至青春的岁月。这样的结论在当时已不稀奇,到今天仍然有效,说明它具有真理的性质。但有趣的是,夸美纽斯对它的论证却与科学基本没有关系。支持夸美纽斯这一结论的论据主要有两个:其一是"一切事物的本性都是娇弱的时候容易屈服,容易形成,但长硬以后就不容易改变了"②,这显然是一种日常的经验;其二是"为使人类能够形成人性起见,上帝给了他青春的岁月,那只合于教育之用,别的都不合适"③,这至少从表面上看是具有宗教色彩的。在较为微观的教育实施上,夸美纽斯并没有关于利用时机的精彩论述,这说明他实在算不上今天意义上的教学艺术的先驱,但从他已有的论述中可以乐观地预见:如果夸美纽斯专心于教学艺术的探索,应能在真正的教学艺术领域有所建树。在《大教学论》中,夸美纽斯论及教与学的一般要求,其中的第一个要求(原则)就是教育也应该像自然一样"遵守适当的时机"④,具体的结论是:(1)人类的教育应从人生的青春开始,就是说,要从儿童时期开始,因为儿童时期等于春天,青年时期等于夏天,成年时期等于秋天,老年时期等于冬天。(2)早晨最宜于读书,因为早晨等于春天,正午等于夏天,黄昏等于秋天,夜间等于冬天。(3)一切学科都应加以排列,使其适合学生的年龄。尽管论证粗糙,但瑕不

---

① 李如密:《禅宗语录中的教学艺术初探》,《当代教育与文化》,2011年第3期,第39—42页。

② [捷]夸美纽斯:《大教学论》,傅任敢译,北京:人民教育出版社,1984年版,第45页。

③ [捷]夸美纽斯:《大教学论》,傅任敢译,北京:人民教育出版社,1984年版,第46页。

④ [捷]夸美纽斯:《大教学论》,傅任敢译,北京:人民教育出版社,1984年版,第91页。

掩瑜，尊崇自然的理念使得他不会放过任何隐含在自然之中的真理。

其三，教育要模仿自然的构造。夸美纽斯指出，"改良学校的基础应当是万物的严谨秩序"（第十三章）。换句话说，如果要把学校变得完全尽职，就必须要认识到万物完全尽职的秩序原因，要认识到每一个造物之所以保持了它自然的现状，是因为它们都肯服从自然的命令，把它的行动限定在一种合适的限度之内。夸美纽斯在《大教学论》中列举了许多事物，总体上说明了一个道理，即每一个造物的功能神奇，均因它拥有一个合适的构造。蜜蜂、蚂蚁和蜘蛛的精巧，是因为在它们的建造中把秩序、数目、质料和谐地结合了起来；人体能够发生无尽的功用，是因为肢体及其组成部分的和谐排列；大炮具有骇人听闻的作用，是因为硝石和硫磺的适当混合是炮的合适构造；马车容易被马匹拖着运人运货，是因为车轮、车轴和车杠中的木与铁的巧妙排列，如果有一个部分坏了，整个构造便没有用处了。通过这一系列的考察，夸美纽斯认为一切事物都是有赖于它的各个部件的和谐构造而工作的，进而认为"教学艺术所需要的也不是别的，只不过是要把时间、科目和方法巧妙地加以安排而已"[①]。通过这种巧妙的安排，教学就会形成自己合适的构造，这也意味着它的运行必将是有秩序的，当然也必将和谐。在夸美纽斯那里，事物具有合适的构造，同时就意味着构造中的各个部件都能够各尽其职，并因此而和谐。顺理成章，教育也应当如此，须有自己合适的构造和运动的秩序，只有这样才能有完全尽职的学校。要实现这一目标，则应当以自然为借鉴，在操作的意义上就是对自然的模仿，因为"艺术若不模仿自然，它必然什么都做不了"[②]。说到对自然的模仿，我极喜欢夸美纽斯的一个举例。他说："我们看见一条鱼儿在水里游泳；游泳就是它的行进的自然方式。假如有人想要模仿它，他便必须把他的肢体按照同样的方式去运用；他必须用手臂去代

[①] [捷] 夸美纽斯：《大教学论》，傅任敢译，北京：人民教育出版社，1984年版，第78页。
[②] [捷] 夸美纽斯：《大教学论》，傅任敢译，北京：人民教育出版社，1984年版，第79页。

替鱼翅，用脚去代替鱼尾，像鱼用翅一样去用他的手脚。"① 这种借鉴自然和模仿造物构造和谐的精神体现在夸美纽斯教育创造的方方面面，客观上发挥了方法论的作用，就认识的水平而言与后世的系统结构论是相通的。

其四，教育要适应自然的顺序。顺序在日常思维中最接近秩序，但在理论思维中，顺序必须与禀赋、时机及构造联系在一起才能构成秩序的概念。也只有这样理解秩序，才能够完整地理解夸美纽斯自然主义的教育思想。在教育中，最基础性的顺序就是个体生长的顺序，在这一问题上，夸美纽斯时代的经验是一个人的身体可以持续生长到二十五岁，此后就只是增长力量了。当然，宗教的影响还是让他认为"这种缓慢的生长率乃是上帝的远见给予人类的，使他得到较多的时间，对于人生的责任有所准备"②。他把人生长的全部时期分成四个阶段，即婴儿期、儿童期、少年期和青年期，等于明确地给出了个体成长的顺序，而此顺序实际上成为他为学校分层的基础性依据。按照他的设想，从 1 岁到 25 岁，应给每期分派六年的光阴和一种特殊的学校，具体的设计是：婴儿期（1—6 岁）对应母育学校；儿童期（6—12 岁）对应国语学校；少年期（12—18 岁）对应拉丁语学校；青年期（18—24、25 岁）对应大学。如果要对这一思路进行定位，当然还是对自然的遵循。正如夸美纽斯所说，"在这方面，我们应当追随自然的领导"③，自然在这里显然就是指一种个体生长的顺序。深入到《大教学论》文本的细节处，就会发现夸美纽斯对于自然"顺序"的自觉已经达到了比较系统的水平，几乎与他对自然"构造"的认识水平一致，这足以让我们意识到他完全具备了在"构造"（空间）的维度寻求人的和谐、在"顺序"（时间）的维度寻求人的发展的理论思维。夸美纽斯在教学的和教导的层面接受了自然顺序的引导，甚至可被视为一种显要的主题，分布在《大教学论》中论述教学、教导一般要求和原则的

---

① ［捷］夸美纽斯：《大教学论》，傅任敢译，北京：人民教育出版社，1984 年版，第 79 页。
② ［捷］夸美纽斯：《大教学论》，傅任敢译，北京：人民教育出版社，1984 年版，第 220 页。
③ ［捷］夸美纽斯：《大教学论》，傅任敢译，北京：人民教育出版社，1984 年版，第 220 页。

第十六章至第十九章之中。我们可以择其要者总结、列举如下：（1）自然的作为不是杂乱无章的，它在前进的时候，是界限分明地一步一步进行的。（2）自然在它的形成中是从普遍到特殊的；自然是从容易的进到较难的；自然发展一切事物都从根底开始，不从别处入手。（3）自然不性急，它只慢慢前进；自然并不跃进，它只一步一步地前进。这种种步骤之中的每一步骤都是必须在适当的时候去做到的。不仅时候应当合适，而且步骤也应当是渐进的。不仅要渐进，而且要是一种不变的渐进。（4）自然不强迫任何事物去进行非它自己的成熟了的力量所驱使的事。基于对自然事物内在顺序的认识，对于教学和教导，夸美纽斯顺理成章地认为"一切事物都必须按照适当的顺序去教授"[①]，因为"在我们这种自然的方法里，一切先学的都应该成为一切后学的基础"[②]。

归结起来，夸美纽斯在《大教学论》中为我们提供的"道"就是自然本身，具体地说则是自然内在的秩序。这种秩序不只是日常思维中的顺序，至少是包含了构造和顺序两个元素的复合概念，而且，自然的禀赋可以是构造和顺序的基础，自然的时机可以是人在一定的目的作用下对自然事物运动节奏的把握。然而，自然的"道"并非教育的"理"，自然之道只有与人在教育领域的追求结合起来，才能产生出分有自然之道的教育之理。应该说，《大教学论》中的教育之理可谓丰富而细微，但具有基础性的应是均体现自然之道的四种原理，即：教育要利用自然的禀赋；教育要遵守自然的时机；教育要模仿自然的构造；教育要适应自然的顺序。这一系列教育原理的发明，无疑为更具体层面的教学、教导方法的开发奠定了认识论的基础，提供了理性的依据，从而使《大教学论》实际上具有了"道—理—术"的内在层次，这才是它成为近代第一部较为系统的教育学著作的最坚实的证据。

（三）《大教学论》中的"术"

如果依着夸美纽斯的"我们简直可以采用'印刷术'这个术语，把新的

[①] ［捷］夸美纽斯：《大教学论》，傅任敢译，北京：人民教育出版社，1984年版，第162页。

[②] ［捷］夸美纽斯：《大教学论》，傅任敢译，北京：人民教育出版社，1984年版，第127页。

教学的方法叫作'教学术'"，那么，至少可以把《大教学论》的所有教学方法视为与"道""理"构成体系的"术"。我相信这样的理解在逻辑上不成问题，进而可以对其中各种不同层次和类型的所有教学方法加以陈列和组织，以反映《大教学论》中"术"的全貌。这样的思路听起来合理，但我们并不准备采用，之所以如此的最主要原因是《大教学论》虽然以教学为其重心，却不只是一部"教学论"著作，而是一部"教育学"著作。尽管夸美纽斯自己并没有明确的教育学学科意识，但他实际上构建了一个比较完整的教育理论体系，以至于今天的教育学研究也没有超出《大教学论》的范围。加之我们的思考宗旨在于教育知识的组织，自然会重视某种认识的宏观结构，因而不拟只陈列和组织教学一个领域的所有方法。根据《大教学论》的内容结构，我们能够轻易获知其中的"术"主要分布在学科教学、道德教育、灌输虔信、学生管理等领域，这也自然成为我们陈述的基本框架。

1. 学科教学法

必须预先说明，夸美纽斯在学科教学上的方法类思考是比较生动的，也是比较实用的，但不具有成熟的理论品格。缺乏"道""理""术"的范畴结构自觉，使他只能意识到"应当把我们说过的，散见各处的关于科学、艺术、道德与虔信的正确教学的意见汇集起来"[1]，这样的工作也就是我们熟知的经验总结。他所说的"正确教学"是指能把容易、彻底和迅速结合在一起的教学，而容易、彻底和迅速则是他步随自然的后尘提出的教学原则。容易、彻底和迅速，既是他追求的教学理想，也是步随自然的必然结果。所以，学科教学法实际上是遵循自然的教育之理在具体学科教学中的实现，这种实现是要借助于操作性的教学之术的。

（1）科学教学法。夸美纽斯的科学教学法基于他对科学本身的认识。他认为科学也就是关于自然的知识，是由一种"内知觉"组成的。这里的"内知觉"对应的是眼睛的"外知觉"，此"外知觉"有三个要件：一是眼睛；二是被观察的物件；三是观察它的光亮。那么，"内知觉"也就有相应的三个要

---

[1] ［捷］夸美纽斯：《大教学论》，傅任敢译，北京：人民教育出版社，1984年版，第155页。

件；眼睛是人的心灵或悟性；物件是心灵或悟性内外的一切事物；光亮就是人的注意。而"内知觉"是有一定方法的，对于学习者来讲，必须遵循四条规则，分别是：保持心灵的纯洁；使目标接近心灵；必须注意；必须从一个目标走向另一个目标。在"内知觉"过程中，夸美纽斯认为，在可能的范围内，一切事物应该尽量放到感官跟前；教师必须激起学生的注意，只有这样，学生才能使他的心里不跑野马，才能了解放在跟前的一切事物。夸美纽斯甚至有些琐碎地描述了事物呈现到感官跟前所应采取的方式，整体上呈现出感觉主义和技术主义的风格。具体到科学教学，他提出了九条"极有用的规则"，此处仅述其要点如下：凡是应该知道的就必须教；凡所教的，应通过它的应用去教；应直接拿事物去教；要通过它的原因去教；要从一般到具体地去教；要教一件东西的一切部分及其秩序、地位和关系；必须按照适当的顺序去教；必须彻底地去教，非到彻底懂得之后，不可中途离弃；应该强调事物之间存在的区别，以使学来的知识明白而清晰。作为阅读者，我并不欣赏夸美纽斯的思考和表达风格，但他无疑在他的时代最细腻地思考了科学教学的方法。

（2）艺术教学法。本着产生一个艺术家的是实践而非别的这一理念，夸美纽斯的艺术教学法实际上是教师指导学生进行艺术实践的方法。与科学教学法形成的思路一样，他首先对艺术做了操作化的理解，认为艺术需要三个要件：一是一个可供考察进而模仿的模型或意念；二是可以印上模型或意念的材料；三是可以帮助完成作品的工具。但这三个要件仅仅是必要的准备，还需要做另外的三件事情才能学会一种艺术，这另外的三件事情分别是材料的正确利用、熟练的指导和经常实践。为了做好这三件事情，他提出了十一条应当遵守的教与学的规则，其中有六条是关于材料利用的，三条是关于指导的，两条是关于实践的，真可谓面面俱到，却也着实顶用，主旨应是在强调实践的前提下由易到难，先模仿后自由。

（3）语文教学法。夸美纽斯在语言教学上的思路与他在科学和艺术教学上的思路具有内在的一致性，其共通的要义是对事物本身的感觉、相关的实践以及各种秩序的重视。当然还有一点要指出，即夸美纽斯在学科教学法的探索上总是从把握一个学科的本质出发的。对于语文学习，夸美纽斯的认识极为现实，他并不是要学生成为语言文字学家，而是把语文作为获得知识和传授知识的手段。基于这一认识，他觉得不必学习一切语文，也不必学习多种语文，而应学习必需的语文亦即国语。不过他也指出，对于学者来说，拉丁文是应当学习的，对于哲学家和医生来说，希腊文和阿拉伯文是应当学习的，但无论哪一种语文的学习，都不必追求完整和细微的知识，只要学到必需的限度就够了。在语文教学的方法上，夸美纽斯归纳出了八条规则，并很自信地认为使用并遵循那些规则能够使语言学习成为一件容易的事情。这八条规则的主旨分别是：多种语言不能同时学习；每一种语文学习必须有一定的时间；通过实践学习语言比通过规则学习容易；规则可以强化通过实践得来的知识；语言规则应当是文法的而非哲理的；注重不同语言的不同之点；新学一种语言应从熟悉的题材入手；以上方法适用于一切语言的学习。

整体审视夸美纽斯的学科教学法，可以获得以下结论：首先，学科教学法是实现"容易、彻底和迅速"三个教学原则，以使教学成为正确教学的具体方法；其次，学科教学的方法，相对于教学原则来说，其实就是与具体学科内容相联系的教学规则；再次，无论哪一个学科的教学，均贯穿着感觉主义的、自然主义的和实践主义的精神。这种种判断叠加起来，能够让我们想象出夸美纽斯作为教育家的实在、细腻、严谨，虽然我们在关注他的"术"，却能跨越时空领略到他的教育神韵。

2. 道德教育与灌输虔信的方法

与教学领域的思想和方法比起来，夸美纽斯在教育领域的思想和方法整体上未受到人们的重视，其中的原因难以深究，但我想，产生于同一个体的更大的成功所形成的光芒对较小成功的遮蔽是一个重要原因。具体到夸美纽斯，因在教学领域的班级授课制的论证和感觉主义的直观教学已成为他的符号标志，那他在其余领域的思想和方法贡献就容易被人忽略了。但这只是一种可能，更重要的原因应是夸美纽斯在教学领域之外的教育理论工作实质上未能超越他的前人。毕竟，相对于教学来说，道德教育的传统积累更为丰厚，后来者能在自己的时代加以合理继承即是贡献。夸美纽斯的确继承了前人的思想，比如对于学科知识学习的价值判定，至少从文本中可以看出他对前人思想的重视。他从古罗马哲学家辛尼加的话中推导出学科知识学习只是对更重要事情的一种准备,他所说的更重要的事情是智慧的学习,因为智慧使人提高,使人得到稳定,使人的心灵变得高贵,"我们把这种学习叫作道德,叫作虔信"[①]。在《大教学论》中,夸美纽斯对道德教育的方法和灌输虔信的方法进行了分别论述,但从他把智慧的学习既叫作道德又叫作虔信来看,道德教育与灌输虔信即使不同,也是相通的。他之所以要对它们加以分别论述,可能因为,一则上帝是基督徒心中至高无上的信仰,是一切美好虔信的源头;二则道德教育虽与灌输虔信相通,但仍然是世俗世界的事情。

与论述各学科教学法的思路一样,夸美纽斯对道德教育方法的论述也是从对道德的操作化理解开始的。他认为一切德行都应该培植到青年身上,而主要的德行应当首先培植。他所说的主要的德行是持重、节制、坚忍与正直。一个人具有了这些德行,就在自己身上形成了道德。道德教育的方法就是形成道德的艺术,这种形成道德的艺术是依据十六条基本规则实践的结果。可以看出,在夸美纽斯的整个教育思考中,所谓方法,也许其实际的存在并不是规则,但他能告诉我们的也只能是以一系列规则形式呈现的建议和要求。

应该说,指导道德教育的十六条规则一如既往地繁琐甚至有些啰唆,但这也许正是一位具有满腔热忱的教育家的论说风格。在指出主要的四种德行之后,夸美纽斯似乎在趁热打铁,紧接着指出了四种德行的形成策略:第一,持重,应从接受良好的教导开始,从辨别事物和判断事物的相对价值中去获得。我们汉语中的持重一词有谨慎、稳重、不浮躁之义,在夸美纽斯那里也是一样的,这种德行在他看来就是一种正确判断的能力,它来自正确判断的过程。第二,节制,意味着一切不可过度,这种德行必须基于受教育者在日常生活的各个领域和整个受教育期间的节制实行。第三,坚忍,其关键在于自我克制,具体表现为必要的时候对游戏欲望的压制和对急躁、不满及愤怒的抑制。第四,正直,以不损害他人和避免虚伪与欺骗为要,夸美纽斯对此并无赘言。显而易见,以上的规则更接近于原则,但夸美纽斯并未到此为止,对于道德教育的细节他还做了进一步的挖掘。比如:他指出坚忍的具体表现

---

① [捷]夸美纽斯:《大教学论》,傅任敢译,北京:人民教育出版社,1984年版,第179页。

为坦率大方和忍劳耐苦，而且坦率大方需要经常接近有价值的人，忍劳耐苦需要不断地工作和游戏；他提倡与正直同源的敏于且乐于替别人服务这种德行，并教导人从童年起学着模仿上帝、模仿天使、模仿太阳、模仿高贵的事物，目的是让人努力使自己对许许多多的人有用处。在道德教育的具体操作层面，夸美纽斯还主张了以下规则：（1）尽早使德行在邪恶之前占据心灵。（2）在积极的维度，德行借助于经常做正当的事情；在消极的维度，儿童必须避免不良的社交、不德的谈话、无益的书籍，此外还需防止懒惰。（3）一切与儿童有关的人，诸如父母、保姆、导师、同学，应作为榜样不断呈现在他们面前以供儿童模仿。特别指出，他说的榜样兼指生活中的榜样和书本上的榜样。（4）在榜样之外，对儿童行为的教诲和规则也是必需的。这里的规则即是动词性的规范，继续延伸就是在消极的方向用严格的纪律制止邪恶的倾向，因为"我们不可能谨慎到不让任何一种恶事得到一个进口"①。

  关于虔信被人拥有，夸美纽斯实际上不只注意到灌输这一种方式。作为一个基督教徒，他认为虔信是上帝的礼物，但上帝常常利用父母、教师和牧师作为自然的中介尽力地培植。而我们人首先可以能动地从《圣经》、世界和我们自己这三种根源那里汲取虔信。因为，《圣经》是上帝的话；世界是上帝的作品；至于我们自己，是上帝嘘过气的。那么，人怎样就能够从三种根源中汲取虔信呢？有三种方式：沉思、祷告和考验。通过沉思，思索上帝的作品、言语和好处；通过祷告，祈求上帝用他的灵指导我们；通过考验，不断测验我们在虔信上的进展情况。以上汲取虔信的方式属于一般的方式，应适用于一切人。若是对于受教育的人，则要采用特殊的方法，这也就是夸美纽斯所说的灌输虔信的方法，共计 21 条规则。其要义如下：尽早灌输和让儿童敬奉不可见的上帝尊严；让他们知道今生的唯一目的是为来生进行准备；从一开始就应把主要任务放在阅读《圣经》、参与宗教仪式及其他善行上；从《圣经》中获得关于信仰、仁爱和希望的教训，并把这教训与实用、实行联系起来；要把一切知识当作《圣经》的附属学科去教；对于上帝的敬奉，要从

---

① ［捷］夸美纽斯：《大教学论》，傅任敢译，北京：人民教育出版社，1984 年版，第 184 页。

外表和内心双管齐下，以免内心的敬奉流于淡漠，外表的敬奉堕落为虚伪；要用作为表达信仰；所有服务于灌输虔信的教导必须没有矛盾，完全一致，为此要戒绝亵渎上帝的话、伪誓或其他不敬的举动。

归结起来，夸美纽斯虽然没有"道""理""术"的概念自觉，但较为全面地为我们呈示了供教育模仿的自然之道、遵循自然的教育之理，以及顾及学科教学、道德教育和灌输虔信的教育之术。这就是《大教学论》的内容构成。有了这样的认识，我们自然可以继续探究隐藏在"道""理""术"背后的知识组织方法。我们相信，对于一个划时代的教育理论家来说，不管影响他教育认识和设计的思想怎样多元，都不会影响他较为理性地对他自己、他同时代的教育者以及他的先辈们在教育领域所积累的经验和进行的思考进行有序的组织。但凡建构了自己教育思想或理论体系的人，必然具有自己知识组织的章法，这种章法的直接效果表现在他的体系化的教育思想论述中，其间接的效果则是为他之后的教育思想者和教育理论家提供了可资借鉴的观念或模型。

三、《大教学论》中的知识组织方法

我们对于《大教学论》中的"道""理""术"的揭示，相当于把夸美纽斯教育学说的深层结构挖掘了出来，其认识论的意义在于以理解者的姿态表现了《大教学论》的理论品格。然而，由于夸美纽斯并未有"道""理""术"概念的自觉，因而无法成为他的知识组织的方法，以致我们的揭示只能成为理解者的理解，而且这种理解不仅不具有唯一性，更不具有终结性，其他的研究者同样有机会做出自己的理解。若要言明《大教学论》的知识组织方法，我们还需要深入到文本之中，一方面寻找蛛丝马迹以合理地引出，另一方面还须借助于理论的直觉直接摄取客观上存在的知识组织方法。好在文本的理解者拥有理解的自主性，只要我们不是简单地把自己的某种主观图式强加给文本的作者，只要能够把我们的理解建基于文本及其作者的既有产品和历史之上，那么，无论是对于文本意义的合理扩张，还是对于文本作者元认知的挖掘，都具有积极的价值。作为建构了较系统的教育理论的教育理论家，夸美纽斯显然实际进行了教育知识的组织工作，他就像大多数的作者一样，只

是把自己的认识产品贡献出来，却并未告知他运思的过程和习惯。这种现象实际上代代均有，整体上讲，我们今天的研究者在这一方面也没有明显的进展。尽管如此，我们还是能够从有限的文本信息中寻找到线索，否则，揭示一部教育理论著作的知识组织方法就只能是一种有价值的幻想。仔细审视文本，我们注意到《大教学论》的知识组织存在着不同的路线，各自的性质有差异，层次也不相同，但确实为一部划时代著作的形成做出了贡献。

（一）以"人的形成"为目的，把教育事业组织到人生过程之中，形成教育价值

从唯物史观出发，我们必须把夸美纽斯及其作为与他的时代联系起来，正是在此意义上，我们会说他的教育思想和实践有其现实的社会政治、经济和思想的基础，甚至会说他是欧洲资产阶级教育理论的奠基者之一。这当然是无可争辩的事实，因为夸美纽斯毕竟也是一个现实的个人，即使他是一个虔诚的基督教徒，宗教的信仰和思想能够有机地融合于他的教育思考，但他无论如何不可能现实地为上帝服务，而是现实地为他的祖国复兴和民族解放而奋斗了一生。所以，信仰应是他精神的底色，但现实的人文主义思想和正在兴起的自然科学，才是他进行实质性教育思考和创造的最有效资源。信仰的力量让他视上帝为至高无上的存在，但现实的人文精神，则会让他最为重视现实世界中的人自身，进而从《圣经》中引出"人是造物中最崇高、最完善、最美好的"，这样的人实际上成为他教育思考的逻辑起点。只是这样的人并非现成的结果，而是潜在地具备神性，还需教育人的人帮助他们实现。夸美纽斯就这样轻而易举地告知了我们教育的价值。

我们可以把夸美纽斯告知我们教育价值的思路陈述如下：（1）他首先站在《圣经》的立场上宣告人在造物中的特殊性，认为人是造物中最崇高、最完善、最美好的，做上帝永恒的伴侣是人的终极状态。（2）人的终极状态是一种永生的状态，相对于今生，永生才是真正的人生，在永生的殿堂，人除了为自己而存在，别无目的。而在今生，人及与人有关的事物均有另一个目的地，所以人在今生永远达不到终极目的，从而今生只是永生的准备。（3）那么，永生需要人在今生准备什么呢？理性的和纯洁清白的灵魂。如此，人就成为上帝的形象，和上帝一样完美，只有这样人才算是形成了。要实现这

一目的，人需要知道自己及万物，以达博学；需要具有管束万物和自己的能力，以有德行或恰当的道德；需要使自己皈依上帝，以形成虔信。这依次进行的三件事情，即是人为永生做准备的三个阶段。(4) 学问、德行与虔信并不在人之外，这三者的种子自然存在于我们身上。虽然如此，但假如要形成一个人，亦即形成一个和上帝一样完美的人，就必须由教育去形成。当然，由于那三者的种子就自然存在于人身上，"我们不必从外面拿什么东西给一个人，只需把那暗藏在身内的固有的东西揭开和揭露出来，并重视每个各别的因素就够了"①。但这样的揭开和揭露却是个体的人自己难以完成的，教育人的人就有了出现和发挥作用的必要。反过来，"凡是生而为人的人都有受教育的必要，因为他们既然是人，他们就不应当成为无理性的兽类，不应当变成死板的木头"②。至此，夸美纽斯十分精彩地论证了教育的价值，其意义在于教育不再仅仅是人文世界里的一种必要的功能性存在，而是成为人的存在理性系统的价值性存在。我以为，夸美纽斯以"人的形成"为目的，巧妙地把教育事业组织到了人生过程之中。

如果只是理性地说明教育与个人人生过程的关系，在夸美纽斯的时代已经算不上什么创造，但逻辑严谨地把教育事业组织到人生过程之中，就具有了知识组织学意义上的创造性质。换一个角度，我们完全可以说夸美纽斯为我们贡献了一个形式上完美的教育事业价值的论证，并因此使教育事业在理性世界成为人类现实生活的有机构成。通过教育价值的论证，夸美纽斯客观上回答了"教育为什么"和"教育做什么"两个教育基本理论问题。具体地说，教育是帮助人为他的永生做准备的，为此，教育要把那潜藏在人身内的固有学问、德行和虔信的种子揭开和揭露出来，进而实施知识教授、道德教育和虔信灌输。这样看来，教育的内涵其实已经蕴含在人自身的存在和发展目的之中了。当然也可以说，教育在夸美纽斯的解释中是作为人自身目的的需求物而诞生的，因而从属于有意义的人生过程。从文本的表层感知，夸美

---

① [捷] 夸美纽斯：《大教学论》，傅任敢译，北京：人民教育出版社，1984年版，第30页。

② [捷] 夸美纽斯：《大教学论》，傅任敢译，北京：人民教育出版社，1984年版，第43页。

纽斯显然是用宗教的逻辑推演和支持了教育事业存在的合理性，实际上，由于《圣经》只能是人的创作，他的教育价值论证实为人本主义的逻辑运演。我们通常把"人是目的"作为康德的思想对待，其实夸美纽斯在论证今生只是永生的预备时就援引了《何西阿书》中的话说，"天之存在是为地，地之存在是为生产五谷、油与酒，而这些东西又是为了人"，很显然是具有"人是目的"观念的。夸美纽斯的认识论背景比较多元，宗教的思想是其底色，新的人文主义的思想才是其思考现实教育和社会问题的直接依据。因而，我们在认为夸美纽斯把教育事业组织到人生过程之中的同时，也不能忽视他把教育事业组织到人文主义理想实现的思想构思之中这一侧面。

逻辑地定位了教育事业存在的价值，应该算是建构了教育理论的第一原理，就功能而言，夸美纽斯等于为他自己的整个教育理论奠定了基础，这在人类教育认识历史上应是具有标志性意义的，但以往我们对这一贡献并无较多的注意，只能说是我们过去未能对《大教学论》进行教育知识组织学的审视。一个建构了较系统的教育理论的理论家必有超越常人的知识组织功夫，其具体的表现必是在教育与人文之间建立了某种意义的联系。既有的被纳入体系的思想观念在它们被纳入之前自在而在，是具有理论理性的人主观和创造性地建构了一种意义联系。假如可以把一个教育理论体系视为知识组织的产品，那么原先各自自在的人文和教育就是产品形成的原材料。知识组织者的组织逻辑不同，就会建构出特色各异的知识体系产品。仅就教育价值的论证以及教育价值论的形成来说，虽然在抽象的层面均是在教育的功能和教育之外事物的需求之间寻求某种契合，但需求者的确定则会决定一种教育价值论的特色。同样是要人有学问、有德行、有虔信，把它定位为个人永生的需要和社会生活的需要，就会导致教育价值的个人本位和社会本位的分化。我们从这中间是能够感悟到教育知识组织学的意蕴的，我相信这样的感悟对于我们理解教育知识体系的形成会有助益。

（二）以"自然之道"为蓝本，把秩序和谐组织到教育过程之中，形成教育原则

模仿和遵循自然的秩序是夸美纽斯教育思想的灵魂，他的教育思想也因此被称为自然主义的教育思想。问题是这种指导教育实践的基本原则与教育

知识的组织能有什么联系呢？如果我们看不到这种联系，说明我们思维的重心始终落在一种指导教育实践的原则是否真的适用于教育实践，那么类似《大教学论》这样的文本，在我们的意识中就只是一个教育思想的文本。在这样的意识作用下，我们关注的是教育思想本身的特质和功用，至于教育思想是如何来的，则不在我们的注意范围，而后者恰恰与教育知识的组织相关。我们通常容易理解把单个的教育知识成果组织为一个知识体系的工作，这样的组织工作无疑是重要的，而且符合我们对知识组织行为的直观理解，但对于单个教育知识形成中的知识组织行为就很难有自觉意识。这并不是因为我们存在着相关知识或思维上的不足，而是因为教育知识以至一切知识的形成在认识论上应与"探索""发现"一类的词汇联系在一起，如果引入"组织"的观念，岂不是说有的知识形成是某种意义上的编辑所致？这样的疑惑虽然在过去并未有人明确提出，但什么时候提出都属于理性的正当，也应具有认识论上的普遍性。因为科学主义的知识观已经化为研究共同体的集体无意识，共同体成员意识中的知识实际上只能是作为研究对象的各种事物的真相。

如果我们也坚守科学主义的知识观，自然也应该把教育知识理解为教育的真相，那么我们紧接着就必须面对一个基本而严肃的问题，即我们所说的教育有没有真相？如果说有真相，紧接着的问题则是：我们获得的真相是哪一个时间和空间里的教育的真相？如果说没有真相，那么支持教育的形而上学和认识论恐怕就不是科学主义知识观意义上的知识了。回到《大教学论》，我们能够注意到夸美纽斯并没有在教育领域求真的迹象，他之所以遵循和模仿自然，只是因为自然作为上帝的创造是完美的，接受了自然的启示，教育也就能够和自然一样和谐完美，而不是因为遵循了自然的教育才是真的教育，如果是这样，那未曾遵循自然的教育难道是假的教育吗？由于夸美纽斯没有求真的追求，也就没有了相关的知识论纠结，进而轻松地把能同时满足容易、彻底和迅速的教学称为"正确的教学"。我用思维凝视这一称谓，很自然地想象到：形而上学意义的正确只能是"一"，而现实生活意义上的正确则可以是"多"；教育本体论的衰落或说它从来就没有兴盛，应是寻求真相的认识论任务值得商榷；教育思想的百花齐放，难道不是因为正确完全可以源自思想者不同的立场吗？我之所以要做以上的思辨，目的还是在于说明遵循、模仿自然与教育知识组织之间的合理联系,直觉告诉我,揭示出这种联系很可能有助于我们更深刻地理解人类的教育认识。

既然形而上学意义上的真并非教育认识特别在乎的,那么现实教育生活意义上的正确或好就成为教育认识者追求的主要目标。客观地说,这样的认识必然不会通向某种唯一。不同教育认识者所主张的正确或好的内涵,基本取决于他们自己的立场,而他们自己的立场则是由他们的时代精神、他们自己的或自己选择的哲学以及他们自己在社会系统中的阶层和位置决定的。情况听起来有些复杂,但有一点是简明的,即不同教育认识者一定会把自己中意的、原不属于教育的观念引入教育,并通过创造性的思维组织,构建出一种思想形态的新教育,也就是他们认定的正确的教育。我们过去很可能就是把各种关于正确的教育的陈述当作是教育知识了。具体到夸美纽斯,他显然很虔诚地认为人类未有原罪之前的自然是完美的,教育只要遵循了那种完美的自然秩序就会是正确的教育。他的教育思想,若从形成的意义上讲,当然不是在教育的土地上独立生长出来的,而是把自然的秩序和抽象的教育形式进行了思维组合,从而创造出一种特色的"正确的教学"的知识。有了这样的创造,如果有人向夸美纽斯请教正确的教学是怎么回事,他一定能自信地说,所谓正确的教学我的意思是指能把容易、彻底和迅速结合在一起的教学。但在教育认识领域中,他的意思只是他的意思,其他教育认识者完全可以站在自己的立场上创造出另外的正确的教学。

在我们的论述中,有一个问题虽然尚未提出,却一直与我们的论述相伴随,此即:是否存在纯粹意义上的教育知识?我的答案是否定的。最重要的理由是教育是一种从无到有的非自然事物,它本身始终处于人的社会需求变化和知识、思想整体进步影响下的不断改进之中。进一步讲,它的每一次改进都不是自身在封闭状态下的自然生长,而是新需求和新知识、新思想的注入所引发的积极变化。教育改进的原理是原有的教育为适应新的社会需求,引入教育之外的新知识、新思想,从而使既有教育的品质和功能得以改良。《大教学论》出版于1632年,这一时期,欧洲的科学技术获得明显进展,政治经济正在发生变革,一些先进的思想家从政治、哲学、文化、教育等方面积极探索社会改进的新方案。就教育领域来说,德国的拉特克在夸美纽斯之前就在根据培根的思想寻求新的教育方法，他的教育见解实际上也成为夸美纽斯教育著作的发端。这一时期，"新教"正逐渐取代"旧教"，夸美纽斯所在的捷克兄弟会就属于新教教派，新教思想无疑影响着夸美纽斯的立场，除此之外，他系统沿袭了人文主义者的思想，接触了新兴的自然科学知识。可以说，这一切的教育之外的知识和思想均成为他构建新教育方法的坚实基础。把《大教学论》置入教育认识发展的整体视野之中看，尽管它具有划时代的性质，但仍然属于个人的教育理论建构。换言之，它的教育理论体系属于个人思考和研究的成果，其形成的原理自然也是把教育之外的新需求、新知识和新思想合理地引入教育的形式之中。我们不妨采用分析的思路说，教育在抽象的意义上总包含着教育者、受教育者、教育行为等基本要素，夸美纽斯超越前人之处，并不在于它改变了教育的基本要素，而在于他赋予了教育以新的秩序，这个新的秩序就是他崇尚的自然的秩序。他之所以崇尚自然的秩序，首要的原因当然是自然的秩序乃造物主的创造，具有完美和谐的品质，现实的原因则是过去的教育因为没有遵循自然而具有不同程度的偏差。新的教育究其实质而言，是人根据自然的秩序纠正既有教育的结果。自然的秩序并不是专为教育准备的，却可以为教育的改进所用，夸美纽斯正是以"自然之道"为蓝本，把秩序和谐组织到教育过程之中，为我们创造了新的教育知识。在此过程中，教育之外的知识和思想通过与教育的目的性结合而形成新的教育，它们自身也成为教育知识不可没有的有机组成部分。我们由此可以做出判断，即教育思想家或教育理论家的创造性贡献，既不在于教育自身的抽象形式，也不在于教育之外的新需求、新知识和新思想，而在于能本着人和社会的发展立场对两者进行创造性结合。值得我们重视的是，这样的结合也属于教育知识组织的一种特殊方法。

（三）以"正确教学"为中心，把意见经验组织到教书育人之中，形成教育规则

夸美纽斯一再宣称《大教学论》就是要阐明把一切事物教给一切人类的全部艺术，并明确指出教学论是指教学的艺术，这便决定了他在理论上所做的各种铺排，最终都要落实到教学艺术的层面。如果说需要补充，那就是他实际上关注的是整个的教育而不只是教学，因而我们在教学艺术之外还能看

到他在道德教育和灌输虔信方面的操作性思考,那些思考在性质上也属于艺术的范畴。但我们已经注意到夸美纽斯"教学艺术"中的"艺术"与绘画、音乐、戏剧等常规艺术不可同日而语,在很强的意义上是具有技术倾向的,只是此处的技术是一种牵涉人性的技术,比以往时代的教学方法更具有科学的基础。我们已经揭示了《大教学论》中的道、理、术,其中的道是自然秩序本身,理是道在教育、教学中的显现并表达为体现自然秩序的教育、教学原则,术则是完成具体教育、教学任务的操作性规则。进一步说明,自然的秩序是一种自在,教育、教学的原则是一种建议,教育、教学的规则无疑是一种规定,这与一般艺术的自由本性有较大的距离,所以具有技术的倾向。在此我们需要知道,《大教学论》虽是夸美纽斯独著,但其中的思想和方法却不是他一人所创,他的创造深深地扎根于自己所在的传统和时代,是以他的先驱者传给他的特定的思想资料为前提的。他在前人积累的教育智慧的基础上,面对自己时代的问题,进行理性而现实的实践探究和理论思考,从而提出隶属于新教育的新教育方法。我注意到夸美纽斯在论"科学教学法"时,开宗明义地说:"我们现在应当把我们说过的,散见各处的关于科学、艺术、道德与虔信的正确教学的意见汇集起来。"[①] 从字面上看,他所汇集的好像只是他自己说过的意见,实际上,和任何教育理论创造者一样,当面对实际要完成的目标时,他所汇集的信息绝不仅仅是出自他个人的历史和经验,否则他与不具有反思习惯和能力的普通人也就没有了差异。一切为时代代言、为行业立法的理论家,他们所承接的均是整个的历史积累,如果他们中有人承担了构建理论体系的第一角色,一定是因为那个人捕捉到了组织相关历史积累的办法。具体到夸美纽斯,我以为他在《大教学论》中提出的教学、教导的原则应是其教育理论体系的核心和中枢,上承自然的秩序,下启正确的教学,客观上成为他的教育理论体系的顶梁柱。而对直接规定学科教学、道德教育和灌输虔信的规则体系来说,很显然是他以正确的教学为中心,把意见经验合理地组织到了教书育人之中。

---

① [捷] 夸美纽斯:《大教学论》,傅任敢译,北京:人民教育出版社,1984年版,第155页。

对于一个独立的思考者来说，历史的和他人的经验、智慧其实只是一种参照，其价值体现为能够"为我所用"，思考者必有自己的主见，并必定根据自己的主见对历史的和他人的经验、智慧进行实用主义的选择。夸美纽斯的主见当然很多，但在教育规则的构造中，凸显的就是"正确的教学"。他认定的正确当然首先是他自己认为的正确，但他自己认为的正确又不只属于他自己，原因是他在为自己的时代发言，为新的教育立法，也因此成为他的时代的代言人和教育行业的重要立法者。我理解夸美纽斯及其《大教学论》，与其说是在建构一个教育理论体系，不如说是在用理论的方式建构一个新的教育。什么是新的教育呢？自然是相对于旧的教育而言的，所以作为教育改良者的夸美纽斯必然在破旧立新。然而，夸美纽斯所寻求和确立的新，并非不同于以往的新"异"，而是不同于以往的新"好"。这个"好"在今天有许多替代者，诸如科学的、艺术的、理想的，等等，在夸美纽斯这里就是"正确的"。夸美纽斯自己就比较了他的新方法和过去的旧方法，并言及两者的区别之大如同用笔抄书与用印刷机印书，且自信地认为他的新方法"能够造就更多的学生，给他们一种更好的教育，并使他们在受教时得到更多的快乐"[①]。换一个角度讲，过去的旧方法在夸美纽斯的意识里一定是不好的，其不好的结果正是他要用新方法去除的，即因教学的不容易、不彻底、不迅速给学生带来的喧嚣、厌恶和无益的劳苦。他会认为他的新方法不仅新而且好，而那些被他组织到教书育人过程中的一系列规则，既是新和好的表现，也是新和好的保证条件。

应该说明，"正确"在夸美纽斯思想中是一个较为醒目的概念。除了《大教学论》中关于"正确教学"的界定之外，我们至少能够注意到 1651 年他分别在帕特克拉丁语学校门前班和入门班的开学典礼致辞，前者名为《正确的方法应该表彰》，后者名为《关于正确命名事物的好处》，足见他对"正确"的重视。但我们更应注意到的是，夸美纽斯并没有给予正确以形式逻辑的定义，他的"正确"观念总是和"方法""命名事物"等联系在一起。换言之，

---

① ［捷］夸美纽斯：《大教学论》，傅任敢译，北京：人民教育出版社，1984 年版，第 248 页。

从他的言词中，我们无法获得"正确"本身，我们只能获得："正确的方法"在教育中就是能使学生学得容易、彻底和迅速的方法；"如果对事物的命名是（1）完整的，（2）与事物相对应的，（3）经过深思熟虑的，那么这种命名往往是正确的"[①]。真的不可忽视一个重要观念在知识组织中的价值。由于视野的限制，我们暂时没有注意到夸美纽斯之前的人们是否明确地用类似"正确"这样的观念组织知识，但夸美纽斯用"正确"来组织自己的和他人的、现实的、历史的经验、思想、智慧，是确凿无疑的。尽管夸美纽斯没有教育学的学科自觉，但他的这种用"正确教学"组织各种教育认识资源的方法，却为后来的教育学家起到了示范作用。后来的教育学家，无论是科学主义倾向的，还是人文主义倾向的，他们的区别主要在于对教育的性质和教育手段的定位上，相同的是他们都在通过认识和实践的探索把教育变得更好。而当他们就教育进行相互论争时，极端处必是两种意义上的"正确"的对峙，他们各自均在用自认为的"正确的教育"组织符合他们观念的认识资源，进而建构起科学的教育学和人文的教育学。

（四）以"先验思想"为依据，把零散认识组织到思想体系之中，形成教育理论

我们看到的《大教学论》虽然带有浓厚的宗教色彩，而且没有用概念建构理论体系的兴趣，但毕竟是一个教育理论体系。我们从中一方面能够感受到夸美纽斯的教育希望和一个新时代对教育的需求，另一方面也能形成对欧洲17世纪的教育思想和经验的印象。就理论体系自身来说，其内容的实质无疑是一种组合，被组合的元素当然是两种，即历史上的和现实中的经验，但从形式上看却具有较强的演绎特征。不过，限于教育的过于实际和当时的理论建构能力，我们既能感觉到作者力图表现出可以从自然的秩序中演绎出一切的教育规则，又能感觉到作者的新思想和新方法来自他针对既有教育中的偏差所做的反向思维。此外，我们可以合理地推知，夸美纽斯既然受到培根哲学思想的影响，那他不应该只是在认识论上吸收了培根的感觉论，也一定

[①] 任钟印选编：《夸美纽斯教育论著选》，北京：人民教育出版社，2005年版，第309页。

会在方法论上吸收了培根倡导的新工具亦即经验归纳法。除非是纯粹的数学及逻辑哲学建构，但凡以人文实践为对象的研究领域，其中的理论建构都不会是纯粹的形式运演，演绎和归纳两种方法都会发挥各自的作用。演绎可以使言说者从"一道"中引出"多理"，归纳却可以使人从"多理"中抽象出"一道"。如果我们具有彻底和坚定的唯物论信念，就会认为归纳比起演绎更为原始和先在，因为根本不存在非经验的知识来源，即使是所谓的原始假设也不会是来自"神启"和生物性的遗传。夸美纽斯作为基督教徒，自然把《圣经》当作上帝的话，但在坚持唯物论的旁观者的我们看来，自然知道《圣经》乃人的作品，如果其中的许多话充满智慧，那也只能是人类自己的积极经验的凝结。

就教育理论体系的形成而言，其根源只能是经验，但这里的经验并不主要是教育者在一定环境中进行的教育活动本身，而主要是他们在此过程中通过"尝试-错误"积累下来的"一定能产生结果的教与学的方法"，必须指出，这个方法中隐含着积极的因果联系或高相关关系。当这种隐含的联系或关系不再作为教育者自动化的选择对象，而是转化成为一种观念，它便成为教育理论建构的实际的第一资源。这种第一资源的数量达到一定规模，教育思想和教育思想家的产生便成为必然。而当教育思想的数量达到一定的规模时，单个的理论或一个理论体系就有了形成的基础条件，原因是经过证明的单个教育思想可以转变为一个教育理论，而经过组织的多个"单个的教育思想"则能成为一个新教育的理论体系。

夸美纽斯在《大教学论》中实际进行了思想的证明和思想的组织两种工作，相比较而言，思想证明的工作已经具有认识论的自觉，而思想组织的工作在这方面则略逊一筹。然而，我们很感欣慰地意识到，夸美纽斯所言说的自然之道亦即自然的秩序事实上是一个观念的系统，这便使得他的道理上的"模仿自然"和形式上的逻辑演绎客观上起到了组织零散教育认识的作用。更具体地说，他是通过对自己肯定的新教育方法的证明来实现这种组织的。对于自己的证明，夸美纽斯充满了自信，他在《大教学论》的"致意读者"中明确指出，当时其他和他一样寻求教育改良之法的人也提出了各自的方法，"但是他们所根据的差不多全是些互不联系的、从肤浅的经验中拾来的方法，也就是说，他们的方法是后验的"①，而他对自己的新方法，"则愿意用先验的方式去证明这一切，就是从事物本身的不变的性质去证明"②。所谓先验的方式，是与试验式的事后验证相对而言的。对于夸美纽斯来说，先验的方式，意味着作为他教育思考前提依据的关于自然的一系列判断，是人借助先天的认知图式对自然进行直接的有秩序组织的结果，具有无需争辩的真理性。显而易见，这里的阐释当然是我们作为今人才能做到的，但可以认定基本符合夸美纽斯的思想实际。

为了说明这种证明式的知识组织方法，我们随机选择《大教学论》第十六章"教与学的一般要求，即一定能产生结果的教与学的方法"中的"原则一"作为分析对象。文本的结构是——第一部分首先呈现先验的知识"自然遵守适当的时机"的原则；第二部分是模仿："园丁应当不违背季节去做任何事情"；第三部分是偏差："学校犯了一种直接违反这个原则的双重错误"；第四部分是纠正：夸美纽斯的结论是"人类的教育应从人生的青春开始""早晨宜于读书""一切学科都应加以排列，使其适合学生的年龄，凡是超出了他们的理解的东西就不要给他们去学习"。审视这一个证明单元，我们至少可以轻松地认知到夸美纽斯的思维格式是：自然是蓝本—教育之外的成功操作是因为遵循了自然—现实的教育是违反自然的，所以是错误的—遵循自然的秩序，需要对现实的教育错误加以纠正—纠正之后得出的结论即是正确的教育规则，也就是可靠的教育知识。除此之外，我们也能发现纠正部分的结论，实际上在教育生活中即使没有普遍实现，也已经在一定的范围实施，说白了，它们并非夸美纽斯的新的创造。重要的是，夸美纽斯并没有对已有的结论进行简单编辑，而是给它以确证的程序，这种确证正是对已有经验的认识论处理，具体说就是，以先验的自然秩序为依据，把零散的教育认识组织到了自然主义的教育思想体系之中，其确证的过程虽显稚嫩，但其作为却独树一帜，在知识组织上是具有历史价值的。

---

① ［捷］夸美纽斯：《大教学论》，傅任敢译，北京：人民教育出版社，1984年版，第3页。
② ［捷］夸美纽斯：《大教学论》，傅任敢译，北京：人民教育出版社，1984年版，第3页。

总结《大教学论》的知识组织方法，第一位的感受是，在教育理论发展的过程中，最容易被我们忽略的正是知识组织的方法。究其原因，固然与我们作为学习者更关心文本所包含的关于研究对象的认识成果有关，但文本作者通常没有习惯说明自己的知识组织的体验和方法应是最主要的原因。作为结果，教育领域的对象知识随着历史的发展总在不断增长，但隐藏在其背后的元认知经验并未因研究者的认识能力提升而有序积累，这在很大程度上延缓了后学者的进步效率，他们不得不借助自己的感悟获得先驱者的认识经验，而这种感悟的自觉具有较大的偶然性。因而，从推动教育认识的高效率发展角度考虑，我们应该唤醒研究者对知识组织的兴趣，同时应该建议研究者在关注研究对象的同时，形成对研究自身进行反思的习惯。只有这样，我们才能一举两得，即通过研究获得关于研究对象的知识和思想，通过反思研究自身获得关于研究的知识和思想。我已经意识到，虽然从整体上讲研究者的知识文本很少正面说明自己知识组织的体验和策略，但只要走进那些经典文本，我们还是能够捕捉到在知识组织上有所建树的作者所具有的特殊经验。夸美纽斯在其《泛智学导论》中就言及建立一种最清醒的智慧的殿堂，他注意到科学研究、艺术领域的大量成就，并认为这些成就正是构筑智慧殿堂的材料。但是，"这些材料是从全世界各个森林和采石场收集的，它们由各类行家能手以各种方式加工而成，堆成许多小堆，但仍然处于分散状态之中。现在只需着手赋予这些材料以艺术的与适宜的形式，也就是建筑某种普遍性的，用真理之光与和谐装饰起来的智慧的殿堂"[1]。撇开夸美纽斯惯用的类比的手法，这一段论述是具有明显的知识组织学意蕴的。须知我们对教育知识组织问题的关注，正是注意到教育认识领域的各种成果在当代既多元又分散，而且其数量是历史上任何时期都无法达到的。如果我们也像夸美纽斯一样，也想"建筑某种普遍性的，用真理之光与和谐装饰起来的"教育学殿堂，恐怕必须有意识地和系统地关注教育知识组织问题，否则一种具有普遍性的教育知识体系建筑将比历史上任何时期都更加艰难。夸美纽斯在他的时代完成了一次

---

[1] 任钟印选编：《夸美纽斯教育论著选》，北京：人民教育出版社，2005年版，第193—194页。

教育理论体系的建构，现在看来这一业绩的出现，既得益于他迎接新时代、改造旧教育、追求新教育的热情，也得益于培根的哲学、人文学者的思想和宗教改革的立场，还得益于容易被我们忽视的教育知识组织的意识和方法。我们由此不仅应该把他的《大教学论》当作教育思想和理论的经典文本对待，也应该视其为教育知识和思想组织的经典文本，进而可以说类似夸美纽斯这样的教育学史上的巨人，实际上既是教育学家，也是教育知识组织家。过去，我们主要重视他的第一身份，继承了他的教育思想；现在我们关注他的第二身份，一定能从教育知识组织的维度收获新的教益。

第七章 教育认识中的两种偏失现象

对人类教育认识进行理论的探讨与对教育的直接认识相比较，会使人更加意识到个体研究者对元认识回避的合情合理，当然也能更加深切地认识到探讨人类教育认识的必要。如果作为个体认识者的我们永远回避这一问题，那么在未来的研究工作中，一方面会永远缺乏认识论意义上的底气，另一方面也会遇到越来越多的认识论意义上的难题，而有追寻教育真知情怀的人们显然是不愿意接受这种未来的。这也是我们对教育认识进行哲学思考的动力源泉。由于这一领域的研究整体上的薄弱，更限于问题自身的复杂，在思考的过程中既深感责任重大，又自觉力不从心，唯一可欣慰的是走进了一个有意义的问题领域。从对教育认识的哲学思考走出来，重新审视现实的教育认识，我发现无论是专业的教育研究者还是好思的教育实践者，的确存在一些认识上的偏失现象，这又反过来说明对于人类的教育认识的确需要哲学层面的研究。与此同时，我意识到教育认识的偏失现象本身实际上也是一种认识论的资源，它们能激发研究者带着批判的眼光审视，并从中引出通向正确的认识。教育认识的偏失现象林林总总，我们仅对存在于教育研究者和教育实践者双边的非整体性教育理解现象和教育经验主义现象加以考察，一则表达对教育认识现实的认知倾向，二则使人们从中领悟教育认识哲学思考的价值。

第一节 非整体性教育理解现象

对于教育实践中的不足，如果我们有改良的愿望，习惯性的思考方向通常集中在理念与方法两个方面。这意味着在我们的意识中,各种不符合我们期望的教育现象,必定源自教育者或是在"想"上或是在"做"上出现了问题,当然还有一种情况是他们合适的"想"未能顺利地体现在"做"中。由于教育毕竟是现实的行动,因而无论我们怎样重视理念的作用,对于教育者来说,方法在普遍的意义上总是他们优先重视甚至唯一重视的。但很少有人去想一个问题,即没有了相对正确的理念,那些方法上的精进不仅很可能沦为劳而无功,有时候还会把事情变得更糟。对于实际存在的教育理念上的问题,很难一概用正确与错误或激进与保守来评判,因为除了对教育内涵、精神的理解,还可能对"理解"本身出现问题。这样的问题在技术上属于方法论,但其运动的结果却是性质不同的教育世界观。之所以有这样一番议论,源自对近来人们关注的"五育并举""五育融合"的理性检视。具体来说,目睹耳闻人们在这一问题上的苦思冥想,我首先意识到了并举与融合的困难,但沿着消除问题的思路探究,则发现其中的困难并非完全因为教育者实践智慧的短缺,好像也不是因为教育研究者在这一问题解决上的缺席,而是因为教育从它被研究者解析开始,就走上了一条远离继而忘却教育的整体性的道路。应该说,这一过程中一定存在着某种不易为人察觉的问题,以致被我们认定具有内在联系的教育成分,在实践领域愣是无法重归为教育的整体,消极的表现即是重此轻彼或顾此失彼。这只是一个具体的事例,类似的情况在教育实践中还有许多,但归结起来基本上是一个对教育缺乏整体性理解的问题。既然我们已经意识到了,就应该告知教育领域的人们,但问题真的能够因此而消失吗?要知道教育世界观的改变固然可能发生在人的一念之间,但这种情况发生的概率小之又小,否则基于辩证的教育思维,教育实践领域断然不会出现重此轻彼或顾此失彼的现象,何况这种现象现在看来并不仅仅存在于教育实践领域。如果所有的教育理论研究者均能辩证地思维,进而对教育形成整体的把握,那么学术界也就不存在所谓的莫衷一是和众说纷纭了。也许不只是认识论上的偏差,包括研究者和实践者的存在状态,都可能以某种隐晦的方式影响着他们的思维。总之从结果上看,思维方式上的形而上学现象至今并没有因辩证法原理的传播而自然消退。那我们就需要在教育学的范围内通过做一些更加具体和深入的理论工作,揭示教育理解远离继而忘却教育整体性的真相，并在此基础上强化教育理解的整体性，努力改良人们的教育思维。

一、非整体性的教育理解

就我们意识到的非整体性的教育理解现象，很容易举例说明，但此种方式的不足在于容易给人留下以偏概全的感觉。实际上，如果一种现象具有相当程度的普遍性，那它所反映的就应该是隐藏在现象背后的结构性的问题，这种结构性的问题在人文认识和实践的领域就是人的思维问题。教育本是一个整体性的存在，却在我们的实践中呈现出各种分裂，这当然不是某种抽象的教育自身运动所致，而是教育在其承担者即教育者的意识中被机械切割的结果。当然也可以想象到，教育者对教育的机械切割虽然是由自己完成的，但几乎不牵涉动机问题，这是因为错误的思维并不会使人的劳作必然轻便，却必然能使劳作的目标无法有效达成。我们现在是要唤回整体性的教育，因为那才是真正意义上的教育。且不论其是否符合我们的理想，仅因它未被机械地切割，在我们改进的企图和行动中就不会轻易陷入重此轻彼和顾此失彼的误区。按照自然的认识顺序，我们须先了解非整体性教育理解的具体情形，并在描述中依据理论理性判断其局限的性质。我相信深入到学校教育生活中进行浸入式的体验，一定能够罗列出一张密密麻麻的非整体性教育理解的清单，而且那样做也有其独特的价值，但站在理论研究的立场上，我们择其要害便足以说明问题。虽说是择其要害，但以下要谈及的全面发展教育、课堂教学目标和教育模式与方法，却是与教育本体、教育目的和教育方法基本对应的，一定程度上也能反映出非整体性教育理解并非一个局部的或片段的问题。

（一）被条分缕析的全面发展教育

全面发展教育是以人的全面发展为追求的整体教育理念，与此相对立的当然就是片面发展教育，在两者之间则是既非全面、也非片面的多面发展教育。这三者无论从教育的完美角度还是从人的和谐角度讲都可以分出高下，从低到高依次是片面、多面和全面发展教育。其中，片面发展教育理论上存在，实际上是不存在的，原因是被我们界定的片面实为全面中的单个方面，它只能是理论解析的结果，而不可能是全面发展教育背景下的现实。而如果我们认为从历史进化的角度可以推知最初的教育应是片面发展的教育，那么这就是用后来的主观认识对先前客观事实的霸凌，因为在先前的历史环境中和背景下，后来被认定的片面发展教育实际上是先前教育的全部，是无所谓片面或全面的。而由于"全面发展"的概念至少今天仍处在变化之中，因而所谓的"全面"也许还只是"多面"。这其实主要是理论和观念层面的事情，注定了其必然具有理想特征，一旦人们以此为据进行教育实践，就会发现已有教育实践的问题，并在具体的条件下把它自身的局限投射到了新的教育实践之中。

就全面发展教育来说，表现在学校工作中的问题主要是依据全面发展教育的成分，未经必要的反思将学校教育工作划分为具体的领域，即德育工作、智育工作、体育工作、美育工作和劳动教育工作。客观而言，这是一种习惯性的思维，虽然没有可靠的政策和理论依据却为人们所默认，其消极的作用在于它使全面发展教育在人们的意识中被"合理"肢解，以致全面发展教育的有机成分实际上成为各自独立的工作领域。再做具体的描述：谈及德育，人们立即想到的必是班主任和政教处；谈及体育，人们立即想到的必是承担体育课程的教师；谈及美育，人们立即想到的必是音乐、舞蹈、美术教师；谈及劳动教育，人们因一时想不到具体的承担者，因此这一领域的工作便成为难题。在阅读相关文献的过程中，我发现有研究者具体探讨了学生德智体美的量化考评方法，研究者在对智育的量化考评中，提到"体育课成绩放在体育中考评"[①]，从这里可以推知研究者已经意识到体育课成绩与智育并非全无关系，但还是把它置入体育中考评。窥一斑而知全豹，想必具体学科或活动课程的教师对于自己所承担的课程与全面发展教育之间的关系难有彻底的认识，从而也就在教育共同体默认的习惯性思维作用下，会把自己所承担的工作与全面发展教育的单个成分联系起来。而从学校教育整体层面来看，全面发展教育事实上已经被简单分割。

---

① 张采：《大学生德智体美量化考评方法探讨》，《新疆师范大学学报（哲学社会科学版）》，1992年第4期，第35—42页。

（二）被分别对待的课程教学目标

全面发展教育被简单分割直接导致教育的外在形象不再完整，并逐渐固化了教育者个人在教育工作系统中的角色，最终使"教育者"仅仅成为学校工作者个体的职业称谓，实际上使他们中的每一个人都算不上完整意义上的教育者。这无疑属于一种遗憾，但因"全面发展教育"已是教育者群体工作的观念性背景，每一个"教育者"至少还能在分工协作的原则支配下做好自己局部的工作。而当他们对课程教学的目标成分做分别对待时，他们恐怕连自己的局部工作任务也无法有效完成。我们知道，新课程改革在课堂教学领域突出体现在对课堂教学目标的发展上，《基础教育课程改革纲要（试行）》明确要求，课程标准"应体现国家对不同阶段的学生在知识与技能、过程与方法、情感态度与价值观等方面的基本要求"[①]，这也就是所谓的三维目标。实际上，这三维目标就像"五育"一样属于理论分析的结果，在实践层面是不能机械分割的，同样应一体化地存在于教育者的意识中，但同样是因为理论分析的结果被直接投射到了实践领域，许多教师也就未加反思地对三维一体的课堂教学目标做了分别对待，进而使也许不是问题的问题成了问题。

具体而言，"知识与技能维度"的目标因与以往教学实践中主要追求的"双基"即基础知识与基本技能具有客观上的一致性，教师在改革运动中无需改变什么就可以自然接受。但也正是因为他们几乎只是把过往的"双基"追求简单迁移到了新的教学目标结构中，才使得"过程与方法""情感态度与价值观"在教师的意识中成为一种相对孤立的存在。相对而言，"情感态度与价值观"维度的目标与教师意识中的"知识与技能"要容易对接一些，原因应是即便过往的教学过于重视知识的传授，教学的教育性原则也始终在引领着教师，因而改革中的教师也容易把"情感态度与价值观"与自己熟悉的道德教育和审美教育目标联系起来。然而，"过程与方法"维度的目标就让改革中的教师束手无策了，他们要么不知所云，要么想当然地把作为教学目标维度的"过程与方法"误解为实际发生的学习过程与方法。最后的结果是：课堂

---

① 中华人民共和国教育部：《基础教育课程改革纲要（试行）》，《人民教育》，2001年第9期，第6页。

教学的三维目标虽然在理论上是一个有机的整体，但在教师的意识中却是旧习惯与新观念的组装，改革者的愿望无法实现也就不难理解。这一问题的症结在于：人们未能明了教学的三维目标一方面是基于理想教学的功能而提出的，另一方面则更值得重视的是，它明确指向人的素养整体的三个维度。简而言之，受过现代教育的人，应该是掌握了一定的知识与技能，形成了学习与发现的创造能力，并具有积极、健康的情感态度与价值观的人。进而从理论上讲，课堂教学的目标设计必须与受过现代教育的人的素养结构相符合，从而也可以把人的素养与教学的目标做粗放的对应。但在教学实践操作层面，这三维目标的达成却共享了同一个过程，目标能否实现和实现得如何，主要取决于运行过程中的教学是一个什么样的结构，教学设计也因此成为必要的教育专业活动。如果我们把教学理解为学生在教师的作用下学习具体知识与技能的过程，那么教学设计的精髓就在于教师把学生置入什么样的学习过程，让学生以什么样的方式学习知识与技能，以及如何使知识、技能、学习过程的教育性价值得以展现。遗憾的是，如上的整体思维并未以适宜的方式传导给学校教师，这才使得整体、有机的教学三维目标在实践中出现了不同程度和不同性质的变形。

（三）被孤立选择的教育模式和方法

在改革的过程中，学校在教育的模式和方法上有所探索是顺理成章的。由于教育目的由国家确定、教学目标由课程标准确定，学校实际上也只能在教育方法的改进上有所作为。原则上，学校的教育方法探索必须服务于教育目的和教学目标的实现，否则就可能成为教育"技术"爱好者的一种游戏。现实中的教育"技术"爱好者当然是存在的，但少之又少，他们对学校教育的影响可以忽略不计。但有一种现象却不能忽视，即学校在某种风潮的推动下，常常以看似专业的方式远离教育理解的整体性，其在教育模式和方法上集中表现为对某一种仅具有有限合理性的教育模式和方法的孤立选择。比如：在特色学校建设的过程中，学校常常会模仿或创造某种教学模式；为了使一种模式在校内完全、彻底地实施，学校会借助行政的方式进行推动；待其成功之时，自然是该种模式在所有教师、所有年级和所有课程中得到贯彻。谁也没有理由怀疑学校改革者的真诚，但理性的人们却能感受到这种选择和行动中的非理性色彩。若问其间的误区，主要是学校改革者漠视了具体模式和方法的有限性，同时也未能认识到教育模式和方法的选择必须首先考虑教育的整体性和教学目标的整体性。也只有这样，教育模式和方法的探索才能够成为学校教育整体发展的有机和有效环节。

从来就没有万能的教育模式和方法，教育目的和教学目标的复合性注定了服务于其最终实现的教育模式和方法必然会呈现出多样综合的样态。借用王策三教授的话说，"相对于现代教育的丰富性、复杂性和教育目标的全面性、多种多样的需求而言，任何一种教学模式又不是万能的，不能包打天下，都只有一定的适用范围、条件，都有局限性，谁也不可能在教学中只用某种单一的模式，必须多种模式并用，取长补短，优化整体"[①]。这个道理通俗而深刻，近乎常识，具有基本理性的人们均能认同，但为什么在教育实践中总会有人违背这一常识呢？不能排除具体当事人个人人格和一定背景下工作思维特征的影响，但最为核心的一定是当事人缺乏对教育的整体性理解，在更根本的意义上则是缺乏整体性的思维品格。可以肯定，非整体性的教育理解是一种客观现象，它直接发生和存在于教育实践领域，呈现在教育实践者的认识和行动之中。从效果上看，无疑使现实的教育失去了其形而上学意义上的完整，这种消极的后果倒在其次，毕竟实践者从来也没有依据某种教育的形而上学进行自己的实践工作。值得我们警惕的是，非整体性的教育理解必然支持非整体性的教育行动，最终造就了非整体性的人。

二、现象背后的原因分析

对于非整体性教育理解对学生发展的影响，我们不妨从上述三个方面加以说明：其一，全面发展教育被条分缕析，继而投射到实践领域，从而形成"集体无意识"中的五个工作领域。加之世俗与功利思维的作用，学校教育便有了所谓"长于智，疏于德，弱于体美，缺于劳"的格局，而此格局显然直接投射到了学生的素养中，他们的全面发展也就无法实现。其二，课堂教学

---

① 王策三：《认真对待"轻视知识"的教育思潮——再评由"应试教育"向素质教育转轨提法的讨论》，《北京大学教育评论》，2004年第3期，第5—23页。

目标被分别对待,说明教育实践者尚未形成整体的教育概念,加之过往的教师教育未能精细到心理学和教育技术学的水平,致使他们制造的教育过程必然存在着结构性的问题,从而影响学生学习目标的完全达成,并最终损失了学生素养的完整。其三,教育模式与方法被孤立选择,客观上抑制了学生学习方式的多种可能性,等于限制了他们多样化的学习经验过程,当然也不利于学生的全面发展。如此来看,为了学生的全面发展,我们也有必要尽可能认识到导致非整体性教育理解现象的原因,即便从理论认识的追求角度讲,揭示具体现象背后的深层结构也属必要。由于非整体性的教育理解主要表现在教育实践领域,我们需要以教育实践者为中心思考问题。运用内外因分析的原理,结合我们的经验和判断,可以梳理出导致非整体性教育理解的外因与影响他们的教育理论和日常生活品格有关,内因则与他们自身的认识和实践品格有关。

(一) 轻视整合的教育理论论述习惯

做理论在某种意义上就是做分析,因而理论最为显著的特征即是分析。理论家总要把作为理论研究对象的事物整体运用思维手段进行剖析,他们通常会发现事物的结构,同时会认定正是结构使事物成为一个整体。对于教育学家来说,理论的分析近乎理解,这是因为教育虽然是既成的事实,却是人性和历史性结合的产物,对于它的分析自然不同于对自然事物的分析。不过,即使是适用于人文事物的理解,也总是包含了结构概念的。"如果被理解的事物是结构的,那就可以按照这一事物的因素以及将这些因素构成这一整个事物的交织的方式,来理解这一事物。这种理解的方法会显示出一事物为什么是一事物"[①]。我要说的是,我们的教育理论分析论述,对具体教育事物的因素分析一般是到位的,若有不到位的情况,通常是对于构成事物整体的要素属于武断式的给定,但这好像也实属难免,根由是人文事物本身就是人的创造性给定。本着怀特海的认识,可以说我们的教育理论分析偏重于对"这一事物的因素"的列举与说明,但对"将这些因素构成这一整个事物的交织的

---

① [英]怀特海:《思维方式》,刘放桐译,北京:商务印书馆,2004年版,第42页。

方式"则疏于阐明。这种现象即是我们所说的轻视整合的教育理论论述习惯。

由此联想到管理领域的整分合原理,其要义是"整体把握,科学分解,组织综合"[①]。我们可以顺便做必要的演绎:面对整体的教育事物,研究者必先要有整体的把握,此整体的把握必然内含研究者的直觉,理论文本需要把这种直觉加以陈述;在此陈述的基础上,运用理性思维对教育事物整体进行解析,析出构成事物整体的要素;但极为关键的是还要在分析的基础上把析出的要素按照事物内在的联系组合起来。应该说,我们的教育论述在这极为关键的一步恰恰是薄弱的,其实质是在科学分析之后未能充分进行思维上的组织综合,即便存在着形式上的组织综合,也多是形式大于内容,在接受者那里留下的当然就只是科学分析的结果了。仔细思考科学分析之后的组织综合薄弱,应有两方面的影响因素:一是组织综合与分析相比较更具有思维上的难度;二是研究者容易把构成要素的分析视为对事物整体结构要素认知的核心。前一种因素反映出的是人文事物构成要素的组织综合需要探明它们相互作用的机理,而这种机理又非纯粹的自然机理,从而具有确定性说明的难度;后一种因素反映出的是研究者思维上的前紧后松,一旦具有普遍性,则说明在研究者共同体中已成习惯。不管何种原因导致对组织综合的轻视,其结果均为科学分析的结果未能被研究者在更高的层次上重新统整,从而使科学分析的结果直接投射到了教育实践之中。

(二)忽视工学的教育学科学术研究

现在我们不能说教育学科中没有工学类的研究,尤其是教育技术学发展到当代,越来越以教学设计为其研究的核心领域,实际上已经接近于我们所说的工学研究了,其要义就是要在教育理论和教育实践之间架起桥梁。在这里,我并不关心工学类研究之于教育学科体系完善的价值,仅从实用的立场出发,也认为应该重视这一领域的研究。这一道理不只适用于教育学科,在整个社会科学中也具有普遍的意义。正如钱学森所说,"要从社会科学走向社会技术,就像自然科学走向工程技术一样,应用社会科学,要像工程师设计

---

① 喻新安、焦国栋:《经济管理学》,北京:中国统计出版社,1993年版,第57页。

一个新的建筑一样,科学地设计和改造我们的客观世界"[①]。撮其要义,即是从科学走向技术,工程是一个必要的环节。再追溯工程师这一角色出现的历史画面,更能说明工学研究在今天教育研究中的重要。1830年,法国哲学家孔德在《实证哲学讲义》中就指出:"严格字义上的科学家和实际生产管理者之间,如今正在开始出现一个工程师的中间阶级,它的具体功能是将理论和实际联系起来。"[②] 而反观长期以来存在于教育实践领域的非整体性教育理解现象,从某种角度讲,也与客观上缺乏教育工程师结合实践需求对教育理论分析的结果进行组织综合有关。正是由于教育领域不存在孔德所说的"一个工程师的中间阶级",教育实践者如果有应用教育理论的愿望,便只能以一线生产者的角色直接面对教育理论;假如他们碰巧不具有工程思维的天赋,就很容易把教育理论分析的结果简单地引进到实践领域。

埃德加·莫兰在论逻辑与现实时说:"在逻辑和现实之间(如同在数学和现实之间一样),固然存在着多种多样的相符,但这些相符都是区域性的、片段的;不存在一般的和普遍的整体相符。"[③] 其中的关键在于理论和实践背后是性质迥然不同的两类思维,理论背后是理论思维,实践背后则是极适用于行动的工程思维。关于这两种思维尤其是两者的区别,已有研究者深刻关注,徐长福的认识最为精到,他说:"在人文社会科学中,理论学科和工程学科尚未明确分化,用理论思维设计工程和用工程思维构造理论的情况十分普遍,这就是我所谓的'理论思维和工程思维的僭越'。这种僭越是造成人文社会科学中理论原理缺乏效力、工程图纸不可实施的思维根由。"[④] 这一认识当然不能直接用来说明教育实践领域的非整体性教育理解现象,但能启示我们意识到教育实践者很可能把教育理论分析的结果直接当作了工作的蓝图。而教育工学不缺位,这种情况在较大程度上是可以避免的。笔者长期思考教育工学

---

① 钱学森:《从社会科学到社会技术》,《文汇报》,1980年9月29日,第2版。
② 王沛民等:《工程教育基础》,杭州:浙江大学出版社,1994年版,第20页。
③ [法]埃德加·莫兰:《方法:思想观念》,秦海鹰译,北京:北京大学出版社,2002年版,第225页。
④ 徐长福:《论人文社会科学中理论思维和工程思维的僭越》,《天津社会科学》,2001年第2期,第25—31页。

问题，在此过程中也发现，工程思维和理论思维的区别在于"前者用思维组织实体与活动，朝向做；后者用思维组织概念和判断，属于想"[1]。其中所谓的"朝向做"其实就预示着一个把思想、理论结构转换为行动模式的转化过程的展开。理论上讲，有了这一中介性质的转化过程，教育理论分析的结果就不再可能直接向实践领域投射了。

（三）缺乏反思品格和超越意识的教育实践者

这是一个需要我们有勇气面对的问题，因为它毕竟直接触及教育实践者的深层素养和存在状态，更关键的是这一问题的形成固然有传统和环境方面的影响，但与实践者的心理素质和价值哲学具有更为本质的联系。暂且不深究其中的原委，可以肯定的是缺乏反思的品格十分不利于实践者形成整体性的教育理解。何为教育实践者的反思品格呢？结合舍恩"针对基于'工具理性'的'技术熟练者'而提出了'反思性实践家'的概念"[2]，我们基本可以认为教育实践者的反思品格也就是一种自觉思想的品格。这里的自觉思想，意味着教育实践者不甘于做一个纯粹的技术工作者，他会积极主动把自己对教育的深思熟虑融入自己的行动，与此同时当然不会接受各种来源的技术性规制。如果再深入一步，他们也会对技术规制之外的传统、他人的思想甚至自己的思想进行理性审视，最终通向哲学水平的反思。"新课程改革"就提倡教师进行教学反思，其宗旨是要通过反思型的教师创造反思性教学，但对于其中的反思，我们不可直接用哲学反思的标准加以衡量，却需要把哲学水平的反思设定为反思型教师的最高追求。须知真正达到哲学水平的反思活动就是要"把一个特殊对象和这个特殊对象所属的整体联系在一起，把这个整体与思考主体联系在一起"[3]。我们接着往下讲，具有反思品格的教育实践者，理论上具有对教育进行整体理解的潜质，自然可以避免非整体性教育理解的

---

[1] 刘庆昌：《教育工学：教育理论向实践转化的理论探索》，福州：福建教育出版社，2016年版，第214页。

[2] 钟启泉：《学力目标与课堂转型——试析"新课程改革"的认知心理学依据》，《全球教育展望》，2021年第7期，第14—27页。

[3] [法] 埃德加·莫兰：《方法：思想观念》，秦海鹰译，北京：北京大学出版社，2002年版，第70页。

发生。

在现实的层面,反思并非或有或无的思维现象,而是一个有程度高低趋势的存在,有这样的认识对于教育实践者来说极具价值。这也就是说,凡是有思想能动性的个人,均有具备反思品格的条件。因而,把缺乏反思品格归因于天赋或知识的教育实践者,实际上等于自我放弃了走向反思的权利和机会。在这样的心境下,他们对于来自学术和管理系统的观念完全可能没有怀疑的倾向,即使他们很多时候对那些观念保持距离甚至抗拒,也不是因为理性的推动,而可能是某种本能性的逆反或内心保守和懒惰的外现。果真如此,问题倒变得简单,教育实践者只需确立起教育的理想,唤醒生活的动力,就可以改变局面。真正困难的是,他们的非反思品格很大程度上是一定的结构化生活的结果,以致非反思品格固化为一种习惯,换言之,也就是固化为一种具有内在逻辑的品格,这就增加了自我解放的难度。不过,即便如此,也不是没有任何的希望,而这种希望的起点,现在看来应在教育实践者拒绝平庸的时刻。但这很显然又回到了教育的理想和生活的动力之上,我们终于发现一种认知品格的追求竟然需要我们在非认知的领域做出努力,从某种意义上又说明人的精神在其现实性上也是一个整体。能令我们欣慰的是,在教育改革的历练中,我们的教育实践者不仅从曾经朴素的教育转换到技术性的教育,而且在综合因素的作用下正走向有思想和愿反思的教育境界。

能不能说具有反思品格的人同时就会具有超越的意识呢?我想这应是一个概率性事件;反过来说,具有超越意识的人是否同时就会具有反思品格呢?我想这也应该是一个概率性事件。既然如此,就有必要对教育实践者的超越意识做专门性的思考。对于这样的话题,实际上也不需要繁复的论证,因为其中最为本质的是一定生活实践结构中人的生命存在状态问题。我们可以强烈地感受到社会发展对新一代人的素养期望越来越高,从中也能预见未来社会更加高质量的文明。2014年,《中国学生发展核心素养》提出了六大核心素养,即:人文底蕴、科学精神、学会学习、健康生活、责任担当、实践创新,核心素养教育由此在实践中展开,并已成为一个新的关键词。那么,面对这样的教育目标,我们的教育实践者难道不需要超越自我吗?答案无疑是肯定的。

不过，我们需要对超越自我的内涵做出操作性的解释：第一层面，超越自我就是要超越自我的局限；第二层面，超越自我的局限，具体包括超越个人位置、角色、处境、思维、境界等局限；第三层面，由于非整体性的教育理解主要是一个认识上的问题，所以，针对避免非整体性教育理解来说，超越自我主要是超越教育实践者个人思维的局限。对于教育实践者群体很难一概而论，但从整体上讲，教育实践者的思维普遍具有工作性和技术性两个特征，总体上意味着他们的思维是在具体任务驱动下的技术性运算。这样的思维具有一定情境下的直接和现实风格，很自然就缺少了形而上学思维的整体性。要解决这一问题，教育实践者需要完成以下两项任务：一是从任务驱动下的技术思维跃进到着眼全局设计的工程思维；二是超越功利性的需要，通过学习教育理论以熟悉理论的本性。但这两项任务的完成也只是能够打下一个基础，在此基础上，教育实践者还是最需要具有反思的品格，唯有这样，才能自觉地对教育理论分析的结果能否直接转换为教育实践的格局进行理性审辨。对于教育实践者来说，要实现对教育的整体性理解，除了充分认识到理论与实践的差异之外，还需要从时间和空间两个维度超越"此时此地"的局部教育意识。具体而言，由于教育实践者总处在具体的教育阶段，总从事具体的教育工作，难免会形成时间和空间两个维度的本位主义局限。以小学数学教师为例：小学就是时间维度的局部教育阶段；数学就是空间维度的局部教育内容。那么，对于一位小学数学教师而言，在时间的维度超越局部教育意识也就是要走出有限的小学教育范围，把小学教育置入由小学、中学和大学所构成的学校教育整体过程之中；在空间的维度超越局部教育意识也就是要走出有限的数学教育范围，把数学教育置入由语文、数学、英语、品德、科学、体育、艺术等科目组成的知识与技能教育整体之中。这样的超越必将有利于教师从教者走向教育者并最终走向教育家。

三、整体视域下的教育基本判断

依循当下已经俗套的思路，我们应该本着对实践的关怀，努力提出一些我们认为必然有效的建议，以便人们能够对教育形成整体性的理解。然而，我相信至少在整体性的教育理解这一问题上，任何建议，不论其内含多少真诚和真理，对于问题的解决都不具有实质性意义。其主要原因是建议的本性是原则性地引领，它通常具有内容和方向上的正确性，但如此正确的建议，即使在建议者那里可能也只是一种说法。换言之，我之所以不敢轻易提出建议，主要是因为我真的不敢保证，如果遵循自己的建议就能够在教育的过程中完全做到对教育有整体性的理解，与其如此，倒不如努力描画出整体性的教育理解的模样，这样至少能让人们知道理想的真实，虽不能至，也能心向往之。立意于认识的深化，教育理论研究者也有责任发现和呈示整体性教育理解的意义，它是可以直接影响包括教育实践者在内的一切接受者的。由于理解的旨趣并非对某种唯一性的探寻，而在于通过理解把自我的价值与人文的事实融合，我们实际上也无力一笔描画出整体性的教育理解。鉴于此，较为谨慎的做法或许是在整体视域下对教育做出基本的判断。

判断1：教育是可分析但不能割裂的意念

从其现实性上讲，教育是有计划的、有组织的、培养人的社会活动，但追寻其本体，就会发现教育实际上是一种意念，此意念是现实的教育活动之所以是教育的根本依据。也正因此，并不存在天然的教育行为和教育行动，进而所谓教育行为和教育行动只能是教育意念与人类一般行为和行动的有机结合。凡意念，必是一种观念性的、精神性的存在，它栖居于人的主观意识之中，可被主体自己意识，也可由主体自己表达，还可融入主体的自觉行动之中。但无论在哪一种情形中，它都是一种整体性的存在，能够被人做理性的分析，却不能被人在现实的情境中机械地割裂。比如德智体"三育"或德智体美劳"五育"，其整体的意念实为"全面发展教育"，但这中间的"全面"却是一个不解析即完整、一经解析便有了局限的意念。虽然一经解析必有局限，但人们也不能把"全面发展教育"作为工作的依据。随着社会的发展，理论家总会以分析的思维和建构的兴趣，在具体的社会历史环境中把"全面发展教育"具体化为自认为符合人和社会发展利益的核心成分。梳理人们在这一方面的思考，在"五育"之外实际上还有"心育""爱育"等说法，而可以肯定的是，由理论家解析和建构出的教育成分，只能在同一个教育结构和教育过程中实现。

判断 2：教育的部分可以包含教育的整体信息

这个判断是接受全息理论启示的结果。"全息理论（holographic theory）的基本观点是：'物体'既是'整体的一部分，同时又包含整体'。"[1] 通俗言之，任何一个部分都包含它所属整体的信息，进而部分也是它所属整体的缩影。这一理论在教育中也有应用，但总体上讲并未被教育理论领域重视，实际上，哲学研究领域对全息理论也保持着一种谨慎的态度。我们之所以要接受它的启示，是因为全息理论所关注的统一整体内部各部分之间的全息关联，涉及部分与整体的关系，其核心思想对于消除非整体性的教育理解现象应有帮助。联想到实践中学校工作人员和工作部门的各自为政，使得整体性的学校教育被机械分割，更觉得全息理论的精神应该被教育实践者掌握。笔者尝试着把全息原理引入对学校德育的阐释，顺利获得了两个基本的结论：一是"专门的"德育实践是以德育为主体的整体教育实践；二是其他"非专门"的德育实践也是具有德育功能的整体教育实践。把这两个结论综合为实践者熟悉的话语，即是：实际承担具体课程教学和其他教育工作的人员，他们所做的工作均为教育，相互间的区别仅在于各自工作所具有的优势教育功能有所不同。实际上，全息理论适用于各种维度的教育概念解析结果，否则也就不能作为我们整体理解教育的方法论依据。就说分层次的教育目标体系，其内在的等级同样是理论分析的结果。以布卢姆的认知目标分类为例，记忆、理解、应用、分析、综合、评价，固然具有认知水平上的高低之别，但任何一个目标等级，难道不可以容纳其他各种目标要素吗？当然可以。或许会有人指出教育模式和方法之间的平行存在，实际上，不同的模式和方法，在人的创造性劳动中均能合理融入其他宣称独立的模式和方法，其间的原理恕不赘述。

判断 3：教育是历史与未来在当下的统一

理论家企图获得一个恒定的教育界定是可同情的，要知道一个四平八稳的形式逻辑的教育界定，最多只是满足了人们对于不确定性的躲避，因而，

---

[1] 潘成鑫：《量子全息理论的本体论新解：以国际关系为例》，《哲学探索》，2021 年第 1 期，第 66—88 页。

即便界定者信誓旦旦,他们的界定在不断流动的教育历史中仍将陷于尴尬。如果我们从历史哲学的高度看待教育,就会发现教育的整体总是暂存于当下,因为只有当下才有条件和便利上承下延。正是在此意义上,我们说教育是历史与未来在当下的统一。雅斯贝斯说过:"历史的统一从来就不是已经完成的东西,历史处在起源与目的中间,在这中间,统一的观念总是在起着作用。"[1]依照我的理解,若在时间的维度整体地理解教育,实际上就是要让我们把自己以及我们总处于其中的教育视为上承历史、下达未来的当下整体。但问题恰恰就出在这里,我们太容易仅仅活在当下,所谓历史好像只是与我们应有关联的过去的故事,而未来,尽管它永远随着我们有效的生命实践接踵而来,但我们还是习惯于把它视作总与我们有间隔的、尚未来到的虚无。人是历史性的存在,可现实中的人总是那样现实。这等于说,对于他们来说,自身及其实践与历史、与未来之间总归有一堵墙,那他们自己便无异于被囚禁在被叫作"当下"的牢笼之中,又怎么可能对教育拥有历史性的整体认识。我们对教育实践者的要求是不是有些离谱呢?这要看我们期望教育者应该成为什么样的存在者,当然也取决于我们的社会对教育有什么样的要求。如果社会一方秉承着实用主义的哲学原则,那么教育实践者就完全止步于一个教育技术的熟练者;但凡社会一方具有了某种浪漫主义的情怀,就一定会要求教育实践者能够诗意地栖居于大地之上。转过头来想,浪漫主义的社会其实只是浪漫主义者的幻象,因而,类似我们这样的,期望教育实践者能够具有历史统一的整体观念的想法,基本上就属于天真的教育主义者的梦呓。那我们就回到认识论的范围内,教育实践者要想摆脱非整体性的教育理解,大概还是需要牢记"教育是历史与未来在当下的统一"这一基本判断的。

判断4:教育是观念和操作的统一

胡德海教授在他的《教育学原理》中,把教育现象划分为教育活动、教育事业和教育思想。如能把教育思想与教育行动当作教育实践不可分离的两个构成要素,那教育思想无疑就属于教育了。而这样的认识最终在我的"教

---

[1] 张文杰:《历史的话语——现代西方历史哲学译文集》,北京:中国人民大学出版社,2012年版,第56页。

育思维"概念中实现了统一。当然，教育思维并不等于教育本身，所谓"教育观及其支配下的教育操作思路的统一体"①，说到底仍然是一种思路，最多只能算是未来之教育现实的思维预演。要说现实的教育整体，就只能说成是教育观念和教育操作的统一体。观念是想，操作是做，然而"想"和"做"虽然统一于现实的教育实践中，但"想"在行动的连续中好像伴随着做的现实化而自行隐退，从而留给教育实践者的也就只剩下沾染了一点"想"的技术性操作。他们看似顺理成章，实际上又莫名其妙地重视了"做"而淡视了通向思想的"想"，这种情况发展到严重的程度，就是把教育研究者与教育本身合理地分割了。殊不知从根源上讲，教育研究者不过是被历史抽离出来的原本属于教育实践者的一个部分，在最广阔的视域中，教育研究者实际上是教育实践者的外脑。也可以说，教育研究者的"想"本应由实践者自己承担，历史形成的教育内部分工，不幸地让教育实践者不仅面对自己的构成部分不能自认，而且也在实践逻辑的作用下淡化了自己的"想"，最终的结果就是教育在他们的意识中不再是一个整体，而成为相对纯粹的"做"。

判断5：教育是目的和手段的统一

对于人的实践活动来说，无手段的目的就是一种空想，而无目的的手段便不成其为手段，因而也可以说，现实的实践活动必是目的和手段的统一。实践的目的是由人的需要和欲求转化而来的明确的期望，手段则是使这种期望变为现实的有策略的过程。这一番道理在自觉的教育行动者那里是能够得到自觉应用的，他们不只满足于对理想教育的憧憬，一旦有了理想，便会将其具化为一定的观念结构，紧随其后的就是关于理想实现路径和方法的开发。在此意义上，自觉的教育行动者应能兼有教育工程师的品质，具有工程倾向的思维。工程思维的对象并非实有的事物，工程鲜明的"造"的特性决定了工程思维必然会以并非实有的目的作为开端，以此为前提，才能展开关于"造"的思虑。但必须清楚，这样的思维哪怕只是一种倾向，也只存在于自觉的教育实践者那里。这也意味着，如果教育实践者的自觉性不足，就很可能只是以"造"的模样出现在教育过程中，他们不可能没有行为的直接目标，

---

① 刘庆昌：《教育思维论》，广州：广东教育出版社，2008年版，第3页。

但终极性的教育目的在他们的工作过程中一定是缺席的。即便有一些关于教育终极目的的认知,但那种认知由于游离于工作过程之外,便与其他外在于教育工作过程的知识并无差别了。

判断 6:教育是教育者和受教育者的合作行动

我们都知道教育是教育者和受教育者共同参与的双边活动,但到目前为止,对于教育者和受教育者的关系性质的认识仍然无法超越认识论和伦理学的怪圈。具体地说,认识论侧面的探讨表现为主客体、主体的争论;伦理学侧面的认识则表现为权威依从、对话平等的争论。我们为什么不能开拓出一个新的侧面呢?在工作的意义上,难道不能把教育者和受教育者视为共同参与教育的同事吗?教育者当然在教育,受教育者当然在受教育,感觉上他们做着不同的事情,实际上他们双方不过是做着同一件被称作教育的事情,双方的不同只是在做教育这件事情上的分工不同。跳出教育工作的过程,我们可以提出两个问题:教育者在为谁做教育?当然是为国家,为人民。受教育者又在为谁受教育?当然也是为国家,为人民。显而易见,教育者和受教育者就是一种特殊的同事关系,没有受教育者,教育者无法独立完成国家和人民的教育任务;没有教育者,受教育者同样无法独立完成国家和人民的教育任务。有了这样的认识,我们回头审视"教育是教育者和受教育者的共同行动"这一判断,其内在的意蕴自然就发生了变化。然后,再审视一下人们经常提醒的"教师眼里不能没有学生"和"要让学生做学习的主人",在作为同事的教育者和受教育者那里,是不是就没有多少必要了呢?

以上六个基本判断并非整体视域下的所有教育判断,只能说是一些最基本的判断,它们并不构成一个封闭的体系,既可以被补充,也可以被修正。我们的思考所追求的第一意义并不是要归结出一系列的教育公理,而是要为教育实践者描画出整体性教育理解的基本模样,而且这种描画还是在"教育基本理论"的意义上进行的。具体到学校教育场域,我们还可以做出类似"学校教育具有全员性、全科性和全程性"这样的判断,但这一层面的判断,我们更希望教育实践者在学校教育现场实践中做出。本文关于(非)整体性教育理解的论述明确指向教育实践者,之所以如此,并不是因为此问题只与他们有关,而是因为在此问题上的实际情形会直接影响现实的教育实践水平。

务实一点说，教育研究者对教育的非整体性理解，虽然也会制约他们研究的品质，但一般不会损及他人的利益；如果教育实践者不能对教育有整体性的理解，那就等于他们的教育观是残缺的，进而言之，在残缺的教育观支配下的教育操作思路也难免残缺，受教育者的利益就很难得到保证。如果这样的教育实践者比例较大，那我们的教育事业发展就会受到限制。

第二节　教育经验主义现象

经验主义这一概念至少存在于两种不同的语境之中，一种是认识论的语境，另一种是生活实践论的语境。在认识论的语境中，经验主义指代一种认识论的立场，即主张知识来源于感觉，从而与天赋论和理性主义相对而立；而在生活实践论的语境中，经验主义则指代一种生活实践层面的思想方法和行动风格。具体而言，在生活实践中，存在着执着于个人的有限经验，进而遮蔽事情的整全，或者，对自身之外的有限经验痴迷与崇拜，从而视局部经验为普遍真知，这无疑是非辩证的思维，在某种意义上是近乎教条主义的。若说两种语境的相通之处，则是认识的和生活的两种主体均对人内在的理性有程度不同的怀疑和轻视，其结果自然是认识上的偏狭和行动上的偏差，之于各自的目的实现都是一种失策。这种失策在教育生活实践领域是客观存在的，而且有深厚的传统作为基础，导致教育实践的取向和具体操作在变革的时代摇摆不定，既动摇着教育者的定力，也在损减教育的本色。在经验主义思维的支配下，个别的和局部的经验令人们趋之若鹜，与此同时，人类关于教育的理性认识，在实践者那里要么无关痛痒，要么少有意义。如此，在浅表的层面，教育理论与教育实践平行而在；在较深的层面，教育整体因理论与实践的互动乏力而长期踟蹰不前。虽然教育的各种新理念、新方法层出不穷，但实质性的教育进步微乎其微。因而，立足于长远，我们需要对教育经验主义现象做理性的审视和批判，察其典型，究其根源，明其危害，求其消解，以使教育生活实践的内在品质得以提升。

一、教育经验主义现象的表征

留意教育实践领域的动态,就能注意到每隔一段时间总有地方性的成功经验夺人耳目。这一类经验当然是源于具体的地方,但一定借助于公共媒体而海内皆知,之后便是意欲改善教育现状的人们抱着好奇或真诚前去观瞻学习,其中的一部分人则会如获至宝地回到自己的地方依样实践。如果继续追究其效果,成功者居少,而那些未能成功的则会寻觅或等待新的成功经验。他们之所以会继续寻觅与等待,并非除此之外别无选择,而是因为他们一方面对正式或非正式的教育理论影响难有感觉,另一方面因为他们几乎本能地相信来自同类人的方法、技术更贴近他们的教育生活实践的实际。这就是所谓的教育经验主义现象,对此加以分析,就可以获知教育经验主义现象的基本表征。

(一)对局部经验的趋之若鹜

经验之所以是经验,首先在于它与具体的主体浑然一体,经验的过程就是有意识的行动过程本身。在其中,行动者偕同具体的作为共同消费时间,并真切地感知行动的效果,承受行动效果带给心灵的各种感受。行动结束之后,行动者若能对过往的行动进行反思,在理想的状态下,就可以获得具身性的行动因果联结,这个联结也就是作为名词的、可以言说于他人的"经验"。需要说明的是,这样的经验虽然真实,但并不完整,通常是经过行动者意识选择过滤之后的、指向成功的因果联结。因而,呈现于公共媒体的"成功"经验,从它产生之时就注定了无法简单地移植。此外,这样的经验虽然有效,但属于未经逻辑检验的初级知识,它只是"认识或活动主体在与客体相互作用过程中,通过感觉器官或内在体验而获得的关于各种事物之间联系的感性认识"[1]。然而,正是这样的成功经验,让无数的教育实践者痴迷沉醉和趋之若鹜。这里使用"趋之若鹜"一词,既非贬义,也无夸张,只是形象地表达了长期存在并难以消失的一种客观现实。每当一种地方性的成功经验

---

[1] 王天思:《理性之翼——人类认识的哲学方式》,北京:人民出版社,2002年版,第133页。

人人皆知时，总有成群结队的学习者接踵而去，由于学习者络绎不绝，有的"成功"者比如学校，竟然收起了门票，周边经济也被奇迹般地拉动，这的确算得上一道教育经验主义的奇异风景。

理性地分析，对域外或他人教育经验的趋之若鹜，一方面说明教育领域的人们具有改善教育现状的动力，另一方面也反映出人们独立解决问题或持续独立解决问题的动力和能力不足。独立解决问题的动力不足，应与一定性质的学校组织结构及其运行规则有关。客观而言，我们的学校组织结构及其运行基本上遵循了"指令-执行"的规则，这一规则作用的直接效果是学校里的普通教师逐渐习惯了听从指令，其中的大多数会遵循传统、按部就班，针对教育过程困境的主动探索一旦超出自身已有的力量，便会自动化地终止。当然也存在着少数具有主动探索意识的教师，他们在遇到问题时，会近乎本能地自我寻求解决的办法，这使得他们教育工作的自主性相对提升。即便如此，如果来自学校组织的指令与他们探索的方向不一致，他们原则上是要听从指令的。如此的个人与组织的互动方式长期运行，原本具有自主探索意识的教师也会逐渐选择被动服从的策略。

独立解决问题的能力不足，直接显现的是教育实践者个人的问题，但细究起来，就会发现个人不过是某种组织机制的效果载体，或是某种有瑕疵的教师教育的效果载体。"指令-执行"规则的组织运行，无疑会直接导致组织内成员的被动心态；而被动心态如果得以固化，就会抑制组织内成员能力的主动发挥，甚至还会减损他们学习的热情。个人的任何能力和任何个人的能力均来自自觉地学习和实践，但我们会感觉到整体上指向个人专业能力发展的个人学习和实践处于低迷状态，等待机会、依靠组织、渴望奇迹发生，已是教育领域不可忽视的集体消极意识。再说教育现场的教育实践者曾经接受的教师教育，显然是以学科（课程）知识和教育专业知识为主导，不足的是自主发现和解决教育问题的能力培育，以致走进教育现场的他们对于现场的教育问题常常束手无策。这就不难理解为什么他们对域外和他人的经验轻易趋从，也不难理解他们的学校组织为什么对域外同类的经验趋之若鹜了。

（二）对教育理论的简单轻视

当教育领域的人们对域外和他人的经验满含热情之时，教育研究者和他们传播的教育理论却遭受冷落。尽管这种局面正在得到改善，但与不时出现的优秀教育经验相比，教育理论的作用仍然相形见绌。说教育实践者无视教育理论显然不符合事实，但相对于他们对优秀教育经验的痴迷和趋之若鹜，他们对待教育理论的态度整体上属于轻视。教育实践者对教育理论的轻视，基本上是在没有弄清教育理论为何物的情况下，近乎从众地轻视了教育理论。实际上，就连这样的教育实践者也只占少数，对于大多数教育实践者来说，教育理论根本就不是他们价值评价的对象，当然也就无所谓重视或轻视了。那一小部分轻视教育理论的人，一般来说都曾寄希望于教育理论，却无法运用理论直接解决现实问题，从而转向对教育经验的重视。针对此种情况，我们必须说，这一部分教育实践者对教育理论作了简单化的理解。他们一定熟知"理论从实践中来，又要回到实践中去指导实践"的说法，并以此在意识中预设了教育理论的形象，等到面对真正的教育理论时，才发现教育理论并没有想象中的亲切，而是与教育实践分属于两个世界。应该说他们对教育理论的感觉是真实的，只是他们很难想象到学科体制下的教育研究，其结果已远远超越了《论语》《学记》，这就需要教育研究系统主动地架起让教育理论回到实践中去的坚实桥梁。

轻视或重视，感觉上是人对于对象所采取的态度，实质上是人对多个对象进行价值比较之后的准理性姿态。也就是说，轻视教育理论的人并不是简单的情感用事，但因他们对教育理论没有整体的认知，使得他们的理性缺少了完整的教育知识基础。我们没有任何理由苛求教育实践工作者对教育理论的整体认知，也没有理由否定教育知识生产的专业化，一部分教育实践者对教育理论的不合理轻视恐怕仍然要延续下去。

也许是过于重视主观的力量，因而在问题面前，我们总是习惯于在实践者个人那里寻找原因。然而，这一思路之于教育领域的经验主义恐怕就难见成效了。在更大的背景中思考，就会发现任何个人也许可以在思想的领域超越自己的时代，但在实践的领域是很难超越自己时代的。须知不同职业的专业化发展并不同步，对于一些先进的职业来说，外力即使强迫其从业人员轻视理论也难以成功，这是因为若是轻视了理论，他们的工作目标就难以达成；对于一些后进的职业来说，因其实践远未达到专业和精细化程度，局部有效的经验就可以帮助他们实现自己的理想,为什么还要求助于理论呢?整体上讲,我们的教育只能说正在向专业化的阶段迈进,而且在走向专业化的过程中,实践者也没有对教育理论产生特殊的需求,而是接受了渗透着某些理念的教育技术路线的引领。这一现象具体表现为各种教学的、课程的运行模式和程序在实践领域百花齐放,从而教育的格式化程度有所提升,但教育过程的理性水平并没有发生明显的积极改变。虽然每一种模式或程序的背后都会有一定的教育理论做支撑,但与技术有机并存的教育理论更多情况下只是教育科学理论,触及教育行为意蕴的教育哲学基本上没有机会出场。然而,适宜的教育哲学恰恰是能够真正推进教育,获得内涵发展的教育理论。讽刺的是,教育哲学也正是最容易被实践者轻视的对象,原因是尽管哲学在哲学家的意识中从来就没有远离人类的利益,但在普通劳动者的意识中永远是抽象、高深和远离实际的代名词。

(三) 对方法、技术的情感偏执

可以说,教育实践者对经验的热衷和对教育理论的轻视是极具现实合理性的。我们可以指摘其中的非理性和简单化,却无法否认它的现实性和生命力。这种被我们称作教育经验主义的现象,不仅在当下,即使在可见的未来,也是实际支配教育实践的主要思维范式。深入分析,实践者对教育经验的热衷和对教育理论的轻视,貌在两途,实为一事,即是对教育方法、技术的情感偏执。实践者有具体的工作任务和目标,为了有效完成任务和达成目标,把多少精力用在作为工作手段的方法和技术上都是可以理解的。换句话说,实践者莫说对方法和技术优先重视,即使对此有情感上的偏执,也有工作角色作为其基础。尽管如此,对方法、技术的情感偏执,对于实践工作者来说仍然是一种不足,其不足主要在于对方法、技术的偏执不可避免地会在意识中加剧对理论的拒斥。也许有人会说,如果实践者通过对方法和技术的加倍重视,能够把教育做得精益求精,我们为什么非得要他们重视教育理论呢?这是一个表面上没有什么瑕疵的提问,实际上是经不起追究的。提问者无形中把教育视为类技术事件了,这正是我们教育领域目前存在的最致命问题之一。培养人,似乎只能存在于教育的宏大叙事语境,日常而真切的教育好像只能在琐碎但可以精细的技术性操作之中,在这样的观念中,教育实践者实际上主动降低了自己工作的教育水准。

这绝对是一个值得深思的问题。如果教育实践者对其工作的教育性质漫不经心,与此同时只是关心工作过程的技术性而淡化了精神意义的效率和成效,那教育过程也许在某一维度进化了,在另外更为本质的维度却退步了。今天在教育的意义上,我至少不会认为,一位精致的技术主义的教师所运行的课堂,会比一位貌似迂腐但内心充满成人情怀的私塾先生所运行的课堂更加先进。中国古人是很讲究学习方法的,相对而言,对于教的方法没有多少刻意,比较突出的是鞭辟入里、苦口婆心的劝学。劝学,指向学生的学习态度,希冀学生对有意义的事情保持有意义的态度,实质上是一种价值教育。如果要对中国古代教育的格式加以概括,那就是"明确的价值引导＋敬业的老师＋勤勉的学生＋严正的师生伦理",进一步抽象,其核心则是"情感、态度、价值观",而这些恰恰就是教育实践最为本质的内容。

今天的教育,整体上进入了更新更高的历史阶段,当代教育者对人的理解、对教育意义的认识均远远超越了以往,但工商精神的弥漫和技术理性的渗透,又让他们少了许多的教育定力。当遇到教育问题的时候,历史上的教育者习惯于内求于心,今天的教育者则习惯于外求于法。挖掘行为背后的逻辑,历史上的教育者会认为态度重于技术,而今天的教育者则会少有思索地把方法置于态度之先。这基本上不是教育者个人的选择问题,而是社会结构变迁的必然结局。很少有人注意到市场逻辑带来的权威解构和价值多元,已使具体的个人一方面成为群体碎片化中的一部分,另一方面他自己的心灵也呈现出碎片化的趋势,进而会比历史上的教育者多了不知多少纠结。说彻底了,今天的教育者固然拥有了历史上的教育者从未有过的丰富的教育资源,但他们同时也承受着无尽的选择之苦,他们心绪难定,常常被跃动的方法、技术所吸引,那些方法和技术不只消解着他们的教育问题,也填充了他们内心的忐忑不安。因而,今日教育实践者对于方法、技术的情感偏执,在我看来并不主要说明他们对教育效能的追逐,而是他们不踏实的心绪与相对实在的方法、技术之间的一拍即合。再深入一步,对方法、技术的情感偏执,也反映出教育实践者的理性自主能力不足。孔狄亚克论反省时说:"只要人们还丝毫不能自主地引导他的注意,心灵依然是服从于它周围的一切的,而且除非通过一种不为人知的功能,它什么也不能拥有。但是,如果心灵一旦主宰了它的注意,人们就能随心所欲地引导它,于是心灵便由自己来支配。"[①] 具有经验主义倾向的教育实践者,简单化地拒斥教育理论,某种意义上是在维护和不断巩固着自己理性的不自主。

也许可以说,教育经验主义现象之于今天的教育,既是一种问题,更是一种不幸。作为一种问题看,经验主义现象盛行反映出整个教育领域历史意识和理论理性的缺乏,进而教育实践者的思考也多在当下、多在表层。因多在当下,教育经验主义者的感觉中总是充满了新异的创造,他们很少想到人类经过几千年的思索与行动,在教育这一人文实践领域已经很难有什么真正的操作层面的创造了。作为一种不幸看,教育经验主义现象盛行客观上阻碍了教育实践者步入教育专业化的轨道。这里所谓的教育专业化,是指整个人类教育发展的一种大趋势。无论我们是否能够接受,人类的教育,主要指制度化的学校教育,必将把专业的教育知识作为自己的基础。这一大趋势的开端实际上已经深埋在17世纪以来的教育历史之中了。经验主义者,通常也是感觉主义者和功利主义者,他们拥有可以理解的务实精神,同时也拥有难以消除的肤浅,更拥有基于现实和肤浅的固执,而这正是制约他们走出狭隘,融入教育专业化历史进程的最大障碍。

二、教育经验主义现象的根源

教育经验主义蔓延和流行在教育实践领域,却不只是局限于教育实践领域的问题;教育经验主义者基本上是教育实践者,但教育经验主义的蔓延和流行也不只是局限于教育实践者的问题。从人类社会发展的全局看,当理论理性尚未得到充分发展时,个人以往的经验或承载群体经验的传统,就会成为各个领域实践活动的重要依据。如果经验在实践中屡试不爽,实践者一方面会从对经验的依赖走向把经验内化为个人的能力,另一方面会在长期的实践中把对经验的依赖和内化转化为对经验的信服和高度肯定,这就为经验主

[①] [法]孔狄亚克:《人类知识起源论》,洪洁求、洪丕柱译,北京:商务印书馆,1989年版,第47页。

义的情感和思维打下了基础，不过这种情形还不属于我们所说的经验主义。经验主义的成立是实践者在经验和理论之间进行自觉选择的结果，它在对经验的价值做高度肯定的同时还在表达对理论的贬抑，进而暴露出对理论的简单轻视。就教育思维的实际而言，经验主义现象在中国教育领域的蔓延和流行，还与中国文化内在的实用理性倾向密切相关。中国文化的精髓在于历来的贤哲对生活世界的沉思，并由此创造和积淀出独具特色的生活实践智慧。相对来说，理论理性在中国传统社会始终没有得到充分发展，以致中国贤哲中长于实践理性的思想家居多，有严谨逻辑营构的理论家却几乎可以忽略不计。近代以来，西学东渐，欧式理论为国人关注，但关注者又集聚于学者，且逐步发展为现代学术，与日常生活世界和实践领域从发端处就平行而在，两者的互动虽然客观上存在，但相互间的隔阂整体上并未弥合，这与中国文化传统的作用自然不无关系。实际上，教育经验主义现象固然与某一种文化背景更为契合，也是一个人类性的或说世界性的问题，其根源仍在于经验与理论、实践逻辑与理论逻辑各自的个性以及相互间的通约困难。

（一）经验的亲和力与经验至上

经验来自于行动者的实践和摸索，其内涵是具体、个别的人或具体、个别的人群所拥有的成功概率较高的做法，其形成的机制是"尝试与错误"。也就是说，凡可被借鉴的经验首先是真实有效的，其次是来自行动者的摸索，因此在生活实践领域是具有亲和力的。尽管存在着跨界的经验学习，但通常情况下，经验的借鉴者和创造者是同类人，他们在不同的时间和空间里做着同一类事情，他们做事的目标应是一致的，借鉴者至少同情和接受创造者的目标追求，这才对创造者达成目标的策略和方法情有独钟。客观而言，包括我们自己在内的各领域行动者，谁不曾借鉴过他人的做法？稍作反思，即能悟到我们之所以主动借鉴他人的做法，当是潜意识里对同类人所做的同类事具有天然的亲近，并相信他人的有效实践可以减少自己的不可预知效果的劳苦。

相较于教育理论本质上是种种想法，来自同类人的做法的确具有亲和力。这种亲和力的坚实基础是教育实践领域的人们即使在空间上相互隔离，却因共处同质的教育生态之中、共有同质的成败标准而成为教育文化意义上的共同体。教育经验的创造者和借鉴者实际上拥有共同的语言,他们之间的逻辑和价值均无需翻译转换,从而成为同一战壕的战友。当他们相遇论道之时,除去自然和世俗的教喻与求教的角色,根底上属于同一道路上的先行者和跟随者。教育实践领域的同类人,相互之间必定也存在着观念和操作上的差异,但他们的行动逻辑和价值追求是少有内在冲突的。具体来说,在行动的逻辑上,"有效"必是其核心的诉求,"效率"和"效果"必是其言说中的核心概念。进一步讲,在他们的教育思维中,行动是大于思想的,事实是胜于雄辩的,因而倾向于相信实践出真知,并认定能够带来实际收获的做法才有意义。如果让他们在行动的有效性和合理性之间做出抉择,他们抉择的原则一定是"有效优先,兼顾合理",他们甚至会认为一种做法既然有效,自然就是合理的,这就是教育实践者务实的行动逻辑。在教育价值上,教育实践领域的同类人一般追随一个时期教育行业内的成功标准和社会公众的认可标准。理想的状态下,此两种标准应有差异,因为教育行业运行遵循的是自身的"道理",而公众的认可与否基本取决于教育是否满足了他们自己的需要。目前的尴尬在于教育运行所遵循的行业标准与公众的认可标准并无二致,这就使得教育的"道理"反倒处于边缘位置。有一点毫无悬念,即对于世俗意义上的教育成功来说,教育生活实践领域的成功经验,远比任何教育理论更为有效,因为教育理论所内含的积极价值和因果关系虽可以保证现实的教育更为文明和专业,却无法保证现实的教育能够获得公众的认可或取得行业内认可的世俗成功。

既然如此,教育实践者追捧先进的经验,甚至形成经验至上的观念,也没有什么奇怪。回顾多少年来基础教育领域异彩纷呈的典型经验,可以发现能引起较大范围关注的,几乎清一色的都是中学阶段尤其是高中阶段的经验。显而易见,高中阶段的教育存在一个具有普遍性的衡量标准,那就是高考成绩。从社会学的角度看,人口巨量与资源有限带来的生存压力,让社会公众几乎不加思考地把下一代的命运寄托于教育;而高等教育资源尤其是优质高等教育资源的短缺,则让高中学校在社会的胁迫下只有通过高考成绩的竞争成功才能证明自身的价值。那么,我们的教育理论能够为高中学校的高考成功提供有力支持吗?显然不能。恰恰相反,以促进人的发展为本的现代教育文明，与只问结果、不择手段的应试行动在价值上截然两立；而以科学认识为基础的教育过程设计，并不追求世俗的成功，而是直接指向教学的目标和教育的理想。从实用主义的立场出发，教育实践者因同行的经验更有利于自己世俗的成功而选择了有效的经验而非深刻的理论，自然就在情理之中。

（二）理论的学术化与理论悬搁

不过，教育经验主义现象的蔓延和流行不只是教育实践者坚持实用主义原则选择的结果，也与教育理论的存在状态存在着关联。首先要确定，理论有自己本然的品格，它是关于世界及其中事物与事件的理性之论。理论是理，而且是有论之理，无论理论简洁或繁复、浅显或高深，它都不会是为人们做事提供的处方，而是只言明事物或事件的道理。因而，人文社会各个领域的实践者对理论的疏离符合自然，如果他们亲近了理论，必定是具有超越日常实践的需求和坚强的意志。教育理论在人们的普遍感觉中是实用的，加上能够走进教育现场的教育言论多具有形象、诗意的特征，教育理论的完整形象对于教育实践者来说实际上是陌生的，他们很容易接受苏霍姆林斯基、陶行知、叶圣陶这样的教育家，至于那些以探求教育真知为使命的教育学家则不在他们的"交际"范围之中。这只因为有思想的教育家能够表达出有温度、接地气的思想，而求真知的教育学家只能生产出脱离情境、艰涩理性的教育知识。今天的教育理论虽然也充满着对现实的关怀，但其高度的学术化越来越成就了独立的教育理论系统。

由于人类思考教育的历史久远，而思考的成果又以文献的形式留存，这就使得今天的教育研究者如果不想重复劳动并想寻找到"巨人的肩膀"，必须以研读既有的文献为前提，这就让今天的教育研究无法不成为学术研究。学术研究有自己的内在追求，那就是在前人认识的基础上继续深入认识，这中间不排除带有终极性的实践旨趣，但本质上延续的是认识论的道路；学术研究有自己的规范和形式，强调认识论上的有意义，其实证的或是思辨的方式，均服务于问题的解答和解决，即使研究者有改造实践的理想，也不会去考虑实践者的接受问题。假如有人因教育研究的学术化而对教育理论有微词，那应是他们对教育理论缺乏到位的认知，并对教育研究者采取了苛刻的态度。话虽如此说，教育理论研究的过程和表达的学术化客观上带来了实践者悬搁理论的局面，使学科化的教育理论远离了教育现场，结果就是教育实践者无需选择便走向了同类人创造的教育经验。

在现代知识生产的大背景下，任何人都没有理由要求教育理论回到曾经紧紧贴近实践的过去，甚至教育理论的创造者也无法摆脱学术研究的范式，以使自己创造的理论和历史上的教育思想一样具有感觉和经验的品格。既然如此，我们一方面需要理解教育实践者的经验主义思维，另一方面有必要把教育理论的完整意义告知教育实践者。应该是教育实践者过于熟悉一个论断，即理论从实践中来又要回到实践中去指导实践，从而在他们的意识中，教育理论就应该是与教育实践紧密联系的。基于这样的意识，对于教育实践者来说，如果一种或一个体系的教育理论不能对他们有限的任务型实践有直接的助益，也就自然没有什么价值。然而，不走进理论世界的人们真的不知道"理论从实践中来又回到实践中去指导实践"只在终极的意义上成立，具体的理论及隐藏在它背后的理论工作与实践的关系则是各种各样的。仅从功能的角度看，理论就会以如下多种方式存在：反映事实，即借助纯粹理性走向事物的深处探查其本质；解释事实，即对事实之所以发生和以某种方式存在进行理性说明；反思常识，即对常识的反思与批判；组织思想，即让思想呈现出内在的逻辑；总结经验，即捕捉经验中的实践感，明示隐藏在人的行动中的实践逻辑；建构实践，即明确行动的旨归，改善行动的技术，提升行动的境界。可以看出，并非一切具体的理论都与实践捆绑在一起。教育理论研究者不必为自己的"脱离实际"而自责，而教育实践者也不必为自己对教育理论整体的不到位认知而自卑，双方也许需要通过越来越频繁和深入的接触，逐渐生成相互理解的中间地带。毕竟，理论逻辑和实践逻辑虽然不存在根本的冲突，但在一定历史阶段是平行而在的。

（三）理论逻辑与实践逻辑平行而在

理论逻辑和实践逻辑的平行而在，根底上是因为理论和实践各有其目的，进而导致各自达成目的的手段遵循了不同的法则。简而言之，理论作为过程是逼近真知的，作为结果是对所获真知的表达；而实践作为过程是逼近利益的，作为结果则是人的利益获得和需要满足。有趣的是，获得真知和获得利益、满足需要很多时候不是相容的，而是冲突的。所以，教育理论家和教育实践者因遵循了不同的逻辑，很难使用一样的语言，追求同一种价值，相互的不充分理解和阶段性的相互疏离也就可以理解了。

首先，理论逻辑是指与实践活动的逻辑相对应的理论活动的逻辑。所谓的理论活动，其基本内涵是理论的创造，这也是理论家的根本任务。这一意义上的理论活动与实践活动是一种对应，在此对应中，实践活动就是人为了获得生存和发展的利益而采取的行动。可以想象，以理论创造为目的的理论活动与以获取现实利益为目的的实践活动，不可能遵循同一种逻辑。理论活动的成败和实践活动的成败也各有自己领域的标准，对于理论家来说，发现了新问题并以理论的方式进行了解答或解决就是成功；对于实践者来说，只有按照一定的条件有效完成了工作任务才算成功。理论家的成功对于实践者来说很多时候可有可无，而实践者的成功在理论家那里有时候显得没有多少意义。理论逻辑和实践逻辑的平行在这里表现得最为突出。

其次，理论逻辑还指与实践者相对应的理论家对行动目的、手段的确定和匹配原则。具体到教育领域，教育实践者对教育目的是少有思虑的，他们对具体教学目标的设定，虽然有学科课程标准为依据，但在操作层面通常是遵循习惯和传统，并充分考虑现实社会各种利益主体的需求。如果教育实践者心中只有课程标准，恐怕就没有什么应试教育问题了。教育理论家就要单纯一些，他们虽然能够理解各种现实的利益诉求，但会按照纯粹的教育意义确定教学目标。在目的与手段的匹配原则上，教育实践者遵循的第一原则多是有效性，有一部分教育实践者甚至只讲有效性原则，最终为了目标达成而不择手段；教育理论家则不同，谁都可以批评他们的理想主义，却无法怀疑他们对教育意义的忠诚。教育理论家也会关注教学手段的有效性，而且可以为此而进行探究、开发，但他们一定要为教学手段的有效性附加一个合理性的原则作为前提。他们所附加的合理性原则当然是说教育的行动应该接受纯正教育意义的支配。如果说教育理论家是理想主义的，有时候略显迂腐，教育实践者则是现实主义的，常常表现得过于世俗。不过，一方的迂腐与另一方的世俗均无最广阔范围内的错误，双方的差异与不解，何尝不是人类在教育领域的合理纠结呢？

为了进一步理解教育实践者的经验主义倾向，我们不妨再深入思考教育实践者的现实主义立场。我以为这种立场除了表现为对现实社会中各种利益主体需求的充分考虑之外，在教育过程中，还表现为对可直接应用的方法、模式的崇拜。我们在前文把这种现象定性为对方法、技术的情感偏执，实质上就是一种技术主义思维。这种技术主义思维和效果主义的追求，共同促成了教育实践者的经验主义倾向。需要再次提及，经验主义这一概念通常出现在认识论中。在认识论领域，存在着重感觉经验和实证程序的经验主义，与它对应的是重逻辑演绎的理性主义，我们所说的经验主义显然属于实践论范畴的经验主义，与它对应的也是理性主义。进一步解释，在认识世界、求得真知的问题上，经验主义者更相信自己的感觉和经验确证程序；在改造世界、获取实效的问题上，经验主义者更相信可复制、可操作并能产生实际效用的方法、技术。综合来看，教育领域的经验主义现象应该是与现实主义、实用主义及科学主义联系在一起的，其不足之处在于理想的、思想的和人文的成分不足。

三、教育经验主义现象的消解

教育经验主义所短缺的理想的、思想的和人文的成分，归结起来就是与实用和现实保持距离的诗意和深刻或说是浪漫和理性。这样的短缺既使教育实践者和教育少了许多精神意蕴，又使学生的成长少了许多欢乐与灵性。除此之外，教育经验主义的普遍存在和作用，还直接或间接地催生了教育实践领域的观念与操作摇摆不定。每有新经验出现，许多人必带着朝拜的心情趋之若鹜，紧接着他们必定会把经验创造者的秘方带回自己的学校、课堂依样实行。由于一切经验所具有的具体性，经验借鉴者的依样实行很少获得成功。如果又有新的经验出现，他们又会毫不犹豫地抛弃原先借鉴的经验，开始新一轮的经验主义行动。长此以往，自然就制造出了教育实践观念和操作的摇摆不定。为了教育的精神意蕴和学生的健康成长，我们应该把教育经验主义现象作为一个问题严肃对待，在实践的层面消除显然不太现实，那我们也应该首先在认识的层面设法消除。

（一）揭示教育经验的局限

教育领域的经验主义者和一切"主义者"一样，是对某种事物的价值在意识中做了过度放大，说到底还是认识上的问题。他们对教育经验的过分相信甚至崇拜，实际上说明了他们对"经验"缺乏足够理性的认知。因而，在理论上揭示教育经验的局限，是解构教育经验主义的有效选择。什么是经验？其实就是具体个体或群体在长期实践过程中，通过尝试错误和选择凝结出的、能带来大概率成功的做法。经验无疑是真实的，但既然是"做法"，就与"做"不能分离；既然是"做"，就与具体的主体、任务、环境联系在一起。在此认识基础上，可以进一步说，与经验相联系的成功是生态性的成功，绝非经验所内含的简单、纯粹的方法、程序、模式以及某种简单、纯粹的因果关系独立导致。这就是教育经验的借鉴者屡屡失败的根本原因。

我们经常说总结经验，这就是说我们所能面对的经验已然经历了经验创造者的总结过程。总结，内含归纳和低度的抽象，经总结得来的经验，因以具体个体和群体为基础，自然不是理论，但它具有一定程度的概括性，原发场域的细节已经被抽象掉了。作为结果呈现出的经验，普遍性较弱，形式性却可以是完备的。当我们学习一所学校的教学经验时，一般很少考虑到他们的做法如何运行在他们的学校。那里的校长是具体的，教师是具体的，学生是具体的，学校的历史是具体的，学校所处的社会经济、文化环境是具体的。这一系列的具体，注定了他们的做法在他们那里是有效和有活力的，一旦被移植，就难免因那一系列具体的不同而失效和枯萎。这样看来，经验并非不可学，若要学，需要整体地学，生态性地学，否则，我们对经验的学习必将因新经验的不断出现而不断重复。

如果有机会，我一定会告诉教育实践者一个事实，那就是在人类社会高度发达的今天，教育领域任何经验的内核都难以超越前人已经获得的教育理性认识。不论今天的人使用了什么样的术语，也很难就作为人文实践的教育表达出什么新的内容。原因很简单，教育活动的要素一经历史性的完备就不再发生变化，而要素与要素间的排列结构和顺序经过历代教育者的尝试，逻辑的可能性基本已被穷尽。今人的用武之地，恐怕主要在于要素的改良，或是把难以在理性上超越的手段与我们这个时代具有的目标结合起来。懂得了这个道理，我们还会迷信各种纷纷涌现出来的教育经验吗？应该说，经验在初级水平的教育实践中还是大有益处的，但在教育实践逐渐专业化的过程中，经验的力量就要大打折扣。须知教育专业化的第一特征就是教育的操作在必要的时候必须建立在专业的教育理论认识的基础上。教育理论因其抽象而脱离了主体与情境，从而不具备对实践者的亲和力，但也正因其抽象而具有了任何经验都不可能具备的高度可迁移特征。教育经验则相当于"依附于经验的常识，总是面向有限性的经验，并以有限性的表象思维去看待经验所无法达到的无限"[1]，这显然是一种思维的僭越，但教育经验的创造者是无法意识到这一点的。教育研究和表达的学术性的确遮蔽了教育理论自身的活性，但这并不是解决不了的问题。在与教育实践的互动中，教育研究如果能够有策略地顺应教育实践的特性，作为其结果的教育理论就会显现出它与教育实践本就具有的血脉联系。而如果教育实践者从教育经验世界转向教育理论汲取营养，教育经验主义现象也就失去了心理基础。

（二）改变教育研究的形象

让教育研究有策略地顺应教育实践的特性，并不是要教育研究改变自己的本质，而是期望教育研究能够适应性地改变自己的形象。只要是真的研究，就一定要探索未知、解决问题；只要是规范的研究，就一定不同于日常的思考，其程序和表达必定有自己的规则和形式。也正是研究实施和表达的规则和形式，使得研究成果的文本与日常的思考和表达有了差异和距离。那么，教育研究的形象还有改变的可能吗？从专业化的角度讲，还真的没有可能，甚至也没有必要。然而，教育研究若要对教育经验主义现象的解构有所贡献，就需要在自身形象的改变上做出努力。问题的关键是教育研究的形象改变究竟还有多少余地，具体地讲，我们需要思考教育研究的哪些部分可以做出改变但又不损失它自己的本质。如果把教育研究简单地划分为研究的实施与研究的表达两个部分，显而易见，前者既不能改变，也无需改变，只有研究的表达才有为教育实践者及其实践改变的可能。

但是，不同类型的教育研究，其表达可改变的程度会有所不同。单说与理论创造有关的研究，有思辨和实证两种基本类型，其中的思辨研究具有"研究"和"表达"较高程度的统一特征，这就注定了思辨研究成果的表达无

---

[1] 孙正聿：《哲学导论》，北京：中国人民大学出版社，2000年版，第65页。

法摆脱逻辑推演的风格,加上思辨研究以抽象的概念为思维的基本要素,这一类研究成果的形象很难发生改变。经常听到实践者批评教育理论成果的艰涩和玄虚,我以为整体上是他们对教育理论概念抽象、逻辑推理特征的正常感觉。当然,也会有研究者语言表达习惯的问题,这大概是思辨类型的教育研究能够改变形象的主要着力点。实际上,教育研究中的思辨成果不应该艰涩到玄虚的程度,实践者如果真切地感受到了玄虚,极可能折射出研究者方面的某种刻意,亦即故弄玄虚。出现这种情况的主要原因,是思辨的教育理论文本中存在较多的非教育理论概念。比如,有的研究者喜好使用一般哲学或其他学科的概念,表面上使得文本有高大上的特征,实际上其中有意义的教育思考乏善可陈。研究者改变这种状况的最佳途径,就是面向教育本身进行思辨,尽力避免对非教育理论概念和非教育学说的机械应用和刻意宣讲。审视历史上的教育名著,或有艰涩之作,但几乎无一玄虚,全因为那些经典著作者是直面教育进行思辨和表达。这样想来,今日教育研究学术化的最大弊端就在于它使得教育理论文本的"教育"含量大大降低,这对于实践者来说必然会出现不同的阅读障碍。教育实证研究的程序和表达比起思辨的研究,可改变的空间要更小一些,这是因为观察、调查、实验等基本的方法借鉴了自然科学的研究,其程序的严谨、规范是研究结果可靠的基本保障,而其成果的表达也已经形成了较为固定的格式。如果教育实践者对此类文本产生疏离感,则完全因为实证研究的成果文本不是讲道理,而是呈现规范研究过程和有效研究结果的整体。

这样看来,若要对教育研究的形象做机械的改变,必将损减研究的规范,不仅对教育实践者的接受意义不大,还会破坏教育研究的研究性质,其结果几乎难免得不偿失。考虑到教育研究的文本很难成为教育实践者直接阅读的文本,从对教育实践产生终极影响的角度讲,教育研究者唯一可以采取的策略,应是在研究成果的表达中附加研究成果实践价值的分析部分。也许具体的研究均能自觉不自觉地阐述研究的实践意义,但专门、学术化的成果的实践价值分析在形式上仍是一种空白,客观上让那些对教育研究成果有兴趣的实践者也难以获得直接的收益。因而,本着为能够阅读教育研究成果文本的实践者明示成果应用的必要信息,教育研究也有必要把成果实践价值的分析作为研究成果表达的有机构成。除非是元教育理论问题,教育研究的成果无不与教育实践具有联系,区别只在于这种联系是否直接。研究成果实践价值的分析就是要对一项研究成果与实践联系加以言说,具体需要言说以下内容:其一是联系的可能性。设定可能性分析,并非不能肯定联系的存在,而是要为可能接触成果文本的实践者做出理性的说明。这种说明十分必要,一方面能够准确表达研究者研究的实践意图,另一方面可以让实践者直接领会一种研究成果内含的实践关怀,随着时间的推移,他们会对教育研究、教育理论产生新的认识。其二是联系的机制。研究者需要在研究成果与实践之间画出一个思维路线图。尤其是教育基本理论研究,聚焦于教育的基本概念、理念和原理,与一线教育实践者头脑中的实践基本上没有关系,这就需要研究者言明教育基本理论与实践联系的层次性。其三是联系的路径。这是一个操作化的问题,彻底的言明涉及理论逻辑与实践逻辑的会通。

(三) 探究两种逻辑的会通

理论逻辑和实践逻辑是两种不同的逻辑,但既然共用了逻辑一词,说明理论和实践均蕴含着理性。从形式上看,理论理性以"原因-结果""理由-主张"为核心,实践理性以"目的-手段""意义-追逐"为核心,两者的确不同;察其实质,就会发现两者之间首先存在知行整体系统内的对接关系。具体而言,实践理性中"目的",一方面隐含了实现一定目的与某种更深远效果的因果关系,另一方面,"目的"自身就是一定理由支持下的主张。实践理性中的手段,既内含与某种效果的因果联结,也可以内含某种有理由的主张。实践理性中的意义,是人超越自然生命存在的价值性主张,而追逐则会为了意义的获得而遵循理论理性中的因果逻辑。可见,理论逻辑和实践逻辑虽然内涵不同却可以实现对接,这也是两种逻辑可以会通的前提性基础。

会通两种逻辑与一个经典的问题即教育理论与实践的关系问题有关。尽管在一般哲学上,人们似乎理解了理论与实践的关系,具体到现实的情境中又会发现这是一个易言说、难操作的关系。教育研究者发现教育理论与教育实践存在着两张皮现象,或说两者之间存在着难以逾越的鸿沟,现在看来,就是没能寻找到理论和实践两种逻辑对接的机制。为了消除两张皮现象和弥合鸿沟,我们可以主张教育实践者采取行动研究的策略,以使自己的实践具有研究性和充满理性,也可以名正言顺地构造教育实践理论,放弃理论的解释、预测功能,以理论的方式对教育实践做出规定和建议。事实上,最为传统的教育理论就是教育实践理论,但它与教育实践的关系并没有达到应有的和谐,否则教育理论与实践的关系不至于始终困扰教育研究者和实践者。其奥妙处在于表达规定和建议的教育实践理论虽然直指教育实践,但因其理想特征和原则性显著而与教育情境的实际无涉,基本上是一种思想现象,对处于实际情境中的教育实践者来说最多是一种善意的提醒。针对这种情况,我以为没有必要限定教育理论的性质,更不必降低教育理论的品格,而是要寻找到教育理论逻辑与教育实践逻辑会通的中介。工程思维可堪当此中介。我们可以基于典型教育任务和典型教育情境,对教育实践理论进行操作化处理,对教育科学理论进行价值论分析,目的是让教育理论经过这样的处理贴近教育生活世界的边界。

当教育理论贴近教育生活世界边界的时候,教育实践者才真正拥有了道路选择的可能。在此之前,教育实践者走向教育经验主义,表面上看来是他们在理论与经验之间进行了选择,实际上,未能贴近教育生活世界的教育理论在他们那里始终影影绰绰,即使他们真的想确立对理论的信念,也无法真实地捕捉到理论。所以,一部分教育实践者成为教育经验主义者,应是他们抱着改造现实的强烈愿望,在自己探索无果时的自然结局。也的确存在着一些简单拒绝理论的和不习惯独立思考的人,但他们在教育实践领域是非主导性的力量。如果能实现教育理论逻辑与教育实践逻辑的会通,客观上把教育实践者带到了教育理论世界的边界,他们因此便有了选择的可能。不过,教育实践者是否选择从教育理论中获益,还取决于他们是否具有"策略性思维"。策略性思维是美国学者克雷格·勒尔使用的概念,其核心是"发现解决问题的新途径,发现组织信息的新方法和设计产品和系统的新手段"[①],被定位为个人和专业发展的有力工具。教育实践者只有在这种专业思维的引领下,才可能主动建立与教育理论的联系。

---

① [美]克雷格·勒尔:《策略性思维》,黄远振译,沈阳:辽宁教育出版社,2001年版,第37页。

对教育经验主义现象做了这一番思考之后，我还想表达一种真实的感觉，即教育理论研究领域的实践主义现象正逐渐抬头，与之伴随的是一部分教育理论研究者莫名其妙的不自信。虽然没有任何的教育理论研究者公开表达过自己的不自信，但他们研究价值观的默默变化已经足以说明问题。具体而言，在教育理论研究领域，越来越多的人把注意的焦点转向了实践。这一看似平常的现象背后，实际上隐藏着研究者对理论探索的回避和对教育经验主义现象的顺应。研究者很难意识到他们对理论探索的回避是伴随着理论理性不足发生的，而理论理性的不足尽管不会让他们真的走向教育实践的经验主义，却能使他们成为教育理论研究领域的实践主义者。这种现象对教育实践也许是有利的，但对教育理论研究来说则是一种消极倾向。我相信人们最终会理解我对教育理论研究领域的实践主义的担忧，只要他们能够放弃默念"理论为实践服务"的简单信条。我不否定教育理论研究者拥有实践情怀的价值，但相信以理论的方式服务实践才是教育理论研究者的应有姿态。教育研究者通过揭示教育经验的局限、改变教育研究的形象、探究教育理论逻辑与实践逻辑的会通，可以在宏观意义上促进教育经验主义现象的消解。

余 论

我们对人类教育认识的思考是有限的，虽然力图尽可能多方位地进行探究，但之于这样一个重要的问题远远不足。而且，思考过程中的困难也使得已经思考过的问题既不见得彻底，也不见得令人满意，我自知其中最主要的原因必在于个人视域和思维的局限，而这一问题自身的艰难当然也不可忽视。要言之，这方面的思考不仅需要研究者具有哲学的专业素养，还需要研究者对教育有全面的和深刻的认知。没有哲学的专业素养，研究者的思考和表达就没有了基本的范式；没有对教育的全面、深刻认知，研究者的思考和表达则必然会走向对哲学相关理论的复述和评论。我们因此也很好理解一般意义上的哲学家对教育的理解并无过人之处，也就能够原谅一般意义上的教育学者经常在自己的专业论著中宣讲纯粹的哲学。归结起来，其实是哲学的专业修养和对教育的全面、深刻认知，未能在一般意义上的哲学家或一般意义上的教育学者那里统一起来。但我们这样的判断还是过于笼统，原因是无论是哲学的专业修养还是对教育的全面、深刻认知，并没有一个有效的标准，以致现实中并不缺乏自信兼具两方面优势的个人，却始终缺乏关于人类教育认识的出色作品。很多时候，理智上的偏差还偏偏被那些自信的个人表现得淋漓尽致。只要简单回忆一下具有认识论偏执的一些教育学者，就会知道我们的陈述是完全符合实际的。

认识论上的偏执虽不可取却也不无意义，对哲学认识论或对教育有一得之见的个人，只要是抱着推进教育认识的立场，他们的偏执很可能还会起到发展某种片面合理性的功效，再不济也远胜过认识领域中基于理智孱弱的明哲保身者。要知道那样的"聪明人"从不会去触碰具有挑战性的智力困难，以此避免自己在思维和表达上露出破绽,但当他人在认识上有所尝试的时候,他们则会颇有城府地评论一番。实际上,任何的研究者个人都难以摆脱自身的局限,即使在方法论的原则上能够明朗开阔,也无法使自己全知全能,他现实的思维和表达总是与他自身的所知所能捆绑在一起,又怎么可能把自己的认识编织得天衣无缝呢?做这一番议论,自然不是为认识上的偏执进行辩护,而是要在心理上支持那些勇于探究、敢于接受智力挑战的研究者。如果我们的教育认识领域总是充斥着理智上懦弱的和具有游戏心态的研究者,那教育思想、教育理论、教育学科的发展仍将是一些南郭先生惯用的口头禅。回过头来再说认识论上的偏执,这固然可以被理解与体谅,但总归是一种瑕疵,我以为相关的研究者个人在心情平静的时候一定要与自己的偏执做一个了断,因为只有这样,才能使自己成为人类教育认识发展的有生力量。

人类教育认识的发展,就其语用的语境来说可以做两方面的理解:其一是作为结果的教育认识的发展,也就是教育思想、教育理论的发展;其二是作为一种特殊实践的教育认识的发展,这可以具体到教育理解和教育研究的水平不断提升上。应该说,前者更具有实际的价值,因为教育自身的进步所直接依托的必定是有效的教育思想和教育理论;但是后者显然是前者的基础和前提,如果没有教育认识活动自身的不断进步,那么人类的教育思想和理论就会过早达到自己的极限。想一想两千多年前孔子的教育思想为什么至今仍然熠熠生辉,其中当然有真知可以跨越历史的原因,但也不能漠视未经改造的教育认识活动在其实质上并未走出历史这一事实。反过来是不是能够说明教育认识活动的水平对教育思想和教育理论的发展具有制约作用呢?也正因此,从19世纪的裴斯泰罗齐才从知识的侧面提出教学过程的心理学化,而到了19世纪末20世纪初在德国则出现了运用实验方法对教育理论进行严密论证的实验教育学。赫尔巴特说:"任何科学只有当其尝试用自己的方式,并与其邻近科学一样有力地说明自己方向的时候,它们之间才能产生取长补短的交流。"[①] 赫尔巴特所说的一门科学的"自己的方式"其实就是我们所说的

[①] [德]赫尔巴特:《普通教育学·教育学讲授纲要》,李其龙译,杭州:浙江教育出版社,2002年版,第13页。

"教育认识"的方式。只是人类认识历史的发展已经证明赫尔巴特的想法很有历史的局限，毕竟在今天没有哪一种研究的方法可以独属于某一个学科。一种具体的研究方法可以首创于某一学科，却几乎不能存在只可用于某一学科的情形。就说教育学的研究方法中，有哪一种方法可以算作赫尔巴特所说的教育学的"自己的方式"呢？这大概也是在过程而非结果的意义上探究"人类教育认识"的难处所在。

但我们显然不能因其艰难而回避和搁置，最充分的理由是我们不能想当然地指望教育认识领域的研究者普遍自觉、主动地去解决自己的哲学专业修养问题，同时也不能乐观地估计个体研究者对教育理解的全面与深刻。进而言之，教育认识领域这一不能回避和搁置的难题，还是要由"自己人"加以解决，现在看来也不能寄希望于哲学领域的友好人士，要知道他们的不足在于对教育并没有超越平常人的见识。近年来，的确出现了教育学与哲学两个领域的交流，这是一种可喜的端倪，从理论上讲对哲学和教育学双边均有益处。但是，照实地说来，教育学者的真诚谦卑，实际上让原本并无底气谈论教育的哲学学者忽然有了底气，而这又反过来让教育学者在受宠若惊的心情中自以为清醒地迷失方向。我实际上想表达以下的意思：教育学的发展以至于人类教育认识的进步，虽然不只是教育学研究者自己的事情，但最终还是要依靠自己的力量才能实现。最起码像"人类教育认识"这件事，还是教育学研究者最有优势也最有责任言说清楚。这不仅是在人类整体认识互动中应该履行的义务，也是促进教育认识自身发展的必要选择。我们过去在这一方面的工作一则较少，二则较弱，由此导致在人文社会科学领域中教育学的学科规训较弱，实质上使教育学研究者不仅模糊了认识的终极方向，而且未拥有判断认识真伪和高低的标准。如果任这种状况继续存在下去，那么教育学的学科建设将会是一场郑重其事的游戏，研究者的劳动与人类教育认识的发展也会基本上没什么关系。

正是基于如上的考虑，我把思考的对象设定为"人类教育认识"，这绝不是某种浮躁心态下的贪大求全，事实上也不可能做到。我真实的意图是：站在教育认识领域之内，基于教育学研究者群体的经验，言说教育认识领域以外人们的难以言说，以"自己人"的身份做必要的尝试。在此观念的支配下，自然不敢求全，也不揣简陋，相信凡事必有一个由幼稚不断走向成熟的过程。历经十余载，接受哲学认识论的熏陶，沐浴于教育认识自身的发展，对"人类教育认识"中的一些基本的问题进行了初步的研究。其中，对教育世界、教育行为及教育问题的思辨，对教育认识历史的哲学把握，对教育认识方法的梳理，对教育知识组织学的特别关注，对于"人类教育认识"的清晰化应有一定的价值。

最后，我想离开主题说一些"题外话"，此即希望关心类似"人类教育认识"这种问题的研究者能够自信地"像哲学家一样思考"。在我看来，哲学并不神秘，但哲学的确有其不可替代的认识论价值。如果以下的"题外话"能够帮助哪怕很小的一部分教育学研究者对哲学有新的认识，那所谓的"题外话"也就并不在题外。

实事求是地讲，许多人都曾经抱着对哲学功能的期望，去选了某一种哲学的书籍，但常常是还没等读完书的一半就无奈地放弃，问其原由，多觉得不知作者所云。他们最终与哲学的关系大致可分为两种：一是继续保持对哲学的模糊敬畏；二是借助某种揶揄哲学的格言加入蔑视哲学的行列。无论是这两种情况中的哪一种，其主人与哲学的交往都已经失败，结果无疑是既耽搁了自己从哲学中受益，又使哲学平添了一份寂寞。经过口耳相传，必定有许多原本对哲学跃跃欲试的人未与哲学谋面就提早绕开了哲学，他们很可能禀赋优异，但在自己的从业领域终了难以登峰造极。或有人说，哲学不会有多么重要。这话并不存在对或不对，若非得索要一个结论，就需要设置两个前提性的问题：一是我们对自己存在的满意标准如何设定；二是我们对哲学做怎样的界定。

如果我们并不追求所谓的卓越，那哲学就没多么重要，中等的天赋加上一定程度的受教育经历，就足以让我们活得明白、做得顺遂；但如果我们对自我实现充满了兴趣，那哲学通过改良我们主观世界的品质，一定会在我们的潜力挖掘和实现中发挥独特的作用。遗憾的是，我们的思辨并没有建立在对哲学明确界定的基础之上，换言之，哲学在我们的意识中，模糊而不明晰，飘忽而不确定。试想我们意识中的哲学究竟指代一个什么样的存在呢？仅凭借经验印象便可知多数人意识中的哲学应是一个深不可测的知识或思想王国，那里面有若干像柏拉图、笛卡尔、胡塞尔、海德格尔那样的人，他们各自说着只有少数人能够理解的语言。若真是这样，我们对哲学的兴趣就很难善始善终。之所以如此的原因不止一二，其中之一必是哲学作为思想者的乐园，从开头就没有遵循确定而统一的逻辑起点，它好像不存在整体意义上的积累过程，本性上就是连续不断的批判。

或可说"哲学"更像是一个文化性族类的名称，而不是类似物理学那样的，在具体范式之下即可以指代一个有逻辑的知识体系。正因此，才有人说哲学是不可以学习的，而只可以从事。这相当于说哲学是一种不同于它之外的科学、艺术、宗教等的一种个性化的工作方式。但不管我们把哲学视为一种知识体，还是视为一种工作方式，它对于非认识工作者来说好像都没有多么重要，至少对于自我存在满意标准比较现实的人们来说的确如此。可如果恰好从事了认识的工作，情况就会大不一样。因为在任何的认识工作中，我们都无法脱离具体的思维方式，而一种思维方式不仅仅可以自证其存在的合理，还存在着品质和水平上的差异。就其品质来说，肤浅与深刻、零碎与整体、片面与全面总有区别吧？再说这种品质上的区别，实际上也是水平上的差异。深刻、整体、全面显然是高于肤浅、零碎、片面的。基于此种事实，我们是不是可以认为哲学的方式对于认识工作者是有意义的呢？要知道哲学思维的特质正是认识上的深刻、整体和全面。有了这样的哲学印象，我们就容易接受哲学难以学习而只能从事的洞见了。只是这样的洞见也仅仅是洞见，毕竟对于大多数感兴趣于哲学的人来说，并不必然专业地从事哲学，他们还是需要从具体的哲学著作入手走进哲学。问题大概就出在这里，因为只要不是一本全景式的哲学教科书，我们看到的永远是一种具体的哲学，它有自己的概念和体系，更重要的是它很可能是一个或一种形而上学的建立及其演绎。尽管每一种具体的哲学都与整个哲学的历史息息相关，但每一种具体的哲学在其创造者那里从来就不是整体哲学的一部分，而是哲学的全部。这也使得执着于任何一种哲学的人，一方面自觉得拥有了哲学的全部，另一方面几乎注定无法拥有整体的哲学。对于作为阅读者的我们来说，不同的哲学极容易让我们无所适从，稍不留神就会相信排斥确定的、无需基础的相对主义，最终的结果是，我们都曾见过哲学，但我们却无法自信地宣告自己懂得哲学。

那就去读一本全景式的哲学教科书，或是去读一本公认的、权威的哲学史吧！这种看似策略的思路实际上多会使我们远离哲学的创造，而轻松地成为哲学信息和哲学故事的讲述人。现在，我们应很能理解哲学专业的人们更习惯于把某种哲学的学术式理解作为志业，或许这才是保持他们与哲学不离不弃的最有效的方式。然而更多的认识工作者是要使用哲学的，这是一件更加令人烦恼的事情，原因是基于任何一种哲学的观点，都会使自己陷入某一种主义和流派，而整体的哲学虽然存在，在具体领域的认识工作者那里却是一种虽有还无，效果上就是有而无用。换一个角度，我们当然是可以感到幸运的，因为我们最有理由和条件把哲学作为一种工作的方式，不过其前提是我们必须把哲学作为整体对待。也可以说，我们必须在意识中淡化所有天才的哲学家个人，而只汲取由他们共同实践和沿传下来的各种相互补充的认识方式。过去，我时常纠结于向学生推荐哲学读物，实在不得已，就建议他们先读"哲学导论"和"哲学史"。现在想来，这种建议的大方向还是可取的，但用教育的立场来衡量显然并不彻底，还应该更进一步地告诉他们只需把哲学的文献作为素材，并从此出发确立一种观念：有意识地组织和管理来自不同文献的哲学精神元素。

后 记

人类教育认识是一种客观存在的事实，却很不容易成为一个研究的对象。即使在教育学学科规训较弱、形象模糊的情况下，也很少有人去郑重地思考，结果是清议者居多，试图解决问题的人极少。而且可以想到，一般的教育学研究者会合理地认为对教育认识自身的研究不属于教育学的任务。要说这样的观点也没有什么问题，因为教育认识的成立不过意味着认识的对象是教育，至于"认识"的究竟，那是哲学家要思考的，教育研究者和其他领域的研究者一样，只要能够合理运用哲学的成果即可，而教育研究者的成就最终是以他们对教育的认识的状况来衡量的。但问题是，如果我们坚守这样的观念，教育学自身发展中的问题或将持续存在。须知哲学认识论不论怎样发展，也不会专门为教育研究者考虑，它反过来还会期望能从教育研究中获得必要的启示。应该说，既有的哲学认识论成果也是哲学家对各个具体领域认识经验的概括和总结，只是不知道人类的教育认识活动对哲学认识论有多少和有什么贡献。如果这一点连我们教育研究者都说不清楚，那至少说明教育研究者从整体上讲是缺乏认识论意识的。这样的缺乏应该与教育研究鲜明的致用追求有关，也就是说完全可以被体谅和理解，但客观上的确淡化了教育研究的知识和思想色彩。

我对于"教育认识"的重视，实事求是地讲，在最初是与改变教育研究面貌的动机相联系的，但随着思考的延展与深入，支持这种"重视"的动机就转换为对教育认识的学术兴趣。也正是在此过程中，我意识到具体领域的研究者为了各自领域的健康发展，必然会承担我们原以为专业的哲学家应该做的工作。换言之，像教育认识论研究这样的工作是要由一部分教育研究者来进行的，以后的哲学家是可以从这样的工作中了解教育认识之个性的。记得进行"教育思维"研究时，我就回应过一位学者对其必要性的质疑，大意是教育学研究不能只是从哲学中汲取营养，也应该以自己的独特回馈哲学。实际上，这也只是我作为教育学研究者的一厢情愿，哲学家对人类认识的探究是否考虑到教育认识的个性恐怕只有他们自己能够说清楚。因而，现实一点说，对于人类教育认识的重视，其最可靠的功效还是对教育研究者的直接影响，而即使在这种意义上，我的观念仍然有些浪漫。因为，正如几乎所有的历史学家不关心历史哲学一样，几乎所有的教育研究者是不大关心教育认识论的。这种状况一方面折射出教育研究领域普遍缺乏认识论上的反思意识和习惯，另一方面也使得关于人类教育认识的思考缺少历史的积累。

不难理解本书对人类教育认识的思考是比较艰难的，许多工作需要从头做起，许多认识难免幼稚和粗糙，但贯穿于其中的求真爱智的真诚却是可以保证的。任何有意义的工作都需要从头开始，每一个阶段的研究者都需要承担自己历史环境下的责任。如果每一个研究者都聪明地回避就一个问题做最初阶段的幼稚言说，那么人类的认识就无法不断进步。我的这种想法极为朴素，某种程度上也显得实在，但我相信，只要人类教育认识是一个值得探讨的问题领域，今日尚不成熟的工作在历史的过程中也不失其必要。罗素说："哲学在其全部历史中一直是由两个不调和地混杂在一起的部分构成的：一方面是关于世界本性的理论，另一方面是关于最佳生活方式的伦理学说或政治学说。"[①] 本书对于人类教育认识的探讨，虽然不可以简单地比附于罗素对哲学的认识，但从立意上讲，一方面是要在现有条件下说明教育认识的本性，另一方面则是要影响教育研究者的认识生活方式。当然，就最终的效果而言，我预计本书关于人类教育认识的某些观点或许会被一小部分同行注意，而对教育研究者的认识生活的影响只能听天由命。具有认识论自觉的教育研究者应该不需要本书的影响，而不具有认识论自觉的教育研究者压根儿就不会翻阅本书。在此意义上，任何学科领域的"基础研究"者是不必指望一呼百应效应的。

---

① 罗素：《西方哲学史（下卷）》，北京：商务印书馆，1963年版，第395页。

意识到这一类研究的特性，我总会由衷地感谢支持我持续思考的有识之士。本书的成型就得益于福建教育出版社的领导和专家，尤其是成知辛先生的鼓励事实上成为一种不可或缺的力量，他的眼光独到，且对我的信任有恒，我在此特别致谢！本书写作的过程正值疫情持续，正是内在的探究兴趣和外在的支持、鼓励，让我的这一段时光并未因各种不便而虚度。尽管如此，本书对人类教育认识的思考受个人视野和思维的制约，只是一个初步的尝试。

路漫漫其修远兮，吾将上下而求索！

刘庆昌

2022年11月